소태산
법문 따라
익산총부를
걷다

소태산 법문 따라 익산총부를 걷다

방길튼 편저

원불교출판사
WON BOOK

법문의 길

대각전

공회당

종법실

일러두기

1. 독자의 이해를 돕기 위해 단어의 의미를 풀어 쓴 경우 모두 '대괄호[ ]'를 사용했다.
2. 시창始創은 원불교 초창기인 '불법연구회'에 사용한 기년紀年이고, 원기圓紀는 원불교에서 사용한 기년으로 같은 뜻이다. 단, 이 책의 인용문에서는 당시 표기대로 시창을 사용했고, 그 외는 원기로 통일했다.
3. 소태산의 호칭은 소태산, 소태산 대종사, 대종사를 아울러 같이 썼다.
4. 연도 표기는 원기를 쓰고 서기는 '괄호( )' 안에 표기했다. 예) 원기109년(2024)
5. 인용한 원문은 가독성을 위해 현대문으로 고쳐 풀어썼다.
6. 단행본은 '겹낫표『 』', 간행물이나 일지는 '홑꺾쇠표〈 〉'를 사용했다. 예)『대종경』, 〈회보〉, 〈선원일지〉
7. 법문의 경우 초기 간행물인 〈월말통신〉, 〈월보〉, 〈회보〉의 수필법문을 우선으로 게재했다. 다만, 이에 해당하는 『대종경』의 법문을 제목에 표기하여 찾아볼 수 있도록 하였다.
8. 한문 '新龍轉法相'은 '신룡전법상'이라 썼고, '家'는 '가家'로 쓰지 않고 한자만 표기했다. 예) 신룡전법상, 양하운家
또한 집을 명명할 때 부부의 이름을 같이 썼다. 예) 전음광·정세월家
9. 이 책의 인용문에서 필자가 중요하다고 생각한 부분은 글씨를 진하게 표기했다.

○ 프롤로그

익산총부에 깃든
소태산 대종사의 법문 순례

'신룡전법상과 계미열반상'의 도량인 익산총부에는 소태산 대종사의 행적과 법문이 곳곳에 깃들어 있다. 소태산의 법문 따라 익산총부 도량을 순례하는 것은 한량없는 법문의 은혜이다.

익산총부는 소태산 대종사가 원기9년(1924) 새 회상을 공개하고서 원기28년(1943) 열반하실 때까지 19년간 교법을 편 전법성지이자 정신개벽의 법도량이다. 물질문명이 발달하는 물질개벽 시대를 향도할 정신개벽의 교법을 굴린 이러한 역사를 정산종사는 '신룡전법상'과 '계미열반상'이라고 정의한다.
소태산 대종사가 펼치고자 한 교법이 익산총부 곳곳에 스며있고 깃들어 꿈틀거리고 있다. 이 뜻을 제대로 드러내어 체험하고 순례하는 것이 중요하다. 이러한 의도에 따라 불법연구회 시대의 익산총부 건물이나 장소에 깃든 소태산 대종사의 법문을 쉽게 접할 수 있도록 법문 순례라는 주제로 엮어보았다.
이 책은 총 2부로, 제1부 익산총부 법문 순례와 제2부 익산총부 주변 성적지 순례로 구성했다. 제1부는 익산총부에 깃든 소태산의 법문을 따라 순례하는 것이요, 제2부는 익산총부 주변에 편재해 있는 소태산의 행적과 법문을 찾아보는 것이다.

필자가 원불교 교학대학 시절, 마음이 심란하면 종법실이나 공회당에 숨어들었던 기억이 있다. 그 당시 그 공간이 주는 안정감과 무언으로 전해주는 힘을 느낄 수 있었다. 이에 익산총부와 관련된 기록을 공부하면서 그때 느꼈던 감상과 각성을 공유해 보기 위해, 원기100년(2015)에 익산총부 순례를 기도문 형식으로 안내한 졸저 『소태산 대종사님 발길따라』 초판을 발행했고, 이를 읽어본 분들이 내용을 확대하자는 요청이 있어 원기101년(2016)에 증보판을 출간했다.

익산총부는 필자에게 이중적인 감정으로 다가온다. 소태산 대종사 이하 역대 스승님들의 법훈이 깃들어 있기에 사랑이 깊다가도 또 한편으론 행정의 골이 겹겹이라 그 그늘에 덮여 있는 현실이 안타깝고 답답하기도 하다. 어찌 되었든 이러한 애증도 결국 익산총부에 대한 사랑일 것이다.

그러한 중 원기107년(2022)에 『소태산 대종사님 발길따라』를 교재로 삼아 '익산총부와 소태산 법설'이란 주제로 유튜브 〈원불교주유소〉에 강의를 올렸고, 이어서 교정원 문화사회부가 주관한 '원기108년(2023) 문화학교'에서 '익산총부에 깃들어 있는 소태산 법문'이란 주제로 대중에게 강의하였다. 이러한 인연으로 원불교 익산성지 100주년을 기념하여 그간의 강의 내용을 묶어 『소태산 법문 따라 익산총부를 걷다』라는 제목으로 출간하게 되었다. 이 작업이 익산총부에 소태산 대종사의 법훈을 진작하는 작은 손짓이 되길 바란다.

거듭 말하지만 익산총부는 소태산의 법설이 깃들어 있는 '법문의 고향'이다. 이곳에서 '신룡전법상과 계미열반상'의 법설 현장과 법문의 출생일을 접할 수 있도록 이 책은 익산총부의 현장마다 스며있는 소태산의 법문을 가지런히 정리하였다. 손쉽게 접할 수 있는 편리성을 도모하였고, 또한 법문에 관한 정보와 해석을 첨부해 봤다. 이러한 정보와 해석이 법문을 이해하는 디딤돌이 되기를 바란다.

교리공부에만 문답問答 감정勘定 해오解悟가 있는 게 아니다(『정전』 교당 내왕 시 주의사항 1~3조). 성지순례에도 문답이 있고 감정과 해오가 있다. 무엇보다 익산총부[익산성지]는 소태산 대종사의 법문이 꿈틀거리고 있는 도량이니, 이곳을 교당 삼아서, 법문 순례를 통해 '교당 내왕 시 주의 사항'을 실현해 보기를 바란다.

익산총부를 순례하는 것은 법문을 순례하는 교당 내왕이다.

익산총부[익산성지]에 깃들어 있는 소태산 대종사의 법문과 문답하는 법문 순례를 따라 깨달음의 순례, 소태산 대종사와 구전심수口傳心授하는 순례가 되기를 바란다.

특히 교단 제4대를 시작하는 원기109년(2024)은 익산총부에 생생하게 울리고 있는 '신룡전법상과 계미열반상'의 참뜻을 받들 좋은 기회이다. 이러한 시기에 익산총부에 깃들어 있는 소태산 대종사의 법문 따라 순례에 나서면 어떨까 ……

원기109년(2024) 4월
최초 본관, 도치원 앞에서
방길튼 교무 합장

○ **차례**

프롤로그
익산총부에 깃든 소태산 대종사의 법문 순례 ... 6

익산총부와 소태산 법문 ... 18
익산총부 안내도 ... 22

제1부 익산총부 법문 순례

01. 익산총부 정문 ... 24
『원불교교사』 제2편 제1장 1. 불법연구회 창립총회 ... 24
『원불교교사』 제2편 제1장 2. 총부 기지의 확정과 건설 ... 26
익산본관과 익산총부 ... 26
익산총부 정문과 정신개벽 표석 ... 27
『대종경』 전망품 4장 – 못자리판 ... 29
『대종경』 변의품 32장 – 후천개벽의 순서 ... 30
『대종경』 전망품 16·17·18장 – 미륵불과 용화회상의 참뜻 ... 30
『대종경』 실시품 21장 – 약속 ... 32
황이천의 회고담 ... 33
초기교단의 대종사 호칭 ... 34

02. 도치원과 꼭두마리집 ... 36
『원불교교사』 제2편 제1장 2. 총부 기지의 확정과 건설 ... 37
『원불교교사』 제2편 제1장 3. 전무출신의 공동생활 ... 38

『대종경』 실시품 4장 – 큰 선생과 학비 ... 39
　　옛 고던 부엌과 이공주의 후원 ... 40
　　도치원의 옥호와 그 구조 ... 41

03. 영춘원 및 종법실 ... 43
　1. 영춘원 기연 법문 ... 44
　　『원불교교사』 제2편 제2장 4. 제1대 제1회 기념총회 – 영춘원과 최초의 법위승급 ... 44
　　『대종경』 교단품 2장 – 업어서라도 서로 받들 선후진의 도 ... 46
　　『대종경』 성리품 22장 – 견성 인가와 큰집 ... 47
　2. 종법실[구조실] 기연 법문 ... 49
　　『대종경』 실시품 16·17·18·19장, 23장 ... 50
　　『대종경』 인도품 23장 – 중추 책임 ... 52
　　『대종경』 실시품 34장 – 천도재와 재비 ... 53
　　『대종경』 천도품 8장 – 생사의 원리 ... 54
　　『대종경선외록』 선원수훈장 12절 – 성품의 달과 생사의 물웅덩이 관계 ... 54
　　『대종경』 부촉품 3장 – 『정전』 편찬과 감정 ... 56

04. 금강원 ... 57
　　박창기의 금강원 청소 ... 58
　　『대종경』 전망품 6장, 〈월말통신〉 8호 – 금강산과 그 주인 ... 59
　　『대종경』 교의품 28장, 〈월보〉 40호 – 선후본말을 알라 ... 63
　　『대종경』 교단품 5장, 〈월말통신〉 13호 – 핍처유성 ... 67
　　『대종경』 인도품 25·26장, 〈월말통신〉 10호 – 남을 공경하면 내가 서나니라 ... 68
　　『대종경』 인도품 35장·37장, 〈월말통신〉 7호
　　　　　　– 남의 시비를 보아서 나의 시비를 깨칠지언정 그 그름은 드러내지 말라 ... 70
　　『대종경』 교의품 38장, 〈월말통신〉 4호 – 법회록 1 ... 72
　　『대종경』 교의품 39장, 〈월말통신〉 4호 – 법회록 2 ... 75
　　『대종경』 신성품 17장 – 이 공부 사업에 죽어도 변하지 않을 신성으로 혈심 노력한 사람 ... 78
　　『대종경』 전망품 28장 – 남에게 못 주어서 걱정인 세상 ... 79

05. 공회당 ... 80
　　『대종경』 교의품 29장, 〈회보〉 33호 – 나는 용심법을 가르치노라 1 ... 82
　　『대종경』 교의품 30장, 〈회보〉 33호 – 나는 용심법을 가르치노라 2 ... 84

『대종경』 수행품 13장, 〈회보〉 15호 – 좌선에 대한 법문 … *87*
『대종경』 수행품 17장, 〈회보〉 51호 – 일심으로 섭만경 … *91*
『대종경』 수행품 22장, 〈회보〉 39호 – 경다반미인 … *93*
『대종경』 인도품 33장, 〈월말통신〉 32호 – 경외지심을 놓지 말라 … *96*
『대종경』 변의품 1장, 〈회보〉 11호 – 천지의 식을 말씀하심 … *98*
『대종경』 불지품 15·16장, 〈월보〉 41호 – 천상락과 인간락 … *101*
『대종경』 신성품 16장, 〈회보〉 9호 – 어떠한 고라도 낙을 심을 줄 아는 자는 행복자니라 … *103*
『대종경』 교단품 4장, 〈회보〉 3호 – 특성을 서로 이해하라 … *105*
『대종경』 교단품 6장, 〈월말통신〉 22호 – 개인생활과 도덕사업 … *108*
『대종경』 부촉품 2장 – 게송과 무시선의 강령 … *110*
『정전』 일원상 법어 – 경진동선 〈선원일지〉 … *110*
『대종경』 부촉품 7장 – 교리도 … *112*
『대종경』 부촉품 8장 – 제생의세 서약서 … *112*
『대종경』 교의품 37장, 〈회보〉 16호 – 제군은 동남풍이 될지어다 … *115*
『대종경』 성리품 28장 – 심성이기 … *117*
『대종경』 인과품 31장, 경진동선 〈선원일지〉 – 쥐와 버러지의 인과 … *117*

06. 양잠실 … *119*

염불하며 뽕을 주어라 … *121*
일 중에서 공부하는 것이 둘이 아닌 길 … *122*
〈월말통신〉 32호 전삼삼 씨의 독지 – 연고 있는 살생 … *122*
연고 있는 살생 … *124*
농공부 공양원, 조전권 … *124*

07. 구정원 및 도서실 … *127*

『대종경』 수행품 20장 – 신문 애독과 정신이 끌리는 실상 … *128*
총부 도서실 – 시창24년도 및 25년도 사업보고서 … *129*
『대종경』 실시품 14장 – 일제의 탄압과 참다운 도덕 … *131*

08. 익산총부 식당채 … *132*

『대종경』 교단품 9장 – 밥 한 그릇 … *133*
『대종경』 수행품 32장 – 밥 먹는 습관 … *134*
『대종경』 변의품 27장 – 국한 있게 쓴 공덕과 국한 없이 쓴 공덕 … *134*

『대종경선외록』 실시위덕장 7절 - 소태산의 식성 ... 135
총부 식당 주임, 정세월과 『대종경』 전망품 16장 ... 135

09. 산업부 ... 137

『원불교교사』 제2편 제3장 5. 산업부의 발전과 산업 기관 창설 ... 138
『대종경』 성리품 29장, 〈법해적적〉 활불면목 - 산업부원들이 다 우리 집 부처니라 ... 140
『대종경』 인도품 27장 - 돼지의 생활에서 발견하신 감상 ... 141
『대종경』 교단품 29장 - 양계장 사고의 보감 ... 144
『대종경』 교단품 12장 - 교중의 채포와 가외 수입 ... 146
『대종경』 교단품 13장 - 과원의 소독과 제충 ... 147
『원불교교사』 제2편 제1장 3. 전무출신의 공동생활 - 박원석家와 산업부의 효시 ... 147
산업부 관련지 - 만석평, 연구실 터, 알봉, 황등율원, 이리보화당, 총부농지, 삼례과원 ... 148

10. 대각전 ... 154

일원상을 모본하라, 〈회보〉 40호 원기22년(1937) 12월호 ... 157
『대종경』 수행품 55장 - 입선공부와 소 길들이기 ... 159
『대종경』 수행품 56·57장 - 을해동선 결제식 훈사 ... 161
『대종경』 수행품 61장 - 제25회 동선 해제식 훈사 ... 165
『대종경』 수행품 62장, 병자하선 〈선원일지〉 - 정기훈련 해제는 상시훈련의 결제 ... 168
『대종경』 천도품 28장 - 팔산 열반, 생사거래와 업보멸도에 대한 법 ... 169
『대종경』 실시품 33장 - 도산 이동안 열반 ... 171
『대종경』 부촉품 14장 - 최후설법 ... 172
『대종경』 전망품 29장 - 춤추고 절하는 책임을 가지고 나온 보살들 ... 175

11. 대종로 및 대각전 법상 ... 176

『대종경선외록』 실시위덕장 1절 ... 177
 1. 소태산 법설의 길, 대종로 법문순례 ... 177
 2. 일원상 및 법상 ... 179
 삼대력 얻는 빠른 길 ... 179
 집에서 살림하면서 공부하는 방식 ... 181

12. 전음광·권동화家 ... 184

『원불교교사』 제2편 제1장 4. 훈련법의 발표와 실시 ... 184

〈불법연구회창건사〉 훈련법의 실시 ... 185
　　〈원불교신문〉 선진의 법향, 진타원 전팔진 원로교도 ... 186
　전음광 관련 법문 ... 189
　　『대종경』 수행품 11장 – 적지위대 ... 189
　권동화 관련 법문 ... 192
　　『대종경』 수행품 13장 – 좌선에 대한 법문 ... 193

13. 이청춘家 ... 195
　　『대종경』 실시품 26장 – 이청춘의 희사 ... 197
　　『구도역정기』 – 이청춘의 금연 ... 197
　　여학원생과 이청춘家 ... 198

14. 서중안·정세월家 ... 200
　　『원불교교사』 – 서중안의 회상 공개 요청 ... 202
　　익산본관 건설 및 인화당한약방 화재 ... 202
　　〈월말통신〉 26호 – 서중안과 군산 구암리 예수병원 ... 204
　　〈월말통신〉 27호 – 최초의 교회연합장 ... 205
　　〈월말통신〉 27호 – 서중안 추도문 ... 207
　　〈월말통신〉 27호 – 추산 서중안 씨 열반에 대한 각 인사의 감상 ... 209

15. 청하원 및 북일순사주재소 ... 215
　　『대종경』 실시품 45장 – 도산 안창호의 익산총부 방문 ... 216
　　『대종경선외록』 교단수난장 5절 ... 217
　　『대산종사 수필법문집』 – 도산 안창호의 광주 강연에서 소태산에 대한 평 ... 218
　　『대종경』 실시품 12장 – 두 하늘 황이천 ... 218
　　『대종경선외록』 교단수난장 7절 – 황 순사 ... 219

16. 정신원 ... 220
　　『대종경』 교단품 35장 – 무념보시와 사업등급 ... 221
　　『대종경선외록』 교화기연장 7절 – 황정신행과 무의탁 기관 ... 222
　　『원불교교사』 제3편 제3장 3. 대종경 편수와 정전 재편 ... 223

17. 하운원[양하운家] ... 225

『대종경』 교의품 17장 - 진정리화와 심고의 감응되는 이치 ... 226
『대종경』 실시품 25장 - 자력생활과 행복한 생활 ... 228
『대종경』 천도품 18장,〈법해적적〉염라국과 명부사자 ... 229
『대종경』 실시품 32장 - 차자 광령 ... 231
〈회보〉 39호 -「감상」사모님의 실생활 ... 232
〈회보〉 64호 -「감상」기한을 이기시며 공사를 위하시는 우리 사모님 생활 ... 234

18. 익산총부 사가 ... 239

『대종경』 교단품 15장 - 전무출신 사가생활 보살피는 기관 ... 241
제9회 평의회 회의록 - 간부 사가생활 보장 여부의 건 ... 241
〈월말통신〉 35호 - 사가생활 보장 여부의 건 ... 242
송도성의 사가생활 대책 ... 244
성정철의 사가생활 대책 ... 245
『대종경』 교단품 14장 - 우연한 재앙 ... 246

19. 청법수 ... 248

1. 소태산 당대의 청법수인 대각전 벚나무와 느티나무 괴목이 들었을 법문 ... 249

『대종경』 수행품 8장 - 돈 버는 방식 ... 249
『대종경』 수행품 25장 - 법설이나 강연을 듣는 제군에게 ... 253
『대종경』 수행품 41장 - 나의 가르치는 것은 인도상 요법이 주체이다 ... 254
『대종경』 수행품 58장 - 마음 난리 평정법 ... 258
『대종경』 수행품 59장(심전계발)·60장(심전농사) ... 261
『대종경』 서품 14장, 경진동선〈선원일지〉- 혈인법인상 회고 ... 265
일요 법설, 병자동선〈선원일지〉- 사은과 미륵불 ... 267

2. 소태산 당대의 청법수인 공회당 벚나무가 들었을 법문 ... 268

공회당 앞 벚나무 ... 268
『대종경』 교의품 18장 - 삼강령의 필요 ... 269
『대종경』 실시품 41장 - 조선 고악 감상 ... 272
대중의 기운 뜨는 현상 ... 273
『대종경』 수행품 1장, 기묘동선〈선원일지〉-「일상 수행의 요법」제송의 뜻 ... 273
『대종경』 실시품 39장, 병자동선〈선원일지〉- 성질에 따른 지도법 ... 274
『대종경』 인도품 34장, 병자동선〈선원일지〉- 난세를 무사히 살아갈 비결 ... 275

3. 소태산 당대의 청법수인 영춘원 종법실 앞뒤 전나무가 들었을 법문 ... 276

『대종경』 천도품 6장, 〈월말통신〉 28·29호 - 조선박람회 화재보험시설에 대한 감상 ... 276

『대종경』 교단품 19장 - 기러기 떼 ... 278

4. 소태산 당대의 청법수인 총부 정문[청하원-교정원 별관]의 소나무가 들었을 법문 ... 280

『대종경』 실시품 21장 - 어린이와 약속 ... 280

5. 소태산 당대의 청법수인 대각전 오르는 길가 숲[원음각 일대]의 소나무가 들었을 법문 ... 280

『대종경』 부촉품 14장 - 대각전 오르는 길가 숲속의 아이들 ... 280

20. 송대와 대종사 성탑 ... 282

1. 송대, 『정전』 편수 및 휴양처 ... 282

송대를 짓고 조경하신 대종사 ... 283

『대종경』 실시품 43장 - 대중 출역 ... 284

『원불교교사』 〈원광〉 창간 - 송대와 〈원광〉 ... 284

2. 송대와 대종사 성탑 ... 285

값을 매길 수 없는 땅 ... 286

최후의 겸상 - 제자들과 잦은 겸상을 하다 ... 286

최후의 순행 ... 287

행복과 대종사 열반시 상복 ... 288

소태산의 열반상 ... 289

『원불교교사』 대종사의 열반과 정산 종법사 추대 ... 290

『원불교교사』 대종사성탑의 봉건과 봉찬사업 준비 ... 292

21. '신룡전법상'과 '계미열반상'의 도량, 익산총부 ... 294

1. 신룡전법상 ... 294

〈불법연구회창건사〉 훈련법의 실시 - 정기훈련의 원시 ... 295

2. 계미열반상 ... 297

『원불교교사』 최종 회규의 시행과 전법 게송 ... 297

원각성존소태산대종사비명병서 - 교리훈련과 생활제도개선 ... 298

『원불교교사』 '불교정전'의 편수 발간 - 끼쳐주신 법등 ... 301

제2부 익산총부 주변 성적지 순례

01. 불법연구회 창립총회지, 이리 보광사 ... 305
02. 산업부의 효시, 박원석家 ... 307
03. 만석평 ... 309
04. 연구실 터와 산업부 ... 311
05. 남중리 소나무 ... 312
   『대종경』 불지품 20장 – 〈월말통신〉 21호, 대우주의 본가를 찾아 초인간적 생활을 하라 ... 314
06. 옛 이리경찰서 ... 317
   『대종경』 실시품 10장 – 서약 강요 ... 319
07. 이리역 앞 전주여관과 이인의화 ... 321
   『대종경』 교의품 27장 – 일체유심조 ... 321
08. 소태산 대종사의 교화 관문, 이리역과 황등역 ... 323
09. 이리축산공진회와 투우대회장 ... 326
10. 소태산 대종사 열반지, 이리병원 터 ... 328
11. 소태산 대종사 장의행렬 길과 화장막 ... 329
12. 소태산 대종사 임시 묘역, 장자산 ... 330
13. 목천포비행장 ... 331
   굳은 신념은 위대한 것이다 ... 332
14. 이리보화당 ... 333
15. 도산 안창호 방문지, 계문보통학교 ... 334
16. 금강원과 원예원 사이의 주막과 김남천家 ... 335
   『대종경』 수행품 54장 – 김남천의 호령과 소 길들이기 ... 336
   〈원불교신문〉 내가 내사한 불법연구회 – 김남천의 호령 ... 337
   각산 김남천과 견성 인가 ... 337
17. 도치마을의 문정규家 ... 339
   『대종경』 전망품 29장 – 문정규의 도가와 김남천의 법무 ... 340
   『대종경』 인도품 36장, 〈월보〉 37호 – 남의 꾸중함을 들을 때 내 몸을 살펴라 ... 341
18. 공칠家 ... 342
   『대종경』 인과품 18장 – 인과 설법의 예시, 공칠과 공칠家 ... 343
19. 석방리 앵두아버지 ... 344
20. 알봉 ... 345

21. 황등호수와 배산 ... *347*
   『대종경』 불지품 19장 - 천지박람회의 출품, 황등호수와 배산 ... *347*
22. 적성산 ... *352*
23. 황등율원 ... *353*
24. 소창지, 황등암 ... *355*
   『대종경』 교의품 33장 - 피로 회복과 소창 ... *356*
25. 병인동선 소창지, 봉서사 ... *357*
   『대종경』 불지품 18장, 이공주 수필 - 돈은 어디든지 쌓여 있다 ... *358*
26. 불종불박 주춧돌 모형석 ... *360*
27. 여학원생들이 다닌 이리천일고무공장 ... *362*
28. 봉술띠와 옛 이리교당 ... *363*
29. 삼례과원 및 수계농원 ... *365*
   종사님 배종인 ... *365*
30. 정산 종사 사가, 이운외·여청운家 ... *367*
31. 총부 빨래터 ... *368*
   총부 우물 ... *369*
32. 미륵산 ... *370*

참고문헌 ... *372*
사진목록 ... *374*

에필로그
법문의 고향, 익산총부를 걷다 - 익산총부 순례 Tip - ... *378*

익산총부와 소태산 법문

	장소	소태산 법문
1	총부 정문	『대종경』 실시품 21장, 전망품 4장
2	도치원과 꼭두마리집	『대종경』 실시품 4장
3	영춘원 및 종법실	『대종경』 성리품 22장, 교단품 2장
		『대종경』 인도품 23장, 천도품 8장, 실시품 16장·17장·18장·19장·23장·34장, 부촉품 3장, 『대종경선외록』 선원수훈장 12절
4	금강원	『대종경』 교의품 28장·38장·39장, 인도품 25장·26장·35장·37장, 신성품 17장, 교단품 5장, 전망품 6장·28장
5	공회당	『대종경』 교의품 29장·30장·37장, 수행품 13장·17장·22장, 인도품 33장, 인과품 31장, 변의품 1장, 성리품 28장, 불지품 15장·16장, 신성품 14장·16장, 교단품 4장·6장, 부촉품 2장·7장·8장
6	양잠실	염불하며 뽕을 주어라
7	구정원 및 도서실	『대종경』 수행품 20장, 실시품 14장
8	총부 식당채	『대종경』 수행품 32장, 변의품 27장, 교단품 9장, 전망품 16장, 『대종경선외록』 실시위덕장 7절
9	산업부	『대종경』 인도품 27장, 성리품 29장, 교단품 12장·13장·29장
10	대각전	『대종경』 수행품 55장·56장·57장·61장·62장, 천도품 28장, 실시품 33장, 전망품 29장, 부촉품 14장
11	대종로 및 대각전 법상	『대종경선외록』 실시위덕장 1절
12	전음광·권동화家	『대종경』 수행품 11장·13장
13	이청춘家	『대종경』 실시품 26장
14	서중안·정세월家	〈월말통신〉 27호 - 추산 서중안 씨 열반에 대한 각 인사의 감상

	장소		소태산 법문
15	청하원 및 북일순사주재소		『대종경』실시품 12장·45장, 『대종경선외록』교단수난장 5절·7절
16	정신원		『대종경』교단품 35장, 『대종경선외록』교화기연장 7절
17	하운원		『대종경』교의품 17장, 천도품 18장, 실시품 25장·32장
18	익산총부 사가		『대종경』교단품 14장·15장
19	청법수	대각전	『대종경』서품 14장, 수행품 8장·25장·41장·58장·59장·60장
		공회당	『대종경』교의품 18장, 수행품 1장, 인도품 34장, 실시품 39장·41장
		종법실	『대종경』천도품 6장, 교단품 19장
		교정원 별관	『대종경』실시품 21장
		원음각	『대종경』부촉품 14장
20	송대		『대종경』실시품 43장
21	남중리 소나무		『대종경』불지품 20장
22	옛 이리경찰서		『대종경』실시품 10장
23	전주여관		『대종경』교의품 27장
24	목천포비행장		『정전』심고와 기도 - 결정할 심고와 설명기도
25	송림의 주막		『대종경』수행품 54장
26	도치마을 문정규가		『대종경』인도품 36장, 전망품 29장
27	정공칠가		『대종경』인과품 18장
28	황등호수와 배산		『대종경』불지품 19장
29	황등암		『대종경』교의품 33장
30	봉서사		『대종경』불지품 18장

하늘에서 본 익산성지
출처: 『사진으로 보는 원불교 100년 기념과 성업』

익산총부 안내도

익산성지안내

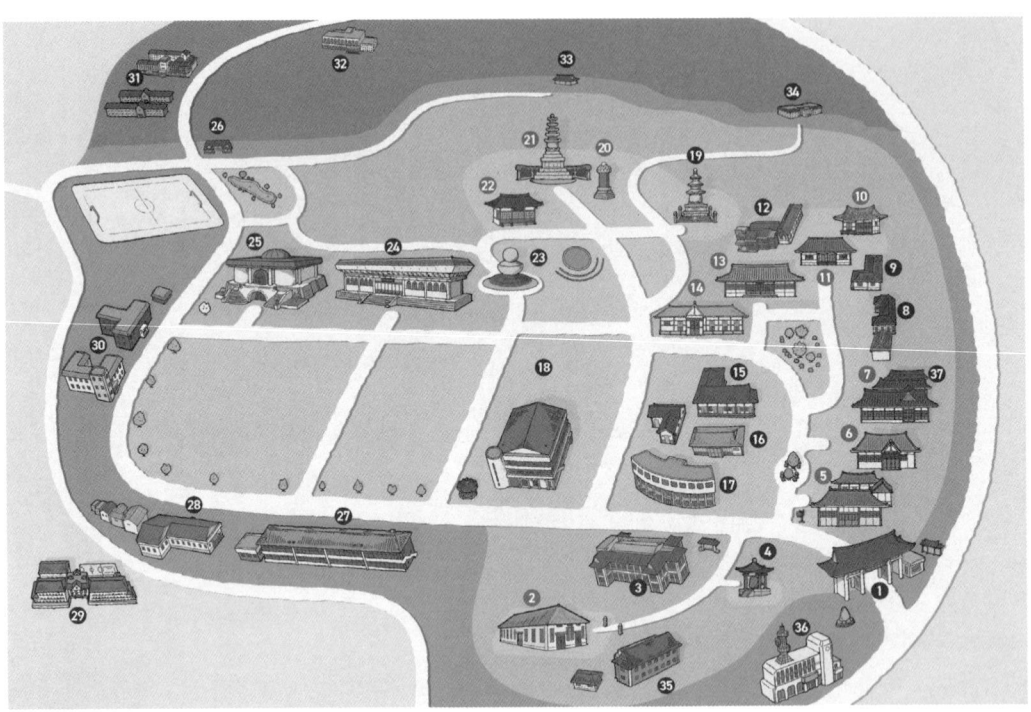

- ① 정문/안내실
- ② 대각전
- ③ 법은관(교정원)
- ④ 원음각
- ⑤ 청하원
- ⑥ 구정원
- ⑦ 정신원
- ⑧ 공덕원(익산총부 식당채)
- ⑨ 꼭두마리집(세탁부)
- ⑩ 금강원
- ⑪ 도치원(본원실)
- ⑫ 종법원(산업부 터)
- ⑬ 종법실(영춘원)
- ⑭ 공회당
- ⑮ 정화정사(양잠실 터)
- ⑯ 하운원(숭산원)
- ⑰ 교정원 별관
- ⑱ 개교반백년기념관
- ⑲ 정산종사 성탑
- ⑳ 소태산 대종사 성비
- ㉑ 소태산 대종사 성탑
- ㉒ 송대
- ㉓ 대산종사 성탑
- ㉔ 영모전
- ㉕ 원불교 역사박물관
- ㉖ 영은재
- ㉗ 적공실
- ㉘ 향적당
- ㉙ 서원관
- ㉚ 보은원
- ㉛ 중앙여자원로수도원
- ㉜ 원불교대학원대학교
- ㉝ 아름다운수도원
- ㉞ 중앙상주선원
- ㉟ 중앙남자원로수양원
- ㊱ 원불교 문화회관
- ㊲ 선심원(최초 정기훈련터)

● 이 색상은 **근대문화유산**으로 지정된 건물입니다.

제1부
익산총부 법문 순례

익산총부에 깃들어 있는
소태산 법문 순례를 시작합니다.

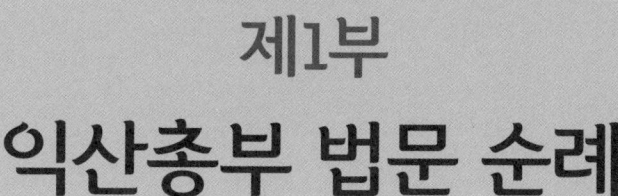

01
익산총부 정문

소태산 대종사는 원기9년(1924) 6월 1일(음력 4월 29일) 이리 보광사에서 불법연구회 창립총회를 열고 회상會上을 공개한다. 즉 공개적 활동을 개시한 것이다. 이후 이리 근교 이곳저곳을 살펴보시고 새 회상 본관 기지로 신룡벌을 선택한다. 이에 김남천의 사위 박원석의 주선으로 이리역[현 익산역]에서 4㎞ 정도 떨어진 익산군 북일면 신룡리 344-2번지 3,495평(약 11,468㎢)을 9월 29일에 매입한다. 이 땅은 새말[신동 436번지]에 사는 류신차의 소유로 서중안[불법연구회 초대회장]의 후원으로 확보한다. 『원불교교사』 '불법연구회 창립총회'와 '총부 기지의 확정과 건설'에 그 과정이 상세하게 기술되어 있다.

『원불교교사』 제2편 제1장 1. 불법연구회 창립총회

원기9년(1924·甲子) 음력 3월에, 대종사, 서울에서 이리를 거쳐 전주[全飮光 집]에 오시니 각 처에서 다수의 신자가 모였다. 이에 서중안 등 7인이 발기인이 되어 「불법연구회」 창립 준비를 토의할 제, 대종사, 총부 기지에 대하여 말씀하시기를 「이리 부근은 토지도 광활하고 교통이 편리하여, 무산자無産者들의 생활과 각처 회원의 내왕에 편리할 듯하니 그곳으로 정함이 어떠하냐」 하심에, 일동이 그 말씀에 복종하였다. 또한 창립총회 개최 장소는 이리 부근 보광사普光寺로 예정하고 총부 건설지는 후일 실지 답사 후 확정하기로 하였다. 원기9년 음력 4월 29일 보광사에서 불법연구회 창립총회를 열어 종래의 기성조합을 발전적으로 해체하고 「불법연구회」라는 임시 교명으로 새 회상을 내외에 공개하였다. 총회는 영광·김제·익산·전주 지방에서 김기천 등 14인이 각각 그 지방 대표 자격으로 참석하여, 송만경의 개회사로 개회하고, 서중안이 임시 의장이 되어 창립취지를 설명한 후, 규약 초안을 채택하였다. 규약에 따라 총재로 대종사를 추대하고, 회장에 서중안, 서기에 김광선을 선정하였으며, 총부 본관 건설을 위하여 회원들에게 의연금을 수납하되 그 일을 회장에게 일임하기로 하고, 축사[시대일보 鄭翰朝]와 회장의 답사가 있은 후 폐회하였다.

이때 채택된 규약은, 총칙·임원·회의·회원의 권리, 의무·가입 및 탈퇴·회계 및 기타 등 총 6장 22조로 되어 있는바, 서무·교무·연구·상조조합·농업·식사·세탁의 7부를 두고, 총재 1인, 회장 1인, 부장 평의원 간사 각 약간인을 두며, 정기총회·임시총회·평의원회·월예회 등 4종의 회의를 두고, 유지는 입회금 연연금年捐金 의연금 농작 식리금 등으로 충용할 것을 규정하였다.

창립총회가 열린 보광사[→ 305쪽 참조]

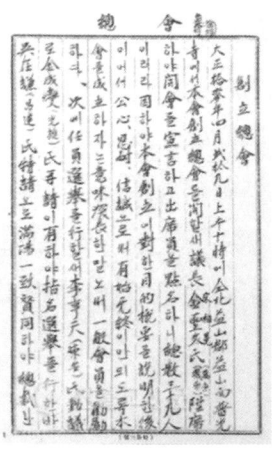

창립총회 기록

『원불교교사』 제2편 제1장 2. 총부 기지의 확정과 건설

신룡新龍은 물질개벽 시대에 걸맞은 정신개벽을 하자는 것으로, 용화세상을 꿈꾸는 미륵산의 정기가 굽이쳐서 새로운 용이 신룡벌에 꽃봉오리를 피운 곳이다. 새 회상 일원회상이 신룡으로 꿈틀거리는 활불活佛의 도량이다.

> 창립총회 후, 대종사, 각지 대표를 데리시고 이리 부근을 일일 순시하여 총부 건설의 기지를 택하시더니, 원기9년(1924) 음력 8월, 전라북도 익산군 북일면 신룡리[全羅北道 益山郡 北一面 新龍里, 현 益山市 新龍洞]에 그 터를 확정하시었다. 회장 서중안이 기지[3천여 평] 대금과 건축비 일부[6백여 원]를 의연하였고, 각처 회원으로부터 상당한 의연금[근8백 원]이 수납되었다.

익산본관과 익산총부

신룡벌에 기지를 세우고 처음에는 본관 또는 익산본관이라 한다. 그러다가 원기15년 (1930) 〈월말통신〉 28·29호에서부터 '중앙총부'라는 용어가 사용된다. 서중안의 위령문[시창15년 음력 6월 25일]에 '중앙총부 근고'라는 표현이 처음 등장한다. 또한 〈월말통신〉 28·29호에 '중앙총부 사무원 직무기', 〈월말통신〉 30호에 '중앙총부 임원 직

불법연구회 익산총부 정문

불법연구회 중앙총부 정문 돌기둥

원불교 중앙총부, 유일학림 - 원기34년(1949)   **원불교 중앙총부** - 원광대학교 인가 후인 원기37년(1952)

무 성적기'라는 표현이 나타난다. 이후 '〈월말통신〉 35호[시창17년 음력 4월호] 각지회록에 '익산총부'가 등장한다. 그렇다면 익산에 기지를 세운 이후 원기10년(1925)부터 원기15년(1930) 6월까지 대략 5년 6개월 정도 '본부'라는 용어를 사용한 것이다. 최소 원기15년 6월 이후부터 '총부'라는 용어를 사용한다. 총부, 지부, 총지부라는 체계를 사용한 것이다.

익산총부 정문과 정신개벽 표석

익산총부 정문 앞에 '정신개벽'의 표석[標石, 입석]이 세워져 있다. 정신개벽의 서원으로 이 정문을 넘나들라는 소태산 대종사의 당부요 권장이라 할 것이다. 물질개벽 시대에 물질을 선용하면서 항복 받는 정신개벽의 서원을 품고 살라는 것이다.
『정전』「개교의 동기」에서 과학의 문명이 발달되는 시대에 물질의 세력을 항복 받아 정신의 세력을 확장하여 파란 고해의 일체 생령을 광대 무량한 낙원으로 인도하자는 말씀이 나온다. 이는 정신개벽으로 성불제중하고 정신개벽으로 제생의세하라는 부촉이다.
익산총부는 소태산 대종사께서 밝혀주신 일원—圓의 교법으로 정신을 개벽하여 새 사람으로 새 세상을 꿈꾸는 서원의 땅이요 정진적공의 훈련지이다. 한 발 한 발 익산총부를 순례하면서 정신개벽의 광대한 서원이 발걸음 따라 꿈틀거리게 하고, 정신개벽

원불교 익산성지 정문 - 원기69년(1984) 11월 11일 건립

정신개벽 표석

의 정진적공이 가슴 깊이 스며들게 하여, 물질의 세력을 항복받고 정신의 세력을 확장하여 광대 무량한 낙원을 가꾸어 가라는 소태산의 깊은 뜻을 찾아나서야 할 것이다.

익산본관에 최초로 세운 정문은 도치원 아래에 있었을 것이다. 이후 익산총부 정문은 청하원과 교정원 별관 사이 4각 시멘트 기둥에 송판 나무문을 달았다가 문이 썩어 부서지자, 원기38년(1953)에 화강암 원형 문설주를 세운다. 원기56년(1971) 개교반백년 기념사업 때에 익산총부 확장공사로 철거된다[이 원형 문설주는 상주선원 입구 왼편 길로 이전]. 이때 비탈진 고개였던 정문의 언덕이 현재의 높이로 깎아 완만하게 조성한다.

현 정문은 교단창립 제2대말 성업봉찬 사업의 일환으로 원기68년(1983) 11월에 신축 기공하여 원기69년(1984) 5월 완공한 한식 기와를 얹은 백제 건축양식의 콘크리트 건물로, 11월 총회 때 '익산총부건설 60주년'을 기념하여 강암 송성용의 글씨로 세로 한자표기로 '원불교중앙총부圓佛敎中央摠部' 현판을 건다. 이후 신룡전법의 익산성지를 선명화하기 위해 정문 상단에 가로 한자 표기 '원불교익산성지' 현판을 이산 박정훈의 글씨와 최경순의 판각으로 원기89년(2004) 5월 현판식을 했으며, 원기93년(2008)에 '원불교중앙총부' 현판도 세로쓰기 한글 표기로 바꾸어 걸게 된다. 그리고 익산성지와 원불교의 개교의 목적을 기리기 위해 정문 앞에 비켜서서 '정신개벽' 표석을 세운다.

새 회상의 기지인 익산총부 정문과 관련된 법문은 『대종경』 전망품 4장과 『대종경』 실시품 21장이 대표적이다.

『대종경』 전망품 4장 - 못자리판

이제 막 건설된 익산총부에 대해 못자리판과 같다는 제자의 감상에 대해 앞으로 지금 이 모임이 마치 못자리의 모와 같이 세계적 큰 회상의 조상으로 드러날 것이라는 비전을 제시한다.
'신룡전법상'의 도량인 익산총부는 소태산이 제시한 체계적이면서도 간결한 구성의 교법으로 정기훈련과 상시훈련을 시킨 교법의 훈련 도량이다.

> 대종사 **익산益山에 총부를 처음 건설하실 제** 몇 간의 초가[도치원, 꼭두마리집]에서 많지 못한 제자들에게 물으시기를 「지금 우리 회상이 무엇과 같은가 비유하여 보라.」 권대호權大鎬 사뢰기를 「**못자리판과 같나이다.**」 다시 물으시기를 「어찌하여 그러한고.」 대호 사뢰기를 「우리 회상이 지금은 이러한 작은 집에서 몇십 명만 이 법을 받들고 즐기오나 이것이 근본이 되어 장차 온 세계에 이 법이 편만할 것이기 때문이옵니다.」
> 대종사 말씀하시기를 「네 말이 옳다. 저 넓은 들의 농사도 좁은 못자리의 모 농사로 비롯한 것 같이 지금의 우리가 장차 **세계적 큰 회상의 조상**으로 드러나리라. 이 말을 듣고 웃을 사람도 있을 것이나, 앞으로 제일대만 지내도 이 법을 갈망하고 요구하는 사람이 많아질 것이며, 몇십 년 후에는 국내에서 이 법을 요구하게 되고, 몇백 년 후에는 전 세계에서 이 법을 요구하게 될 것이니, 이렇게 될 때에는 나를 보지 못한 것을 한하는 사람이 수가 없을 뿐 아니라, 지금 그대들 백 명 안에 든 사람은 물론이요, 제일대 창립 한도 안에 참례한 사람들까지도 한 없이 부러워하고 숭배함을 받으리라.」
> 《『대종경』 전망품 4장》

『대종경』 변의품 32장 – 후천개벽의 순서

익산총부는 물질개벽 시대를 향도하는 정신개벽의 현장이다. 물질의 세력을 선용하면서 또한 항복시키는 정신개벽의 훈련장이다. 소태산 대종사는 물질을 선용하는 동시에 항복시키는 정신개벽을 위해 이곳 신룡벌에서 전법轉法의 훈련을 하였다. 물질의 세력을 전제하지 않는 정신의 세력 확장은 무의미하며, 물질문명을 벗어난 정신문명은 무력하다. 물질문명과 정신문명을 병행하지 않는 길은 소태산 대종사의 가르침에서 벗어나는 것이다.

> 김기천이 여쭙기를 「선지자들이 말씀하신 후천개벽後天開闢의 순서를 날이 새는 것에 비유한다면 수운 선생의 행적은 세상이 깊이 잠든 가운데 첫 새벽의 소식을 먼저 알리신 것이요, 증산 선생의 행적은 그다음 소식을 알리신 것이요, 대종사께서는 날이 차차 밝으매 그 일을 시작하신 것이라 하오면 어떠하오리까.」 대종사 말씀하시기를 「그럴듯하니라.」 이호춘李昊春이 다시 여쭙기를 「그 일을 또한 일 년 농사에 비유한다면 수운 선생은 해동이 되니 농사지을 준비를 하라 하신 것이요, 증산 선생은 농력農曆의 절후를 일러주신 것이요, 대종사께서는 직접으로 농사법을 지도하신 것이라 하오면 어떠하오리까.」 대종사 말씀하시기를 「또한 그럴듯하니라.」 《『대종경』 변의품 32장》

『대종경』 전망품 16·17·18장 – 미륵불과 용화회상의 참뜻

소태산은 미륵불 또는 용화회상을 후천개벽의 시대에 일원상의 진리가 훤히 드러나는 세상이라고 일러주신다. 그러면서 다가오는 미래세상은 특정한 사람만이 부처가 되는 게 아니라 모두가 부처가 될 수 있는 세상으로, 일원상의 진리를 먼저 깨달아 하나하나 실천하는 사람이 미래세상의 주인이라고 천명한다. 소태산은 물질이 개벽되는 후천개벽의 세상에 물질을 선용하는 동시에 항복받는 정신개벽을 할 때, 이러한 역할을 수행하는 사람을 미륵불이라 하고 이러한 세상을 용화회상이라고 밝힌다. 미륵불은 물질개벽시대에 적합한 정신개벽의 실천자이며 용화회상은 이러한 정신개벽을 다 같이 다 함께 가꾸어 가는 광대 무량한 낙원 세상이다. 소태산은 정신개벽의 세상을 혼자만 밀고 가지 않고 함께 같이 일구어 가자고 독려한다.

최도화崔道華 여쭙기를 「이 세상에 미륵불彌勒佛의 출세와 용화회상龍華會上의 건설을 목마르게 기다리는 사람이 많사오니 미륵불은 어떠한 부처님이시며 용화회상은 어떠한 회상이오니까.」 대종사 말씀하시기를 「미륵불이라 함은 법신불의 진리가 크게 드러나는 것이요, 용화회상이라 함은 크게 밝은 세상이 되는 것이니, 곧 처처불상處處佛像 사사불공事事佛供의 대의가 널리 행하여지는 것이니라.」 장적조 여쭙기를 「그러하오면 어느 때나 그러한 세계가 돌아오겠나이까.」 대종사 말씀하시기를 「지금 차차되어지고 있나니라.」 정세월鄭世月이 여쭙기를 「그 중에도 첫 주인이 있지 않겠나이까.」 대종사 말씀하시기를 「하나하나 먼저 깨치는 사람이 주인이 되나니라.」
《『대종경』 전망품 16장》

박사시화朴四時華 여쭙기를 「지금 어떤 종파들에서는 이미 미륵불이 출세하여 용화회상을 건설한다 하와 서로 주장이 분분하오니 어느 회상이 참 용화회상이 되오리까.」 대종사 말씀하시기를 「말만 가지고 되는 것이 아니니, 비록 말은 아니 할지라도 오직 그 회상에서 미륵불의 참뜻을 먼저 깨닫고 미륵불이 하는 일만 하고 있으면 자연 용화회상이 될 것이요 미륵불을 친견할 수도 있으리라.」
《『대종경』 전망품 17장》

서대원이 여쭙기를 「미륵불 시대가 완전히 돌아와서 용화회상이 전반적으로 건설된 시대의 형상은 어떠하오리까.」 대종사 말씀하시기를 「그 시대에는 인지가 훨씬 밝아져서 모든 것에 상극이 없어지고 허실虛實과 진위眞僞를 분간하여 저 불상에게 수복壽福을 빌고 원하던 일은 차차 없어지고, 천지만물 허공법계를 망라하여 경우와 처지를 따라 모든 공을 심어, 부귀도 빌고 수명도 빌며, 서로서로 생불生佛이 되어 서로 제도하며, 서로서로 부처의 권능 가진 줄을 알고 집집마다 부처가 살게 되며, 회상을 따로 어느 곳이라고 지정할 것이 없이 이리 가나 저리 가나 가는 곳마다 회상 아님이 없을 것이라, 그 광대함을 어찌 말과 글로 다 하리요. 이 회상이 건설된 세상에는 불법이 천하에 편만하여 승속僧俗의 차별이 없어지고 법률과 도덕이 서로 구애되지 아니하며 공부와 생활이 서로 구애되지 아니하고 만생이 고루 그 덕화를 입게 되리라.」

《『대종경』 전망품 18장》

『대종경』 실시품 21장 – 약속

소태산 대종사, 총부 정문 앞에서 놀던 아이 중 인사를 안 하는 아이에게 인사를 하면 과자를 주겠다고 하니 그 아이가 인사를 하므로 종법실[조실]에 되돌아가시어 과자를 가져다주어 그 아이와의 약속을 이행한다. 이처럼 총부 정문은 소태산 대종사가 아이와 한 약속을 지킨 도량이다. 아무리 사소한 일이라도 신용을 지킨 것으로, 아이와의 약속일지라도 꼭 지키는 심신 작용으로 신용을 쌓아 취사력을 키웠던 곳이다. 이 장소는 청하원과 교정원 별관 사이 일대다.

이 법문에 따르면 대종사도 『정전』 특신급의 '신용 없지 말며'의 신용을 지킨 것이며, 『정전』 지도인으로서 준비할 요법 '지도받는 사람에게 신용을 잃지 말 것이요'의 신용을 지키는 지도인의 역할을 한 것이다. 일원상을 수행의 표본으로 삼아서 신용을 잃지 않는 작업취사로 삼학 수행을 하는 모습이다.

대종사 몇 제자와 함께 총부 정문 밖에 나오시매, 어린이 몇이 놀고 있다가 다 절을 하되 가장 어린아이 하나가 절을 아니 하는지라, 대종사 그 아이를 어루만지시며 「네가 절을 하면 과자를 주리라.」 하시니, 그 아이가 절을 하거늘, 대종사 웃으신 후 무심히 한참 동안 걸으시다가, 문득 말씀하시기를 「그대들은 잠깐 기다리라. 내가 볼 일 하나를 잊었노라.」 하시고, 다시 조실로 들어가시어 과자를 가져다가 그 아이에게 주신 후 가시니, 대종사께서 비록 사소한 일이라도 항상 신信을 지키심이 대개 이러하시니라. 《『대종경』 실시품 21장》

황이천의 회고담

황이천[본명 가봉假鳳, 법호 붕산]은 일제강점기 불법연구회를 전담 수사하던 순사로, 원기21년(1936) 10월부터 소태산 대종사를 사찰하던 중 그 인품과 가르침에 감복하여 제자가 된다. 그는 이천二天이라는 법명을 받고 소태산과 불법연구회를 여러모로 돕는다.

당시 순사였던 황이천의 회고담에 따르면 『대종경』 실시품 21장의 법문 현장은 청하원과 교정원 별관 사이의 정문 앞 구정원과 하운관 사이에 있는 소나무 정원 로터리 일대로 보인다.

당시 어느 날, 종사님[소태산 대종사]을 모시고 산업부[현재 원광디지털대학교 일대]로 소풍[당시 산업부 아래에 황등호수가 펼쳐져 있었음]을 간 일이 있다. 이때 염천炎天에 종사님은 양산을 드시고 나는 학복 그대로 '**총부 사무실 앞 로터리**'에 다다르자 5~6세 되는 아이들이 대여섯 명 놀고 있었다. 이 아이들이 자라서 검사가 되고 또 교무가 되기도 했다. 아이들이 종사님을 뵈옵고도 인사를 안 하니 종사님께서 발을 멈추시고 "너희들 나에게 절해라. 그러면 너희들에게 과자를 주마" 하시니 아이들이 반갑게 생각하고 일제히 절을 했다. 그

구정원 앞 로터리

01 익산총부 정문

러자 종사님은 발길을 돌려 **조실[종법실]**로 향하시더니 과자를 가지고 오시는 것이 아닌가. 그래 그 과자를 친히 아이들에게 나눠주신다.

《황이천, 내가 내사한 불법연구회 5. 〈원불교신문〉 103호》

나는 당최 무슨 일로 나오시다 다시 들어가시는가 하고 이상하게 생각하였던 바 별일도 아니고 과자를 가져다 아이들에게 나눠 주시는 것이었다.
이천: 종사님이 안으로 다시 들어가시기에 별일이나 있으신가 했더니 그 과자를 가지러 들어가셨습니다그려.
종사주: 그리하였소.
이천: 아이들에게 과자 주는 일이 그리 급한 일이 아닌데 이 염천에 바쁘신 걸음을 하십니까.
종사주: 그게 대단한 일이지, 아이들에게 절하면 과자 준다고 말했으니.
이천: 그렇지만 차후에 주어도 될 것 아닙니까.
종사주: 이천이 공부를 하는데 이러한 점에 각별 주의해야 하는 것이오. 천진스러운 어린아이들에게 추호도 거짓되게 행동하면 참으로 못 쓰는 것이오. 안 줘도 괜찮다고 생각할지도 모르나 그러면 아이들에게 신용을 잃게 되오. 그는 자기 마음 한구석에 아무렇게나 해도 괜찮다는 불신의 씨가 생기어 신信의 바탕이 무너지는 것이나 작은 일이라고 하여 관심을 소홀히 하는 것은 수도인으로서는 대 금물이니 적다 하지 말고 관심을 꼭 버려서는 안 되는 것이오.

《황이천, 내가 내사한 불법연구회 6, 〈원불교신문〉 104호》

초기교단의 대종사 호칭

대종사는 소태산 박중빈朴重彬의 부르는 존칭으로, 원각성존圓覺聖尊 또는 법호인 소태산少太山에게 붙여 쓰는 경칭이다.
불법연구회 시대에 소태산 대종사는 '선생님', '총재' 등으로 불리다가 원기14년

(1929) 2월부터 이춘풍의 의견 제안에 따라 '종사주'라고 불리었다. 종사주는 종사님이란 뜻이기에 종사, 종사님으로도 불린다. 이러한 가운데 '대종사'라고도 존칭한다. 대종사는 종사의 극존칭으로 보인다. 대종사라는 존칭, 경칭은 〈월말통신〉〈월보〉〈회보〉에서 일찍부터 등장한다.

〈월말통신〉 제31호 시창15년 8월호의 영광지회 8월 16일 예회록에 '대종사주의 법안'의 기록이 보이며,
〈회보〉 제6호 시창19년 정월호의 「회가」에 '우리 대종사'가 나오며,
〈회보〉 제7호 시창19년 2월호에 '유아 대종사주의 은덕'이 나오며,
〈회보〉 제18호 시창20년 7월호에 김형오의 「용진가勇進歌」에 '우리 대종사' '대종사 도덕'이 등장하며,
〈회보〉 제20호 시창20년 10·11월호 「삼산 김기천 선생 역사찬」에 '대종사의 지시' 등이 나타나며,
그 외에도 '대종사 출좌出座' '대종사주의 지도 감독' 등의 표현을 볼 수 있다. 결정적으로 〈불법연구회창건사〉에서 '대종사'를 공식 명칭으로 사용하고 있다.

『대종경』은 창시자이며 위대한 스승인 대종사의 말씀[법문]을 담은 경전을 뜻한다.
   The Scripture of the Founding Master
   The Discourses of the Great Master

〈월말통신〉 제27호 시창15년(1930) 5월 8일에 서중안 추도문에 익산본관과 영광지회의 추도문에 **'대종사주의 법안法顔'**이라는 문장이 등장한다. 대종사주는 대종사님이라는 뜻이다.
또한 〈월말통신〉 제30호 시창15년 7월호 「회설」 '종사주의 수양을 드리기 위하여'에 **'대종사주'**가 등장한다. 소태산 대종사 재세 시에, 특히 익산총부 도량에서 일찍이 대종사라는 호칭이 사용된 것이다.

02
도치원과 꼭두마리집

도치원은 불법연구회를 공개한 후 신룡벌에 지은 최초 건물이다. 원기9년(1924) 말에 익산본관을 건설할 때 신룡벌 도치 고개에 지은 방 3칸 부엌 1칸의 4칸 겹집의 초가다. 소태산은 도둑들이 나타나는 도둑 고갯마루인 도치盜峙 재에 도道의 본부인 도치원道峙院을 건설한다. 도치원은 새 회상 불법연구회의 본관으로, 기둥에 서중안 회장의 글씨로 '불법연구회' 간판을 걸고 새 회상을 공개한다. 도치원은 보통 '익산본관'이라 불렀다. 꼭두마리집은 도치원과 함께 지은 5칸 겹집의 초가이다. 꼭두

도치원(좌)과 꼭두마리집(우) - 무인동선 기념사진

도치원(좌)과 꼭두마리집(우)
- 신룡양로원 인가(1952.3.15) 당시 모습

마리집에 엿방을 두어 엿집이라고도 한다. 익산본관을 건설하면서 전무출신 제도가 시행되며 출·재가의 교단이 형성된다. 이에 생계를 타개할 방안으로 꼭두마리집

에 엿방을 두고 엿을 고아서 파는 엿 행상에 나선다. 그러나 몇 달 만에 엿 행상은 그만두게 되며, 이후 엿방이 있던 꼭두마리집은 불법연구회 7부 중 식사부와 세탁부의 역할을 담당한다.

도치원 및 꼭두마리집과 관련된 법문은『대종경』실시품 4장이 대표적이다.

『원불교교사』제2편 제1장 2. 총부 기지의 확정과 건설

원기9년(갑자甲子 1924) 음력 11월에 성조成造된 2동은 도치원과 꼭두마리집이다. 도치원은 신태인에 있는 어느 사무실의 재목을 옮겨와 지은 건물이라면, 꼭두마리집은 원평 회원 조송광의 구월리 어유동 처가 동네 가옥의 재목을 옮겨와 지은 건물로 'ㄴ'자형으로 꼬부라진 곡두曲頭 형태라 '꼭두마리집'이라고 불리었으며 도치재 언덕의 꼭대기 집이란 뜻도 있다.

신룡벌 허허벌판에 본관 건설이 시작되자 공사위원으로 사산 오창건, 팔산 김광선, 정산 송규와 송도성 형제, 석두암 등의 건축 경험이 있는 김남천과 송적벽이 작업하고 김제 인화당한약방에서 회장 서중안과 이동안, 전주에서 전음광이 내왕하며 공사에 합력한다. 도치원을 건설할 때 송도성이 공양주 노릇을 하였다. 당시 도치원 마당에 우물을 팠으나 물이 충분치 못하여 꼭두마리집 부엌 아래에 다시 우물을 파서 사용한다. 이때 두레박줄을 당겨 우물물을 기르면 손바닥이 쩍쩍 얼어붙었으며, 난생 처음 해보는 밥 짓는 일이라, 갓 배운 솜씨로 쌀을 일면 조리질에 따라 머리도 같이 끄덕끄덕 돌아가는 웃지 못할 일화가 있다.

현재 최초 본관, 도치원은 불법연구회의 뿌리가 되는 곳이라 하여 본원실本源室이라고도 부르며, 이 도치원 마당 앞이 맨 처음의 불법연구회 익산본관 정문이라 할 것이다.

> 원기9년(갑자甲子, 1924) 음력 9월에 임시 요인회를 열고 총부 본관 건축을 결의한 후, 바로 공사에 착수하여, 엄동의 추위를 무릅쓰고 10여 명의 전무출

신과 특별 후원인들의 성심 노력으로, 음력 11월에 비로소 목조 초가木造草家 2동棟 도합 17간間을 성조成造하니, 이것이 새 회상 총부 본관의 첫 건설이며 「불법연구회」 간판을 세상에 드러내는 처음이었다.

『원불교교사』 제2편 제1장 3. 전무출신의 공동생활

『원불교교사』에서 엿 제조업과 행상을 원기10년(1925) 음력 7월에 폐지했다고 한다. 다만 원기10년 음력 5월 6일에 정기훈련의 효시인 을축하선이 시작되므로 실질적으론 음력 5월 안으로 그만둔 듯하다. 또한 소작농을 다시 시작하여 모내기 등 농사 준비를 해야 하므로 음력 5월에는 엿 행상을 그만두었다고 보아야 할 것 같다.

엿 행상을 할 때 도치원의 잠자리는 누습하고 침구도 변변치 않아서, 이불 네 끝을 끈으로 묶어서 방 네 귀 못에 고정시켜 놓고 몸만 넣고 자는 상황이었다. 이러한 여건 속에서 엿 행상과 만석평 출장 작농을 하도록 한 것은 생활 속에서 공부하는 '생활 종교의 체제'를 확립하기 위한 것이다. 이런 중에도 전무출신을 비롯한 재가·출가 회원들은 '새 회상 만난 기쁨'으로 공동생활을 한다. 이때 엿 행상을 했던 제자들은 이 일을 통해서 어떠한 난관도 극복할 역량을 키워 정신개벽의 일꾼으로 성장한다.

재가·출가의 일심 합력으로 근근이 총부의 첫 건설은 마쳤으나, 그 유지와 생활 방로는 계속 막연하므로, 송적벽 등이 발의하여 원기9년(1924·甲子) 음력 12월에 엿 제조업[제이업製飴業]을 시작하였다. 이에 몇 사람이 주무主務가 되고, 모든 인원은 행상行商이 되어, 그 이익으로 1년간 호구糊口를 하게 되었으나, 이익도 박하고 외경 접촉이 심하여 공부에 방해될 우려도 있으므로, 이듬해[원기10년(1925)] 음력 7월에 드디어 폐지하였다. 그 후의 생활 대책으로는 만석리萬石里에 척식회사[동양척식주식회사] 소유답 약간을 다시 빌려, 출장 작농으로 선비禪費를 마련하였으며, 총부 경비는 약간의 회금會金 수입과 임원들의 출역 농작 등으로 충당하였으니, 이는 곧 '생활 종교의 체제'를 세우기 시작한 작업이라 할 것이다.

당시 총부의 전무출신들은 평소 가정에서 일찍이 한번도 노동이나 행상을 경험해 보지 못한 처지였다. 폭염暴炎을 무릅쓰고 논과 밭에서 작업하며 풍설을 무릅쓰고 거리와 마을을 배회할 때에 그 고생이 오죽하였으며, 대개는 엿밥으로 끼니를 대신하고 침구조차 부족한 누습한 방에서 종일 피곤한 몸을 쉬게 되었으니 그 간난함이 어떠하였으리오. 그러나 그들은 조금도 고생으로 생각지 아니하고, 오직 '새 회상 만난 기쁨'으로 유일한 낙을 삼아서 모든 일에 조금도 거리끼는 바가 없었다. 석반 후에는 한자리에 모여, 하루의 경과를 보고하고 감상과 처리 건을 토론하며, 대종사께서는 간간이 법설로 대중의 공부를 지도해 주시니, 그 단란한 공동생활은 이른바 지상의 천국이었다.

『대종경』 실시품 4장 – 큰 선생과 학비

황등역 이리역 부용역 등지에 엿 행상 나갔던 회원들은 저녁 늦게 들어오면 피곤하여 엿목판을 엿방에 들여놓지 않고 마루에 두고서 잠자리에 들곤 한다. 이에 소태산은 분실할 위험이 있다는 주의를 주나 결국에는 엿목판을 잃어버리게 된다. 소태산은 그 도둑은 큰 선생이요 이 사건은 학비라고 한다.

소태산이 말씀하신 큰 선생은 일원상의 진리에 근원한 사은으로, 「일원상의 진리」는 대·소·유무에 분별이 없는 자리며, 선악업보가 끊어진 자리로서 공적영지의 광명을 따라 대·소·유무에 분별이 나타나서 선악업보에 차별이 생겨나므로 선악은 다 일원상 진리의 드러남인 것이다. 결국 선과 악은 다 스승으로 드러나므로 사은이다. 『대종경』 실시품 4장에 나온 도둑은 선악업보가 끊어진 자리에서 선악업보에 차별이 생겨나는 사은의 도둑이다. 도둑 자체가 아니라 도둑으로 드러나는 그 일원상의 진리이다. 즉 도둑을 통해서 드러나는 가르침인 사은의 도를 체받아서 그 도를 실행하라는 소태산의 법훈이다. 일원상의 내역을 말하면 곧 사은이요 사은의 내역을 말하면 곧 우주만유로서 천지만물 허공법계가 다 부처 아님이 없는 '사은 곧 일원의 신앙법'이다.《『대종경』 교의품 4장》

이처럼 소태산은 일원상 안목에서 드러나는 도둑을 부처라고 한다. 즉 '처처불상'이라는 표어로도 달리 말한다. 그러니 이 도둑을 큰 선생으로 삼고 그 일을 학비로 삼아 주의하는 '사사불공'을 하라는 것이다. 다행히 잃어버린 엿목판은 다음날 큰길가에 쌓여 있었고 엿 약간만 없어졌다.

> 원기9년에 익산총부를 처음 건설한 후 가난한 교단생활의 첫 생계로 한동안 엿[飴] 만드는 업을 경영한 바 있었더니, 대종사 항상 여러 제자에게 이르시기를 「지금 세상은 인심이 고르지 못하니 대문 단속과 물품 간수를 철저히 하여 도난을 당하는 일이 없도록 하라. 만일 도난을 당하게 된다면 우리의 물품을 손실할 뿐만 아니라 또한 남에게 죄를 짓게 해 줌이 되나니 주의할 바이니라.」 하시고, 친히 자물쇠까지 챙겨 주시었으나 제자들은 아직 경험이 부족한 관계로 미처 모든 단속을 철저히 하지 못하다가, 어느 날 밤에 엿과 엿목판을 다 잃어버린지라, 제자들이 황공하고 근심됨을 이기지 못하매, 대종사 말씀하시기를 「근심하지 말라. 어젯밤에 다녀간 사람이 그대들에게는 **큰 선생**이니, 그대들이 나를 제일 존중한 스승으로 믿고 있으나, 일전에 내가 말한 것만으로는 정신을 차리지 못하다가 이제부터는 내가 말하지 아니하여도 크게 주의를 할 것이니, 어젯밤 약간의 물품 손실은 그 선생을 대접한 학비로 알라.」
> 《『대종경』 실시품 4장》

엿 고던 부엌과 이공주의 후원

이공주가 보낸 돈으로 '엿을 고던 부엌'[꼭두마리집 부엌]을 새롭게 방으로 들이고 도치원 본관의 동아실 방을 보수한 것으로 여겨진다. 이공주는 아들 박창기와 함께 원기17년(1932) 8월 31일(음력 7월 30일) 경성역을 출발하여 9월 1일 익산총부에 도착하여 전무출신으로 출가 생활을 시작한다. 이후 원기19년(1934) 청하원을 신축하여 이사할 때까지 2년여 동안 도치원 동아실을 사용하였다.

> 이공주가 원기17년(1932) 9월 1일(음력 8월 1일) 아침 전무출신[출가]하기 위해 익산총부에 도착하자 대종사와 대중들은 크게 기뻐하며 환영하였다.
> 대종사는 이공주에게 **도치원 동아실 방**을 쓰라고 말했다.
> "이 방은 전일에 공주가 보내준 돈으로 만든 방이니 공주가 쓰도록 하시오."
> 이공주의 전무출신 출가생활은 이렇게 시작되었다.
> 이공주가 원기15년(1930) 음력 3월 총회에 참석하였을 당시 대종사는 **엿을 고아 팔던 부엌**을 가리키며 이공주에게 말씀하셨다.
> "여기에 방을 들이면 10여 명이 기거할 큰 선방이 될 텐데 못하고 있다."
> 이공주가 비용을 묻자 70원가량 든다고 하여 이공주는 상경하여 1백 원을 익산본관으로 보냈다.
> 《『구도역정기』 구타원 이공주 법사편》

도치원의 옥호와 그 구조

소태산 대종사는 도둑이 출몰하는 흉지凶地인 신룡벌 도치盜峙 재에 도道의 본부를 세워 도로써 운영하겠다는 뜻으로 도치원道峙院이라 명명한다. 이는 흉지凶地도 길지 吉地로 돌려 경영하라는 뜻이라 할 것이다. 소태산은 『정전』 천지은에서 "천지의 길 흉 없는 도를 체받아서 길한 일을 당할 때에 흉할 일을 발견하고, 흉한 일을 당할 때에 길할 일을 발견하여, 길흉에 끌리지 아니할 것"[천지보은의 강령]이라고 당부한다. 이처럼 최초 본관인 도치원의 이름은 도둑이 출몰하는 흉한 경계 속에서도 도에 따라 지혜와 복락을 장만하여 길할 일을 경영하라는 뜻이리라.

또한 최초 본관인 도치원은 불법연구회가 시작된 시원처로, 소태산 대종사가 제자들과 함께 낮에는 일하고 밤에는 함께 공부했던 이사병행·영육쌍전의 생활상을 보여주신 본원의 도량이다. 나무는 뿌리가 튼튼해야 하듯이 최초 본관인 도치원을 통해서 그 처음의 본원에 투철해야 할 것이다.

최초 본관, 도치원은 4칸 겹집으로 서쪽 부엌에 붙은 방을 서아실이라 불렀는데 처음에는 소태산 총재가 거처하였고, 가운데 방은 객실로, 선禪 때는 교무실과 부인 공부방으로 이용했다. 이후 소태산은 동방[동아실]으로 숙소를 옮김에 따라 가운데 두 칸은 대중방, 서방[서아실]은 식당으로 사용한다. 집회를 열 때는 대중방과 동방을 터서 사용한다. 원기10년(1925) 여름에 부엌은 꼭두마리집으로 옮기고 방으로 개수하면서 도치원은 남자들 숙소로, 꼭두마리집은 부인 숙소로 사용한다.

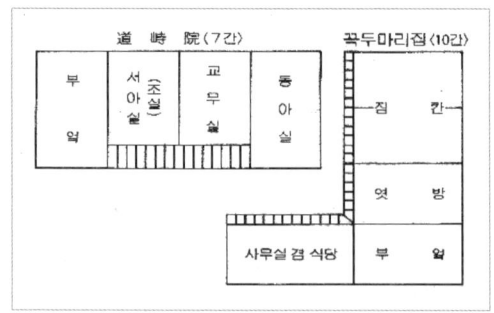

도치원과 꼭두마리집 평면도 〈박용덕,『신룡벌, 도덕공동체 터전의 확립』에서 따온 그림〉

《박용덕,『소태산박중빈 불법연구회』2권》

03
영춘원 및 종법실

영춘원迎春院은 꽃피는 봄날에 지은 건물로 봄을 맞이하는 집이라는 뜻의 아름다운 옥호이다. 원기12년(1927) 음력 3월 26일, 제5회 평의원회에서 선원교무 이춘풍이 정기훈련을 실시할 건물이 필요하다는 제안에 하선夏禪이 시작되기 전에 준공하자고 가결한다. 이에 도치원 아래에 맞배지붕의 3칸 건물을 짓고 정묘하선(원기12년 음력 5월 6일~8월 6일)을 진행한다. 부인들이 사용해서 이 건물을 부인선원이라 부르며, 원기13년(1928)에 이 부인선원에 양쪽을 달아내어 제1회 기념관인 영춘원으로 증축한다. 제1대 제1회 기념총회를 이 영춘원에서 치른 후로 총부 사무실 및 남자 숙소 등으로 사용한다.

원기22년(1937)부터는 소태산의 주석처인 금강원이 여자들의 숙소인 도치원과 꼭두마리집을 거쳐 출입하는 노선이라 이를 문제 삼는 일경의 사찰에 대응하기 위해 익산총부에 들어서면 바로 맞이하는 영춘원으로 거처를 옮기게 된다. 이에 따라 영춘원은 종법실이라 불렸고, 지금의 종법원이 지어지면서 옛 종법실 또는 옛 조실이라는 뜻의 구조실이라고도 불린다. 이곳에서 소태산 대종사의 많은 법설이 울려 퍼진다.

1. 부인선원: 3칸 맞배지붕, 원기12년(1927) 정묘하선 시행
2. 제1회 기념관, 영춘원: 5칸 한옥 겹집[증축], 원기13년(1928) 음력 3월 26일 제1대 제1회 기념총회 시행, 최초의 법위승급을 발표한 곳
3. 종법실: 원기22년(1937) 5월 이후 영춘원을 종법실로 전용

영춘원과 관련된 법문은 『대종경』 교단품 2장, 성리품 22장이고, 종법실과 관련된 법문은 『대종경』 실시품 16~19장, 실시품 23장, 인도품 23장, 실시품 34장, 천도품 8장, 부촉품 3장, 『대종경선외록』 선원수훈장 12절 등이 있다.

1. 영춘원 기연 법문

『원불교교사』 제2편 제2장 4. 제1대 제1회 기념총회
- 영춘원과 최초의 법위승급

영춘원은 각 방 칸막이 미닫이문을 뜯어서 예회나 기념례를 보는 등 다목적 공간으로 사용하고, 평시에는 칸을 막아 낮에는 사무실로 밤에는 남자 숙소로 사용한다.

> 원기13년(1928·戊辰) 3월 26일은 제1대 제1회 기념일에 정기 총회를 겸한 날이었다. 총회 준비를 위하여 연초부터 송규 등 5인이 창립 12년간의 사업보고서와 각 교도의 공부 사업 성적을 사정 편성하였고, 당일 총회는 송만경의 개회사로 시작하여, 12년간의 사업 보고·역사 보고를 마친 후, 2대 회장에 조송광曺頌廣을 선정하고, 각급 임원을 선임하였으며, 산업부 창립단과 육영부 창립단의 상황 보고 후 폐회하였다.
> 27일 오전에는 사업 각등 유공인과 10년 이상 전무출신자 등 각항 유공인들의 기념 촬영을 하고, 오후에는 대종사 주재 아래 제1회 사업 성적표 수여식을 거행하였다. 대종사께서는 "선진 후진이 서로 공덕을 알아 업어서라도 받들고 영접하여, 교운이 한 없이 융창하고 그대들의 공덕도 한 없이 유전되게 하라"는 간곡한 부촉을 하시었다. 제1회 1등 유공인은 이청춘·이동진화·서중안·전삼삼·김광선 등 5인, 2등 유공인은 김기천·이공주 등 2인, 3등 유공인은 이재철·송벽조·유정천·송규 등 4인, 4등 유공인은 박사시화 등 11인, 5등 유공인은 박세철 등 13인으로 5등 이상 입등인이 도합 35인이요, 6등에서 12등 유

공인이 278인이었다.

28일에는, 또한 대종사 주재 아래 예비 특신부 이상 승급자 68인에 대한 새 회상의 첫 승급 예식을 거행하니, 정식 법강항마부에 사후 승급으로 박세철·서동풍, 정식 특신부에 송벽조 등 6인, 예비 특신부에 이춘풍 등 60인이었다.

소태산 대종사는 원기3년(1918)에, 대각하신 1916년을 원년으로 매 12년을 1회回로, 3회 36년을 1대代로 구분하여 회상 운영의 시기 구분과 목표를 제시한다. 원기 13년(1928) 음력 3월 26~28일간 제1대 제1회를 기념하는 총회를 영춘원에서 열어 창립 12년간의 유공인을 공도자 숭배 차원에서 기리며, 그 법위를 조사하여 발표한다. **영춘원은 최초의 법위승급을 한 장소이다.**

또한 원기14년(1929) 음력 11월 21일에 당시 연구부 서기 송도성과 소태산의 장녀 박길선(21세)이 신정예법에 따라 영춘원[동선방, 현 종법실]에서 결혼식을 올리고 결혼기념으로 공회당에 괘종시계를 희사한다. 소태산은 '사은사요' 법문으로 축하하였고 고구마를 삶아서 대중공양하는 것으로 피로연을 마쳤다.

창립 제1대 제1회 기념, 신축강당 영춘원에서 - 원기13년(1928) 5월 16일

03 영춘원 및 종법실

『대종경』 교단품 2장 – 업어서라도 서로 받들 선후진의 도

원기13년(무진戊辰, 1928) 음력 3월 26일은 제1대 제1회 기념일과 정기총회를 겸한 날이었다. 26일에 12년간의 사업보고·역사보고를 마친 후, 2대 회장에 조송광曺頌廣을 선정한다. 27일 오전에 유공인 기념 촬영을 하고, 오후에는 제1회 사업성적표 수여식을 거행하고 대종사는 "선진 후진이 서로 공덕을 알아 업어서라도 받들고 영접하여, 교운이 한 없이 융창하고 그대들의 공덕도 한 없이 유전되게 하라"는 간곡한 부촉 법설을 한다.

> 창립創立 십이 년 기념식에 대종사 대중에게 말씀하시기를 「그대들이 우리 회상 창립 십이 년 동안의 사업 보고와 성적 발표를 들었으니 그에 대하여 느낀 바를 각기 말하여 보라.」 하시니, 여러 제자가 이어 나와 각자의 감상을 발표하는지라, 대종사 일일이 들으신 후 말씀하시기를 「그대들의 감상담이 대개 적절하기는 하나 아직도 한 가지 요지가 드러나지 아니하였으므로 내 그를 말하여 주리라. 지금, 이 법당 가운데에는 나와 일찍이 상종되어 여러 해 되는 사람도 있고 또는 늦게 상종되어 몇 해 안 되는 사람도 있어서 자연 선진先進과 후진後進의 별이 있게 되는바, 오늘 이 기념을 맞이하여 선진과 후진 사이에 서로 새로운 감사를 느끼고 새로운 깨침을 가지라는 말이니, 후진들로 말하면 이 회상을 창립하느라고 아직 그다지 큰 애를 쓰지 아니하였건마는, 입교하던 그날부터 미리 건설하여 놓은 기관과 제정하여 놓은 법으로 편안히 공부하게 되었으니, 이것은 선진들의 단심혈성으로 분투 노력하여 놓은 덕이라, 만일 선진들이 없었다면 후진들이 그 무엇을 배우며 어디에 의지하겠는가. **그러므로 후진들로서는 선진들에게 늘 감사하고 공경하는 마음이 나서 모든 선진을 다 업어서라도 받들어 주어야 할 것이요,** 또는 선진들로 말하면 시창 당초부터 갖은 정성을 다하여 모든 법을 세우고 여러 가지 기관을 벌여 놓았다 할지라도, 후진들이 이와 같이 이어 나와서 이 시설을 이용하고 이 교법을 숭상하며 이 기관을 운영하지 아니하였다면, 여러 해 겪어 나온 고생의 가

치가 어디서 드러나며, 이 기관 이 교법이 어찌 영원한 세상에 유전하여 세세생생에 끊임없는 공덕이 드러나게 되겠는가. **그러므로 선진들로서는 후진들에게 또한 늘 감사하고 반가운 생각이 나서 모든 후진들을 다 업어서라도 영접하여야 할 것이니,** 선진 후진이 다 이와 같은 생각을 영원히 가진다면 우리의 교운도 한없이 융창하려니와 그대들의 공덕도 또한 한없이 유전될 것을 의심하지 아니하노라.」 《『대종경』 교단품 2장》

『대종경』 성리품 22장 – 견성 인가와 큰집

최초의 견성 인가는 시창13년(1928) 가을, 39세의 삼산 김기천에게 내린다. 목수가 잣대가 있어야 목수 노릇 잘할 수 있듯이 성품을 오득하는 견성을 하려면 성리공부를 해야 하며, 이는 마치 용이 여의주를 얻는 것과 같다는 것이다. 불법연구회 창립 총회 시 '재가 출가 선법'과 '솔성요론' 강의를 했던 삼산 김기천은 일원 회상의 견성의 문을 열어 보인 최초의 공부인으로 성리공부의 모범을 보여주었다. 당시에 대중집회가 가능한 곳은 제1회 기념관인 영춘원이다. 사무실과 남자 숙소로 사용했던 영춘원은 행사 때는 양쪽 밀창을 떼어내어 강당으로 사용하였다.

『대종경』 성리품 22장의 큰집은 『대종경』 수행품 9장의 정산 송규를 예시로 들어 '충분한 삼대력'을 얻는 인물로 제시한다. 큰집은 동정일여動靜一如의 무시선 공부에 정진하여 삼대력을 충분히 얻는 경지라 할 것이다. 정산 송규의 공부는 일원상의 진리에 근원한 삼학의 무시선 공부로써 큰집이다. 삼산 김기천의 경우는 일원상 자리를 오득한 차원에서 견성 인가를 한 것이며 마음의 자유 차원까지를 실행할 인물로 정산 송규에게 기대한 것이라 볼 수 있다.

대종사 선원에서 김기천의 성리 설하는 것을 들으시고 말씀하시기를 「오늘 내가 비몽사몽간에 여의주如意珠를 얻어 삼산三山에게 주었더니 받아먹고 즉시로 환골탈태하는 것을 보았는데, 실지로 삼산의 성리 설하는 것을 들으니, 정신이 상쾌하다.」 하시고, 말씀하시기를 「**법은 사정**私情**으로 주고받지 못할 것이요, 오직 저의 혜안이 열려야 그 법을 받아들이나니, 용**龍**은 여의주를 얻어야 조화가 나고 수도인은 성품을 보아서 단련할 줄 알아야 능력이 나나니라.**」 하시니, 문정규 여쭙기를 「저희가 일찍부터 정산을 존경하옵는데 그도 견성을 하였나이까.」 대종사 말씀하시기를 「집을 짓는데 큰 집과 작은 집을 다 같이 착수는 하였으나, 한 달에 끝날 집도 있고 혹은 일 년 혹은 수년을 걸려야 끝날 집도 있듯이 정산은 시일이 좀 걸리리라.」 《『대종경』 성리품 22장》

성리 공부와 여의주

시창13년(1928) 가을, 소태산 대종사는 강당[제1회 기념 강당, 영춘원]에 법좌를 차리게 하고 종을 쳐 대중을 불러 모은다.

"수도하는 사람이 견성을 하려는 것은 성품의 본래 자리를 알아 그와 같이 결함 없게 심신을 사용하여 원만한 부처를 이루는 데에 그 목적이 있나니, 이는 목수가 목수 노릇을 잘하려면 잣대가 있어야 하고, 용이 승천을 하려면 여의주를 얻어야 하는 것과 같다. 견성을 하려면 성리 공부를 하여야 하나니, 성리는 내가 손을 내놓으라 하면 손을 내놔야지 발을 내면 안 되는 것이다. 이제 내가 그대들에게 성리를 물어야겠다."하고 의두요목을 하나씩 놓고 물었다. 제자들은 번번이 대답은 하나 갈수록 낙엽처럼 떨어지고 나중까지 대답하는 사람은 삼산뿐이었다.

삼산의 성리 설하는 것을 듣고 선생주[소태산] 흡족한 웃음을 머금고 말하였다. "오늘 내가 비몽사몽간에 여의주를 얻어 삼산에게 주었더니 받아먹고 즉시 환골탈태하는 것을 보았는데, 실지로 삼산의 성리 설하는 것을 들으니, 정신이 상쾌하다."

이어서 말씀하시기를 "법은 사정으로 주고받지 못할 것이요 오직 저의 혜안이 열려야 그 법을 받아들이나니 용은 여의주를 얻어야 조화가 나고 수도인은 성품을 보아서 단련을 할 줄 알아야 능력이 나나니라."

《박용덕, 『소태산박중빈 불법연구회』 2권》

2. 종법실[구조실] 기연 법문

종법실과 종법실 현판
종법실의 현판은 유제 송기면의 글씨로 이곳에서 소태산은 6년간 주석한다. 정면 오른쪽과 후원에 작은 연못이 있었고, 정원에 수양버들 5그루가 있었다. 또한 구들장과 고임돌도 장대로 일일이 가리키어 감역하여 놓은 현장이다.

종법실

종법실 현판

종법실 후원의 화장실과 목욕탕
종법실 뒤편에는 아궁이와 화장실, 목욕탕이 있다.

종법실 후원의 화장실과 목욕탕

> 건축 상황을 대강 소개하자면 4월 중순부터 종법실 후면에 욕실과 변소를 신축하여 5월 중순에 준공하고, 여선원 서쪽에 있는 고사庫舍를 개와蓋瓦하고, 동쪽 북측에다가 여변소를 신축하여 5월 하순에 준공하니, 총공비 삼합三合 670여 원이러라.
> 《각지소식-익산총부, 〈회보〉 65호, 시창25년(1940) 6월호》

제자들이 아궁이에 불을 지피고 물을 데워 소태산 대종사를 보필했던 신성의 터전이다. 공회당과 종법실 사이의 뒷마당에 팔타원 황정신행이 대종사님 머리 식히시라고 데려온 원숭이[암수 한 쌍]의 우리[막]가 있었다. 대종사 때때로 원숭이를 구경하셨으며 열반 전까지 이 원숭이 먹이를 걱정하며 챙기셨다. 이 원숭이를 보기 위해 근동 사람들과 학생들[이리농림학교 실습생 등]이 찾아오기도 하였는데, 일종의 동물원 역할을 한다.

또한, 북일지서 주임이 종법실 뒤 툇마루 밑에 숨어서 대종사의 동정을 감시했으나, 소태산은 이를 알고도 내색하지 않으며 "경찰은 경찰로서 해야 할 일을 하고 우리는 우리 일을 한다. 경찰로서 일을 하고 녹을 받는 것이니 미워하지 말라."고 제자들을 지도한다. 《김정용, 『생불님의 함박웃음』》

종법실 정원

정면 오른쪽과 후원에 작은 연못이 있었고, 정원에 수양버들 5그루가 있었다. 현재 종법실 앞 뒤에 있는 전나무와 정면 양쪽의 소나무는 황정신행이 기념식수한 것이다. 종법실 정면 양쪽에 있는 현재의 소나무는 대체목이다.

종법실 정원

『대종경』 실시품 16·17·18·19장, 23장

『대종경』 실시품 19장의 "비록 폐물이라도 그 사용할 때를 생각하사 함부로 버리지 아니하시므로 폐물이 도리어 성한 물건같이 이용되는 수가 많으니라"라는 법문에서 폐물 사용은 은恩 사상과 관련 있다.

좋다 낮다 할 집착執着이 없는 자리에서 좋으면 좋은 대로 낮으면 낮은 대로 상황과 필요에 따라 잘 사용하는 깨달음의 안목이다. '사용'은 착着이 없는 깨어있는 일원상의 안목으로 잘 쓰는 것이다. 《『대종경』 불지품 22장》

『대종경』 실시품에서 볼 수 있는 소태산의 운심처사는 대원정각의 안목에 따른 작업 취사다. 그 한 예로 소태산의 편지 관리도 공부심으로 처리하는 심신 작용인 것이다.

> 대종사 언제나 수용하시는 도구를 반드시 정돈하사 비록 어두운 밤에라도 그 두신 물건을 가히 더듬어 찾게 하시며, 도량을 반드시 정결하게 하사 한 점의 티끌이라도 머무르지 않게 하시며, 말씀하시기를 「수용하는 도구가 산란한 것은 그 사람의 마음이 산란한 것을 나타냄이요, 도량이 깨끗하지 못한 것은 그 사람의 마음 밭이 거친 것을 나타냄이라, 그러므로 마음이 게으르고 거칠면 모든 일이 다 다스려지지 못하나니 그 어찌 작은 일이라 하여 소홀히 하리요.」 《『대종경』 실시품 16장》
>
> 대종사 잠깐이라도 방 안을 떠나실 때에는 문갑에 자물쇠를 채우시는지라, 한 제자 그 연유를 묻자오매, 말씀하시기를 「나의 처소에는 공부가 미숙한 남녀노소와 외인들도 많이 출입하나니, 혹 견물생심으로 죄를 지을까 하여 미리 그 죄를 방지하는 일이니라.」 《『대종경』 실시품 17장》
>
> 대종사 조각 종이 한 장과 도막 연필 하나며 소소한 노끈 하나라도 함부로 버리지 아니하시고 아껴 쓰시며, 말씀하시기를 「아무리 흔한 것이라도 아껴 쓸 줄 모르는 사람은 빈천보를 받나니, 물이 세상에 흔한 것이나 까닭 없이 함부로 쓰는 사람은 후생에 물 귀한 곳에 몸을 받아 물 곤란을 보게 되는 과보가 있나니라.」 《『대종경』 실시품 18장》
>
> 대종사 일이 없으실 때에는 앞으로 있을 일의 기틀을 먼저 보시므로 일을 당하여 군색함이 없으시고, 비록 폐물이라도 그 사용할 데를 생각하사 함부로 버리지 아니하시므로 폐물이 도리어 성한 물건같이 이용되는 수가 많으니라. 《『대종경』 실시품 19장》
>
> 대종사 편지를 받으시면 매양 친히 보시고 바로 답장을 보내신 후, 보관할 것은 정하게 보관하시고 그렇지 아니한 것은 모아서 정결한 처소에서 태우시며, 말씀하시기를 「편지는 저 사람의 정성이 든 것이라 함부로 두는 것은 예가 아니니라.」 《『대종경』 실시품 23장》

『대종경』인도품 23장 - 중추 책임

조실은 소태산의 주석처인 종법실이다. 종법실을 지키는 개가 있었다. 소태산은 개는 낯선 존재를 알리기 위해 짖는 것이 책임을 다하는 것이라고 강조한다. 그렇듯이 사람에게는 마음이 중추의 책임이고 사회와 국가에는 지도자가 중추의 책임이니 개가 짖는 책임을 다하듯이 각자가 마음공부에 힘쓰고 지도자가 자신이 맡은 공사의 책임을 다해야지 만일 사욕을 부린다면 개가 집을 지키는 책임 이행을 하지 못하는 꼴이 되고 마는 것이다. 모든 책임의 중추가 되는 마음의 운영에 주의하여 자신의 운명과 지도자로서 대중의 앞길을 안내하는 역할에 지장이 없도록 하라는 것이다. 또한 세상은 리더 역할을 할 국가가 있어야 하는데 그러한 역할은 헤게모니Hegemonie를 장악한 패권국이 한다. 패권국은 자국의 이익을 도모하면서도 다른 국가와 더불어 살 수 있는 역할을 맡으며 힘만 센 국가가 아니라 평화에 대한 의지가 있어야 한다. 패권국은 패권국의 도에 따라 패권국의 의무와 책임을 다할 때 영원한 강자가 될 것이다.

어느 날 밤에 조실 문을 지키던 개가 무슨 인기척에 심히 짖는지라, 한 제자 일어나서 개를 꾸짖거늘 대종사 말씀하시기를 「개의 책임은 짖는 데에 있거늘 그대는 어찌하여 그 책임 이행하는 것을 막는가. 이 세상에는 모든 사람과 모든 물건이 다 각각 책임이 있으며, 사람 하나에도 눈·귀·코·혀·몸·마음이 각각 다 맡은 책임이 있나니, 상하와 귀천을 막론하고 다 그 책임만 이행한다면 이 세상은 질서가 서고 진보가 될 것이니라. 그런즉, 그대들은 각자의 책임 이행도 잘하려니와 또한 남의 책임 이행을 방해하지도 말라. **그런데 이 모든 책임 가운데에는 모든 책임을 지배하는 중추中樞의 책임이 또한 있나니, 사람은 그 마음이 중추의 책임이 되고, 사회·국가는 모든 지도자가 그 중추의 책임이 되어 모든 기관을 운영하고 조종하게 되나니라.** 그러므로 중추의 책임을 진 사람으로서 조금이라도 그 책임에 등한하다면 거기에 따른 모든 책임 분야가 다 같이 누그러져서 그 기관은 자연 질서를 잃게 되나니 그대들은 각자의 처지를 살펴보아서 어떠한 책임이든지 그 이행에 정성을 다할 것이며, **모든 책임의 중추가 되는 마음의 운용에 주의하여 자신의 운명과 대중의 전도[前途, 앞길]에 지장이 없도록 하라.」** 《『대종경』 인도품 23장》

『대종경』 실시품 34장 - 천도재와 재비

총부에서 개를 길렀다. 조실[종법실]을 지키는 개가 있었듯이 총부 여러 곳에서 개들을 기른 듯하다. 공타원 조전권의 회고에 따르면 대종사 머리가 뜨거우실 때[일이 복잡할 때]면 개나 고양이를 데리고 노시었다고 한다. 현시대의 동물은 자연 상태[국립공원의 동물 등]의 동물과 인간의 식량으로 사육되는 동물과 인간이 사랑을 주는 대상인 애완동물과 이를 넘어 인간과 함께하는 반려동물로 구분된다. 앞으로 사회는 개나 고양이의 경우 가족으로 인식되어 천도재를 지내주는 존재로 여기게 될 것이다.

소태산은 동물을 대할 때 생명을 아끼는 마음으로 죽음에 대해 안타까운 마음으로 대하였다. 이처럼 총부에서 기르던 어린 생명이 안타까운 죽음에 이르자 이를 불쌍하게 여기고 생명을 아끼는 마음으로 재비를 내려 천도재를 지내도록 한 것이다. 원불교에서 반려동물뿐만 아니라 실험 대상의 동물이나 식육으로 도살되는 동물의 천도재를 지내는 이유이다. 생명을 아끼는 마음이 있으면 동물의 죽음에도 천도재는 필요한 것이며 재비를 올려야 하는 것이다.

총부에서 기르던 어린 개가 동리 큰 개에게 물리어 죽을 지경에 이른지라 그 비명 소리 심히 처량하거늘, 대종사 들으시고 말씀하시기를 「**생명을 아끼어 죽기 싫어하는 것은 사람이나 짐승이나 일반이라.**」 하시고, 성안에 불쌍히 여기시는 기색을 띠시더니 마침내 절명하매 재비齋費를 내리시며 예감禮監에게 명하사 「떠나는 개의 영혼을 위하여 칠·칠 천도재를 지내 주라.」 하시니라.

《『대종경』 실시품 34장》

『대종경』 천도품 8장 – 생사의 원리

어느 날 소태산은 종법실[구조실]에서 방문턱을 넘나들면서 놀고 있는 아이를 가리키며 "저 아이가 지금 이 방 안에 있으나 저 문턱을 넘어서 저 방에 가면 저 방에 있지 않느냐. 그러나 그 아이는 본래 한 아이며 다만 방이 다를 뿐이듯이 생사의 이치도 이쪽 방에서 저쪽 방으로 건너가는 것과 같다."라며 생사 변화의 원리를 제자들에게 설한다.

우리의 성품은 생사에 끌리고 물들고 매몰될 일체가 텅 빈 생멸이 원래 없는 자리이다. 이렇게 텅 비어 청정하고 고요한 자리이기에 생사가 둘이 아니다. 마치 밤이 다하면 낮이 돌아오고 낮이 다 하면 밤이 되듯이 생이 있으면 사가 오고 사가 있으면 생이 돌아오는 것이다.

> 대종사 말씀하시기를 「사람의 생사는 비하건대 눈을 떴다 감았다 하는 것과도 같고, 숨을 들이쉬었다 내쉬었다 하는 것과도 같고, 잠이 들었다 깼다 하는 것과도 같나니, 그 조만의 차이는 있을지언정 이치는 같은 바로서 **생사가 원래 둘이 아니요 생멸이 원래 없는지라,** 깨친 사람은 이를 변화로 알고 깨치지 못한 사람은 이를 생사라 하나니라.」 《『대종경』 천도품 8장》

『대종경선외록』 선원수훈장 12절 – 성품의 달과 생사의 물웅덩이 관계

『대종경선외록』 선원수훈장 12절에 등장하는 마당은 종법실 주변의 마당이다. 이 법문은 원기27년(1942) 가을 야회 시간에 내려주신 법문이다.《안이정, 『원불교교전해의』》

소태산은 비 온 뒤 길 위에 물웅덩이가 생기고 밤중에 달이 뜨니 그곳에 달이 비치는 풍광을 통해 성품과 달, 생사와 물웅덩이의 대소 및 그 유지 정도를 비유하여 성품에 바탕한 생사의 원리를 궁구토록 한다. 물이 있으면 생하고 물이 다하면 사라지지만

달이 어디 간 것은 아니라는 것이다. 달은 허공에 여여자연하게 운행하나 웅덩이 물이 깊으면 오래 비치고 물이 엷으면 잠깐 비치듯이 생사도 마찬가지라는 것이다. 소태산 대종사는 성품에 바탕하여 생사를 밝힌다.

> 간밤에 큰비가 내린 후 하도 달이 밝기로 밖에 나와 거닐며 살피어 보니, 마당 여기저기 웅덩이마다 물이 고여 있고, 물 고인 웅덩이마다 밝은 달이 하나씩 비쳐 있더라. 이 웅덩이에도 달이 있고 저 웅덩이에도 달이 있는데 깊은 웅덩이에는 물도 오래 가고 달도 오래 비치지마는 엷은 웅덩이에는 물도 오래 가지 못하고 달도 바로 사라질 것이다. 생사의 이치도 또한 그러하나니, **물이 있으매 달이 비치고 물이 다하매 달이 없으니 물은 어디로 갔으며 달은 어디로 갔는가. 생사의 이치가 이러하나니 모두 깊이 한번 궁구해 보라.**
>
> 《『대종경선외록』 선원수훈장 12절》

소태산 대종사 초상화(채경산 작품)

종법실에 모신 소태산 대종사의 초상화는 실사에 가까운 오주오 화백의 작품과 이후에 후광을 넣은 채경산의 작품[익산 대각전 서쪽 방에서 작업]이 있다. 이 두 초상화는 원불교역사박물관에 보관되어 있고 종법실에는 채경산의 초상화 영인본을 모신다. 제자들의 눈에는 소태산의 피부에 달빛 같은 조명이 빛났다고 한다. 아마도 소태산을 존경하는 심안에 따라 보여지는 모습일 것이다. 초상화에 나오는 법장은 변산 수양 시절부터 사용했던 것이며, 금강리 화장터에서 탈관한 은행나무 관으로 초상화를 모신 진영장을 만들었다고 한다.

03 영춘원 및 종법실

『대종경』 부촉품 3장 - 『정전』 편찬과 감정鑑定

소태산은 기존에 발행했던 모든 교과서와 자료를 총망라하여 수집 정리하여 『종전宗典』이라 하고, 그중 교리의 핵심을 추려 『교전敎典』이라고 이름한다. 이 『교전』을 소태산은 일일이 감수하여 『정전正典』이라 이름한다. 소태산이 감수한 『정전』의 출판 허가서를 전북도경에 제출하나 일본 천황을 기리는 사상이 없다는 이유로 출판 허가를 거부당한다. 또한 일본 글로 인쇄하면 허가해 주겠다는 일경의 말에 소태산은 "일본 글로 인쇄했다가는 불쏘시개가 되니까, 무슨 방편을 써서라도 한문 토 달고 한글로 인쇄하라."고 한다. 그러다가 불교시보사 사장 김태흡이 총부를 방문하여 소태산에게 큰 감화를 받고서, 『정전』 출판의 방법으로 제목에 '불교'를 넣고 발행기관을 '불교시보사'로 하자는 제안에 따라 이를 시행하여 출판 허가를 받게 된다. 『정전』을 편수할 당시, 종법실을 청소하러 아침에 가보면 책상 주변에 연필로 썼다 지웠다 하여 생긴 지우개 똥이 수북하였다고 당시 제자들은 증언한다. 소태산이 얼마나 고심해서 한 단어 한 단어를 선택하고 뜻풀이를 했는지 느낄 수 있다. 『정전正典』은 고전의 카논canon보다는 『정전』의 제명처럼 바른 기준[표준]이 되는 중심 텍스트로 원불교 교리의 강령을 밝힌 '원경元經'을 뜻한다.

> 대종사 열반을 일 년 앞두시고 그동안 진행되어 오던 정전正典의 편찬을 자주 재촉하시며 감정鑑定의 붓을 들으시매 시간이 밤중에 미치는 때가 잦으시더니, 드디어 성편되매 바로 인쇄에 부치게 하시고, 제자들에게 말씀하시기를 「때가 급하여 이제 만전을 다하지는 못하였으나, **나의 일생 포부와 경륜이 그 대요는 이 한 권에 거의 표현되어 있나니, 삼가 받아 가져서 말로 배우고, 몸으로 실행하고, 마음으로 증득하여, 이 법이 후세 만대에 길이 전하게 하라.** 앞으로 세계 사람들이 이 법을 알아보고 크게 감격하고 봉대할 사람이 수가 없으리라.」
> 《『대종경』 부촉품 3장》

04
금강원

원기13년(1928) 제1대 제1회 기념총회를 영춘원에서 치르면서 도치원을 숙소로 사용했던 남자들은 영춘원으로 거처를 옮기고 도치원과 꼭두마리집은 여자들의 숙소로 사용한다. 그해 원기13년(1928) 양력 6월 22일(음력 5월 5일)에 팔작지붕의 3칸 기와집[10여 평]을 완공한 후 소태산은 도치원에서 이 집으로 거처를 옮긴다. 소태산은 이 건물을 '금강원'이라 이름하는데 금강성품의 주인공이 주재하는 곳이라는 자긍심이라 할 것이다. 제자들은 스승의 주석처를 건축하는 기쁨으로 김광선이 『불법연구회규약』 '취지 설명' 구절마다 가락을 매겨 읊으면 대중은 '나무아미타불'로 받으며 흥겹고 신명 나게 터다지기 작업을 한다.

금강원은 익산총부 최초의 소태산 대종사 독립 거주처로 '조실'이라 불리었다. 이곳에서 많은 집회가 열리어 수많은 소태산의 설법이 있었기에 '설법전'이라고도 했다. 또한 제자들은 익산본관을 금강원이라고 부르기도 하고 자신의 별칭을 금강원인金剛院人이라 칭하기도 한다.

금강원 관련 법문으로 『대종경』 전망품 6장[금강산과 그 주인]·28장[오는 세상의 인심], 교의품 28장[선후본말을 알라], 교단품 5장[핍처유성], 인도품 25장[남을 공경하면 내가 서니라]·26장[영원한 강자]·35장[남의 시비를 보아서 나의 시비를 깨칠지언정 그 그름을 드러내지 말라], 그밖에도 인도품 37장, 교의품 38장·39장, 신성품 17장 등이 있다.

금강원
소태산 대종사가 주석한 조실 - 금강원을 배경으로 무진동 선 기념사진, 원기14년(1929) 3월 촬영

금강원 전경
소태산은 원기13년(1928) 6월 22일부터 원기22년(1937) 5월 영춘원으로 옮길 때까지 금강원에 거처한다.

박창기의 금강원 청소

소태산 대종사는 일원상의 진리에 근원하기에 더 이상 닦을 것이 없는 자리를 꿰뚫고 있다. 더 이상 닦을 것이 없는 일원상의 경지는 처한 그 상황에 따라 닦았다 할 것이 없는 마음으로 끝없이 닦아가는 것이다. 닦을 것이 없는 일원상에 근원하여 끝없이 복락을 갖추는 삼학 수행을 하는 것이다.

> 박창기가 전무출신으로 출가하여 처음 한 일이 대종사께서 기거하는 금강원의 방 청소였다. 박창기는 걸레를 꽉 짜서 하는 게 아니고 슬렁슬렁 닦았다. 대종사는 박창기의 방 청소하는 것을 보고 걸레를 받아 구석구석 야무지게 닦으시니 박창기가 말했다. "아니 대종사님같이 복족족 혜족족하신 성인이 무슨 그까짓 청소를 하십니까? 저 같은 중생이나 복 짓게 (걸레를) 주세요."
> 박창기의 말에 대종사께서 말씀하셨다. **"너와 나의 차이가 너는 안 닦더라도 그것이 계속될 줄 알지만, 나는 아무리 부처를 이루었다 하더라도 계속 닦지 않으면 안 되는 것을 확실히 알기 때문에 닦는다."**
> 박창기는 전무출신으로 출가하여 청소하는 것부터 하나하나 배우기 시작했다.
>
> 《서문 성, 『원불교 예화집』》

원기19년(1934)에 박창기의 비용 부담으로 목욕실과 변소를 신축한다.

《〈회보〉 9호 4·5월호》

『대종경』 전망품 6장, 〈월말통신〉 8호 – 금강산과 그 주인

'금강산과 그 주인' 법문은 영춘원에서 설한 것으로 보인다. 왜냐하면 당시 예회 참석 인원은 49인이므로 원기13년(1928) 당시 있었던 건물인 도치원, 영춘원, 금강원에서 49인 수용 가능한 건물은 영춘원뿐이기 때문이다. 10여 평의 금강원은 수용하기엔 비좁다. 다만 '금강산과 그 주인' 법설은 금강원과 기연한 법설이니 금강원에서 봉독하는 게 실감 날 것이다.

> 〈월말통신〉 7호 익산본관 삼예회록
> 시창13년(1928) 음력 9월 26일(양력 11월 8일) 목요일 예회 및 기념
> 본일本日은 본회 창립 제2회 중 제18의 예회요, 겸하여 **추계기념**이므로 본관 거주원은 물론 각처로부터 제원諸員이 내집來集하여 상당한 성회盛會를 이루었다. 오전 10시에 송도성 군이 출석 회원을 점검하니, 남녀 합 **49인**이러라. 인因하여 조송광 회장의 간단한 식사式辭가 있은 후 김광선 씨 인도로 심경독창心經讀唱을 마치고, 다음으로 선생님께옵서 승석陞席하옵시와 **「우리의 보물 금강산」**이라는 제題로 2시간에 긍[亘, 걸쳐] 고상하옵신 설법을 하옵시니 회중은 일층 더 정신이 새로 왔으며, 무량한 뇌고腦庫에는 신성한 법보로 충만한 듯하더라. 끝으로 경축가 1창에 회會를 마치고 오찬을 나누다.

초기교단의 4기념례는 생일기념[음력 3월 26일], 명절기념[음력 6월 26일], 공동제사기념[음력 9월 26일], 환세기념[음력 12월 26일]으로 '금강산과 그 주인' 법설은 원기13년(1928) 음력 9월 26일의 추계기념인 공동제사기념일에 설하신 법문이다. '금강산과 그 주인'은 금강 성품인 일원상의 자리를 품부한 각자가 그 주인이 되어 금강 성품을

잘 사용하라는 뜻이다. 우리는 일원상 성품의 산을 본래 가지고 있고 그 산의 주인이 되라는 것이다. 소태산은 금강산을 탐승한 경험이 없는 상태에서 금강산을 높이 찬양한다. 특히 금강산과 조선을 일치시켜 일제강점기의 조국에 대한 애정을 표한다. 즉 금강산을 품고 있는 조선은 빼앗아 갈 수도 없고 뺏길 수도 없다고 제자들에게 확신과 긍지를 심어준다. 그러면서 우리부터 금강성품을 체體로 삼고 용用으로 부리는 금강산의 주인이 되자고 촉구한다.

원기13년(무진戊辰, 1928) 음력 9월 26일은 본회 연중 4경절慶節의 1일[추계기념일, 공동제사기념일]이다. 오전 10시로부터 식을 열고 예행 순서를 밟은 후에 선생주께옵서 법좌에 오르시사, 선음仙音 법설을 시始하옵시니 가라사대,
「오늘은 본회의 경절이라 하여 외처外處에서 여러분이 오신 모양이요, 본관 모든 사람도 오늘을 보통 예회와 달리 생각하고 있는 듯하나, 실로 무엇으로써 경절답게 유쾌히 지낼 재료가 없다 하노라. 저세상 사람들의 경절 맞이함과 같이 의복을 빛나게 꾸미고 음식을 풍성히 장만하며 또는 각종의 풍악을 베풀어서 심지心志의 오락을 얻는다면 그 혹 경절이라는 느낌이 있을는지 모르거니와, 우리집은 이미 그 세 가지에 한 가지도 없는지라 무엇으로써 경절이라 칭할는지? 아무리 생각하여도 여러분께 위안해 드릴 것이 없어서 부득이 무가無價의 보물 하나를 공중公中에 내어 걸기로 하니, 여러분이 만약 이 보물의 진상을 구경한다면 넉넉히 마음의 위안을 얻을 수 있으며 또는 의복·음식·풍악 그보다는 이것이 여러분이 바라고 구하는 바인 줄 믿소. 원컨대 여러분은 한층 더 정신을 가다듬어서 이 보물을 짊어져다가 잃어버리지 말고 영원히 보물의 소유자가 될지어다.
보물이란 무엇을 이름인고? 세계에 둘도 없는 우리의 금강산이다. 기기절승奇奇絶勝한 만이천봉의 웅자雄姿와 사시로 변태되는 천연의 경색景色은 누구나 보는 자로 하여금 경탄치 않을 수 없을 것이다. 현하 조선의 상태로 보면 여러분이 한가지 아는 바와 같이 아무것도 자랑할 만한 것이 없다. 모두가 부패요, 낙오요, 모멸을 당하고 있지마는 오직 우리의 금강산만은 날이 갈수록,

세계의 면목이 열릴수록 더욱더욱 성가聲價가 높아지며 세계인의 숭앙을 받게 되니, 동서양 어느 나라 사람을 물론하고 금강산이라면 말만 들어도 기뻐하여 금강산을 구경한 사람이면 그로써 유일의 자랑거리를 삼으며, 구경하지 못한 사람이면 한번 구경하기가 평생소원이라 한다.

나는 혹 어느 때 '조선 사람 된 것이 불행인가?' 하고 생각해 본즉 불행이 아니라, 행幸이다. 어찌 행일꼬? 금강산이 조선에 있는 연고이다. 조선은 반드시 금강산으로 인하여 드러날 것이다. 금강산을 말할 때 조선을 연상케 되고 조선을 말할 때 금강산을 연상케 되니, 조선과 금강산과는 서로 떠날 수 없는 사이며, 조선은 드러나기 싫어도 필경 금강산을 따라서 드러나고야 말 것이다. 그러면 헛되이 강산의 이름만 높아질 것인가? 그렇지 아니하다. 인걸人傑은 지령地靈이라 하니, 그만한 강산! 그 좋은 보물이 있을 때에 어찌 그 주인이 없을쏜가? 주인이 있으되 상당한 주인이 있을 것이다. 반듯한 집 간이나 지니고, 자기 땅마지기나 경작하는 그 주인도 깐깐하게 그것을 유지할 자격이 있어야 하거든, 하물며 세계의 명물인 금강산을 짊어지고 있는 그 주인이랴. 산이 세계의 명물인 만큼 주인도 세계의 명인일 것이다. 또 이것이 다른 물건 같아서 사고팔고 주고받을 수가 있는 것이 아니라면 다른 사람들이 비평하기를 "지금은 네 것이지마는 너는 정말 그러한 보물을 가질 자격이 되지 못하니, 반드시 남의 소유가 될 것"이라고 하겠지마는, 오직 이 금강산은 팔래야 팔 수 없고, 살래야 살 수 없고 버리려야 버릴 수 없는 하늘이 점지하신 조선의 보물이다. 그 주인이 아무리 학식 없고, 권리 없고, 가난하고, 천할지라도 고국산천을 다 버리고 동서남북에 유리流離하여 남의 집에 밥을 빌러 다닐지라도 '나는 조선을 여의지 않는다' 하고 견립부동堅立不動할 것이니, 여러분은 결코 우리의 현상을 비관하지 말라. 무가無價의 중보重寶요, 광명의 뿌리인 금강산은 아직도 우리의 것이요, 미래에도 우리의 것이다.

저 금강산의 경개景槪를 탐탐耽하는 모든 사람이 지금에는 그 주인은 본체만체 하여두고 다만 강산만 찬미하거니와, 그네들도 지식이 열릴수록 생각이 깊을수록 점점 그 보물의 주인이 있는 것을 깨달을 것이며, 주인이 있는 것을 깨달을 때에는 그 주인 만나기를 발원하여 필경은 금강산을 사랑하기보다 그 주인 찾기에 노력할 것이니, 근일近日 금강산의 발천發闡 되는 것을 본즉 숨어있던 그 주인공이 "나 여기 있다." 하고 소리 높여 대답할 날도 머지않을 줄로 확신하노라.

바라노니, 여러분이여! 금강산이 될지어다. 여러분에게는 각자의 금강金剛이 있으니, 닦아서 밝히면 그 광명을 얻으리라.

금강산이 되기로 할진대 금강산과 같이 순실純實하여라. 허다한 산 가운데 오직 금강산이 그 장한 명망을 얻고 모든 사람의 사랑을 받는 것은 결코 부녀婦女의 단장하는 것처럼 분을 바르고 향수를 뿌리고 연지를 찍어서 외모를 아름답게 하여서 남의 관심을 끄는 것이 아니라, 순연한 그 형태 그대로 가지고 있건마는 뭇사람들이 스스로 와서 귀엽다고 하고 사랑하나니, 여러분도 마땅히 모든 일을 할 때에 외식을 삼가고 실질을 주장하여 순연한 본래 면목을 잃지 말지어다.

금강산이 되기로 할진대 금강산과 같이 정중하여라. 천고에 말없이 우두커니 서서 몇 번이나 시대의 사랑을 받아서 귀물貴物이 되었으며, 또 몇 번이나 맹목자에게 미움을 당하여 천물賤物 노릇을 하였던고? 뉘가 금강산을 미워하며 금강산을 천하다 하랴마는 옆에 두고도 찾지 아니하고 귀중한 그 가치를 몰라주었으니, 미움을 당한 천물이 아니고 그 무엇이냐. 그러되 금강산은 남이 자체를 미워함에 노하지도 아니할 것이며 또는 사랑함에 끌리지도 아니하였을 것이다. 그러나 용렬한 이 사람들은 남이 조금만 자기를 몰라주는 듯싶으면 가슴이 답답하고 분기憤氣가 충천한다. 여러분은 마땅히 남이 나를 사랑하고 미워하고, 알아주고 몰라줌에 끌리지 말지어다.

금강산이 되기로 할진대 금강산과 같이 견고하여라. 앞에서 말한 바와 같이 금강산은 조선에 깊이 뿌리를 박아두고 어떠한 비풍참우悲風慘雨가 몰려올지라도 조금도 요동하고 옮겨가는 법이 없다. 여러분도 한번 당연한 곳에 그쳤거든 아무리 천신만고를 당할지라도 돈독한 신성과 굳센 의지를 변하고 굴하지 말지어다. 그러면 금강산은 체體가 되고 사람은 용用이 될지라. 체는 정靜하고 용은 동動하나니, 금강산은 그대로 있으되 능히 금강산 노릇을 하려니와 사람으로서 금강산의 주인이 되기로 할진대 잘 움직여야만 할 줄 믿는다.

여러분이여! 어서어서 인도人道의 요법要法을 부지런히 연마하여 세계의 산 가운데 홀로 금강산이 드러나듯이 모든 교회 가운데 가장 모범적 교회가 되도록 노력할지어다. 그러면 강산과 더불어 사람이 아울러 찬란한 광채를 발휘하리라.」 하시더라.   《송도성 수필, 〈월말통신〉 8호 시창13년 9월 30일》

금강원 현재 모습
금강원에서도 예회와 각종 행사를 하며 법흥을 즐겼다.

종법실의 금강산 병풍(원불교역사박물관 소장)
이 병풍은 소태산 열반시 빈소와 발인식에 사용한다.

『대종경』 교의품 28장, 〈월보〉 40호 – 선후본말先後本末을 알라

이 법설은 소태산의 주석처인 금강원에서 여러 청년과 문답을 나눈 것이다. 특징적인 것은 설법의 소재로 기념상과 풍금이 등장한다. 익산총부 예회나 기념에 풍금을 사용한 것이다. 경축가, 육일가 등과 심고 전후에 풍금을 사용하기도 한다.

소태산은 학교에서 배운 현대과학에 대해 김영신과 문답하는 과정에서 심리心理 공부의 중요성을 강조한다. 심리 공부가 한시도 떠날 수 없는 마음공부라면, 학교에서 배우는 과목은 필요에 따라 배우는 것이라 한다. 그런데 이를 잘 구하고 사용하기 위해서는 마음의 힘이 전제되어야 한다는 것이다. 그러므로 마음공부는 모든 공부의 근본이 되는 것이다.

소태산 대종사의 교법으로 말하면 일원상 성품에 근거한 삼학 공부가 근본이라는 것이다. 이 공부길을 벗어나면 소태산의 마음공부가 아니다. 물질과 정신, 과학과 도학, 물질문명과 정신문명의 관계에서 선후본말이 있다는 것이다. 정신과 물질이 본래 둘이 아니며, 도학과 과학이 본래 둘이 아니면서 정신과 도학이 주가 되고 물질과 과학이 종이면서 정신과 물질을 쌍전하고 도학과 과학을 병행하라는 것이다.

선후본말先後本末을 알라

한때에 종사주, **익산 금강원에** 계옵시와 여러 제자로 더불어 사은사요四恩四要와 삼강령팔조목三綱領八條目에 관하여 많은 법의法義를 담론하옵신 후에, 앞에 앉은 청년 학도 몇 사람을 불러 물으시되, 「너희들은 많은 학비를 소비하여 장구한 시일이 걸려서 현대과학을 배운 자이니, 묻노라. 그동안 학교에서 배운 과목은 무엇 무엇이며 그 효과는 또한 어떻게 하느냐?」 하시되,

김영신 대왈 「학교에서 배운 과목으로 말씀하오면, 그 수가 실로 많사와 일일이 다 사뢰옵기는 너무 번거하오나, 다만 보통학교와 중학교 과정 내에 대강 몇 과목을 들어 말씀하오면, 외국어·지리·역사·산술·이과理科·작문·습자習字·체조·창가唱歌 등등이옵고 그 외에도 학교의 주의主義와 정도에 따라서 각각 거기에 적합한 다른 과목이 많이 있을 것입니다. 그러하옵고 효과로 말씀하오면 무엇이나 모르던 사람이 그 일을 배워서 알게 되고 못 하던 사람이 그 일을 배워서 하게 된다면 그것이 곧 효과이오니, 즉 외국어 한마디도 모르던 사람이 학교에 들어가서 여러 해 공부한 결과에 외국어에 숙달하여 능히 동서 각국의 외국 사람과 교제하게 되오니 이것이 즉 효과이며 또는 글 한 자 알아보지 못하고 글 한 줄 쓸 줄 모르던 사람이 학교에 들어가서 여러 해 공부한 결과에 모든 글을 능히 알아보며 모든 글을 능히 쓰게 되오니, 이 세상을 지내기에 얼마나 편리하오며 큰 효과입니까. 그뿐 아니라 이상에 말씀드린 여러 과목도 모두 그와 같은 필요가 있사와 그것을 배워 다 안다고 하오면 인생 생활에 별로 막히고 걸릴 것이 없겠다고 생각하나이다.」

종사주 들으시고 가라사대 「영신아, 너의 말이 옳다. 사람이 나면 인간 사회를 여읠 수 없는 것이니, 인간 사회에 처하여 그 사회에 활용할 지식이 없다면 그 얼마나 답답하고 아쉽겠느냐. 그런고로 청소년 시대에 촌음을 아껴가며 학업에 근면한 자라야 노대老大한 후에 반드시 유위有爲의 인물이 되며 중인

의 존모를 받지 않느냐. 그것은 물론 그러하려니와 또 네게 한말 묻고자 하는 바는 네가 학교에서 배운 그 여러 가지 과목 가운데에서 오늘날 현실 생활상에 가장 많이 쓰이는 것이 그 무엇이더냐?」

영신 대왈:「그것은 별로 생각해 본 일도 없사옵고 또 무엇이 가장 많이 쓰인다고 표준화하여 말씀하기 어렵사오나, 저의 처지에 있어 가장 많이 쓰인다고 생각되는 것은 산술과 문필이온일 듯싶습니다.」

종사주:「그러면 산술과 문필, 그것은 하루에 몇 번씩이나 쓰이는 바가 되느냐?」

영신:「그야 좀 없지요. 일의 유무를 따라서 한 시간 동안에 한 번 쓰이는 때도 있고, 하루 동안에 한 번 쓰이는 때도 있고, 한 달 내지 1년 동안 한번 쓰이는 때도 있어서 도무지 정칙이 없습니다.」

종사주:「그러면 그 여러 가지 학과 가운데에서 사람의 행주좌와行住坐臥 어묵동정語默動靜에 무시간단無時間斷으로 쓰이는 과목은 도무지 없느냐?」

영신:「그런 과목은 없습니다.」

종사주 이에 말씀 머리를 돌리시며,「그러면 그것은 그만두고 사람의 이 가정 살림하는 데에는 그 무엇이 가장 근본이며, 한때도 떠나서는 안 되는 제일 요긴한 것[긴요품]이겠느냐?」

영신, 미처 대답지 않고 한참 동안 묵연하니, 종사주 다시 그 **강당 대청**에 놓여있는 기념상을 가리키시며「영신아, 저것이 무엇이냐?」

영신:「기념상이올시다.」

종사주:「또 그 옆에 있는 것은 무엇이냐?」

영신:「풍금이올시다.」

종사주:「그러면 우리 회중會中 살림을 하는 데에 기념상이 없어도 아쉽고, 풍금이 없어도 아쉽겠지!」

영신:「아쉽다 뿐이겠습니까. 이런 대중 생활에는 다 반드시 있어야 할 것이올시다.」

종사주:「그러면 저 기념상과 풍금을 어느 때 어느 때 사용하느냐?」

영신:「그것은 다 아옵시는 바와 같이 기념상은 우리 회會의 사기념四紀念 시

나 또는 개인의 성대한 기념 시에 쓰이는 것이오며, 풍금은 매월 삼예회三例會나 기타 각항 예식이 있을 때에 쓰이는 것이 아니오니까.」

종사주: 「그러면 그것을 사용 번수가 아무리 많다 하여도 1년에 몇십 회를 벗어나지 않으리로다. 그러나 매일 매시에 한때도 없어서는 아니 될 불가결不可缺의 요건이 있으니, 그것은 곧 의식주衣食住 3건이다. 생각해 보아라. 의식주 3건이 없고야 한때인들 어찌 생활을 영위할 수 있겠는가? 그런고로 살림하는 자가 먼저 마땅히 의식주 3건의 기초를 든든히 세운 뒤에 그 여유한 힘으로써 모든 다른 수식품修飾品과 도구를 장만할 것이다. 그리하여 점점 부유한 살림이 되고 보면 모든 도구가 충분히 준비되어 있어 이것을 쓰게 되면 이것을 쓰고 저것을 쓰게 되면 저것을 쓸 것이며 또 그 가운데에는 하루에 몇 번씩 쓰는 것도 있고, 기념상·풍금같이 한 달에 몇 번씩 쓰는 것도 있고, 혹은 몇 년 내지 몇십 년 만에 한번 쓰이거나 말거나 하는 것도 있어 때를 따라 수용할 것이니, 그 얼마나 넉넉하고 활발하겠느냐.

그러나 그렇다고 직접 의식 생활에도 기한을 면치 못하고 있는 자가 다른 물건의 화려하고 편리한 데에 혼탁하여 저녁 먹을 양식이라도 팔고 집이라도 팔고 옷이라도 팔아서 저 기념상이나 풍금과 같은 설비품 완롱물玩弄物을 장만한다면 누구나 그자를 보고 다 비웃고 흉보며 선후 본말을 알지 못하는 자로 인증할 것이 아니냐. 그런고로 살림하는 데 있어서는 무엇보다 의식주 3건이 근본이 되며 마땅히 먼저 하여야 할 것이라 한다.

학업 하는 방면에 있어서도 또한 그와 같아서 선후본말이 자재自在하나니, 이상에 말한 학교에서 가르치고 배우는 그 여러 가지 과목이라 하는 것은 방금에 말한 바와 살림하는 데에 기념상이나 풍금과 같이 고유의 장물長物로써 실생활상에 간혹 쓰이는 바가 될 뿐이오, 참으로 행주좌와 어묵동정간에 무시간단으로 쓰여서 생활상 의식주 3건과 같이 긴요한 것이 있으니, 그것은 오직 각자의 마음이다.

대저, 사람의 마음이란 일신一身의 주재主宰가 되어서 접물 응사應事에 간여하지 아니하는 바가 없으며 그 마음의 동작 여하에 따라서 일체의 흥망성쇠와

화복길흉이 좌우로 판단되는 것이니, **만물지중**萬物之中 **최령**最靈하다는 사람으로 태어나서 참으로 고귀한 사람의 생활을 영위하기로 할진대, 무엇보다도 먼저 마땅히 만법의 근본 되는 그 마음을 단련하여 희로애락에 기울어지고 흔들리지 아니할만한 정신의 수양력을 얻으며, 모든 것을 바르게 보고 바르게 판단할 만한 사리事理에 연구력을 얻으며, 불의는 능히 사捨하고 정의는 능히 취하여 취사取捨에 실행력을 얻을지니, 우리의 삼강팔조三綱八條의 공부는 오로지 이 사람의 심리를 밝히고 다스리는 길이다.

사람이 만약 그 공부에 능하고 보면 일동일정一動一靜 일어일묵一語一默에 반드시 효과를 볼 것이며 무량한 혜복慧福이 유여할 것이니, 대저 인간 백천百千 공부 중에 그 무엇이 이에 앞서리오. **이 공부를 근본 하여 다른 학술을 배운다면 그 학술이 그 사람을 만났는지라 금상첨화의 격으로 더욱 좋으려니와, 만약 그 공부가 없이 다만 저 학술만 배워 얻는다면 한갓 그 마음 가운데 불량만 더하고 그 행사**行事**에 사려**詐慮**한 수단만 늘 것이니, 세상을 시끄럽게 할 뿐이요, 아무 유익이 없을지라. 어찌 저 의식주의 목전사**目前事**를 불고하고 화려한 가구품과 완롱물을 사들이는 자와 다르다 하리요.

그런고로 세상만사는 먼저 근본에 힘써야 하나니, 천만 공부 중 가장 근본 되는 공부는 그 심리**心理 공부일진저!」

《송도성 수필, 〈월보〉 40호 시창17년 9월》

『대종경』 교단품 5장, 〈월말통신〉 13호 – 핍처유성逼處有聲

'핍처유성' 법문은 물건과 물건이 만나면 소리가 나듯이 사람과 사람이 만나면 소리가 난다는 법설이다. 사은에 보은하면 보은의 소리가 나고, 배은하면 배은의 소리가 나며, 보은자가 서로 만나면 보은의 소리가 나고 배은자가 서로 만나면 배은의 소리가 난다는 뜻으로 이해할 수 있다. '동포 보은'하면 '동포 보은의 결과'가 울리고 '동포 배은'하면 '동포 배은의 결과'가 울리는 것이다.

종사주께서 **익산 금강원**에 계시사, 모든 제자를 모으시고 설법하여 가라사대, 「사람이나 물건이나 서로 멀리 나뉘어 있을 때에는 아무 소리가 없는 것이나 점점 가까워져서 서로 대질리는 곳에는 반드시 소리가 나는바, 쇠가 대질리면 쇳소리가 날 것이요, 돌이 대질리면 돌소리가 날 것이라.

그와같이 정당한 사람이 서로 만나면 정당한 소리가 날 것이요, 삿된 류가 머리를 모으면 삿된 소리가 나나니, 보라! 석가여래는 과거 3,000년 전 인도 일편지一片地에서 출현하사 1,200 대중으로 더불어 자비에 넘치는 큰 소리를 발하셨음에 청쾌하고 유창하여 듣기 좋은 그 여향餘響은 아직도 일체중생의 이막耳膜을 울리고 있나니라. 그와 반대로 걸桀·주紂·도척·조달은 그 당류黨類로 더불어 한 소리를 발함에 패륜무상悖倫无常한 그 난조亂調는, 천만 사람이 한가지로 듣기 싫어하며 서로 경계하는 바이니라.

제군도 당초에 타국 사람 모양으로 아무 관계 없이 지냈다면 이거니와, 기왕에 서로 만나서 마음을 합하고 힘을 같이하여 한가지 큰 사업 창립하기를 맹서盟誓하였으니, 좋은 소리가 나든 낮은 소리가 나든 여하간 소리는 나고야 말터이니, 아무쪼록 조심하고 삼가하여 그 좋은 소리로써 세계에 포양하고 보면 비단 제군의 행사幸事일 뿐만 아니라 세계의 경사가 될지니라.」 하시더라.

《송도성 수필, 〈월말통신〉 13호 시창14년 3월》

『대종경』 인도품 25·26장, 〈월말통신〉 10호
- 남을 공경하면 내가 서나니라

『정전』 솔성요론 7조 "모든 사물을 접응할 때에 공경심을 놓지 말고, 탐한 욕심이 나면 사자와 같이 무서워할 것이요"와 연관된 법설로, 내가 남을 공경하면 남도 나를 공경한다는 것이다. 또한 이어지는 법설은 남을 공경하면 내가 공경을 받듯이 강자가 약자를 공경하면 약자의 공경을 받아 영원한 강자가 된다는 것이다. 공경심으로 강자·약자의 진화상 요법을 부연 설명한 법설이다. 앞 단락은 『대종경』 인도품

25장에, 뒤 단락은 인도품 26장에 수록된다.

한때에 선생주 **금강원에** 계시사 일반 대중을 모으시고 물어 가라사대, 「제군은 남에게 존경을 받으며 귀한 사람이 되기를 원하는가? 남에게 홀대를 받으며 천한 사람이 되기를 즐겨하는가?」 하시거늘, 모든 사람이 존경받는 귀인이 되고 싶다는 뜻으로 고답告答한대, 선생주 가라사대, 「그 마음이야 물론 어떠한 사람이고 똑같을 줄 아나, 행하는 때에 있어서는 남에게 존경받지 못할 길을 취하는 자 많으니, 어찌 그 바라는 바를 이루리오. 오늘에 제군에게 그 방법을 말하고자 하나니, 자세히 듣고 그대로 행하면 가히 존귀한 자리를 점령하기 어렵지 않으리라.

'그 방법이 무엇이냐?' 하면, **항상 먼저 남을 공경하며 생각해 줄 것이니, 내가 남을 공경하고 생각하면 남은 나를 공경하고 생각하나니라.** 어찌하여 그러하냐 하면, 내가 남으로부터 공경함과 생각해 줌을 받을 때에 만족함과 같이 남도 나로부터 공경함과 생각해 줌을 받으면 만족할 것이요, 내가 남으로부터 압박하고 만홀慢忽히 함을 당할 때에 불쾌함과 같이 남도 나로부터 압박하고 만홀히 함을 당하면 불쾌할 것이니, **남이 나를 대하는 감정이 만족한 머리에는 반드시 나를 북돋우어 주고 세워주려는 생각이 천정**天情**으로 우러날 것이요, 그와 반대로 나를 대하는 감정이 불쾌하면 어느 방편으로든지 기회 당하는 대로 나를 꺾으려 하고 해하려 할 것이 정리**定理**라, 나를 세우려는 사람이 많은 즉, 나는 자연히 서게 될 것이요, 나를 꺾으려는 사람이 많은 즉, 스스로 아무리 서고자 하나 필경은 타락하고 마나니라.** 《『대종경』인도품 25장》

나는 항상 강자로서 강자 노릇할 줄 모르는 자를 웃노라. 내가 이미 강자일진대 늘 저 약자를 도와주고 인도하여 그 약자로 하여금 자기와 같은 강자가 되도록 하여야 그 강이 영원한 강이 될 것이며 어느 때까지라도 선진자요, 선각자라 할 것이거늘, 지금 강자라 하는 것은 흔히 약자를 압박하고 속이는 것으로서 유일의 수단을 삼으니, 어찌 영원히 강자가 될 방법을 알았다 하리요. 약자도 항상 약자가 아니라 점점 그 꿈을 깨고 원기元氣를 회복恢復하면 똑같은 강자의 열列에 서게 될 것이요, 약자가 깨쳐 강자의 열에 서게 되면 그 전 강자로서 그 약자 시대에 압박하고 속이던 강자의 지위는 자연히 타락하나니라. 실례를 들어 말하면 30, 40된 어른이 4, 5세의 유아를 항상 속이고 압박할 새, 그 아이에게 금은 중보重寶나 가진 것을 보면 과자개菓子介나 떡 푼어치나 사다 주고 살살 달래여 빼앗아 가며, 종[奴] 문서라도 작성하여 가지고 와서 도장을 찍으라고 위협하면 그 어린 것은 아무 요량 없이 그저 하라는 대로 복종할 것이며, 수만 원어치 금덩이를 빼앗기고도 댓 잎짜리 떡깨나 받아먹은 것만 고맙게 알 것이다. 그러나 그 어린 것이 점점 자라나서 온갖 의미를 다 알게 되고 모든 권리가 생기는 때에는 앞날에 둘려 지내던 일이 분할 것이며 내 것을 도로 찾으려는 계획도 세우게 될 것이다. 그리하여 "나에게서 무례히 돌려간 금덩이를 반환하라.", "무례히 작성된 종 문서를 취소하라." 하고 서슬 푸른 호령을 발할 것이다. 저 어른 자는 경위상으로나 체면상으로나 반환치 아니할 권리가 없을 것이요, 반환하고 보면 저는 약자, 저 사람은 강자로 번복될 것이 정한 이치니, **참으로 지혜 있고 눈치 빠른 자는 항상 남이 약할 때에 도와주며 생각하여 영원히 자기의 강을 보전하나니라.**」 하시더라.《『대종경』인도품 26장》   《송도성 수필,〈월말통신〉10호 시창13년 12월》

『대종경』인도품 35장·37장,〈월말통신〉7호
- 남의 시비를 보아서 나의 시비를 깨칠지언정 그 그름은 드러내지 말라

『정전』솔성요론 10조 "다른 사람의 그릇된 일을 견문하여 자기의 그름은 깨칠지언정 그 그름을 드러내지 말 것이요."의 부연법문이라고 볼 수 있다. 찬성과 비판에 물들지 않는 청정한 일원상의 마음자리에 바탕을 두고서 자신의 양심에 부끄러운 것이 없는 정당한 일이라면 어떠한 비판이라도 당당하게 대하며, 양심에 부끄럽고 부정당한 일이면 설사 주변에서 찬성할지라도 단호하게 그치라는 것이다. 그 예로 부처님을 천만 가지로 욕하는 조달이를 대하는 부처님의 태도를 모본으로 제시하고 있다.

선생주先生主 금강원에 계실 새 모든 제자, 신문을 보고 다른 사람의 현재 행동과 미래 진행에 대하여 가부 언론 함이 분분함을 들으시고 대중을 모으사 설법하여 가라사대,
「그대들이 어찌 남의 일에 대하여 경솔히 말하느냐. 참된 소견과 실지 이익을 취하고자 하는 자는 남의 시비를 말하지 아니 하나니라. 신문을 본다고 하여도 그 가운데에서 인간 시비·선악의 인연을 짓는 원인과 인因을 지어 과果 받는 증거를 자상히 관찰하여 나의 전정 진행에 내 일만 밝히는 것이 공부자의 떳떳한 행실이요, 실實된 이익이며, 이것이 통만법 명일심通萬法 明一心의 일이니, 이러한 정신을 깨닫고 신문을 보는 자는 신문 가운데에서 복과 혜를 얻을 것이요, 모르고 보는 자는 도리어 날카로운 혀와 가벼운 입술로 다른 사람의 시비 언론 하는 재주만 늘어서 죄의 구렁에 빠지는 큰 원인이 될 것이다.
나는 모든 사람의 말과 그대들의 신문 보는 소리를 들을 때에도 다른 사람의 행하는 바를 들어서 먼저 나의 과거에 행한 일을 조사하며, 현재 지을 바를 예상하여, 미래의 결과 성취할 것을 추측하노라. 아무리 그대들과 나의 사이가 친근하고 다정하기가 더할 수 없는 처지이지마는 나는 내 일을 먼저 조사하고 연구하여 본 후에라야 비로소 그대들의 하는 일을 살피나니, 그대들은 먼저 자심自心 시비를 조사하라.《『대종경』 인도품 35장》
또는 다른 사람이 나의 하는 일을 잘한다고 찬성하든지, 잘못한다고 비평하든지 거기에 대하여 아무 예산 없이 좋아하거나 싫어하는 것은 허수아비 사람이라. 타인이야 아무리 비평하더라도 나는 나의 실지實地를 조사하여 나의 양심에 부끄러운 바가 없는 당연한 일이면 옆에 사람 천만인이 비평하더라도 백절불굴의 용력勇力으로 꾸준히 진행하여 결과를 성취할 것이며, 타인이야 아무리 찬성하더라도 나의 실지를 조사하여 양심상 차마 못 할 바이며 사리事理에 부당한 일이면 즉시 헌신 같이 버릴지니라. 그리하면 그 결과가 자연히 지

은 대로 나타나니니, 악을 지은 자는 죄가 드러나고 선을 지은 자는 복이 드러나니라.

이것이 곧 천리天理의 자연함이요, 인과의 원원元元한 정리定理이니, 그 실례를 들어보면 과거 영산회상 석가모니불도 조달이가 오죽이나 부처님을 훼방하고 비평하였는가. 필경은 허무한 소리로 부처님의 여러 가지 죄상을 만들어 세상에다 공포公布하였나니, 그때에도 부처님의 적확的確한 심리를 모르는 자는 조달이의 말을 신信하여 혹 부처님을 악인으로 인증하는 사람도 있을 것이다. 그러나 부처님이 만일 여기에 분노하여 그 사업을 진행하지 아니하였으면 지금과 같이 대자대비한 중생의 자부慈父 호號를 얻지 못하였을 것이며, 미래 무량세계에 큰 이름을 전하지 못하였을 것이다. 조달이야 천언만어를 하더라도 부처는 오직 자기 일만 살필 따름이요, 조달이에게는 조금도 악감惡感을 둔 바가 없이 정당한 사업만 진행하였는 고로, 결국 부처는 일체 생령 중 선도자가 되시고 조달이는 무량지옥에 처하였나니, 이것을 추측할지라도 나의 실지를 조사하여 정당한 일만 하는 자는 비록 그 당시에 중인의 비평을 듣는다고 하여도 결과는 자연 영귀榮貴와 존중으로 나타날 것이며, 나의 예산 없이 부당사업에 종사하여 외식外飾만 취하는 자는 비록 그 당시는 과한 허물이 드러나지 않는다고 하여도 그 결과가 허위와 부패에 떨어져 볼 것이 없나니라. 어찌 인과의 작용에 일호의 차착差錯됨이 있으리오. 여러 사람은 나의 실지 조사에 게으르지 말고 남의 시비 언론 하는 데에 삼가 조심할 것이니라.」하시더라. 《『대종경』 인도품 37장》

《전음광 수필, 〈월말통신〉 7호 시창13년 6월 2일》

『대종경』 교의품 38장, 〈월말통신〉 4호 – 법회록 1

원기13년(1928, 무진戊辰) 음력 6월 26일은 사기념 중 하계기념인 명절기념일이다. 명절기념일은 재래의 명절을 통합하여 기념하고 그 소비되는 금액을 공익사업에 충용하기를 목적한다[불법연구회 『예전』]. 하계기념일 다음 날에 소태산은 제자 4명과 문답한다. 이 법회록은 문답의 드라마요 법문의 향연이다. 이 법설 장소는 금강원[원기 13년 음력 5월 5일 준공]으로 여겨진다. 왜냐하면 법문 중에 '편협한 조선 일우의 익산 금강원에 잠복한 우리'라는 대목이 있기 때문이다.

소태산은 제자들과 함께 종교와 정치의 관계에 대해 신생국 미국의 건국 과정을 통해 그 중요성을 묻고 답한다. 이 문답 과정에서 정치와 종교는 두 수레바퀴처럼 한 몸통이나 각각 역할이 있다고 밝힌다. 종교가 잘잘못을 저지르기 전에 미연에 방지하는 역할이라면 정치는 모든 일을 행한 후에 시비是非를 밝혀서 상벌을 베푸는 역할인 것이다. 이렇게 정치와 종교가 쌍전 될 때 사회는 안전해지고 국가는 튼튼해진다는 것이다. 정교동심政敎同心의 시원 법문 격이다.

소태산은 "좋은 종교와 좋은 정치에 좋은 사람을 더해 삼합三合이 맞아야 하며, 무엇보다도 훈련된 사람을 요청하고 원한다."라고 한다.

> 시창13년(무진戊辰) 6월 26일은 즉 본회의 하계기념[명절기념]이었던 바 당일은 3, 4 연사의 강연으로써 유쾌히 지내고 그다음 날에 남녀 대중을 모으사 선생주께옵서 친히 설법하옵실 때, 먼저 김광선을 명하사 성주聖呪 3편을 인도 낭독게 하시다. 이어서 선생주 법좌에 오르시니, 일반 대중은 한층 더 정신을 가다듬고 귀를 기울여 묵묵히 기대하더라.
>
> … 선생주께옵서 네 제자의 말을 다 청취하옵시고 인하여 가라사대,
> 「여러분이 종교와 정치의 필요를 말하니, 그 보는 바가 옳도다. 대저, 종교와 정치는 세상을 운전하는 두 수레바퀴와 같으므로 하나라도 기울어지면 세상은 완전한 세상이라 할 수 없을 것이다.
> 종교라 하는 것은 사람으로 하여금 자능력自能力과 자각력自覺力을 얻도록 인도하여 모든 일을 저지르기 전에 방지하는 것이요, 정치라 하는 것은 자능력과 자각력을 가지고 모든 일을 행한 후에 시비를 밝혀서 상벌을 베푸는 바이니, 종교는 근본을 닦는 집이요, 정치는 끝을 다스리는 기관이라. 근본과 끝을 아울러 밝히면 원만하고 문명한 세상이 되리라. 과연 종교와 정치는 인생에

이와 같은 중요한 관계가 있으며 우리가 일시라도 여의고는 살 수가 없는 처지이다.

그러나 종교와 정치는 본래에 정定한 것이요, 인심과 시대는 때를 따라 변동하는 것이거늘 한 번 정한 데에 그쳐서 저 변동하는 형세를 맞추지 못하면, 그 종교와 정치는 세상에 유익이 된다고 하기보다는 도리어 멸망의 길로 인도하고 말 것이다. 구대舊代의 아무리 적합한 법이라도 현대에 와서 맞지 아니할 수도 있으며, 비록 구대에 맞지 않던 법이라도 현대에 와서 적합할 수도 있을 것이거늘, 이것을 알지 못하고 다만 구舊 도덕관념에 그쳐서 신新시대의 새 정신에 순응치 않는다면, 그 구도덕이라 하는 것은 날로 부패해질 것이며 인심은 결국 무방향無方向한 데로 떨어지게 될 것이니라. 능히 이 기미를 통찰하고 고금을 짐작하여 부패에 돌아간 저 종교와 정치를 모든 새 방편으로써 다시 그 시대의 활물活物을 만드는 것은 곧 그 세상의 구주救主이시니라.

종교는 도덕으로써 체體가 되고 정치는 정의正義로써 체가 되니, 도덕과 정의는 어느 시대를 물론하고 변할 수 없는 것이나 그 쓰는 방편은 시대에 따라 변하고 사기事機를 응하여 다르나니, 이것은 구주救主의 수단에 있나니라. 어느 시대와 어느 나라에 종교와 정치가 없어서 다스리지 못하였음은 아니다. 다만 그 기관을 운용하는 구주를 만나지 못한 소이니라. 비하여 말하자면 기차·윤선·비행기 등 모든 기계는 우리에게 무상無上한 편의를 주는 것이지마는 능히 그것을 운전하는 법을 아는 사람이 아니면 천만인이 방관한들 무슨 소용이 있느냐. 그런고로 좋은 종교도 있어야 하고 좋은 정치도 있어야 하지마는, 거기에 좋은 사람을 더하여 삼합三合이 맞아야 할 것이다. 지금[현금] 미국이 세계에 우월하게 된 것이 다소간多少間이라도 이 세 가지에 합한 소이[까닭]라 하지 아니할까?

그런즉 우리는 이미 이 세 가지가 합해야 하는 방법을 알았으니, 그 법을 잡아들고 일심 분투 노력하여 먼저 우리의 자신 훈련을 마치고, 어서 속히 이 세상으로 하여금 완전무결하게 만드는 것을 우리의 책임으로 생각하여야 할 것이다. 우리는 정치적 방면에 있어서는 어떤 권한도 없으니 어찌할 수 없거니와,

종교적 방면에 관해서는 재주 있는 대로, 심력心力 미치는 대로, 될 수 있는 대로 좋게 개선하고 완전하도록 단련하여 종교의 대혁명을 일으킬만한 처지에 있으며 또는 의무가 있다고 하노라.

또 말하면 완전히 종교와 정치가 무관한 것은 아니다. 종교가 능히 법률을 낳는 수가 있나니, 만약 종교가의 연마하여 놓은 법이 정치상에도 적합 필요해지고 보면 반드시 그 법을 정치가에서도 채용하게 될 것이요, 정치가에서 채용한다면 그 법은 양 방면을 통하여 전 세계에 광행廣行하리라.」《『대종경』 교의품 38장》 《송도성 수필, 〈월말통신〉 4호 시창13년 6월 말일》

『대종경』 교의품 39장, 〈월말통신〉 4호 – 법회록 2

소태산은 금강원에 모인 사람들이 장차 세계의 정신적 주인이 되고, 당신이 제시하는 교법이 세계의 종법宗法이 될 수 있다고 자부한다. 또한 열 사람만 완전하게 훈련해 놓으면 세상을 흔들어 놓을 수 있는데, 이곳에 훈련된 사람이 모여 있으니 더할 나위 없다는 것이다. 그러므로 무상묘법인 우리의 교법[사은사요 삼학팔조]을 배워서 이 법대로 행하고 권면하자고 한다.

또한 사리연구事理研究의 사事 자의 뜻은 정치에 속하고 리理 자의 뜻은 종교에 속하니, 마땅히 정치와 종교를 아울러 밝혀서 복혜양족福慧兩足하자고 소태산은 당부한다.

또 대완에게 물으시되 「저 바깥 사회에서 우리를 볼 때 부패한 종교의 유속으로만 알겠는가? 또는 이 세계에 일부분 혁명의 책임을 진 사람으로 알겠는가?」
대완: 「철없는 삶이 볼 때는 부패한 종교의 유속이라고 조소할 것이요, 식자識者가 볼 때에는 일부분 혁명의 책임을 진 사회로 인정할 것이올시다.」
선생주께옵서 다시 대완에게 물으시되 「만약 이곳에 어떠한 사회의 활동객이 찾아와서 "남아男兒가 세상에 나서 사회에 할 일이 많거늘 어찌 이 같은 궁벽한 곳에 칩복蟄伏하여 부패한 사상으로 용렬한 생활을 하고 있느냐?" 하고

질책하면 대완은 무엇으로써 대답하려느냐?」

대완: 「저는 이렇게 대답하겠습니다. 모든 것이 자근이원[自近而遠, 가까운 곳으로부터 시작해서 먼 곳으로 이르는 것]이니, 사회를 개혁하려면 먼저 심리를 개혁하여야 할 것이다. 나는 먼저 나의 심리를 개선하려 이곳에 왔거니와 너희도 큰 사업을 경영하려거든 마땅히 이곳에 와서 많은 훈련을 받아 심리를 완전히 개혁한 후에 비로소 실사회에 발길을 들여놓으라고 권고하겠습니다.」

선생주께옵서 또 만경에게 전문하옵시되,

만경: 「저는 그 질문에는 어려울 것이 없을 듯하옵나이다. 우리의 강령과 취지 규약, 어느 것이 현대 정신에 위반되는 바가 없고 모두 다 해방이며 자유니, 만약 그러한 사람이 그러한 말을 하면 우리의 강령과 취지 규약을 한번 설명해 주겠습니다.」

선생주께옵서 또 송광에게 전문하옵시되,

송광: 「저는 그 말에 대하여 이렇게 답하겠습니다. 나도 일찍이 혁명의 사상을 가지고 혹 외세를 의뢰하여 볼까하여 예수교에 입신入信하기를 수십 년이로되 어떠한 가능력可能力이 없으므로 다시 이곳에 와서 우리 선생님의 법하에 그쳤으나, 아직 심오한 법의法義를 다 깨닫지를 못하였으니, 무어라고 말하기 어렵다. 그러나 우리 선생님의 법은 지극히 원만하시고 지극히 평등하시사, 첫째 사람의 뇌수를 개혁하시나니 그대도 혁명의 순서를 알고 싶거든 한번 우리 선생님을 뵈옵고 물으라 하겠습니다.」

선생주께옵서 또 음광에게 전문하셨으나, 음광도 대개 이상 여러 사람과 같은 의미의 대답이었다. 선생주께옵서 이에 말씀하여 가라사대,

「대저, 혁명의 원의原義는 모든 불합리한 제도를 합리하도록, 불공평한 일을 공평하도록 개선 혁신하는 것이다. 신문지의 보도로 듣건대, 근자 중국에서는 장개석 군이 고故 손문 씨의 유지遺志를 이어 삼민주의三民主義를 표방하고 소군약졸[小軍弱卒, 작고 약한 군대]로 광동 일우[한 모퉁이]에 일어나서 파죽破竹의 세勢로 전토全土를 통일하고, 이제 이미 국정 개혁에 착수하여 모든 불합리, 불공평한 제도 습관을 다 철폐하고 자유 평등의 신중국을 건설한다고 하

니, 뉘 아니 경하慶賀할 바이랴. 물론 그 주의도 좋거니와 그 사람을 얻은 소이[까닭]라 하겠도다.

그러나 지금 우리가 표방하고 나아가는 취지 강령으로 보면 장군에 비하여 훨씬 호대하며 웅장하다 할 수 있다. 장군은 무력으로써 단 일국의 정치적 혁명에 헌신한 바이며, 우리는 심력으로써 전 세계의 정신적 혁명에 희생할 결심이다. 그런고로 도덕의 주의는 국경이 없다 하나니라.

또 말씀하면 무력으로써 강제적 복종을 받는 것은 그 권위가 있을 동안 일시적인 복종이요, 심력으로써 자연의 감화를 입히는 것은 영영 변하지 아니할 복종이니, 무력으로 행하는 자는 좀 속성速成이 된다고 할 수 있으나 그 반면에 속패速敗하기가 쉬우며, 심력으로 행하는 자는 성공이 혹 더디다 할지라도 그 대신 장구히 지속할 힘이 있을 것이니, 그 가치를 어디에다가 비교할 바이랴. 만약 장군이 한번 무력으로써 전국을 평정하고 다시 도덕으로써 인심을 결속하여 문무양전文武兩全을 한다면 그 공덕과 그 인격이야말로 우리로서 불급不及하는 바 될 것이로되, 다만 무력적 정치 혁명에 그치고 만다면 그 공덕은 얼마 되지 아니할 것이요, 그 인격은 일대의 영웅에 불외할 것이다.

여러분이여! 면려[勉勵, 부지런히 힘씀]할지어다. 우리의 법을 잘 연마하여 전 세계 인류에게 무상묘법無上妙法이 된다면 아니 취해갈 자 그 누구이랴. 편협한 조선 일우의 익산 금강원에 잠복한 우리가 장차 세계의 정신적 주인이 되고, 한 국토에도 고루 퍼지지 못한 우리의 교법이 세계에 종법宗法이 될지도 누가 아느냐? 그런고로 우리는 사람 수효 많은 것을 취하지 않는다. 원대한 발원과 독실한 성의만 있는 사람이면 다만 몇 사람이라도 좋다. 사실 열 사람만 완전하게 훈련해 놓으면 능히 시방세계를 운전하며 전 우주를 흔동[掀動, 함부로 마구 흔듦]할 터인데, 하물며 이 같은 대중이 모였으니 무슨 걱정이 있느냐. 내가 이상에 말한바 그 법이 있으나 그 사람을 만나지 못하면 행할 수 없다는 뜻을 재삼 반복하여 밝힌 것은, 여러분으로 하여금 그 사람이 되어서 그 법을 행하려는 생각을 심두心頭에 깊이 인상되도록 하려 함이다.

여러분이여! 다시 우리의 표준인 삼대강령의 뜻을 깊이 한번 새겨보라. **사리**

연구事理硏究에 사事 자의 의義는 정치에 속할 것이요, 리理 자의 의는 종교에 속할 것이다. 여러분은 마땅히 정치와 종교를 아울러 밝혀서 복혜양족福慧兩足을 유감없이 얻을지어다. 그와 같이 하기로 하면 먼저 그 길을 알아야 할 것이니 연구를 하여야 될 것이며, 연구를 하기로 하자면 먼저 수양을 요할 것이다. 수양력과 연구력이 풍부하면 모든 일에 취사함에 아니 되는 일이 어디 있으며, 못할 사람이 어디 있으리오. 이같이 훌륭한 강령을 세운 여러분이여! 날마다 즐거워하며 날마다 춤출지어다.」 하시더라. 《『대종경』 교의품 39장》

《송도성 수필, 〈월말통신〉 4호 시창13년 6월 말일》

『대종경』 신성품 17장
– 이 공부 사업에 죽어도 변하지 않을 신성으로 혈심 노력한 사람

금강원은 방 2개로 구분되어 있었는데 이곳에서 자던 서대원이 금강원 뒷마루에서 작두로 손가락을 자르는 사건[이후 치료를 위해 손목까지 절단]이 일어난 곳이기도 하다. 원기14년(1929), 서대원이 20살 무렵에 농업부원으로, 그해 가을에는 서무부 서기로 근무했다. 아직 공회당을 짓기 전이라 전음광의 집 큰방에서 야회를 보았는데 어느 날 소태산은 달마와 혜가의 신信에 대해 이야기하였다. 법문을 받든 서대원은 가슴 뿌듯한 무엇이 차올라 비장한 각오를 하였다. 소태산은 경성에 한 달 작정하고 갔다가 1주일도 못 되어 짐을 꾸리며 "어서 가야겠다. 본관에 큰일 있다."며 익산으로 내려간다. 그날 외삼촌인 소태산이 경성에서 내려오고 서무부 서기로 근무하는 생질 서대원은 금강원 조실 옆방에서 잔다. 새벽 밤중에 변소에 간 줄 알았는데 뒷마루에서 탕 소리가 났다. 서대원이 소태산에게 신을 인정받겠다고 금강원 조실 뒷마루에 작두를 갖다 놓고 손가락을 잘랐다. 새벽 4시경이었다. 《박용덕, 『소태산박중빈 불법연구회』 3권》

소태산은 영춘원 왼쪽의 마루방으로 서대원을 불러 도를 얻겠다고 몸을 상하는 단지斷指 사건에 대하여 그 어리석음에 각성이 생기도록 타일렀다고 한다. 또한 대중들에게도 도를 얻겠다고 몸을 상하는 어리석은 행동을 하지 않도록 주의를 주었다.

제자 가운데 신信을 바치는 뜻으로 손을 끊은 사람이 있는지라, 대종사 크게 꾸짖어 말씀하시기를 「몸은 곧 공부와 사업을 하는 데에 없지 못할 자본이어늘 그 중요한 자본을 상하여 신을 표한들 무슨 이익이 있으며, 또는 진정한 신성은 원래 마음에 달린 것이요, 몸에 있는 것이 아니니, 앞으로는 누구든지 절대로 이러한 일을 하지 말라.」 하시고, 이어서 말씀하시기를 「아무리 지식과 문장이 출중하고 또는 한때의 특행特行으로 여러 사람의 신망이 높아진다고 하더라도, 그것만으로는 이 회상의 종통을 잇지 못하는 것이요, **오직 이 공부 이 사업에 죽어도 변하지 않을 신성으로 혈심血心 노력한 사람**이라야 되나니라.」

《『대종경』 신성품 17장》

『대종경』 전망품 28장 - 남에게 못 주어서 걱정인 세상

금강원은 황등장과 이리장을 오가는 길가에 있고 담장이 탱자나무로 되어 있어, 장꾼들이 지나가면서 하는 이야기를 들을 수 있었다. 소태산 대종사는 어떻게든 속임수를 써서 돈 벌 궁리만을 하는 장꾼들의 이야기를 자세히 들으시고 감상을 말씀하신다.

"지금 세상에는 대부분 사람이 다른 사람의 돈을 내 것으로 만들 궁리만 한다. 그런데 앞으로의 세상은 참으로 좋은 미륵불 회상인 용화회상이 돌아온다. … 그러니 그때 가서는 못 빼앗아서 한이요 못 속여서 한인 지금과는 반대로, 남을 못 도와주어서 한이고 복을 지을 곳을 찾지 못해서 한탄일 것이다."

《김정용, 남에게 못 주어서 걱정인 세상, 『생불님의 함박웃음』》

05 공회당

공회당은 원기14년(1929) 양잠실 겸 대중 집회장으로 지은 함석지붕 6칸 겹집의 다목적 건물이다. 봄과 가을에는 누에치기하고 그 외에는 선방으로 사용하기로 한다. 그러나 누에치는 기간과 동하선 기간이 앞뒤로 일부 겹치는 문제로 원기15년(1930)에 공회당 맞은편에 신양잠실을 건축한다. 이후 공회당은 선방 및 예회 등의 대중 집회장으로 전용한다. 공회당은 현관이 돌출된 구조로 각 방의 미닫이문을 뜯어내면 통방[39평]이 되며 현관 정면 위에 세로로 '대방겸설법실大房兼說法室'이란 편액을 붙였다.

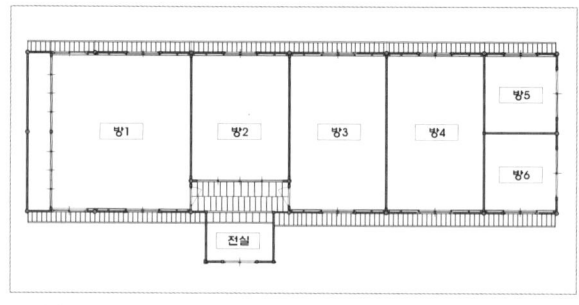

공회당 구조
방1-유아교육시설, 방3-소태산 설법처, 방4-자공회 모임
방2 지하-이슬 맞은 뽕잎 저장소

-. 익산총부의 대중 집회실, 통칭 공회당
-. 익산총부 선원[정기훈련장]
-. 6칸 통방으로 구룡헌九龍軒이라 별칭
-. 현관 정면에 '대방겸설법실大房兼說法室'이란 편액
-. 서아실[서쪽방]에 덧붙인 작은 방에 '성적당惺寂堂'이란 현판 걸고 선원 교감

실로 사용

- 동쪽 방에서 자공회(어린이법회)를 열었고, 서쪽 방에서 유아교육(황정신행) 시설을 시도
- 원기22년(1937) 식당채 건설 후 남자부 좌선방은 공회당, 여자부 좌선방은 식당채(현 공덕원) 사용
- 원기57년(1972) 7월에 통행로 확장과 대종사 성탑 조망을 위해 서편 일부와 덧붙였던 작은 방을 허무는 단축공사를 하고 맞배지붕에서 우진각으로 지붕 형태 변경

공회당 관련 법문은 『대종경』 교의품 17장[진정리화의 심고의 감응에 관한 문답], 교의품 29·30장[나는 용심법을 가르치노라], 교의품 37장[동남풍과 서북풍], 수행품 13장[좌선에 대한 법문, 권동화와 문답]·17장[일심으로 섭만경, 양도신의 질문]·22장[경다반미인經多返迷人], 인도품 33장, 변의품 1장[천지의 식], 불지품 15·16장[천상락과 인간락], 신성품 14장[졸고 있는 김정

공회당 배경의 기사동선 기념사진
원기15년(1930) 3월 촬영, '大房兼說法室'이라는 현판이 눈에 띈다.

공회당에서 학원생들이 공부하고 있는 모습

현재의 공회당 모습

각]·16장[어떠한 고도 낙을 삼을 줄 아는 자는 행복자다], 교단품 4장[특성을 서로 이해하라]·6장[개인생활과 도덕사업], 부촉품 2장[게송]·7장[교리도]·8장[제생의세 서약서], 성리품 28장[심성이기], 인과품 31장 등이다.

『대종경』 교의품 29장, 〈회보〉 33호 – 나는 용심법用心法을 가르치노라 1

제23회 병자동선(1936년 음력 11월 6일~1937년 음력 2월 6일) 중인 원기22년(1937) 1월 29일(음력 12월 18일 토요일) 〈선원일지〉에 "종사주 10시 15분에 출석하시사 선원禪員에 대하여 문답이 있었다."라는 기록이 있다. 이어서 "여기서는 무엇을 가르치며 무슨 공부를 하냐?"라는 소태산의 질문에 선원들의 답변이 있고, 이에 대해 "심리작용법을 가르치노라." "용심법을 가르치고 배운다."라는 소태산의 말씀이 기록되어 있다. 이때의 법설을 한두 달 뒤인 〈회보〉 33호 원기22년(1937) 3월호에 수록한다.

소태산은 용심법을 마음 작용하는 법이라 한다. 또한 그 세부 방법으로 '일상 수행의 요법'의 5~9조를 제시한다. 즉 용심법은 인생의 요도인 일상 수행의 요법 5~9조를 잘 사용하는 것이다. 이를 풀어보면 삼학·팔조로 사은·사요를 잘 운용하는 것이며, 사은에 보은하고 사요를 실천할 때 삼학·팔조를 작용하라는 것이다. 법문 중 '돈 없는 사람에게는 돈 없어도 사는 방식을'의 돈은 물질개벽 시대의 자본주의를 상징한다. 『대종경』 교의품 29장의 복 없는 사람의 복은 돈[자본]으로 해석해야 할 것이다. 익산총부의 선방은 공회당이다. 이 설법은 병자동선 중 공회당 선방에서 설하신 법문이다.

> 「여기서는 무엇을 가르치며 무슨 공부를 하냐?」 종사주께서 문問하오는데 몇 사람씩 답이 있었고, 그 후에 종사주께옵서 이를 밝히시니 다음과 같다.
> 보통학교, 중학교 같은 데서는 사회에 나가 써먹을 무기를 주는 것과 같고, 여기에서는 학교에서 얻은 무기를 쓰는 방법을 가르치는 곳이다. 학교에서 받

은 학술, 면장이나 군수를 말하면 권리, 유산자는 금전, 이를 사용할 때 이용을 잘하도록 심리작용법을 가르치노라.

예를 하나 들면 금전이라 하면 누구를 물론하고 잘 쓰는 것인데 잘못 쓰고 보면 자리타해自利他害가 되는 것이다. 이는 유산자가 토지를 매입하여 소작인에게 맡겨 소작료를 흡사하게 받으면 지주와 소작인 양방이 이로울 것이나, 만일 소작료를 과다하게 받는다면 소작인이 해로울 것은 물론이며 소작인이 해로운 머리에 소작인이 없어질 것이며, 또는 인생은 흥망성쇠가 있는 것이라 지주가 쇠할 시는 그 기회를 따라 지주에게 원조가 없을 것이며, 소작료를 많이 받는 사람은 소작인의 공론公論을 써 명예 훼손될지니 피차 해가 될지니라. 그러나 우리집에서는 가진 무기를 잘 이용하는 용심법을 가르치며 배운다.」하시더라.

《시창22년(1937) 1월 29일, 병자년 음력 12월 18일 〈선원일지〉》

익산교당에서[병자동선丙子冬禪 시] 종사님 선방에 출석하시사 일반 선도禪徒에게 말씀하여 가라사대,

「오늘은 내가 제군에게 하나 물어볼 말이 있으니 대답하여 볼지어다. 그것은 다름이 아니라, 가령 이제 어떠한 사람이 찾아와서 묻기를 "불법연구회에서는 무엇을 가르치며 또한 배우느냐?"고 한다면, 제군은 무엇이라고 대답하려는가?」하시었다.

그때 2, 3인의 선도가 각자의 의견대로 대답을 고하니, 혹자는 가로되 「저는 삼대력 공부를 한다고 하겠습니다.」 혹자는 가로되 「저는 용심법을 배운다고 하겠습니다.」 혹자는 가로되 「저는 인생의 요도를 배운다고 하겠습니다.」라고 하였다.

종사님께옵서는 각인의 대답을 일일이 청취하옵시고 다시 말씀하여 가라사대,
「제군의 말도 다 그럴듯하다. 그러나 내가 또한 참고로 말하여 주려 하나니, 자세히 들어 보라. 그리고 가령 상대편에서는 같은 말을 묻는다 하더라도 대답하는 편에서는 그 질문하는 사람의 인격과 태도 여하에 따라서 여러 가지

로 대답하여 줄 수가 있나니, 만약 누가 나더러 "무엇을 가르치느냐?"고 묻는다면 나는 대개 이렇게 대답하여 주겠다.

즉 일언一言으로 간단히 말하자면 "모든 사람의 **마음 작용하는 법**[용심법]을 가르쳐 준다."라고 하겠고, 조금 더 자세히 말하자면,

-. 각 학교에서 배운 여러 가지 학술을 실사회에 나가서 사용하는 방법과

-. 권리 있는 사람에게 권리 사용하는 방법과

-. 물질 있는 사람에게 물질 사용하는 방법을 가르쳐 준다고 하겠으며

또 더 세밀하게 말하자면 한정이 없을 것이니 혹은

-. 원망 생활하는 사람에게는 감사 생활하는 방식을

-. 돈 없는 사람에게는 돈 없어도 사는 방식을

-. 타력 생활하는 사람에게는 자력 생활하는 방식을

-. 배울 줄 모르는 사람에게는 배울 줄 아는 방식을

-. 가르칠 줄 모르는 사람에게는 가르칠 줄 아는 방식을

-. 공익심이 없는 사람에게는 공익심이 생겨나게 하는 방식을

이외에도 여러 가지로 고苦 생활하는 사람들에게 낙樂 생활하는 방식 등을 가르쳐 준다고 하겠노라.」 하시었다. 《『대종경』 교의품 29장》

《이공주 수필, 〈회보〉 33호 시창22년 3월》

『대종경』 교의품 30장, 〈회보〉 33호
– 나는 용심법用心法을 가르치노라 2

소태산은 정신문명 즉 '용심법'이라고 정의하며, 물질문명은 '사농공상법'이라고 명시한다. 마음 작용하는 법인 용심법이 곧 정신문명으로, 이 용심법이 정신개벽의 실전 방법이다. 그리고 '물질문명은 사농공상법이다'라고 정의할 때의 사농공상은 발달하는 물질개벽 시대의 사농공상을 말한다. 소태산은 물질문명의 사농공상을 법설에서 자세하게 제시하고 있다. 이러한 물질문명의 사농공상법을 선용하고 항복시킬

수 있는 정신개벽이 용심법인 것이다. 다만 물질의 세력을 항복시킬 마음이 없는 사람은 선용을 제대로 할 수 없고 물질을 그때그때 선용하지 않으면 항복도 안 되는 것이다.

제23회 병자동선 기간인 원기22년(1937) 2월 15일(음력 1월 5일 월요일)에 소태산은 "현대인류는 물질의 노예 생활을 하지만 이로부터는 물질을 이용하는 사람이 될지어다."라고 설법한다. 〈선원일지〉

그리고 또 계속하여 가라사대, 「현하 사농공상士農工商의 모든 학교로 말하면 정부나 사회에서 적극적으로 장려하고, 따라서 배우는 사람이 많으므로 학술과 기술이 점점 발달하여 이제는 문학·정치학·법률학 등도 전문 대학가가 생겨나서 공전空前의 발전을 보이고 있고[士], 또 농사법도 그러하여 모든 방법이 개량됨에 따라서 대 발전을 현실상 나투고 있으며[農], 또 공업도 극도로 진보되어 전에 못 보던 문화 주택이며 라디오·비행기 등 실로 상상도 못 하던 각양각색의 문명 기구가 발명 제작되어 우리 생활상 무쌍無雙한 편리를 도와주고 있고[工], 또 상업도 그러하여 도회지에 있는 큰 상점들을 본다면 건물도 굉장하고 그 상품의 진열법이라든지 장부 정돈하는 법이라든지 매매賣買의 교제술 등 실로 놀랄 만한 발전을 보이고 있나니[商], 이 세상은 이전에 비하여 가위 지상천국이 건설되었다고 하여도 과언은 아닐 만큼 극도로 발달이 되어 가지고 있다.

그러나 만일 이 세상이 이대로 물질문명만 되어가고 정신문명 즉 용심법을 모른다면 누구나 보고 듣는 대로 각자의 욕심만 채우려는 데에 결국 개인·가정·사회·국가가 피해로 악화하여 이 세상은 수라장이 되고 말 것이니, 그러므로 나는 진작부터 그를 염려하여 누구에게든지 용심법을 먼저 가르쳐야 한다고 주창主唱하였노라.

대저, 각 학교에서 여러 가지 학술을 배우는 것은 마치 전장에 나가려는 무사가 칼이나 총 등의 무기를 장만하는 것과 같나니, 같은 무기를 가지고도 용심법을 아는 자는 정의를 위하여 적군을 물리치는 데에 사용할 것이요, 용심법을 모르는 자는 불의한 사욕을 채우려는 데에 악용할 것이다.

그와 같이 같은 학술을 가지고도 용심법을 아는 자는 저만 못한 이를 가르쳐 준다 혹은 곤궁에 빠진 이를 학술로써 도와준다고 하여 자리이타自利利他가 되도록 이용할 것이요, 용심법을 모르는 자는 그 학술을 무기 삼아 무식한 사람을 둘러먹고 속여먹는 데에 악용하여 필경 자해타해自害他害가 되고 말 것이니, 그러므로 용심법을 모르는 자에게 학술을 가르치는 것은 불량한 도적놈에게 무기를 주는 것과 같다고 하나니라.

또 권리 있는 자로 말하더라도, 가령 전답을 많이 가진 권리 있는 자가 있어 그 동리 무산자들에게 논을 주어 벌어먹게 하며 또는 도조賭租도 공정하게 받고 혹은 천재지변이 있을 때는 각인의 형편을 살펴서 동정하여 준다면 그러한 지주에게는 소작료도 정성껏 갖다 줄 것이니 자리이타가 되지마는, 만일 지주 편에서 전답을 주고 떼는 권리와 도조를 더 받고 덜 받을 권리가 있다 하여 아무 죄상도 없는 작인作人의 아니 뗄 논을 뗀다든지 더 못 받을 화곡禾穀을 강청強請한다면 소작인 편에서는 그 지주를 원망도 하고 봉변도 주며 관청에 고소도 하고 그의 악행을 신문에도 낼 권리가 있나니, 그러한 지경까지 이른다면 지주도 은연 부지중 망할 것이요, 그 작인들도 벌던 전답을 못 벌게 되었으니, 이는 소위 자해타해니라.

또 같은 돈을 가지고도, 가령 자선 사업이나 교육 사업 등 공중을 위한 사업에 쓴다면 약소 대중은 그 은혜를 입게 되니 좋을 것이요, 사업한 사람은 모든 사람이 칭찬한다, 신문을 낸다, 혹은 비석을 세운다, 혹은 동상을 세운다고 하여 그의 공덕을 일컬을 것이니, 이 또한 자리이타가 아니고 무엇인가? 그러나 그 반면에 만일 같은 돈을 가지고도 도적질할 때 쓸 무기[육혈포, 회전식 연발 권총이나 단도 등]를 사서 도적질을 많이 한다면 여러 사람이 해독을 입을 것이요, 그러다가 경관에게 들키게 된다면 매를 맞는다, 징역을 산다, 별별 악형을 다 받고 사람의 행세를 못 하게 될 것이니, 이것은 곧 돈을 가지고서 자해타해 하는 법이니라.

그러면 **물질문명**[사농공상법士農工商法]도 각 방면에서 적극적으로 지도하고 장려하는 머리에 실로 놀랄 만한 발전을 보이는 것과 같이, 정신문명도 또한 그러하여 자주 훈련하고 장려한다면 큰 효과를 낼 것은 명약관화明若觀火의 사실이니, 제군은 이때를 당하여 범연히 지내지 말고 새로이 각성하여 용심법을 배워서 같은 학술이나 권리나 돈을 가지고도 자리이타가 되도록 선용할지어다. 만일 이때에 정신문명을 지키지 못하고 이대로 물질문명만 되어 나간다면 도리어 이 세상은 악화惡化되어 범행자가 많을 것이요, 따라서 서로 대하는 대로 피해가 되어 살 수가 없을 것이니, 제군은 용심법의 조종사가 되어 물심物心 양 방면[물질문명과 정신문명]을 유루遺漏 없이 밝힐지어다.」 하시더라.《『대종경』교의품 30장》

《이공주 수필, 〈회보〉 33호 시창22년 3월》

『대종경』 수행품 13장, 〈회보〉 15호 - 좌선에 대한 법문

이 법문이 기재된 원기20년(1935) 3월은 대각전을 건설하던 중이며 익산총부의 선방은 공회당이다. 그러므로 동하선 때 새벽 좌선 장소는 공회당으로 여겨진다. 소태산은 권동화와 절집의 좌선과 소태산이 제시하는 좌선의 차이에 관해 문답을 주고받는다. 또한 『정전』 '좌선의 방법' 7~9조에 해당하는 시원이 되는 법설도 등장한다.

한때 익산교당에서 종사님 새벽 좌선 시간에 선방에 출석하시사 대중을 향하여 말씀하여 가라사대,
「매일 새벽마다 일어나서 이와 같이 좌선 시간을 지키기로 말하면 피곤하여 응당 일어나기 싫을 때도 있을 것이요, 혹은 잠이 와서 눈을 뜨기 싫을 때도 많을 것이다. 그런데 그 모든 괴로움과 오는 잠을 참고 이렇게 좌선들을 하니, 대체 무슨 좋은 일을 보려고 이와 같이 하는가? 저세상에서 모든 사람이 각자의 직업을 따라 관공청에 다닌다, 혹은 장사를 한다, 혹은 농사를 짓는다, 혹은 노동한다고 하여 그 여러 가지로 악전고투惡戰苦鬪를 하는 것이 '무

엇을 하려고 그러느냐?' 하면 곧 돈 하나를 벌자는 것이다. 그러므로 목적한 바 돈을 벌게 된다면 어떠한 역경·난경을 당하더라도 그와 같이 참고 견디나니, 제군도 이 좌선 공부를 하면 어떠한 좋은 일이 있을 줄을 발견하여야 할 것이 아닌가? 돈 버는 사람이 돈맛을 알아야 괴로움을 참고 돈을 버는 것과 같이 이 좌선도 그 좋은 맛이 있는 것을 발견한 사람이라야 잠도 덜 오고 괴로운 생각도 없으며 오직 재미가 날 것이니, 과연 좌선의 결과에 좋은 일이 무엇인가 대답하여 보라.」 하시었다. 그때 2, 3인의 대답이 있었고 계속하여 권동화에게 전문轉問하옵시니,

답: 「사람의 정신이라 하는 것은 본래 온전하고 맑고 싱그러운 것입니다. 그러나 오욕심[식욕·색욕·재욕·명예욕·수면욕]이 발동하오면 그 욕심을 채우려는 데에 정신이 천지만엽으로 갈려져서 온전한 근본정신이 없어지는 머리에 지혜문智慧門이 막혀서 일이나 이치에도 분석이 없어지는 것입니다. 그러므로 이 좌선하는 뜻은 안으로 일어나는 그 모든 욕심과 밖에서 들어오는 모든 경계를 물리치고, 오직 온전한 근본정신을 회복시켜서 금강철석金剛鐵石 같은 수양력을 얻기 위함이오니, 과연 수양력을 얻게 된다면 그보다 더 좋은 일은 없으리라고 생각하옵나이다.」

문 「좌선하는 방법은 어떻게 하는가?」

답: 「좌선을 하기로 하오면, 어느 시간을 물론하고 일없이 조용한 때를 이용하여 편안하게 앉아서[반좌] 전신의 기운을 바르게 한 후, 마음의 나가는 곳을 조사하기 위해서 마음과 기운을 아랫배[배꼽 밑]에 머무르고, 마치 하기 좋게 슬쩍이[살짝] 힘을 주는 듯하오면 조금 아랫배가 불쑥하여집니다. 그리고 조용히 앉았으면 번거한 생각과 망녕妄佞된 마음도 나고, 혹은 계교심이 생겨서 별별 공상도 끓어지는 때가 있고, 혹은 잠이 와서 혼몽천지昏夢天地가 될 때도 있사오며, 또는 정신이 깨끗하여 잠도 아니 오고 온전한 때도 있습니다. 그러면 **마음의 거래처**去來處를 조사하여 못 나가게 그 마음을 지키고 앉은 것을 일러서 좌선의 방법이라 하겠습니다.」

문: 「절집에서는 '이 뭣고?' 혹은 '만법萬法이 귀일歸一하니 일귀하처一歸何處

오?' 하는 등의 화두를 들고 앉아서 연구를 하여 견성오도見性悟道를 한다 하는데, 아무런 화두도 없이 다만 마음의 나가는 곳만 조사하고 앉은 것이 무슨 좌선이냐고 하면 무엇이라고 할 것인가?」

답:「좌선의 본의로 말씀하오면 희로애락喜怒哀樂 간에 불리는 마음을 모두 다 끊고 무심적적無心寂寂한 지경에 이르러 온전한 정신을 만들자는 것인데, 화두를 들고 '이것인가? 저것인가?' 하고 생각을 태운다면 그것은 좌선하는 본의에는 어긋났다고 하겠습니다.」

문:「그러나 옛적부터 절집에서는 반드시 화두를 들고 좌선을 하였고, 만일 화두 없이 좌선을 한다면 그것은 묵조사선照死禪이라고 하나니, 그렇게 묻는다면 무엇이라고 할 것인가?」

답:「묵조사선이라 하올진대 대중 잡는 마음이 없이 앉은 것을 이름입니다. 그런데 우리 좌선으로 말씀하오면 **온전한 정신을 놓지 않고 마음의 거래처를 소소昭昭히 조사하고 앉았사오니,** 묵조사선은 결코 아니라고 하겠습니다.」

문:「그러면 화두는 어느 때에 연구하느냐고 물으면 무엇이라고 할 것인가?」

답:「우리 집에는 수양하는 시간과 연구하는 시간이 따로 있으니, 즉 염불·좌선은 수양하는 시간이요, 경전·강연·회화·문목問目 등은 천만 사리事理를 연구하는 시간이라고 하겠습니다.」

문:「그러면 경전을 배우고 강연·회화하는 것이 어째서 화두 연구가 되느냐고 말하면 무엇이라고 할 것인가?」

답:「경전에는 천지 만물의 근본 이치와 인간 시비이해是非利害의 일을 밝혀 놓았으니 곧 경전의 조목조목이 다 화두라고 할 것이요, 의지 해석 시간이나 강연·회화 시간에는 그 경전 가운데 의심나는 조목을 문제로 걸어놓고 여러 사람이 다 각각 의견을 내서 그 뜻을 알도록까지 파고들어 가오니, 그것이 연구가 아니고 무엇이냐고 하겠습니다.」

종사님께옵서는 일일이 청취 하옵시고 계속하여 말씀하여 가라사대,

「너의 말이 대강 옳도다. 과연 좌선이라 하는 것은 모든 번뇌를 떼이고 오직 무심적적無心寂寂한 지경에 그쳐 사람의 순연한 근본정신을 찾아 양성시킴이

니, 곧 언어가 도단[언어도단言語道斷]하고 심행처가 멸[심행처멸心行處滅]한 곳으로 들여보내는 것으로써, 비유 들어 말하자면 달이 그믐에 아주 어두워 버려야 초승달이 다시 나오듯이, 사람의 마음도 그와 같이 온전하고 적적한 자리를 찾아 그쳐야만 성리性理의 진면목을 본 것이며, 따라서 밝은 지혜 광명을 얻게 되나니라.

그런데 만약 수양은 하지 아니하고 좌선 시간에 화두를 들고 앉아서 생각만 태운다면 불기운이 위로 올라와서 지혜문이 도리어 덮이나니, 그러므로 나는 수양과 연구를 따로 시키고 또한 연구 문목問目도 누구나 알기 쉬운 문제부터 주어서 한 가지 두 가지 열 가지 백 가지를 점진적으로 깨우치게 하는 것이다. 사실상 혼자로서는 10년이나 20년이 걸려도 알지 못할 어려운 진리가 든 문제라도 여러 사람이 여러 가지 생각을 내어놓는 머리에 당장에 한두 시간 내에라도 알아 버릴 수도 있나니, 그것이 참 연구하는 데에 묘한 방법[묘방법妙方法]이니라.

그리고 또 몇 가지 알아둘 것이 있으니, 다름이 아니라 누구든지 좌선을 많이 하여 마음이 온전하여진즉, 수승화강水昇火降이 되는 머리에 달고 향내 나고 맛나고 구수한 침이 혀 밑[설하舌下]에서 나오나니, 그것은 부처님이 이르신 감로수라. 그 감로수를 많이 삼켜 내리고 보면 정신이 맑아지나니라. 또는 이마나 얼굴이나 혹 몸에 개미[의蟻]나 이[슬蝨]가 기어다니는 것같이 가려운 때도 있나니, 그것은 전신의 혈맥이 골라지는 증거로서 그러하나니, 그런 때가 있거든 삼가히 긁거나 만지지 말지니라.

또는 좌선을 하는 가운데 그믐밤에 월색이 나타나서 방안이 훤하게 밝아도 보이고, 무수한 별이 떨어져 보이기도 하며, 혹 미인이나 모진 짐승이나 무서운 사람도 보이는 때가 있나니, 이러한 이적異跡이 보일 때에는 정신을 차려서 다시 선정禪定하라. 이것은 다름 아니라 정신이 혼혼昏昏한 가운데 그리되는 것이요, 별 공부가 되어서 그러한 것은 아니니, 여기에 만일 정신을 팔리고 보면 반드시 해害가 있으리라.

또는 잠이나 번뇌가 들어온다고 하여도 거기에 성가시지도 말고 다만 온전하기만 주장할 것이니, 그런다면 차차 정신의 수양력을 얻어서 온전한 정신이 회복되는 머리에 일과 이치[사리事理]에도 분석이 밝게 나며 자주력 정신을 얻게 되리라.」하시더라. 《이공주 수필, 〈회보〉 15호 시창20년 3월》

『대종경』 수행품 17장, 〈회보〉 51호
– 일심一心으로 섭만경攝萬境

양도신 저서 『대종사님 은혜 속에』서 '대종사님 모셨던 총부생활'의 '원기23년(21세)'과 '원기23년 11월 6일' 기록에 의하면 일심 공부에 관한 내용이 나온다.
이 책에서 양도신은 "동선 입선이 시작되었다. 선중 그 어느 날 나는 입교원서를 가지고 법명 내려 주시라고 조실[종법실]로 갔다. 인사를 올리고 그동안 궁금했던 약 태운 일을 말씀드렸다. … '이 문제는 너 혼자만 알 것이 아니라 대중이 다 들어서 알아야 하겠다.' 하시고 '선방으로 가자' 하시기에 나는 모시고 갔다."라고 회고한다. 동선 입선과 원기23년 말에 결제하는 무인戊寅 동선에서 법설을 내려주신 선방이 공회당이다.

'일심으로 섭만경'이란 제목의 법문은 훈타원 양도신 교무가 21세 때인 원기23년(1938) 음력 11월 6일에 소태산 대종사로부터 감정을 받은 법설이다. 감각 감상이 일어났던 시기는 원기23년 여름경으로, 박길선[주산 송도성의 정토]의 자녀 송수은이 아파서 이리보화당에서 치료받고 있을 때 약 달이는 일을 양도신이 돕게 된다. 하루는 약을 앉혀 놓고 버선이 떨어져서 옆집에 가서 재봉틀에 기워오니 약이 타고 말았다. 평소 소태산 대종사는 "이 일을 할 때 저 일에 끌리지 아니하고 이 일에만 일심을 들이대고, 저 일을 할 때는 이 일에 끌리지 아니하고 오직 저 일에만 일심을 들이대야 동할 때 일심一心 공부를 잘하는 사람이라."고 말씀하셨다. 그런데 약은 타고 말았으니 하여간 일심 공부는 잘못한 결과가 되었다. 약 달이는 일에도 일심으로 했고, 바느질할 때도 일심으로 했는데 결국은 바느질하다 약을 태우게 되었으니, 이 일을 하다 저 일에 끌리는 바가 되어 일심이 되지 못하고 이심二心이 되고 만 꼴이다. 이에 양도신은 어떻게 하는 것이 진정한 일심인지 의심하게 된다. 이러한 의심을 품은 채 여름과 가을이 지나 겨울 동선이 시작되었고, 이즈음 양도신은 조실[종법실]에 입교원서를 올릴 일이 있어 그동안 궁금해했던 의심 건을 소태산 대종사께 여쭙게 된다. 이 질문에 소태산은 "너 혼자만 알 것이 아니라 대중이 다 들어서 알아야 하겠다." 하시고 선방으로 가서 그 질문에 관한 법설을 해 주신다. 《양도신, 『대종사님 은혜 속에』, 일심 공부》

이 법문의 대요는, 약을 달이고 바느질할 경우 이 두 가지 일이 그때의 책임이니, 이를 잘 지키는 것이 완전한 일심이요 참다운 공부이며, 그 한 가지에만 정신이 뽑혀서 다른 한 가지를 돌아보지 못하여 실수가 있다면, 그것은 두렷한 일심이 아니라 조각 마음이며 부주의한 일이라는 가르침이다. 자기의 책임 범위 내에서 이 일을 살피고 저 일을 살피면 온전한 마음이며 동할 때 요긴한 공부 방법이다. 일심으로 경계를 섭렵하여 자기의 책임 범위 내에서 이 일도 하고 저 일도 하면 이것이 바로 무시선이다. 이 법설은 『대종경』 수행품 17장에 수록된다.

> 여학원女學員 양도신이 묻자오되 「종사주께옵서 평일에 항상 말씀하시기를 "이 일을 할 때 저 일에 끌리지 아니하고, 저 일을 할 때 이 일에 끌리지 아니하고 언제든지 하는 그 일에 마음이 평안하고 온전해야 한다." 하시므로 저희도 그렇게 믿사옵고 또한 그와 같이 하기로 노력하옵던바, 근자近者 어떠한 일을 지낸 결과에 한 가지 의심나는 바가 있어 이 말을 여쭙게 됩니다. 그것은 다름이 아니라, 제가 어느 때 한번 바느질을 하면서 약을 달이게 되었사온데, 전全 정신을 바느질하는데 두었었더니 약 달이는 시간이 지나서 그만 그 약을 다 버리게 되었습니다. 그러하온 즉 바느질을 하면서 약을 살피기로 하오면 이 일을 하면서 저 일에 끌리는 바가 될 것이옵고, 그렇다고 바느질만 하고 약을 불고한다면 그 약을 다 버리게 될 것이오니, 이러한 경우에 어떻게 하는 것이 동할 때 공부의 옳은 길이오니까?」
>
> 종사주 그 말을 들으시고 웃어 가라사대,
>
> 「너의 묻는 말이 사실의 체험에서 나온 듯하며, 또 네가 오늘 그 말을 나에게

묻기를 잘하였다. 만약 묻지 아니하고 그대로 진행하였으면 장차 너의 앞에 어떠한 실패가 있을지 알겠느냐. 내 이제 밝게 가르쳐 줄 터이니, 자세히 들어 보라.

네가 그때 약을 달이고 바느질을 하게 되었으면 그 두 가지 일이 즉 그때 너의 책임이니, 무엇이나 한 번 책임을 맡은 이상에는 진심眞心 성의를 다하여 아무쪼록 그 책임을 잘 지키는 것이 완전한 일심이요, 참다운 공부인 것이다. 만약 두 가지 일을 맡아 놓고 그 한 가지에만 정신이 뽑혀서 다른 한 가지를 돌아보지 못하여 어떠한 실수가 있었다면, 그것은 두렷한 일심이 아니라 반 조각의 마음이며 너무나 부주의한 일이 아닌가? 그런고로 10가지 일을 살피나 20가지 일을 살피나 또는 백천만 가지 일을 살핀다고 할지라도 자기의 책임 범위 내에서만 한다고 할 것 같으면 그것은 절대로 방심이 아니라 온전한 마음이며, 동할 때 공부의 가장 요긴한 방법이니라.

그러면 어떠한 것이 방심放心 즉, 끌리는 마음인고? 그것은 오직 나의 책임 외사責任外事로써 내가 아니 생각해도 될 일을 공연히 생각하고, 내가 안 들어도 좋을 일을 공연히 들으려 하고, 내가 안 보아도 좋을 일을 공연히 보려 하고, 내가 안 간섭해도 좋을 일을 공연히 간섭하여 이 일 할 때는 정신이 저 일로 가고, 저 일 할 때는 정신이 이 일로 와서 심원의마心猿意馬의 분치奔馳함이 조금도 쉴 사이가 없나니, 이것이 비로소 공부인의 크게 기[꺼릴 忌]할 바이요, 자기의 책임사만 가지고 이 일 살피고 저 일 살피는 것은 비록 하루에 백천만 건을 아울러 나간다고 할지라도 일심 공부하는 데 하등의 방해가 없나니라.」 하시더라.   《송도성 수필, 〈회보〉 51호 시창24년 1월》

『대종경』 수행품 22장, 〈회보〉 39호 – 경다반미인經多返迷人

영춘원이 원기13년(1928) 음력 3월 말에, 공회당이 원기14년(1929) 3월 말에, 신양 잠실이 원기15년(1930) 봄에 건설된다. 이 법설이 실린 원기15년 10월쯤 예회 장소 및 설법처로 주로 이용된 곳은 공회당으로 보인다. 이 법문은 〈월말통신〉 33호 다경반미인多經返迷人으로 개재되었으나 〈회보〉 39호 경다반미인經多返迷人과 같아 〈회보〉 39호 내용으로 실었다. 번잡한 경전에 끌려다니지 말고… 간단한 교리와 편리한 방법으로써 교화 훈련하여 구전심수의 정법 아래 대도를 체험 각득覺得하라는 것이다.

한때에 종사주, 익산교당에 계옵시사 남녀 대중을 한 곳으로 모으시고 설법하여 가라사대,「세상 사람들은 대개 생각하기를, 도덕의 공부를 하기로 함에는 무엇보다 경전이 많아야만 될 줄 알고 그 경전을 많이 공부한 사람이라야 도道가 있는 것으로 인정하여, 같은 진리를 말할지라도 고경古經을 인거해서 말하면 그것은 미덥게 들으나 직접 쉬운 말로 사물의 원리를 밝혀줌에 대하여서는 오히려 의아疑訝해하고 경홀히 듣는 편이 많으니, 이 어찌 답답한 생각이 아니냐.

대법, 경전이라 하는 것은 지나간 세상의 모든 성자 철인이 우매한 세도인심世道人心을 깨우치기 위하여 천언만어千言萬語를 베풀어 그 심오한 도리를 밝혀 놓은 것이지마는, 그것이 너무 번거하고 보면 우매한 세도인심을 깨우쳐 주기는 고사하고, 도리어 모든 사람의 정신을 현황眩荒케 하며 혜두慧頭를 매하게 하는 한 장애물이 되고 마나니, 어찌하여 그러냐 하면 어떠한 도덕 회상을 물론 하고 창도創道 후 몇천 년을 지내고 보면 그동안에 반드시 무수한 성자 철인이 나오게 될 것이며, 나오는[出] 성자 철인마다 다 각기 한 말한 일씩만 끼쳐두고 간다고 하여도 필경은 오거지서五車之書 팔만장경八萬藏經을 이루게 될 것이다. 그러면 후생後生된 자로서 선인들의 유적과 문헌을 안 보지 못할 것이며, 그것을 다 보기로 하면 평생의 정력精力을 다하여 오로지 독서 탐경探經에만 희생하고 말게 될 것이니, 어느 여가에 수양·연구의 위대한 힘을 얻어 출중초범出衆超凡한 대 인격자가 되기를 바라리요.

그런고로 옛날 부처님 말씀에 정법正法·상법像法·계법季法으로 구분하여 시대의 변천을 예언하신 바가 있거니와, 그 변천되는 주요 원인은 역시 이 경전이

번다하여지기 때문에 후래 중생이 모두 그 경전에 눌려서 각자의 자력을 잃어버리게 되는 연고이니, 다시 말하자면 석가세존의 뒤로 바로 얼마 동안은 직접 구전심수로 부처님의 정법을 받으신 제불조사諸佛祖師가 계계상승繼繼相承하여 진실대도眞實大道를 천명 발휘하셨으므로 그것은 정법시대라 하였고, 또 그 후로 얼마를 지내 와서 구전심수의 심법상승心法相承이 끊어지고 다만 전성前聖의 끼치신 경전의 정신에 의하여 겨우 그 전래하는 제도와 의식을 유지하게 되므로 그것은 상법시대라 하였고, 또 그 후로 얼마를 지내 와서 경전이 너무나 번다함에 따라서 성경현전聖經賢傳의 대의 강령까지 놓아버리고 다만 자의自意에 집착된 희미한 소원으로써 신기 묘술을 구하고 바라며 미신스러운 생각과 우치한 행동을 방자히 행하여 대도가 크게 어지럽게 되었으므로 그것은 계법시대라 하였으니, 경전이 많으면 공부하는 사람이 그 자력을 잃게 되고 자력을 잃으면 그 행동이 우치해지는 것은 자연한 순서이니라.

그러나 천도天道는 항상 순환불궁循環不窮하여 계법시대가 극하고 보면 반드시 또 정법시대가 오나니, **정법시대가 오고 보면 다시 간단한 교리와 편리한 방법으로써 모든 인생人生을 교화 훈련하여 구전심수의 정법 하에 인인개개人人個個가 그 진실 대도를 체험 각득覺得**하도록 할지라. 이리한다면 오거지서五車之書는 다 배워 무엇하며 팔만장경은 다 읽어 무엇하리오.

그런고로 제군에게 간절히 부탁하나니, 제군은 삼가 호호번번浩浩繁繁한 고대 경전에만 정신을 빼앗기지 말고, 먼저 마땅히 간단한 교리와 편리한 방법으로써 부지런히 공부하여 우월한 역량을 얻은 후에 저 고금 경전과 제가諸家 학설은 참고적으로 한번 가져다 보라. 그러하면 그때에는 10년의 독서보다 일조一朝의 참고가 더 나으리라.」하시더라.

《송도성 수필, 〈회보〉 39호 시창22년 11월 1일》

『대종경』 인도품 33장, 〈월말통신〉 32호
– 경외지심敬畏之心을 놓지 말라

이 법문은 『정전』 솔성요론 7조 "모든 사물을 접응할 때 공경심을 놓지 말고, 탐한 욕심이 나면 사자와 같이 무서워할 것이요"의 부연 법설이라 할 것이다.
〈월말통신〉 31호, 시창15년(1930) 익산총부 음력 8월 6일 예회록을 보면 "본일本日은 본회 창한創限 제2회 내 86차의 예회 겸 하선 해제일이었다. 오전 10시에 조송광 씨의 의미 깊은 개회사로 비롯하여 … 매우 성황리盛況裡에 정회停會하다. 동同 오후 2시 반에 속회續會하여 종사주께옵서 친히 성적표를 수여하신 후 '떠날 수 없는 스승'이란 제題와 '모든 물건을 대할 때 경외지심敬畏之心을 놓지 말라'는 제題로 장시간 설법이 계시옵고 … 조 회장으로부터 폐회를 선언하니 오후 5시경 이러라."라는 기록이 보인다. 이 법문은 경오하선 해제식[원기15년 8월 6일] 법설 중 하나로 여겨진다. 설법 장소는 공회당으로 보인다.

한때 종사주宗師主께옵서 **익산 금강원**에 계옵시니, 때는 마침 제11회 선禪[경오하선庚午夏禪] 중이었더라. 하루는 종사주께옵서 남녀 도중道衆을 **설법전**으로 모으시고 일러 가라사대,

「내 오늘은 제군에게 마음을 가지고 몸 두호하는[지심호신持心護身] 가장 필요한 방법을 말하여 줄 터이니, 제군은 마땅히 온전한 정신으로 자상히 들을지며 백천 경계를 응하여 육근을 동용動用할 때 항상 이 말을 명심하여 써 제군의 공부하는 표어를 삼을지어다.

그러면 이제 제군에게 주고자 하는 그 표어란 무엇인고? 곧 경외심敬畏心을 놓지 말라 함이다. 다시 말하자면 어느 때든지 어떠한 사람을 교제하나 어떠한 물질을 접촉하나, 오직 공경하고 두려워하는 마음을 놓지 말라 함이다. 왜 그런가 하니, 공경하고 두려워하는 마음이 없고 보면 아무리 친절 무간無間한 부자·형제·부부의 사이에도 반드시 불평과 원망이 생기는 것이며 대수롭지 않은 경계와 경미輕微한 물질에도 흔히 구속과 실패를 당하나니, 그것은 처지

가 무간하고 경계가 경미함으로써 마음 가운데 경외 2자를 놓아버리고 뜻을 놓아 되는대로 행하다가 필경은 그에 범촉犯觸하여 드디어 무한한 곤욕과 고난을 당하게 되는 것이다.

가령 한 예를 들어 말하자면, 어떠한 사람이 어떠한 상점에 갔다고 하자. 그 상점에 놓여있는 모든 물품에 욕심이 왈칵 나서 얼른 무엇 하나 훔친다는 것이 부지중 성냥[인촌燐寸] 한 갑을 손에 들었다. 그러다가 불행히 그 점주에게 발각된 바가 되었다. 그러면 그 점주가 경미한 물질 성냥 한 갑에 관한 일이라고 해서 그 훔쳐 간 사람을 그저 호안好顔으로 돌려보낼 리는 만무萬無할 것이다. 아마 극히 인후仁厚한 사람이라야 엄중한 경책으로써 그칠 것이요, 그렇지 아니하면 모욕과 구타로써 더 할 것이 사실이니, 이것은 곧 그 하찮은 성냥 한 갑이 들어 그 사람을 모욕하고 구타함이 되지 않았느냐.

그렇다! 성냥 한 갑이 들어 그리했다. 그러나 다시 생각하면 성냥 한 갑이 들어 그러한 것이 아니라, 성냥을 취하려는 그 욕심이 들어서 제가 저를 모욕하였으며, 제가 저를 구타한 것이다. 그러면 그 욕심은 왜 났을까? 그것은 곧 경외지심敬畏之心을 놓은 연고이니, 사람이 만약 경외지심을 놓고 보면 그 무감각하고 하찮은 성냥 한 갑도 그만한 권위를 가지고 있거든, 하물며 그 이상 더 진귀한 물품이며 더구나 만능의 힘[力]을 가진 사람이야 말할 것이 무엇이냐.

그러므로 우리는 항상 공경하고 두려워하자. 우리가 무엇에나 공경하고 두려워하는 마음을 가지고 의義로써 살아간다면, 위로 창창蒼蒼한 하늘을 우러러보나 아래로 광막廣漠한 대지를 굽어보나 온 우주에 건설되어 있는 모든 물건은 다 나의 이용물이요, 이 세상에 시행되는 모든 법은 다 나의 보호 기관이지마는, 만약 이 '경외敬畏' 2자를 놓아 버리고 불의로써 동動한다면 우주 내 모든 물건은 도리어 나를 상해傷害하려는 도구요, 이 세상 모든 법은 도리어 나를 구속하려는 박승縛繩이니, 어찌 두렵고 두렵지 않으리오.

고로 제군에게 이르나니, 파도흉흉波濤洶洶한 세면世面에 나타난 제군으로서 마음을 가지고 몸 두호하는 도를 알고자 할진대 마땅히 이 '경외' 2자를 심뢰

心腦에 깊이 새겨두고 매사를 그대로 진행하라.」하시더라.

《송도성 수필, 〈월말통신〉 32호 시창15년 9월》

『대종경』 변의품 1장, 〈회보〉 11호 – 천지天地의 식識을 말씀하심

이 법설이 기록된 원기19년(1934) 9월은 대각전이 건축되기 전이다. 대각전이 건축되기 전의 강당은 공회당으로 봐야 할 것이다.
〈회보〉 11호인 원기19년 8·9월호 '각지회합' 익산총부 예회록 중 음력 7월 24일 일요일에 "금일은 본회 창한 제2회 내 235회의 예회날이다. 오전 9시 반에 송규 씨의 사회로 개회하고 출석원을 점명하니 남녀 합 99인이러라. 제반 순서를 지내고 경의문답에 들어가 '천지의 위력'이란 제題로 피차 문답하다가 나중에는 종사주의 밝으신 말씀으로 해혹解惑하다. 문답인 씨명氏名은 송봉환 문정규 조갑종 전음광 권동화 이공주 송규 제씨諸氏요, 그다음은 불미佛米 보고가 있은 후 동 11시 반경에 폐회하다."라는 기록이 보인다. 원기19년 음력 5월 6일부터 8월 6일까지 진행된 갑술하선甲戌夏禪 중 음력 7월 24일 예회의 경의문답에 관한 법설로 보인다.
경전은 『육대요령』으로 그 중 '천지의 밝음' 즉 「천지 보은의 조목」 1조 '천지의 지극히 밝은 도'에 대해 서로 변론 중이었다. 소태산은 제자들에게 천지에 식識이 있는지 유무를 묻고 그 증거의 일단으로 땅을 예시하여 천지의 식을 변증한다. 소태산 대종사가 변증하는 천지는 경계의 천지가 아니라 청정 일원상 마음에서 드러나는 천지요 그 식이다. 마음 밖의 대상으로서의 천지가 아니라 원래 마음과 둘이 아닌 천지이다. 이 자리를 소태산은 무념 중 행하는 식이며, 무상 중 나타나는 식이며, 공정하고 원만하여 사사가 없는 식이라고 천명한다. 즉 청정무애한 일원상 자리에서 드러나는 천지의 밝은 식을 말하는 것이다.

갑술하선甲戌夏禪 어느 날 경전 시간에 종사주宗師主 강당에 출석하옵시니, 때는 마침 『육대요령六大要領』 내內 천지의 밝음이라는 문제를 서로 해석하던 중이라.

종사주께옵서 여러 제자의 변론을 한참 들으시다가 가라사대,

「제군은 대범 천지에 식識이 있다고 하는가? 없다고 하는가?」

이공주 여쭙기를 「저는 천지가 분명한 식이 있다고 합니다.」

종사주: 「어떠한 이유로 식이 있는 것을 아는가?」

공주: 「사람이 선을 지으면 우연한 가운데에 복이 돌아오고, 악을 지으면 우연한 가운데에 죄가 돌아와서 그 감응됨이 조금도 틀리지 않는다고 하오니, 만일 식이 없다면 어찌 선악을 알아서 그와 같이 죄복을 구분함이 있사오리까.」

종사주: 「그러면 천지가 선악을 알아서 죄복을 구분하는 증거 하나를 들어서 아무라도 가히 이해할 만한 변론을 하여보라.」

공주: 「이것은 평소에 종사주 법설을 많이 듣던 중 꼭 그러하겠다는 자신이 있사오나, 그 근본적 이치를 해부하여 증거를 들어서 변론하기는 저로서는 어렵다고 생각합니다.」

종사주: 「그렇다. 현묘한 지경은 말은 비록 하나, 참 사실을 알기도 어렵고 설령 안다고 할지라도 알지 못한 자에게 과학과 같이 증명하여 보이기도 어렵나니라. 그러나 내 이제 알기 쉬운 말로 증거 일단을 들어서 말하여 주리니, 제군은 이것을 미루어 가히 증거하기 어려운 지경까지 통하여 볼지어다.

대범, 이 땅으로 말하면 오직 침묵하여 언어와 동작이 없으므로 세상 사람들이 다 무정지물無情之物로 인증하나 사실에 있어서는 참 소소영령昭昭靈靈한 증거가 있나니, 제군들도 농사를 지을 때 종자를 뿌려보지 않았는가? 종자를 심으면 땅은 벌써 종자 심은 줄을 알고 곧 보호하여 생장의 준비를 하여 주며 또는 팥을 심은 자리에는 반드시 팥을 내어주고 콩을 심은 자리에는 반드시 콩을 내어주며 또는 인공人工을 많이 들인 자리에는 그 공력을 따라 수확도 많이 나게 하고 인공을 적게 들인 자리에는 그 공력을 따라 수확도 적게 나게 하며, 인공을 잘못 들인 자리에는 또는 손실을 나게 하되 많이 잘못 들인 자리에는 큰 손실을 나게 하고 적게 잘못 들인 자리에는 적게 손실을 나게 하여 조금도 혼잡함이 없이 각자의 성질과 짓는 바를 따라 밝게 구분하여 주나니라.

이 말을 들으면 혹 말하기를 '이것은 종자가 스스로 생生의 요소를 가졌고, 따라서 사람이 공력을 들인 데에 있는 것이요, 땅은 아무 구분 없이 한갓 바탕에 지나지 못한 것이니라.'고 할 사람도 있을 것이다. 그러나 종자가 땅의 감응은 받지 아니하고 저 스스로 나는 수가 어디 있으며, 사람이 비록 공력을 들인다고 할지라도 땅의 감응을 받지 않는 곳에는 아무리 종자를 심고 비료를 쓴다고 할지라도 아무런 효과를 얻지 못할 것이다. 그뿐만 아니라 땅에 의지한 일체 만물이 어느 것이 땅의 감응을 받지 않고 나타나는 자 있으랴?

그러하므로 땅은 곧 일체 만물을 통하여 간섭지 않는 바가 없고 생멸 성쇠의 권능을 사용치 않는 바가 없나니, 그 영령소소靈靈昭昭함이 어찌 언어 동작하는 일개 사람에게 비하리요.

이상에 말한바 모든 증거를 대조하면 땅은 일체 무정지물에 대하여도 그와 같이 밝게 앎이 있거든 하물며 유정지물有情之物에 대하여는 그 작용에 어찌 밝은 분석이 없으랴? 또는 제군에게 알기 쉽게 말하는 고로 땅을 들어 증거 하였으나, 어찌 한갓 땅으로만 말하리오? 하늘과 땅이 둘이 아니요, 따라서 일월성신日月星辰 풍운우로상설風雲雨露霜雪이 모두 한 기운 한 이치이며, 하나도 영험치 않은 바가 없나니라. 그러하므로 사람이 짓는바 일체 선악을 천지가 다 알지 않은 바 없어서 아무리 은미隱微한 일이라도 가히 속이지 못하며 또는 그 운명을 항거하지 못하나니, 이것이 모두 천지의 본本 이치이며 천지의 밝은 위력이니라.

그러나 이상에 말한 천지의 식은 사람의 희로애락에 끌린 망식妄識과는 같지 않은 식識이니, 곧 말하자면 무념無念 중 행하는 식이며, 무상無相 중 나타나는 식이며, 공정하고 원만하여 사사私私가 없는 식이니라. 이 이치를 아는 사람은 천지의 밝음을 두려워하여, 아무리 난경을 당할지라도 아무리 탐진치가 동할지라도 감히 양심을 속여 죄에 범치 못할 것이며, 한 걸음 나아가 천지의 식을 모범한 사람은 무량無量 청정淸淨한 식을 얻어 천지의 위력을 능히 행하리라.」 하시더라. 《송규 수필, 〈회보〉 11호 시창19년 9월》

『대종경』 불지품 15·16장, 〈월보〉 41호 – 천상락과 인간락

이 법설이 기재된 원기17년(1932) 10월은 대각전이 건축되기 전으로, 임신壬申 하선 (1932년 음력 5월 6일~8월 6일)의 정기훈련을 나고 있는 선도禪徒들에게 설한 법설이다. 그렇다면 익산총부 선방인 공회당에서 설한 법설로 봐야 할 것이다. 법설 중에 '이 집[당시 선실을 가리킴]'이 등장하는데 결국 선실은 공회당이다.

인간락人間樂은 〈일원상 서원문〉의 변화하는 무상 세계에서 식욕, 색욕, 재욕, 명예욕, 안일욕 등의 오욕에 만족을 얻는 형상 있는 낙이라면, 천상락天上樂은 고락을 초월하여 인간락에 묶이지 않고 도로써 즐기는 마음이 편안한 형상 없는 마음락이다. 천상락도 육도六途 중 한 경지이다. 온 것은 가고 성한 것은 쇠하고 난 것은 죽는 것이다. 그러므로 천상락을 다 받았다든지 또는 욕심이 발하여 무엇에 집착하면 바로 천상락에서 벗어나 타락한다. 천상락은 인간락을 떠나서 따로 있는 게 아니라 인간락에 집착하지 않으면 그 인간락이 천상락으로 화하는 것이다. 〈일원상 서원문〉의 불변의 유상자리를 놓치지 않는 상태로 인간락에 집착하지 않을 때가 천상락이다. 결국 변하는 무상 속에서 인간락을 수용하는 한편 분별 주착이 본래 없는 불변의 유상에 바탕하여 인간락에 집착하지 않는 편안한 마음의 경지인 천상락을 병행할 때가 비로소 극락이다. 소태산 대종사는 천상락과 인간락을 아울러 수용할 때가 극락이라고 한다.

> 한때 종사주 여러 선도禪徒에게 천상락과 인간락을 설하여 가라사대,
> **「천상락이라 함은 형상形像 없는 심락心樂을 이름이요, 인간락이라 함은 형상 있는 오욕락五慾樂을 이름이니라.** 알기 쉽게 말하면 처자로나 재산으로나 지위로나 무엇이든지 형상 있는 외물外物의 환경에 의하여 나의 만족을 얻는 것은 인간락이니, 예를 들면 과거의 석가모니불이 위位는 장차 국왕의 자리에 있고 몸은 이미 만민의 위에 있어 이목지소호耳目之所好와 심지지소락心志之所樂을 마음대로 할 수 있는 것은 인간락이요. 이와 반면에 유형한 외물의 환경을 초월하고 안빈낙도安貧樂道를 주장하여 일일시시로 자기의 육근을 동작할 때 다만 천도天道에 어긋나지 않는 것만 즐겨할 따름이요, 비록 초의草衣를 입

고 목실木實을 먹는다고 할지라도 조금도 부끄럽고 미안해할 것도 없으며, 생로병사와 선악간善惡間 인과보응에도 당하는 대로 마음이 편안하여 다른 사람은 이러한 난경難境과 가난을 당하여 고가 많거늘, 나는 벌써 이러한 난경과 가난을 당하여 근본적으로 분수에 편안케 되는 마음을 즐겨하는 것은 천상락이니, 예를 들면 옛날에 증자가 "3일을 밥 짓지 아니하고 10년을 옷을 짓지 아니하였으되 낙도하는 마음을 놓지 않았다."라는 말이라든지, "나물 먹고 물 마시고 팔을 베고 누웠을지라도 낙이 그중에 있으니, 의義 아닌 부와 귀는 나에게는 뜬구름과 같다." 하는 옛말은 다 색신色身을 가지고 천상락을 수용하는 사람들의 말이다.

그러나 인간락이라 함은 결국 다할 날이 있으니, 내자거來者去하고 성자쇠盛者衰하며 생자사生者死하는 것은 천리天理와 공도公道라, 비록 천하에 제일가는 부귀공명을 가졌다 할지라도 생로병사의 앞에서는 항거할 힘이 없나니, 나의 육신이 한번 죽어 없어질 때는 전일에 온갖 수고와 온갖 욕심을 다 들여 놓은 처자나 재산이나 지위가 다 풀 위에 이슬같이 사라질 것이다. 그러나 천상락이라 함은 본래 무형한 마음이 들어서 알고 행하던 것이므로 비록 육신이 바뀐다고 할지라도 그 낙은 여전히 변치 않을 것이니, 비유해 말하면 가령 이 집[당시 선실을 가리킴]에서 살 때 온갖 재주가 많이 있던 사람은 다른 집으로 이사를 갈지라도 그 사람의 재주는 그대로 있는 것과 같다.

이로써 본다면 인간계라 하는 것은 생로병사의 고뇌가 충만한 고苦의 세계이요, 헛것에 집착한 영影의 세계이며, 물 위에 거품 같은 세계이다. 동시에 천상계는 상주불변常住不變의 안락 세계요, 진실眞實 세계이며, 수水와 경鏡 같은 세계이다. 그러므로 옛 성현의 말씀에 "3일 수신修身은 천재보千載寶요, 100년 탐물貪物은 일조진一朝塵이라." 하였나니라. 《『대종경』 불지품 15장》

그러나 범부는 이러한 이치를 알지 못함으로 자기의 몸만 귀히 알고 마음은 한 번도 찾지 아니하며, 도를 닦는 사람들은 이러한 이치를 앎으로 마음을 찾기 위하여 몸을 잊는 것이다. **그런즉 제군도 너무나 무상無常한 제유諸有에 집착을 말고, 고苦 없고 영원한 천상락을 구하기에 힘쓰라.** 만일 천상락을 끊임없이 오래오래 계속한다면 결국은 심신의 자유를 득得하여 삼계대권三界大權을 잡고, 만상萬像의 유무와 육도의 윤회를 초월하여 육신을 받지 않고 영단靈丹만으로써 시방세계를 두류逗遛할 수도 있고 금수 곤충의 세계도 임의로 출입하여 도무지 생사 왕래에 걸림이 없으며, 어느 세계에 들어가 설사 색신을 받는다고 할지라도 거기에 조금도 물들지 아니하고 고계苦界에 다시 날 업인業因은 짓지도 않고 받지도 아니하여 영세永世를 두고 천상락과 인간락을 아울러 받을 것이니, 진소위眞所謂 이것이 극락이니라.

그러나 천상락을 길게 받지 못하는 원인은 형상 있는 낙에 욕심이 발하여 심신의 자유가 물질에 돌아감이니, 비록 천상락을 받은 사람일지라도 천상락 받을 일은 하지 않고 천상락만 받을 욕심이 한번 발하면, 문득 육도에 타락하여 심신의 자유를 잃고 천지 순환하는 대자연의 기관機關에 끌려서 천만겁을 통하여 육도의 수레바퀴를 면치 못하리라.」하시더라.《『대종경』 불지품 16장》

《서대원 수필, 〈월보〉 41호 시창17년 10월》

『대종경』 신성품 16장, 〈회보〉 9호
– 어떠한 고라도 낙을 심을 줄 아는 자는 행복자니라

시창18년(1933)은 대각전 건축 이전으로 예회가 열린 곳은 공회당으로 여겨진다. 『정전』 '고락에 대한 법문' 중에서 "우리는 정당한 고락과 부정당한 고락을 자상히 알아서 정당한 고락으로 무궁한 세월을 한결같이 지내며"와 관련된 법설이다. 즉 어떠한 천신만고의 고생 속에서도 정당한 고를 수용하여 이를 낙도樂道로 삼아 보람과 즐거움으로 만들 줄 알면 참 행복자라는 것이다. 이렇게 남 보기에 못 당할 고생 같으나 그 속에서 심락心樂을 누리면 천상락을 수용하는 것이다.

〈회보〉 제9호에 수록된 소태산의 법설 중 '사은 전'과 '사은의 공덕과 위력'을 『대종경』 신성품 16장에서 '법신불 전'과 '법신불의 공덕과 위력'으로 윤문한다. 법신불은 '사은' 또는 '법신불 사은'으로 읽어야 할 것이다. 사은은 본래 면목인 법신불 자리에서 드러나고 법신불은 사은으로 전개되어야 소태산의 뜻에 부합될 것이다. 사은은 법신불에 기반 되어 있으며 또한 법신불은 사은으로 발현되어야 한다. 이처럼 사은과 법신불은 둘이 아니다. 다만 나누어서 보면 사은이 한 덩어리로 화해 있는 자리를 법신불이라 하고, 이 법신불이 천지 만물로 화현하는 실상을 사은이라 하는 것이다. 이를 통합하여 '법신불 사은'이라 한다. 그러므로 심고와 기도의 대상은 천지 만물 허공법계 전체가 한 덩어리인 사은이다.

정석현(鄭石現, 1879~1947)은 익산군 북일면 신룡리에서 태어났으며 딸 최상옥의 인도로 원기12년(1927)에 입교하였다. 정석현은 비록 행상을 꾸려갔으나 생활하는 가운데 매일 심고 올리는 재미로 낙도생활한다.《『원불교대사전』》

시창18년 음력 9월 26일 예회에 종사주 법좌에 출석하여 가라사대,
「오늘은 내가 고락苦樂을 가지고 말하리라. 다름이 아니라 어제 정석현이가 와서 말하기를, "저는 어떠한 고통과 근심을 느끼다가도 사은四恩 전에 심고心告를 드리고 나면 자연히 마음이 편안하여지고 근심이 없어지며 환희심이 나서 매일 심고 드리는 낙과 재미로 산다." 하니, 사실로 사은의 공덕과 위력을 알아서 진정한 재미를 붙였는가는 알 수 없거니와, 하여튼지 그렇게 한다는 것이 석현이로서는 곧 고 중에서 낙을 발견한 일이니라.

과연 누구든지 이 세상을 살아갈 때 낙은 적고 만일 고가 많다면 살아 나갈 재미가 없는 것이요, 재미가 없는 세상이란 그것이 곧 고이니라. 그리고 혹 남 보기에는 고통스럽게 보이나 당사자로서는 진진津津한 낙을 수용하는 사람도 또한 있나니, 실례를 들어 말하면 내가 이전 변산에 있을 때 저 문정규는 늙은 몸으로 그 산중 험로에 들어와서 거처와 음식이 기구하건마는 나 하나 만나 보려는 재미로 그 모든 고생됨을 잊어버리고 오직 즐거워만 하였고, 또 김남천으로 말하더라도 그 늙은 사람이 변산 초당에서 줄포시장까지 쌀을 팔러 다니자면 험산궁곡에 고생이 막심하였으되 또한 나를 시봉하는 재미로 항상 낙도樂道 생활을 하였으니, 그는 곧 고 중에서 낙을 받은 사람들이니라.

또 영광의 최초 8, 9인으로 말하더라도 나 하나 만난 것을 재미로 아는 머리

에 다 자기 집에서는 노동일도 안 하여 본 사람들이 그 엄동설한에 해수지海
水地를 막아서 논을 만들 때, 다른 사람들의 조소와 비평을 들어가며 그 막심
한 고생을 하였지마는 조금만큼도 불평과 불만이 없이 이 모든 고생을 낙으
로써 받았으며, 그 외에도 여러 가지로 괴로움과 불평이 많았으되 또한 즐거
이 감수 복종하였었나니, 그때 그 사람들로 말하면 남 보기에는 못 당할 고생
을 하는 것 같았으나 그 실은 각각 흉胸중에 심락心樂이 있는 고로 곧 천상락
을 수용하였나니라.

이번에도 창건이를 데리고 경성 가서 그 하는 양을 본즉 과연 본회의 참 주인
같으며, 실로 알뜰한 동지라는 감상이 나더라. 이전 영광에서 방언공사할 때
와 조금도 틀림없이 종일 쉴 틈도 없이 그 노동을 하면서도, 늙은 사람이 기운
이 펄펄하며 항상 희색이 만면하여서 밤으로도 바깥에 나가서 한 바퀴씩 둘
러보고 들어오기에 그 연유를 물은 즉, "첫째는 경성에 우리 지부를 건축하는
일이 재미가 나며, 둘째는 요외料外에 제가 와서 조력하게 된 일이 또한 재미
가 커서 밤에 잠도 잘 아니옵니다." 하고 대답하는 것을 들었다. 그러면 그렇
게 매일 고된 일로 죽을 경을 치면서도 그 고는 잊고 즐거움을 금치 못하는 일
은 무슨 까닭일까? 그것은 곧 마음에 즐거움이 들어있는 연고이요, 또한 고를
낙으로 만들 줄 아는 연고이니, 그 지경에 간 사람은 참 행복자이니라.

여등[汝等, 우리]도 그러한 사람들의 본本을 받아 어떠한 천신만고가 당한다고
할지라도 고를 낙으로 만들어 같은 생활, 같은 노력일진대 고는 버리고 낙만
수용受用함이 좋다." 하시더라. 《이공주 수필, 〈회보〉 9호 시창19년 5월》

『대종경』 교단품 4장, 〈회보〉 3호 – 특성을 서로 이해하라

시창18년(1933) 10월에 기재된 이 법설은 계유하선(1933년 음력 5월 6일~8월 6
일)의 정기훈련 중에 설한 법설이다. 공회당 선방에서 선객들에게 설한 법문으로, 공
회당의 공기창과 위생 관념이 많은 제자 정일지, 그리고 여학생들의 댄스가 설법의

대상으로 등장한다. 상대의 특성과 신구新舊의 차이를 이해하고 특성에 맞게 응대하라는 것이다. 상대의 특성이 처처불상이요, 그에 따라 응대하는 것이 사사불공이라 할 것이다.

한때에 종사주 여러 선도禪徒에게 일러 가라사대,
「대범 사람 중에 대부분은 특성特性이 몇 가지씩 각각 있으니, 이 특성을 간단히 말하면 특별한 성질을 운云함이다. 다시 알기 쉽게 말하면, 이 세상 허다한 법 가운데 자기가 철저한 각성과 이해가 있는 법이라든지, 혹은 자기의 의견으로 세워 놓은 법은 잠시라도 잊지 않고 시시로 챙겨서 실행하는 성질이니, **예를 들어 말하면 일지[위생 관념이 많은 제자]가 공기창 여닫는 것을 잠시라도 잊지 않고 시시로 챙겨서 행하는 것과 같은 성질 등이다.**
그러나 이 특성은 본래 각자의 익히고 아는 바로 인하여 습관이 굳어짐을 따라 각이各異하나니, 이 특성을 서로 이해 못 하고 보면 아무리 다정한 동지간에도 간혹 촉이 되고 충돌이 생기게 되나니라. 왜 그러냐 하면 이 세상 보통 인간들은 모든 사람들과 어울려 이 세상을 살아갈 때 요행히 익히고 아는 바가 동일하여 그 성질이 상합相合될 시는 그 사람과는 자연 뜻이 맞아서 서로 인정이 건네고 친절하게 지내지마는, 만일 익히고 아는 바가 다르고 그 성질이 부동不同하여 나의 아는 바를 저 사람이 혹 모르고 보면 곧 나는 아는 사람으로 자처하고 저 사람은 무식한 사람으로 간주하여 내가 아는바 몇 가지로써 저 사람이 아는바 몇 가지 혹은 몇십 가지를 부인 또는 멸시하며, 저 사람의 하는 것이 자연 서투르게 보이고 인정이 알뜰하게 건네지지 않으며, 심하면 증오심까지 생겨나서 매매사사每每事事히 서로 눈에 설게만 보이는 까닭이다.
알기 쉽게 비유하여 말하면 같은 어머니 한 분을 가지고도 어떤 지방 사람은 "어매"라고 부르고, 또 어떤 지방 사람은 "엄마"라고 부르고, 또 어떤 지방 사람은 "어머니"라고도 부르지 않는가. 그러나 "어매"라고 부르는 지방 사람이 "엄마"라고 부르는 지방 사람의 말을 들으면 많이 안 듣던 말이라 귀에 자연 설게 들리고 흉을 잡을 것이요, 또 "엄마"라고 부르는 지방 사람이 "어머니"라고 부르는 지방 사람의 말을 들으면 이 사람 역시 귀에 설게 들리고 흉을 볼 것이다. 또는 어머니 보고 "하소" 하는 지방 사람도 있고, "하시오" 하는 지방도 있으니, 이것도 역시 처음 들으면 서로 귀에 설게 들리고 흉을 볼 것이요, 또는 정규 같은 사람이[구식舊識 관념이 많은 노老 제자] **지금 여학생들의 다리를 들썩거리고 댄스하는 것을 보면 코를 동東으로 틀 것이다. 그러나 댄스를 가르친 선생은 다리를 멋있게 들썩거릴수록 더욱 좋다고 할 것이니, 이와 같이 신·구식이 서로 흉을 보고 뜻이 맞지 않는 것과 같다.**

이것은 본래 익히고 아는 바로 인하여 그 습관이 굳어져서 사람마다 특성이 각이各異함을 서로 이해 못 하는 까닭이 아닌가! 그러므로 사람이 꼭 허물이 있어서만 남에게 흉을 잡히는 것이 아니니, 조달이가 부처님 흉을 팔만 사천 가지나 잡아냈으나 사실은 부처님에게 흉이 있어서 그러한 것이 아니요, 익히고 아는 바가 달라서 삼세사三世事를 목전에 놓고 일하시는 부처님의 마음속을 알지 못하는 연고이다. 그런즉 본래 익히고 아는 바가 다른 각 도, 각 읍 사람이 모인 대중 중에 처할 여러 사람은 사람마다 특성이 있음을 서로 이해하여 아무쪼록 서로 흉을 잡지 말고 촉 되는 바가 없이 잘 지내기를 부탁한다."

《서대원 수필, 〈회보〉 3호 시창18년 10월》

공회당 환기창

100여 명의 인원을 공회당에 수용할 때는 환기창이 없으므로 공기가 매우 탁하였다. 밤만 되면 램프 불에서 나는 그을음으로 방 안의 공기가 탁하고 침침하였다. 쉬는 시간에 문을 열어놓으면 곧 불이 밝아졌다.

양잠 주무를 맡고 있는 충산 정일지는 위생 관념이 철저하였다. 그는 공중 위생상 이래서는 안 되겠다 싶어 환기창을 낼 것을 제안하였다.

그러자 팔산 김광선이 반대하였다.

"무슨 말을 하는 거요. 공기창이 없는 담집에서도 팔십까지 사는데 대관절 무슨 공기창이요."

"형님, 돈 50전만 가지면 좋은 공기 속에 공부할 수 있는데 뭘 그러시우."

"돈 50전이 어디서 생겨. 한 푼이라도 절약할 판국에!"

김광선은 한 푼이라도 긴축재정을 하여 회세를 발전시키는 데 써야 하지 않느냐는 것이었다. 양쪽에 환기창을 내야 공기가 통하는데 정일지는 겨우 우겨서 북쪽 공기창만 내었다.

이때 주산 송도성이 환기창의 편리함을 알고 다시 강력히 주장하여 오늘날과 같은 남쪽 벽과 북쪽 벽의 공기창이 나게 되었다.

《서문 성, 『원불교예화집』》

『대종경』 교단품 6장, 〈월말통신〉 22호 – 개인생활과 도덕사업

원기14년(1929) 11월 28일에 기재된 법설로, 기사동선(1929년 음력 11월 6일~1930년 음력 2월 6일)의 정기훈련에 참여한 선객들에게 설한 법문으로 남녀 선원禪員을 한곳에 모은 장소는 공회당 선방이다.

『정전』 '공도자 숭배의 조목'에서 "공도사업의 결함 조목이 없어지는 기회를 만난 우리는 가정사업과 공도사업을 구분하여 같은 사업이면 자타의 국한을 벗어나 공도사업을 할 것이요"의 부연 법설이라 할 것이다. 자리이타가 되도록 하는 것이 공도사업이며, 이러한 공도에 참여하여 협조하고 협력하는 것이 공도에 헌신하는 봉공奉公이다. 소태산은 공도사업의 일환으로 국경이 없으며 연한이 없는 도덕사업을 제시하며 권장한다.

> 오늘은 종사주 남녀 선원禪員을 한곳으로 모으시고 법을 설하여 가라사대,
> 「사람이 세상에서 활동할 때 같은 인격, 같은 노력을 가지고도 사업에 대소大小를 따라서 가치가 더하고 덜한 것이며, 사업의 장단長短을 따라서 역사가 장원하고 장원치 못한 것이다. 사업의 대소를 말하면 개인적 가정사업도 있으며, 한 동洞 한 면面을 위한 사업도 있으며, 한 군郡 한 도道를 위한 사업도 있으며, 한 민족 국가를 위한 사업도 있으며, 전 세계 일체 동포를 위한 사업도

있나니, 개인적 가정사업을 위한 것보다는 한 동 한 면을 위한 사업이 크다 할 것이며, 한 군 한 도를 위한 사업보다는 한 민족 국가를 위한 사업이 크다 할 것이며, 한 민족 국가를 위한 사업보다는 전 세계 동포를 위한 사업이 크다 할 것이다. 또 사업의 장단으로 말하여도 그 역사를 몇십 년 유전할 사업도 있으며, 몇백 년 유전할 사업도 있으며, 몇천 년 유전할 사업도 있으며, 몇만 년 유전할 사업도 있으며, 무궁한 세월에 영원히 유전할 사업도 있나니, 몇십 년 유전할 사업보다는 몇백 년 유전할 사업이 나을 것이며, 몇백 년 유전할 사업보다는 몇천 년 유전할 사업이 나을 것이며, 몇천 년 유전할 사업보다는 무궁한 세월에 영원히 유전할 사업이 나을 것이다.

그러면 이 세상에서 가장 광범廣泛한 범위와 장구한 성질을 가진 것이 어떠한 사업일꼬? 더 말할 것 없이 오직 도덕사업이 그것이다. 어찌하여 그러냐? 하면 도덕사업이라 하는 것은 국경이 없으며 연한年限이 없는 것이다. 그런고로 유교는 중국에서, 불교는 인도에서, 기독교는 유대에서 각각 편협한 한 국토에 뿌리박고 일어났건마는 오늘에 와서 그들의 교법은 거의 전 세계를 유통하여 그 같은 융숭한 대우를 받고 있지 않은가. 그런고로 개인적 **가정사업이나 한 걸음 나아가서 한 민족이나 국가를 위한 사업에 그쳐 노력한 자는 당대는 비록 이름이 있다 하나 그 시대만 지나면 그 이름은 자연 소멸하는 것이요, 원만한 도덕사업에 그쳐서 일생을 희생한 자는 당대에는 비록 이름이 미미하나 세월이 흐를수록 그 가치와 공덕은 더욱 드러날 것이며, 후생의 추모하는 정성은 한층 더할 것이다.**

옛날 석가여래가 1,200 대중으로 더불어 폐의걸식弊衣乞食해 가며 곤궁한 생활을 할 때라든지, 공자가 위를 얻지 못하여 철환천하轍環天下할 때라든지, 예수가 십이사도를 데리고 이 나라 저 나라로 쫓겨 다닐 때라든지 그 세력은 참으로 미미하였을 것이다. 우리도 만약 당시를 목도目睹한다면 애정哀情으로 가엾은 생각을 금하기 어려울 것이다. 그때의 형편이야 어찌 일개 국왕 아니 일개 부호를 당하였을 것이냐? 그러나 오늘에 와서는 그때의 국왕을 누가 알며 더구나 부호를 누가 아느냐? 말하자면 그것은 동원배리[東園排李, 동원의 복사꽃과 배꽃]한 때의 봄이었다. 그러건마는 그때 가엾은 그들, 그때 곤궁한 그들, 그때 희미한 그들은 떠오르는 해와 같이 지낼수록 더욱더욱 찬란한 광채를 발하고 있지 않은가?」 하시더라.

《조전권 수필, 〈월말통신〉 22호 시창14년 11월 28일》

『대종경』 부촉품 2장 – 게송과 무시선의 강령

게송은 경진동선이 한창 진행 중이던 원기26년(1941) 1월 28일 저녁 8시 공회당 선방에서 발표된다. 게송은 일원상의 진리를 압축한 일원상의 시이며 일원상의 노래다. 그러므로 게송을 노래하는 것은 동정 간에 일원의 성품을 떠나지 않는 불리자성 공부다.

선禪 공부는 '일원상 게송'을 동정 간에 떠나지 않는 마음공부다. 그러니 육근이 무사할 때 잡념을 제거하고 일심을 양성하는 것이 '일원상의 게송'을 떠나지 않는 것이며, 육근이 유사할 때 불의를 제거하고 정의를 양성하는 것이 '일원상 게송'을 운영하는 것이다.

> 소태산 대종사, 송도성에게 칠판 한가운데에 줄을 긋게 하고, 오른쪽에는 게송偈頌인 "유有는 무無로 무는 유로 돌고 돌아 지극至極하면 유와 무가 구공俱空이 구공 역시 구족具足이라."를, 왼쪽에는 동정간불리선動靜間不離禪인 "육근六根이 무사無事하면 잡념雜念을 제거하고 일심一心을 양성養成하며 육근이 유사有事하면 불의不義를 제거하고 정의正義를 양성하라."를 쓰게 한다.

『정전』 일원상 법어 – 경진동선 〈선원일지〉

제31회 경진庚辰동선은 원기25년(1940) 12월 6일에 결제하여 원기26년(1941) 3월

6일에 해제한다. 경진동선 중 여자부에서 기록한 〈선원일지〉 1월 28일 화요일에 '게송'과 '동정간불리선'을, 2월 28일 금요일 오후 7시 반에서 9시 반 사이 공회당에서 '일원상 법어'를 발표한 기록이 등장한다.

'일원상 법어'는 큰 원상을 깨달음의 거울로 삼아 일원상을 확철대오하고, 작은 원상 6개를 솔성의 거울로 체받아서 작은 원상 6개를 육근에 적용하여 일원상 그대로 드러내는 적공이다. '일원상 법어'는 게송보다 한 달여 뒤에 발표된 '일원상'에 대한 소태산의 최종법문이다.

    1월 28일(화)
    종사주[대종사]께옵서 게송을 설하여 주신바 〈게송〉은 다음과 같음.
    유有는 무無로 무는 유로 돌고 돌아 지극하면
    유와 무가 구공俱空이나 구공 역시 구족具足이라.

    동정간불리선動靜間不離禪
    1. 육근이 무사하면 잡념을 제거하고 일심一心을 양성하자.
    2. 육근이 유사하면 불의를 제거하고 정의正義를 양성하자.

    2월 28일(금)
    自 오후 7시 반 至 오후 9시 반
    「차此 원상圓相의 진리를 각覺하면 시방삼계가 다 오가吾家의 소유인 줄 알며, 또는 우주 만물이 각각 이름은 다르나 둘이 아닌 줄을 알며, 또는 제불조사의 성품인 줄 알며, 또는 생로병사나 인과보응이 다 풍운변태風雲變態나 춘하추동과 같이 되는 줄을 알며, 또는 원만구족圓滿具足한 것이며 지공무사至公無私한 것인 줄을 알리로다.
    ○안眼 ○이耳 ○비鼻 ○설舌 ○신身 ○의意」
    이에 대하여 말씀이 계시다.

『대종경』 부촉품 7장 - 교리도

임오동선의 정기훈련 중 원기28년(1943) 1월에 교리도와 표어가 발표된다. 중앙선원은 공회당 선방이다. 교리도는 거북이 모습을 닮아서 교법의 영원성을 상징하고 사람의 모습을 닮아서 사람이 밟아가야 할 인도상 요법을 표현하고 있다.

　　원기28년 1월 동선 중에 대체로 갖추어진 이 교리도가 **총부 중앙선원**에서 오전 『정전』 시간에 선원 대중에게 처음 발표되었다. 이 교리도를 칠판에 붙이고 당시 중앙선원 교감이었던 정산 종사에게 교리도의 해석을 명하고 소태산 여래는 교리도를 바라보며 **거북이와도 같고 사람과도 같다 하며** 매우 기뻐하고 흡족하게 여기는 표정이었다. 해설 도중 보설도 해주셨다.
　　　　　　　　　　　　　　　　　　《안이정, 『원불교교전해의』》

『대종경』 부촉품 8장 - 제생의세 서약서

"대종사께서 사무실 창문을 열고 들어오시어 선방에 가자고 하시는 것이다. 나는 선방으로 따라갔고 대종사님의 말씀을 받들게 되었다."라는 법문에서 선방은 공회당이다. 외학外學은 내외를 분별하여 내학에 상대하는 학문을 말하는 것이 아니라 소태산의 교법인 '일원상-사은사요 삼학팔조'의 중심을 놓치면 외학이다. 소태산의 가르침을 중심에서 놓치어 헤매는 것을 경책한 것이다.
제31회 경진동선(1940년 12월 6일~1941년 3월 6일) 여자부 〈선원일지〉 중 1941년 1월 13일 월요일 '과거로부터 현재까지 어떠한 공부를 한 사람이 제일 큰 공부를 한 분인가?'에 대한 문답이 있고, 1월 14일 화요일에 양도신을 비롯한 여선원 서원인 51명이 '신성결정서'를 올린다. 이 법문은 경진동선 중의 법설이다.

　　대종사 선원 대중에게 물으시기를 「너른 세상을 통하여 과거로부터 현재까지 어떠한 분이 어떠한 공부로 제일 큰 재주를 얻어 고해 중생의 구제선이 되었으며 또한 그대들은 어떠한 재주를 얻기 위하여 이곳에 와서 공부를 하게 되었는가.」하시니, 몇몇 제자의 답변이 있은 후, 송도성이 사뢰기를 「이 세상에서 제일 큰 재주를 얻어 모든 중생의 구제선이 되어 주신 분은 삼세의 모든 부처님이시요, 저희가 지극히 하고 싶은 공부도 또한 그 부처님의 재주를 얻기 위한 공부로서 현세는 물론이요, 미래 수천만 겁이 될지라도 다른 사도와 소소한 공부에 마음을 흔들리지 아니하고, 부처님의 지행을 얻어 노·병·사를 해결하고 고해 중생을 제도하는 데에 노력하겠나이다.」 대종사 말씀하시기를 **「그런데 근래 공부인 가운데에는 이 법문에 찾아와서도 외학外學을 더 숭상하는 사람이 있으며, 외지外知를 구하기 위하여 도리어 도문을 등지는 사람도 간혹 있나니 어찌 한탄스럽지 아니하리오.** 그런즉, 그대들은 각기 그 본원을 더욱 굳게 하기 위하여 이 공부에 끝까지 정진할 서약을 다시 하라.」 이에 선원 대중이 명을 받들어 서약을 써 올리고 정진을 계속하니라.

《『대종경』부촉품 8장》

나는 일본 유학을 꿈꾸게 되었다. 총부에서 몇 년 공부하다 보니 교리는 대강 알겠으나 과학교육[제도권 교육]의 부족을 느끼게 되었다. 일본 대판에 막냇삼촌이 계시어 식비, 학비는 해결될 것 같아 혼자 계획을 세우고 나름대로 학교 갈 준비를 몇 달 동안 하고 있었다.

그 무렵 모某 선생님[원산 서대원]이 산중에 들어가 공부해 가지고 온다는 일이 있어 대종사님께서 크게 염려하시고 속상해하셨다. 나는 그때 대종사님 말씀 잘 듣지 않는 사람들이 원망스럽기까지 하였다. 그런데 어느 날 조실[영춘원 종법실]에 갔던 내게 대종사님께서 "너는 어디 갈 생각 없느냐?" 하고 물으셨다. 나는 일본 유학에 대한 말씀을 드리게 되었다. 하나하나 물으시는 대로 그동안 책 빌려다가 공부한 일이며 3년만 하고 오면 전무출신도 잘할 것 같다고 자신만만하게 말씀드렸다. 잠시 누우셔서 말씀을 들으시던 대종사께서 급히 일어나시며 큰 음성으로 "지금 당장 가거라. 혜환[당시 서무부장]이 오라고

해서 고리짝 실어다 주라고 할 테니 당장 가거라." 하시는데 성안에는 노기가 서려 있는 것 같았다.

나는 깜짝 놀랐다. 일본에 가서는 안 되겠다 싶어 바로 빌기 시작했다. 울면서 빌었지만 용서하시지 않았다. **세탁부 방**에 돌아와서도 울었고 일본 갈 생각은 천리만리 다만 용서 안 해주시면 어쩌나 하는 걱정뿐이었다. 더구나 앓고 계시는 안질과 종기가 더하시면 어떻게 할까 하는 생각으로 눈물이 그칠 줄 몰랐다.

이렇게 울고 있는데 주산님[송도성]께서 오셨다. 그래서 자초지종을 말씀드렸더니 나와 함께 가 보자고 하시어 조실[종법실]에 가서 빌고 또 빌었다. 그러나 야단만 하시며 나가라고 하시는 것이다. 사흘째 되는 날도 걱정만 하고 있는데 대종사님께서 사무실 창문을 열어 보시고는 **선방**에 가자고 하시는 것이다. 나는 **선방**으로 따라갔고 대종사님의 말씀을 받들게 되었다.

"… 과거로부터 현재까지 어떤 분이 어떠한 공부로 제일 큰 재주를 얻어 고해 중생의 구제선이 되었으며 또한 그대들은 어떠한 재주를 얻기 위해 이곳에 와서 공부하게 되었는가? 도신이 먼저 말해 보아라."

나는 부처님[부처 되는 공부]이라고 대답하였다.

"과학자가 아니냐?"

"과학자는 아닙니다. 과학에 능하다 해도 불생불멸과 인과보응의 진리를 모르고 생사 해탈 못 합니다. 그러나 부처님께서는 모든 진리를 다 깨쳐서 아시고 생사 해탈도 하셨기 때문입니다. 저도 열심히 공부해서 그렇게 되려고 합니다."

"그러면 왜 일본에 가려고 했지."

"교리는 대강 알겠는데 과학이 너무 부족해서 앞으로 전무출신을 더욱 잘해 보기 위함입니다."

이렇게 꾸중을 듣고 바로 용서를 빌었고 대중이 모인 선방에서 일본 유학의 의미와 야단치신 깊은 뜻을 다시 깨닫게 되었으며 감상 발표 시간을 통해 그 동안의 경계를 극복한 것을 말씀드리고 **삼대력 얻어 보은자**가 될 것을 다짐하게 되었다.

《『구도역정기』 양도신 편》

『대종경』 교의품 37장, 〈회보〉 16호 – 제군은 동남풍이 될지어다

이 법설이 기재된 원기20년(1935) 4월은 대각전이 세워지기 직전이다. 제19회 동선冬禪은 갑술동선[甲戌冬禪, 1934년 음력 11월 6일~1935년 음력 2월 6일]으로 원기20년(1935) 음력 2월 6일 해제한다. 갑술동선 해제식이 진행된 곳은 공회당으로 여겨진다. 법설에 나타난 익산교당은 익산총부이다.

도덕과 종교, 법률과 정치는 법률은의 조목이다. 동남풍東南風의 도덕과 종교도 법률은이요 서북풍西北風의 법률과 정치도 법률은이다. 동남풍이 만물을 상생상화시키는 도덕의 바람이라면 서북풍은 상벌을 주는 정치·법률가의 엄숙한 바람이다.

소태산은 선禪 기간에 온화한 동남풍 불리는 법을 가르쳤으니, 도덕의 바람을 불리라는 것이다. 즉 옛적부터 자비 선량한 도덕가를 동남풍이라 하고, 시비를 가려 상벌을 엄정하게 하는 법률가를 서북풍이라 하니, 기왕 같은 바람이면 상생지기를 가진 동남풍이 되라고 당부한다. 소태산의 도덕은 일원상에 근원한 사은사요와 삼학팔조이므로 사은사요의 바람, 삼학팔조의 바람을 불리라는 것이다.

익산교당에서 제19회 **동선冬禪 해제식**을 거행한바, 그때 종사님 법좌에 출석하시사 대중을 향하여 말씀하여 가라사대,

「지금 나더러 훈사를 하라고 하나, 나는 훈사보다도 먼저 하고 싶은 말이 하나 있으니, 그것은 다름이 아니라, 이곳에 있는 남녀 대중에게 선중禪中 석 달 동안 매일 바람 불리는 법을 가르쳤으므로 그 바람을 불리게 하는 이유를 말하려 하노라.

과연 이 방 안에 가득 찬 모든 바람 주머니가 사방에 나아가서 바람을 내인다면[일으킨다면] 이 세상에 얼마만큼 유익을 주려는가? 혹은 해독을 주려는가? 거기까지는 미리 말할 것이 없으나, 하여간 나의 본의만큼은 같은 바람 중에도 온화한 동남풍 불리는 법을 가르치기에 노력하였고, 그 반면에 쓸쓸한 서북풍은 도를 닦는 우리에게는 관계가 없는 고로 가르치지를 아니하였다.

그러면 동남풍이란 무엇인가? 곧 봄과 여름에 부는 바람으로써 동풍이 춘

절春節에 불면 천종만물千種萬物이 발생하나니, 곧 만물을 살려내는 온화한 바람을 이름이요, 남풍이란 여름에 부는 바람으로써 만생萬生을 키우고 성장시키는 훈훈한 바람이니, 이 동남풍은 과연 만물을 상생상화相生相和시키는 참으로 이른바 도덕의 바람을 이름이다. 또 서북풍이란 무엇인가? 곧 가을과 겨울에 부는 바람이니, 가을에 서풍이 불면 천종만물이 다 성숙하여 결실을 얻는 것이요, 겨울에는 북풍이 불면 숙살만물肅殺萬物을 시키나니, 이 서북풍은 곧 길흉을 판단하며 상벌을 주는 정치·법률가에서 불리는 엄숙한 바람을 이름이다. 그러므로 옛적부터 자비 선량한 도덕가를 일러 동남풍이라 하였고, 시비是非를 가려 상벌을 엄정하는 법률가를 일러 서북풍이라 하나니, 제군은 같은 바람이면 상생지기相生之氣를 가진 동남풍이 될지어다.

제군이 선중에서 배운 사은사요四恩四要나 삼강령팔조목三綱領八條目이나 그 외에도 솔성요론·삼십계문 등 그 모든 배운 것을 그대로 실행한다면, 누구에게든지 당하는 대로 유익은 줄지언정 해독은 조금도 없을 것이며 상생은 될지언정 상극은 없을 것이니, 그것이 도덕풍이 아니고 무엇이며 동남풍이 아니고 그 무엇이랴. 그러므로 나는 상생의 도를 배운 제군에게 동남풍이 되어 보라고 한 것이다. 또는 가정이나 사회나 국가나 전 세계를 물론하고 각자 처지대로 이 동남풍을 사용하면 화피초목 뇌급만방化被草木賴及萬方이 될 것이니, 명심하고 주의할지어다. 과거 제성제불諸聖諸佛도 다 이 동남풍을 사랑하였나니, 제군도 또한 이 동남풍이 되었다면 그 얼마나 좋을 것인가?

제군이여! 부탁하나니, 오늘 해제하고 세상에 나아가거든 가는 곳마다 선중에 배운 동남풍을 불리어 중인의 환영을 받게 하라. 그런다면 본회의 큰 일꾼이 되며, 따라서 보은자가 될 것이요, 그 반대로 가는 곳마다 화和하지 못하고 여러 사람에게 함원含怨케 한다면 사방에서 배척을 받을 것이며 따라서 배은자가 되리라.

지금 이 자리에서 나가 말한바, 그 바람의 의지意志를 깨친 사람은 동남풍이 되어 만 생령에게 유익을 줄 것이요, 만일 깨치지 못한 사람이 있다면 아무리 동남풍 불리는 법을 배웠다 하더라도 불리지 못할 것이니, 아무쪼록 공부를 부지런히 하여 만인의 존모尊慕 받는 동남풍이 되어주기를 간절히 부탁하노라.」 하시더라. 《이공주 수필, 〈회보〉 16호 시창20년 4월》

『대종경』 성리품 28장 – 심성이기

제23회 병자동선의 정기훈련은 1936년 12월 19일(음력 11월 6일) 대각전에서 결제하여 1937년 3월 18일(음력 2월 6일 목요일) 해제한다. 여선원의 3월 17일(음력 2월 5일 수요일) 해제일 전날 〈선원일지〉에 "오전과 밤은 성리설을 말씀하셨는데, 곧 천지 만물의 본래성과 생사 이치와 심성이기心性理氣에 대하여 말씀하셨으며 … "라는 기록이 있다.

소태산은 도 깨치는 것을 염소 키우는 것에 비유하여 절차에 맞게 하라고 당부한다.

> 대종사 선원 대중에게 말씀하시기를 「사람 하나를 놓고 심·성·이·기心性理氣로 낱낱이 나누어도 보고, 또한 사람 하나를 놓고 전체를 심 하나로 합하여 보기도 하고, 성 하나로 합하여 보기도 하고, 이 하나로 합하여 보기도 하고, 기 하나로 합하여 보기도 하여, 그것을 이 자리에서 말하여 보라.」 대중이 말씀에 따라 여러 가지 답변을 올리었으나 인가하지 아니하시고 말씀하시기를 「**예를 들면 한 사람이 염소를 먹이는데 무엇을 일시에 많이 먹여서 한꺼번에 키우는 것이 아니라, 키우는 절차와 먹이는 정도만 고르게 하면 자연히 큰 염소가 되어서 새끼도 낳고 젖도 나와 사람에게 이익을 주나니, 도가에서 도를 깨치게 하는 것도 이와 같나니라.**」

『대종경』 인과품 31장, 경진동선 〈선원일지〉 – 쥐와 버러지의 인과

제31회 경진庚辰동선 남자부 〈선원일지〉에 소태산의 법설이 기록되어 있다. 경진동선은 원기25년(1940) 12월 6일에 결제하여 원기26년(1941) 3월 6일(음력 2월 9일 목요일)에 해제한다. 이 기간 중 1941년 1월 2일(1940년 음력 12월 5일 목요일)의 남자부 〈선원일지〉에 '야간 축음기를 놀릴 때 종사주께서 출석하시사 법설이 계시다'라고 시작하며 소태산의 법설이 기록되어 있다.

야회 때 축음기를 틀어 놓은 곳은 공회당으로 여겨진다. 그리고 이 법설은 주산 송도성의 수필로도 전해오고 있으며 『대종경』 인과품 31장에 실린다.

> … 한때 종사주께옵서 어느 집 분항糞缸을 보시사 분에 분버금이 일어나서 위 껍데기가 단단하게 되었는데 그 위에 크나큰 쥐 한 마리가 거기에 들어가서 똥 버러지를 잡아먹고 있는 것을 보시사 대중을 보여 이르사 「저 쥐를 보라」한 즉 그 대답이 「쥐가 버러지를 먹습니다.」 하였었다. 「저 쥐가 버러지에게 잡아먹힐 때가 있을까?」하고 물었었다. 그런 즉, 또다시 말하되 「버러지가 쥐를 잡아먹을 수 있을까요」 하고 대답하였었다. 종사주께옵서 말씀하시기를 「잡아먹힐 날이 있을 것이다.」 한즉 「우리 생전에 볼 수 있을까요?」하고 물었었다. 그래서 「5일 전에 볼 수 있으리라.」 하시고 돌아오셨다. 그 후 그 집에서 그 분항을 저어서 밭에다가 조금 내고 두었는데 또 그 똥이 부풀어서 버금이 일어났는지라. 그런데 그 쥐가 또 버러지를 잡아먹으려고 욕심에 뛰어들어간 즉, 그 전과 같이 분항의 버금이 단단하지 아니한 거로 빠져서 죽은지라. 종사주께서 살펴본 즉, 과연 죽어서 있는 것을 보고 대중을 오라 하여 보이면서 「쥐를 건져 보이라」 한즉 건졌었다. 그것을 본즉 버러지가 몸뚱이를 둘러싸고 그 쥐에 붙어서 뜯어먹는지라, 눌러본즉 배 속에 또한 다북 찾으며 안으로나 밖으로나 뜯어먹으니까, 털하고 껍질만 남았었다. 중생들이 모두 보고 말하되 「과연 그렇습니다.」라고 하더라 하시되 「곤충의 과보도 이러하니만큼 만유의 과보와 인과가 이렇다.」는 법설을 하시다.
>
> 《경진동선 〈선원일지〉 1월 2일(음력 12월 5일 목요일)》

06 양잠실

원기14년(1929) 임시 임원회에서 양잠실을 건축하기로 결정한다. 봄과 가을의 양잠 기간에는 농업부에서 전용하기로 하고 그 외에는 대중을 위한 공간으로 사용하기로 하여 양잠실 겸 공회당을 짓기로 한다. 그리하여 공사에 착수하여 12칸짜리 통방의 다용도 함석집을 완공한다. 원기14년에 양잠실을 겸하는 공회당을 건축하여 1년간 사용해 본 결과 양잠기 말과 선기 초禪期初 또는 선기 말과 양잠기 초가 서로 맞물려 전용 양잠실 신축이 필요하게 되었으나 건축비가 문제였다. 이런 상황에서 원기15년(1930) 음력 2월에 임시 임원회를 개최하여, 경성출장소 회원 이공주 외 수삼 인이 양로당 건축을 목적으로 희사한 건축비로 우선 신양잠실을 건축키로 하고 양로당은 꼭두마리집을 제공키로 한다.

그리하여 희사자의 양해를 얻어 음력 2월 15일부터 신양잠실 건축을 공회당 맞은편[현 정화정사 터]에 착수하여 목조 초즙을 완성하고 음력 4월 24일에 농업부원들이 이사한다.

원기20년(1935) 수도학원修道學院을 이곳에 설치하여 청소년 회원과 근동 아이들에게 문맹퇴치운동을 전개한다. 양잠실은 5칸으로 야학을 할 때 2칸을 교실로 사용한다. 또한 원기31년(1946) 공회당에서 유일학림[원광대학교와 원광중학교 전신]이 개원되어 이 양잠실을 교사로 사용하며 한때 도서실이 옮겨 온다. 박장식이 학림장을, 박광전이 학감을 맡아 운영한다. 그리고 한국전쟁 중 한때 서울보화원의 보육시설로 사용되어 익산보화원의 전신이 된다.

원기21년(1936) 6월 12일, 양잠실(현 정남숙소자리)에서 봄누에 고치따기를 마치고 기념촬영
이 고치따기는 총부 근방에 사는 청소년들로 구성한 수도학원생들과 총부 인재양성단원 모두가 참석하였다. 인재양성단은 교육기관 설립을 목적으로 발족된 단조직이다. 여기서 양하운 대사모와 장녀 박길선도 함께 일하고 있다.

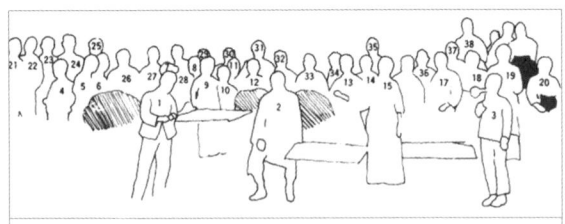

양잠 참여자

유일학림 교사校舍, 양잠실
- 원기31년(1946) 5월 1일 개설

익산총부 앞 주차장 일대는 불법연구회 당대 뽕밭이었다. 이 뽕을 따서 양잠실의 누에를 키웠는데, 비나 이슬이 묻은 뽕을 누에가 먹으면 설사하거나 죽게 되므로 뽕을 따서 공회당 지하 창고에 저장해 두었다가 물기를 말려서 사용했다.

염불하며 뽕을 주어라

불법연구회 7부 중 하나인 농업부의 산하에 두었던 농공부가 양잠을 맡게 된다. 농공부는 원기12년(1927) 음력 11월 6일부터 이듬해 음력 2월 6일까지 석 달간 제6회 정기훈련인 정묘동선을 났던 신입회원 박대완 등으로 조직된 농업부 산하의 임시부서였다. 이 농공부는 총부 일대에서 전작과 함께 양잠을 했으나 수익이 없어 짧은 기간 내에 폐지됨에 따라 만석평 출장 농업부원들이 전작 및 수농뿐만 아니라 양잠까지 맡게 된다. 이런 가운데 본격적으로 누에치기가 시작됨에 따라 잠실이 필요하게 되어 원기14년(1929)에 양잠실 겸 공회당을 건축하여 양잠을 했으나 봄누에 말기와 하선 시작할 무렵, 가을누에의 초기와 하선이 끝나는 시기가 겹쳐 처음 계획처럼 양잠실 겸 공회당으로 쓰기에 불편이 있어 부득이 원기15년(1930)에 공회당 맞은편에 목조 초가로 양잠실을 따로 짓게 된다. 이후 누에치기는 애초 일반회원이 선비를 마련하기 위한 목적이었으므로 생산 전문 부서인 농업부는 양잠을 그만두고 인재양성단에서 이를 인수하기로 한다. 인재양성단은 익산총부에 거주하면서 사무를 보거나 또는 선禪을 나러 왔거나 총부 주변의 사가 회원들로 구성하여 시간 나는 대로 뽕을 따고 누에를 치되 노동 시간 양과 횟수를 사업성적에 올리도록 한다. 양잠 주무는 정일지가 맡고 50여 명의 남녀 회원이 노력 지원한다.

원기20년(1935)도 봄에 춘추 양기를 통하여 출역 일수가 가장 많은 권동화 박길선 박명성 조전권 박해원옥 오철수 김정각 양하운 전삼삼 9명에게 약소하나마 상여금을 지급한다. 이처럼 불법연구회의 출역은 공적으로 분명했다. 잠실, 양잠실 누에방은 신양잠실로 지금의 정화정사 자리에 있었다.

잠실 누에방에서 하신 법문

종사님께서는 오늘도 양잠실 누에방에 새벽에 나오시어서 학원들을 보시고 법설하시기를, 「너희가 단잠도 못 자고, 새벽 2시에 나와서 누에 키운다고 애들 쓰는구나. 이놈들에게 뽕 줄 때 염불을 많이 하여주며 뽕을 주라. 그리하면 이놈들이 앞으로 보은하러 꾸역꾸역 들어올 것이다. 지금은 전무출신이 귀하기 때문에 나는 누구든지 전무출신만 한다고 오면 다 받겠다. 한 눈이 애꾸눈이고 한 다리 절어도 이쁘다고 다 받아들이겠다.」하시고, 양잠 철이면 늘 잠실에 나오셨습니다.
《묵타원 권우연 수필 법문》

일 중에서 공부하는 것이 둘이 아닌 길

양잠하는 일이 공부가 되고 공부심으로 양잠을 하라는 것이다. 양잠의 일과 공부가 둘이 아니라는 것이다. 누에라는 중생계에서 고치가 되는 법의 훈련을 통해 성태장양聖胎長養하여 마침내 부처라는 나비로 환골탈태換骨脫胎하라는 것이다.

초창기 선진들이 양잠실의 누에치기에 출역하여 공도에 합력하듯이 공도에 봉공하는 보은자가 되라는 것이다. 양잠실에서 누에에게 염불하며 뽕을 주면 누에들이 앞으로 보은하러 올 것이라는 대종사 말씀처럼 우리 스스로 먼저 부처임을 염송하여 부처가 되고 모든 인연이 부처임을 자각하게 하여 세상에 유익을 주는 법의 누에가 되자는 것이다. 일 속에서 공부길을 잡으라는 것이다.

대종사 양잠실에 나오시어 "너희가 일만 한다 하면 지루하니까 소창을 한다 생각하게 축음기를 갖다 틀어놓고 춘향전에서 절개를, 심청전에서 효성을, 흥부전에서 우애를 배우라. 일 중에서 공부하는 것이 둘 아닌 길을 배워야 한다."
《박용덕, 『정녀』 1》

〈월말통신〉 32호 전삼삼 씨의 독지篤志 - 연고 있는 살생

본관 농업부 상원[桑園, 뽕밭]은 지금의 총부 주차장으로 유일정미소가 있었던 자리이다. 전음광의 모친 전삼삼은 어느 때나 육신의 수고를 아끼지 않는 공익심 많은 분이면서 자비심 많기로 유명했다. 전삼삼이 공사에 따라 해충을 잡는 것이 부득이한 살생이요 무산자들을 위한 공중사라 연고 있는 살생이지만, 그렇다 해도 살생을 한 것이니 보수를 받는 것은 진리에 맞지 않는다는 감상담이다. 이 뽕잎으로 인재양성단원들이 신양잠실에서 누에를 키웠다.

유일정미소
원기31년(1946) 현 익산총부 주차장 일대에 건립되었다.

금년 하간夏間에 본관 농업부 상원 桑園에는 괴상怪常스러운 해충이 일어나서 뽕잎을 갉아 먹음으로 여러 부원은 일제히 출동하고 기타 외인부外人夫까지라도 징발徵發해서 그 벌레를 잡게 되었는데 전삼삼 씨는 또 자진하여 왼 종일 벌레 잡기에 노력하셨습니다. 농업부에서는 70 노인으로 그처럼 하시는 것이 너무도 미안하고 감격해서 비록 약소하나마 단금團金에 보용補用하라는 뜻으로 당일 근고료勤苦料 얼마를 드렸더니 씨氏는 깜짝 놀라며 "천만외千萬外 그게 무슨 말씀이오니까? 어디 내가 그것을 받으려고 일하였던가요. 내가 만약 그것을 받고 보면 나에게는 반드시 산더미 같은 무거운 죄업罪業이 부딪칠 줄을 나는 확실히 믿습니다. 왜 그러고 하니 우리 계문에 '연고 없이 살생을 말라' 하셨는데 이것은 확실히 살생이 아닙니까. 그러나 내가 당초에 그 일이 살생인 줄을 알면서도 자진하여 온 것은 그 상원桑園은 우리 회중會中에서 공부인 무산자無産者를 위하여 경영하는 공공사公公事이어늘 그 무상한 벌레들이 발생하여 결딴을 냄으로 나는 그에 대한 시비경중是非輕重을 무한無限히 집작하여 본 연후에 당연히 죽일만한 연고가 있는 것을 생각고 죽인 것이었습니다. 그런데 만약 내가 그 보수를 받고 보십시오. 결국 내 몸 하나를 위해서 그 많은 생명을 죽인 것이 되지 않겠습니까? 그런고로 나는 이 보수란 결코 받지 않겠습니다. 나는 그 무서운 죄罪가 돌아오는 것이 두려우니까요."라고 말씀하셨다. 이 말씀이 과연 얼마나 의미 깊은 금언金言인 것을 우리는 다 같이 한번 느낄만한 가치가 있다고 생각한 기자記

著는 이에 삼가 망필妄筆을 들었나이다.
《〈월말통신〉 제32호, 보는 대로 듣는 대로》

연고 있는 살생

익산총부 주차장 일대는 불법연구회 시대 뽕밭으로, 이 뽕을 따서 양잠실의 누에를 키웠으며, 비나 이슬 묻은 물뽕을 먹으면 누에가 설사를 하거나 죽게 되므로 뽕을 따서 공회당 지하 창고에 저장했다가 물기를 말린 뽕잎을 사용하였다.

> 공타원 조전권의 대종사에 대한 회고이다.
> 교단 초창에는 누에를 많이 키웠는데 풍뎅이가 생겨나 뽕을 다 갉아 먹으니까 잡으라 하셨습니다. 모두 과보가 두려워 못 잡겠다고 하니까 내[대종사]가 과보 받지 않는 설명을 해 줄 것이니 들어보라 하시고, "누에를 키워 개인이 이득을 본다면 참으로 과보가 무서우나 그 이득으로 공중사업 즉 인재양성을 많이 하여 많은 불보살을 양성해 낸다면 그 무수한 도인들이 많은 중생을 건질 것인데 과보가 무서워 연고 있는 살생을 안 하려는가 내 말을 믿고 안심하고 잡으라."라고 하셨습니다.
> 《서문 성, 『원불교예화집』》

농공부 공양원, 조전권

한때 농업부 산하에 농공부를 두었다. 이 농공부는 일원회상의 정녀 전무출신 무녀리인 공타원 조전권의 첫 일터이다. 당시 19세의 조전권은 농공부의 식생활과 세탁 등의 업무를 맡게 된다.
조전권은 기독교 장로였던 아버지가 소태산 대종사께 귀의하자[『대종경』 전망품 14장] 아버지를 마귀의 유혹으로부터 빼내겠다고 익산총부를 찾는다. 그런데 도리어 대종사에게 감화를 받고 "세계의 대권을 잡아 일체중생의 어머니가 돼라."는 뜻의 '전권'이란 법명을 받는다. 부친 조송광의 연원으로 원기12년(1927) 음력 9월 25일 날짜로 소태산의 제자가 된 조전권은 익산총부에 살게 해 달라고 간청한다. 조전권은 삼타원 최도화가 선비를 대주어 원기12년(1927) 음력 11월 6일부터 이듬해 음력 2월 6일까지 석 달간 제6회 정기훈련인 정묘동선을 난다. 이후 조전권은 전무출신 할 뜻을 확고하게 세운다.

이에 소태산 대종사는 조전권과 함께 정묘동선을 난 신입회원인 박대완, 정일성, 송봉환, 성정철, 권대호, 박노신 등을 위해 농업부 산하에 농공부라는 임시부서를 만든다. 임시부서 농공부는 현재 정화정사 옆에 있었던 오두막집이었다. 이 양잠실터[현 정화정사 옆] 옆에는 농공부의 관사가 있었다. 이곳에서 정녀 전무출신의 무녀리 공타원 조전권이 첫발을 떼었다.

기전여학교에 다니던 꿈 많은 소녀 조전권은 농공부원들의 부엌데기, 이른바 '농공부 공양원'이라는 역할을 맡게 된다.

대종사는 "이제부터는 네가 벌어서 네가 먹여 살려야 한다."며 영춘원 앞 밭을 가리키며 "저 밭을 네가 책임지라"고 한다. 농공부는 익산본관에 함께 살면서도 따로 살림을 차린 부서다. 조전권은 매 끼니때가 되면 반찬 마련을 위해 노상 나물을 캐러 다녔으며 도치원에서 된장 고추장을 구하고, 이청춘, 권동화, 정세월의 사가를 도와주고 시래기 등을 얻어와 공양을 준비하곤 했다.

어느 날 대종사 농공부 오두막집을 방문하였다. 캄캄한 부엌에서 밥을 먹고 있던 조전권이 놀라니, "괜찮다. 부끄러워하지 말고 먹어라. 네가 시방 큰 역사를 만드는구나!" 하시며 "전권이는 눈 귀 코가 이쁜데도 미운 데도 없으니 원만하다. 미스 불법연구회다"며 격려와 칭찬을 하신다.

원기13년(1928) 음력 3월 26일 제1회 기념총회가 영춘원[현 종법실]에서 열리게 되는데 그다음 날에 창립 유공인 기념 촬영을 한다. 이때 농공부 기념 촬영을 하는데 12명 중 보릿짚 모자를 쓰고 양파밭에서 새 옷을 입은 채로 일하는 포즈를 취하게 하고 촬영한다. 큰 애기 조전권이 보릿짚 모자를 쓰고 호미

농공부원과 밀짚모자 쓴 조전권
제1회 기념식날 신축강당 영춘원 앞 양파밭에서 작업하는 농공부원들. 뒤편 왼쪽에 보이는 초가(현 정화정사 자리)가 농공부 건물이다.

들고서 사진 찍기를 수줍어하자, 대종사는 "전권아, 네가 지금은 보릿짚 모자 쓰고 호미 들고 밭을 매지만 앞으로 너 뒤에는 수천 수녀들이 나올 것이니 네 사진을 박아 놔라. 후배들이 너 사진 한번 보자 할 때가 있을 것이다."라고 격려한다.

《박용덕, 『정녀』 1》

07 구정원 및 도서실

구정원은 옛 교정원이라는 뜻으로 원기22년(1937)부터 원기49년(1964)까지 27년간 교정원 사무실로 사용된 건물이다. 구정원은 본래 신영기申永基의 사가였다. 신영기[1987.11.11. 본명 動基]는 영광 백수면 천정리 출신으로 19세 때 일본을 거쳐 24세 때 미국으로 건너가 고생 끝에 재산을 형성하여 36세 때 귀국한다. 원기17년(1932) 모친 오철수의 지도로 입회한 후 소태산의 가르침에 환희심을 내어 소태산과 은자녀恩子女를 맺은 후 원기20년(1935) 3월경에 익산총부 구내에 4칸 겹집 기와집과 별채 2칸을 건축하여 생활한다.

원기22년(1937) 3월에 신영기는 이리농고[현 전북대 특성화 캠퍼스] 근처에 정미업을 하기 위해 이사하면서 본인의 집을 총부에 희사한다. 희사받은 신영기의 집을 수리하고 돌출형 현관을 달아내어 5월 3일에 영춘원에 있는 사무실을 이곳으로 이전한다.

1937년 사회문제가 된 백백교 사건으로 신흥종교의 남녀 문제가 대두되자 일경은 이를 빌미로 익산총부를 사찰하고 탄압한다. 그중 하나가 소태산의 거처인 금강원이 부인선원[여자 숙소]으로 사용하고 있는 도치원과 꼭두마리집 뒤편에 있기에 여자들의 공간을 지나가는 소태산의 통행로를 문제 삼는다. 이에 소태산은 익산총부의 앞쪽인 영춘원으로 거처를 옮기고 영춘원에 있던 사무실을 총부에 희사한 신영기의 집을 고쳐서 이곳으로 옮긴다. 이후로 신영기의 집은 익산총부 사무실로 전용된다.

구정원 관련 법문은 『대종경』 수행품 20장[신문 애독과 정신이 끌리는 실상]과 실시품 14장이 대표적이다.

구정원(돌출 현관 증축 모습)

현 구정원 정면

『대종경』 수행품 20장 – 신문 애독과 정신이 끌리는 실상

원기9년(1924) 말에 도치원과 꼭두마리집을 짓고 꼭두마리집에 사무실을 둔다. 이후 원기13년(1928)에 영춘원을 짓고서 이곳으로 사무실을 옮기며, 9년 후인 원기22년(1937)에 구정원으로 사무실을 이전한다. 또한 여자사무실을 도치원 동아실에 별도로 두기도 한다.

그렇다면 주산 송도성이 신문을 받으면 보던 사무도 멈추고 읽었던 현장은 영춘원 아니면 구정원일 것이다. 송도성은 원기17년(1932) 영광지부 교무부장 겸 지부장으로 부임하여 5년간 역임하였다가 구정원으로 사무실을 이전한 원기22년(1937)에 교정원장 겸 교무부장으로 선임되어 원기27년(1942) 영산지부 교감 겸 지부장으로 부임할 때까지 5년간 역임한다. 아마도 이 기간에 『대종경』 수행품 20장 법문이 설해진 것으로 보인다.

소태산은 애제자 송도성에게 소소한 신문 보는 것일지라도 거기에 끌려서 온전하고 참된 정신을 빼앗기고 잃어버리는 실상을 직면하게 한다. 경계에 끌리게 되는 실상을 잡아서 경계를 응용하는 사람은 될지언정 경계에 끌려다니는 사람은 되지 말라고 당부한다.

> 송도성이 신문을 애독하여 신문을 받으면 보던 사무라도 그치고 읽으며, 급한 일이 있을 때에는 기사의 제목이라도 본 후에야 안심하고 사무에 착수하더

니, 대종사 하루는 경계하시기를 「네가 소소한 신문 하나 보는 데에 그와 같이 정신을 빼앗기니 다른 일에도 혹 그러할까 근심되노라. **사람마다 각각 하고 싶은 일과 하기 싫은 일이 있는데 범부는 그 하고 싶은 일을 당하면 거기에 끌리어 온전하고 참된 정신을 잃어버리고, 그 하기 싫은 일을 당하면 거기에 끌리어 인생의 본분을 잃어 버려서 정당한 공도公道를 밟지 못하고 번민과 고통을 스스로 취하나니, 이러한 사람은 결코 정신의 안정과 혜광慧光을 얻지 못하나니라.** 내가 이러한 작은 일에 너를 경계하는 것은 너에게 정신이 끌리는 실상을 잡아 보이는 것이니, 너는 마땅히 그 하고 싶은 데에도 끌리지 말고, 하기 싫은 데에도 끌리지 말고, 항상 정당한 도리만 밟아 행하여 능히 천만 경계를 응용하는 사람은 될지언정 천만 경계에 끌려다니는 사람은 되지 말라. 그러하면, 영원히 너의 참되고 떳떳한 본성을 여의지 아니하리라.」

《『대종경』 수행품 20장》

총부 도서실 - 시창24년도 및 25년도 사업보고서

신영기家는 안채와 별채가 있는데, 안채는 수리하여 총부 사무실로 쓰고 별채는 총부 도서실로 사용한다. 그러다가 원기25년(1940) 새로 들여오는 도서를 비치할 공간이 협소하여 공회당 뒤편[현 종법원 일대]에 신축한 산업부 건물 가운데 방에 도서실

산업부 건물과 도서실
소태산 유해 운구 행렬. 앞쪽 산업부 축사[초가], 함석지붕 공회당 뒤에 두 개의 크고 작은 기와집이 도서실과 창고이다.

도서실이 있었던 산업부 건물(현 종법원과 뜰)

을 옮긴다. 기존 도서실은 서류 창고로 사용한다. [원기72년에 철거하고서 화장실을 짓는다]

소태산은 『정전』 최초법어의 수신의 요법 1조 '시대에 따라 학업에 종사하여 모든 학문을 준비할 것'을 실행하기 위해 총부에 도서실을 마련하여 학업에 종사하고 학문을 준비하도록 한 것이다.

익산총부 도서실은 구정원 별관에서 시작하여 신축 산업부 건물 가운데 방으로 이전한 후 신양잠실의 유일학림 교사로 옮겼다가 원광대학교 도서관이 건립되면서 다시 옮겨간다.

> **총부 도서실**은 그간 수 씨數氏의 기증 고본古本을 장치하였을 따름으로 연구 참고에는 특별한 필요를 주지 못하더니 금번 경성 회원의 혜척惠擲으로 1천 원을 목표하고 대장경 기타 주로 불경을 구입 중이며 우일방又一方 회원 기증의 국역國譯 일체경一切經 기타는 기旣히 반입을 완료하였으니, 불원不遠에 면목 일신함과 동시에 연구자에게 일대 복음이 되겠다.
> 《시창24년도 사업보고서》

> 작년도 총대회 시 기보旣報와 같이 모某 양 씨兩氏의 독지로써 국역일체경 신수대장경 선학대성 선학총서 불교대사전 등 신성한 서적이 등관登館되니 일부분이나마 한우충동[汗牛充棟, 짐으로 실으면 소가 땀을 흘리고, 쌓으면 들보에까지 찬다는 뜻으로, 가지고 있는 책이 매우 많음을 이르는 말]의 기쁨이 느껴진다. 종래의 도서실[구조실 별채]은 협착 불능용不能容이기 때문에 남男 선원[공회당] 후면 일방에다가 약간 규모의 도서실[종법원 뜰]을 신축하여 방금 공사 중인데 차此는 실로 **본회 도서계**에 일대 서광이라고 생각한다. 《시창25년도 사업보고서》

『대종경』 실시품 14장 - 일제의 탄압과 참다운 도덕

원기22년(1937)에 전북도경 회계담당 간부가 총부를 불시에 방문하여 회계자료와 활동내역 일체를 조사한다. 또한 백백교 사건 이후 경찰의 사찰이 심해지자, 소태산은 거처를 금강원에서 영춘원으로 옮긴다. 이는 여자 숙소가 있는 도치원과 거리를 둔 것이다. 그런가 하면 당시에 남녀가 만날 일이 있으면 노인을 배석시키는 조치를 취하기까지 한다. 또한 원기23년(1938) 8월에 총독부 경무국장과 전북도경 경찰부장이 총부를 불시에 방문하여 소태산의 교리를 검증한다. 이는 실로 불법연구회를 강제로 문 닫게 하겠다는 탄압이었다. 사은에 황은이 없다는 꼬투리를 잡아 일본 천왕[일왕]을 기리는 사상이 부족하다는 것이다. 이에 소태산은 사은은 부처님 은혜로 보면 불은이요 천황의 은혜로 보면 황은이라고 강설한다. 이 뜻은 불은으로 표방하는 종교와 황은으로 표방하는 정치를 말한 것으로 정치와 종교가 한마음으로 각각의 역할을 다해야 국민과 인류가 행복해진다는 것이다. 정치와 종교는 한마음이면서 각각의 역할이 있는 정교동심政敎同心의 길을 제시한 것이다. 겉으로 숙이는 듯하면서 인류가 나아갈 길을 제시한 것이다. 이러한 일련의 탄압 속에서도 소태산은 방편을 다한다.

이러한 행정과 회계 및 교리의 적용을 구정원에서 역할을 한 것이다.

> 당시의 신흥 종교들 가운데에는 재財와 색色 두 방면의 사건으로 인하여 관청과 사회의 이목을 집중시킨 일이 적지 아니한지라, 모든 종교에 대한 관변의 간섭과 조사가 잦았으나 언제나 우리에게는 털끝만 한 착오도 없음을 보고, 그들이 돌아가 서로 말하기를 「불법연구회佛法研究會의 조직과 계획과 실천은 나라를 맡겨도 능란히 처리하리라.」 한다고 함을 전하여 들으시고, 대종사 말씀하시기를 **「참다운 도덕은 개인·가정으로부터 국가·세계까지 다 잘 살게 하는 큰 법이니, 세계를 맡긴들 못 할 것이 무엇이리오.」**

08
익산총부 식당채

익산총부 식당채는 이청춘의 집터에 지은 건물이다. 이청춘이 전주에 노송동 회관[전주교당]을 짓고 초대 교무로 발령받자, 자신의 사가를 총부 치병실治病室로 내놓게 된다. 그러다가 이 집이 무너지게 되자 이 자리에 식당채를 짓는다. 식당채는 주방과 식당 임원의 숙소로 사용하고 식당은 꼭두마리집과 공회당을 이용한다. 식당채에는 동우종이라는 둥근 종이 달려 있어서 식사 시간을 알렸으며 꼭두마리집 쪽방에 식당 주무 정세월이 기거하였다. 식당채 앞에는 우물이 있어 이 샘물을 길어 소태산 이하 당대의 제자들이 마시기도 했으며 이 물로 음식을 장만하였다.

소태산은 종법실에서 식사하기도 하고 공회당 또는 꼭두마리집 등에서 대중들과 같이 공양에 응하기도 했다. 소태산은 열반이 임박해서는 초창기 창립에 고생했던 제자들과 겸상을 하곤 했다. 영문도 모르고 겸상했던 제자들은 황송할 따름이었다. 제

익산총부 구 식당채

익산총부 식당채가 있었던 자리, 공덕원

익산총부 식당채의 우물(공덕원)

식당 푯말이 붙어있는 공회당(중앙선원)

자들은 이것이 소태산과 '최후의 겸상'이 되리라고는 생각도 못 했다.
익산총부 식당채 관련 법문은 『대종경』 교단품 9장, 수행품 32장, 『대종경』 변의품 27장, 『대종경선외록』 실시위덕장 7절 등이다.

『대종경』 교단품 9장 - 밥 한 그릇

소태산은 옷 한 벌, 밥 한 그릇이 다 농부의 피와 직녀의 땀으로 된 사은의 은혜라고 명시하며 사은의 은혜에 보답하는 그만한 사업이 없이 놀고먹는 배은을 하면 사람의 고혈을 빨아먹는 격이라고 각성시킨다.

> 한 제자 여쭙기를 「많은 생生에 금사망 보報를 받을 죄인은 속인에게 보다도 말세 수도인에게 더 많다는 말이 있사오니 어찌 그러하나이까.」 대종사 말씀하시기를 「속인들의 죄악은 대개 그 죄의 영향이 개인이나 가정에만 미치지마는 수도인들의 잘못은 정법을 모르고 남을 그릇 인도하면 여러 사람의 다생을 그르치게 되는 까닭이요, **또는 옷 한 벌 밥 한 그릇이 다 농부의 피와 직녀의 땀으로 된 것인데 그만한 사업이 없이 무위도식無爲徒食 한다면 여러 사람의 고혈을 빨아먹음이 되는 연고요**, 또는 사은의 크신 은혜를 알면서도 그 은혜를 보답하지 못하므로 가정·사회·국가·세계에 배은이 되는 연

고라, 이 말을 들을 때에 혹 과하게 생각할 사람이 있을지도 모르나 실에 있어서는 과한 말이 아니니, 그대들은 때때로 반성하여 본래 목적한 바에 어긋남이 없게 하기를 바라노라.」

『대종경』 수행품 32장 - 밥 먹는 습관

소태산 대종사는 밥 먹는 것에도 공부가 있다고 주의를 준다. 만일 밥을 급히 먹거나 과식을 하면 병이 따라붙기 쉽고, 밥을 먹으면서 말할 때도 정도에 지나치면 실수하고 경우가 아닌 상황이 되면 타인에게 해가 되어 재앙이 따라붙기 쉽다고 주의를 준다. 식사도 영육쌍전靈肉雙全의 입장에서 적당하게 조절해서 먹고 밥 먹는 중에 말하는 심신 작용도 공부심을 챙겨서 행하라는 것이다.

> 한 제자 급히 밥을 먹으며 자주 말을 하는지라, 대종사 말씀하시기를 「사람이 밥 하나 먹고 말 한마디 하는 데에도 공부가 있나니, 만일 너무 급히 먹거나 과식을 하면 병이 따라 들기 쉽고, 아니 할 말을 하거나 정도에 벗어난 말을 하면 재앙이 따라붙기 쉬운지라, 밥 하나 먹고 말 한마디 하는 것을 작은 일이라 하여 어찌 방심하리오. 그러므로 공부하는 사람은 무슨 일을 당하든지 공부할 기회가 이르렀다 하여 그 일 그 일을 잘 처리하는 것으로 재미를 삼나니 그대도 이 공부에 뜻을 두라.」 《『대종경』 수행품 32장》

『대종경』 변의품 27장 - 국한 있게 쓴 공덕과 국한 없이 쓴 공덕

밥을 소재로 한 회화의 답변이다. 소태산은 개인에게 도움을 주었으면 개인에게서 그 보답을 받고 대중에게 도움을 주었으면 대중에게서 그 보답을 받게 된다고 한다. 나눔[보시]의 대상이 분명한 경우와 나눔의 대상이 국한이 없는 대중의 경우에 소태산은 나눔에 국한이 없는 일에 힘쓰라고 권장하며 또한 그 공덕이 더 크다고 말씀하신다.

> 대종사 선원들의 변론함을 들으시니, 한 선원은 말하기를 「같은 밥 한 그릇으로도 한 사람에게만 주는 것보다 열 사람에게 고루 나누어 주는 공덕이 더 크다.」하고, 또 한 선원은 말하기를 「열 사람이 다 만족하지 못하게 주는 것보다 한 사람이라도 만족하게 주는 공덕이 더 크다.」하여 서로 해결을 못 짓고 있는지라, 대종사 판단하여 말씀하시기를 「같은 한 물건이지마는 한 사람에게만 주면 그 한 사람이 즐겨하고 갚을 것이요, 또는 한 동리나 한 나라에 주면 그 동리나 나라에서 즐겨하고 갚을 것이요, 국한 없는 세계 사업에 주고 보면 전 세계에서 즐겨하고 갚게 될 것이라, 그러므로 같은 것을 가지고도 국한 있게 쓴 공덕과 국한 없이 쓴 공덕을 비교한다면 국한 없이 쓴 공덕이 국한 있게 쓴 공덕보다 한량없이 더 크나니라.」 《『대종경』변의품 27장》

『대종경선외록』실시위덕장 7절 - 소태산의 식성

잡수시는 것은 체량體量에 비하여 좀 적으시나 담식淡食을 좋아하시고 오미五味를 고르게 취하시나 좀 싱겁게 잡수셨으며, 일상 대중과 같이 잡수시기를 좋아하시되 밥 한 알을 금 한 알같이 귀중히 여기시고 특별히 정하게 잡수시어 반찬이나 숭늉 남은 것에 밥알 한 알이 들지 아니하게 하시었다.

《『대종경선외록』실시위덕장 7절》

총부 식당 주임, 정세월과 『대종경』 전망품 16장

칠타원 정세월은 남편인 불법연구회 초대회장 서중안이 원기15년(1930) 49세의 일기로 열반하자 원기17년(1932) 전무출신을 단행한다. 이후 총부식당 주임으로 7년 간, 원기26년(1941)부터 3년간은 총부 순교로 활동한다. 원기20년(1935) 동선 때 소태산으로부터 초견성 인가를 받기도 한다. 《『원불교대사전』》

소태산은 초기교단의 정열적인 순교자巡敎者 최도화, 장적조 및 총부식당 관리 등을 맡고 있는 정세월과 문답을 주고받는다. 미륵불과 용화회상에 관한 질문에 소태산은 법신불 일원상의 진리가 드러나는 것이 미륵불이며 처처불상 사사불공이 시행되는 곳이 용화회상이라고 명시하면서 이 일은 먼저 깨쳐서 실행하는 사람이 주인이라고 각성시킨다. 이처럼 소태산은 당신만이 부처가 아니라 함께 부처가 되는 길을 안내하고 있다. 처처불상으로 사사불공하는 길로 안내하기에 소태산은 세상과 창생이 나아갈 길을 인도하는 위대한 스승으로 받들 수 있는 것이다.

> 최도화 여쭙기를 「이 세상에 미륵불彌勒佛의 출세와 용화회상龍華會上의 건설을 목마르게 기다리는 사람이 많사오니 미륵불은 어떠한 부처님이시며 용화회상은 어떠한 회상이오니까.」 대종사 말씀하시기를 「미륵불이라 함은 법신불의 진리가 크게 드러나는 것이요, 용화회상이라 함은 크게 밝은 세상이 되는 것이니, 곧 처처불상處處佛像 사사불공事事佛供의 대의가 널리 행하여지는 것이니라.」 장적조 여쭙기를 「그러하오면 어느 때나 그러한 세계가 돌아오겠나이까.」 대종사 말씀하시기를 「지금 차차 되고 있느니라.」 **정세월이 여쭙기를 「그중에도 첫 주인이 있지 않겠나이까.」 대종사 말씀하시기를 「하나하나 먼저 깨치는 사람이 주인이 되느니라.」** 《『대종경』 전망품 16장》

09 산업부

원기9년(1924) 이리 송학동의 박원석家에서 전무출신들이 첫 공동생활을 한다. 이때 생활을 도모하기 위해 동양척식회사 토지를 얻어 소작하게 되는데 이 활동이 **산업부의 효시**이다. 이후 익산 신룡벌에 본관을 건설하고 불법연구회의 7부를 둔다. 이 중 하나가 농업부로 이 농업부가 원기17년(1932)에 농업 과원 축산 전작 등 생산하는 부서라는 뜻의 산업부로 확대된다. 농업부[산업부의 전신]를 발족하고 발전시키기 위해 인재양성단창립연합단과 아울러 농업부창립연합단을 조단하여 농업부 창립에 협력하게 하며, 만석평의 소작농을 비롯하여 대각전 비탈에 복숭아 과원도 운영한다. 또 뽕밭[현 총부 주차장, 옛 유일정미소 자리]을 키우고 양잠실을 건축하여 양잠하며, 한때 농업부 부속기관인 농공부를 두어서 박 농사 등의 전작田作도 하며, 알봉에 수박 농사 등도 짓는다. 원기21년(1936) 5월경에 연구실 터[현 원광디지털대학교 일대]에 산업부 가옥을 독립 신축하여 과원 축산 원예 등을 운영한다. 과수원 및 축산 등의 운영은 세상에 앞서가는 농업 경영으로 이렇듯 산업부의 활동은 이후 황등율원을 개간하고 수계농원과 이리보화당으로 이어진다.

산업부 관련 법문은 『대종경』 성리품 29장, 교단품 12장, 13장, 29장[양계장 사고의 보감]이다.

『원불교교사』 제2편 제3장 5. 산업부의 발전과 산업 기관 창설

최초의 농업부 관사는 하운원[양하운의 집, 현 교정원장 숙소]과 정화정사 사이에 3칸 오두막으로 영춘원 양파밭 건너편에 지어진 3칸 오두막집으로 여겨진다. 제1대 유공인 기념사진에 초가 일부가 보인다. 아마도 원기11년(1926) 경 이청춘이 70여 두락[1만 4천여 평]을 희사한 논농사를 짓는 농업부원의 거처로 보인다.

복숭아 과원은 원기13년(1928)에 3년이면 수확이 가능하다는 박대완의 의견 제출에 따라 총부 대각전 언덕 기슭에 심기 시작한다. 전문기술자에게 재배 기술을 배워서 산업부원들에게 전수한다. 이 복숭아 재배 기술은 이후 익산총부에 거주하는 정토를 비롯한 사가에 보급되어 익산총부 일대는 복숭아 과원으로 둘러싸인다.

> 원기12년(1927·丁卯)에 발족한 산업부 창립단은 꾸준히 기금 조성에 노력하여 오다가, 원기13년(1928·戊辰) 10월에 박대완朴大完의 의견을 받아들여 **총부 앞**[현 大覺殿 貞和院 間]**에 복숭아 과수원**을 시작하여 좋은 성과를 보게 되었다. 이에 따라 진안 만덕산에 4천여 주의 감 과수원, 황등[益山郡 黃登面]에 2천4백 주와 총부 뒤 알봉謁峰에 7백 주의 밤 과수원, 총부 부근[현 圓光大學 敷地 一部]에 1천여 주와 영산교당 앞에 1천여 주의 복숭아 과수원, 신흥교당 부근 이흥驪興에 2천여 주의 종합 과수원이 창설되었고, 원기21년(1936·丙子)에는 산업부의 가옥을 독립 신축하고, 각종 묘목·약초·야채의 재배와 양계·양돈·양토養兎 등을 병행하여 큰 성과를 보게 되었다. 또한 원기22년(1937·丁丑) 9월에는 산업부의 양계를 대폭 확장하여 총 18간間의 계사鷄舍를 신축하였고, 생산된 계란은 멀리 만주에까지 대량 수출하여 새 회상 산업 활동의 기세를 올렸다.
>
> 한편, 원기19년(1934·甲戌) 8월에는 이리에 보화당 한약방을 합자 회사 형식으로 창설하니, 이것이 후일 새 회상 수익 기관의 으뜸을 이루는 기업으로 성장하였다. 이는 대종사께서 앞으로 교단 자선 병원[慈善病院, 이름 濟衆院]의 설립 기금과 교화 교육 사업의 기금을 마련하실 뜻으로 설립하신 것인바, 그동

안 신정 예법의 실행에 의하여 저축된 총지부 일반 교도의 공익금[公益金 1만 원]을 총투자하였으며, 대표 이사 이재철[庶政院長 겸임]과 첫 실무 임원[이사 李東安, 이사 朴理碩]이 그 발전의 기반을 다졌다.

또한, 원기25년(1940·庚辰) 2월에는 삼례 수계리三禮 岫溪里에 임야 7만 평을 사들여 삼례과수원을 창설하니, 자본금은 각 지부 출장소의 유지비 자금[維持費 資金 7천여 원]을 수합 투자하였으며, 초대 감독에 이동안[産業部長 겸임]이 발령되고, 첫 실무 임원[주무 金碩奎, 기사 丁一持]이 파견되어 황도黃桃를 주로 하는 종합 과수원을 시작하였다. 삼례과수원은 그 후 삼창과원三昌果園·수계농원岫溪農園·은산재단 수계농원 등으로 개칭되면서 주로 새 회상 기본 인재양성의 산업 도량으로 발전하였다.

△ 총부는 양잠을 하는데 본년本年은 특히 남전楠田 모某라는 일인日人의 잠종제조蠶種製造의 분점分店을 터서 조금 꽤 까다롭고, 또는 남자 인재양성단의 도원적과桃園摘果 대부袋覆 등이며 기타 서고재배[西苽栽培, 西苽는 서과西瓜의 오기] 등사等事로 일반 대중 총동원으로 안비막개[眼鼻莫開, 눈코 뜰 사이 없이]히 바쁘고   《각지상황 익산총부,〈월말통신〉 35호 시창17년 음력 4월》

△ 남자 인재양성단 소관 도원[桃園, 복숭아과원]은 기간其間 적과[摘果, 열매솎기] 대부[袋覆, 봉지 싸기]를 전부 행한바 하수下手 인부의 대부袋覆 즉후卽後 강렬强烈한 선풍취거旋風取去 대부 시기時期 과만過晩으로 해충 침략 등이 유有하여 본시는 3만 5천 개를 예상하였으나 기후其後 자연 부락腐落하여 실수입實收入은 1만 5천 개에 불과하게 되었습니다. 판매는 6월 말이나 될 듯한데 그 크고 맛있는 놈을 생각만 하여도 침이 저절로 넘어갑니다.

《각지상황 익산총부,〈월보〉 36호 시창17년 음력 5월》

△ 남자 육영부 경영의 도원桃園 적과摘果도 공동출역으로 끝을 내고 3만여 매의 봉지도 거의 씌운 모양이다.

《각지상황 익산총부,〈회보〉 17호 시창20년 5·6호》

△ 근일은 남녀 대중이 공동 출역을 하여 복성[桃] 적과摘果, 양잠 등으로 안비

막개안비막개眼鼻莫開하더니 6월 12일에 수견[收繭, 누에가 섶에 지은 고치를 따는 일]을 마치고 기념 촬영을 하다. 《각지상황 익산총부, 〈회보〉 26호 시창21년 7월호》
△ 대각전 전전 도원桃園 적과摘果도 끝을 마치고 5만여 매의 봉지도 다 씌운 모양이다. 《각지상황 익산총부, 〈회보〉 36호 시창22년 7월호》

『대종경』 성리품 29장, 〈법해적적法海滴滴〉 활불면목
- 산업부원들이 다 우리 집 부처니라

주산 송도성이 한문으로 수필한 소태산 법문인 〈법해적적法海滴滴〉 15. 활불면목의 법문이다. 농기구를 메고 들어오는 산업부원뿐만 아니라 사농공상의 모든 사람이 바로 부처이다.

당시 산업부원들이 지금의 정산종사성탑 자리인 채전에서 일을 하다가 점심

시찰단 부조

식사 때 공양하러 들어왔다는 일설이 있다. 아마 당시 보화당 한약방 직원들이 왔다면 그들을 우리 집 '동포 부처님'이라고 하셨을 것이다. 사·농·공·상의 직업 아래 있는 모든 동포가 부처이다.

活佛面目
一日에 宗師主 在總部祖室하실새 適有視察團一行이 來到하여 前揖而問曰 貴會尊佛을 何處奉安이니꼬. 宗師主 答曰 吾家之佛은 方在外出하니 若欲見之則 暫待之하라. 一行怪之러니 俄而오, 産業部員一同이 出役外田하고 機晝歸館할새 皆荷農具하고 武步堂堂而入커늘 宗師主 指之曰 彼等이 皆是 吾家之佛이라. 問者 茫然터라.

활불 면목

어느 날 종사주 총부 조실에 계실 제, 마침 시찰단 일행이 찾아와 묻기를 「귀회貴會의 부처님은 어느 곳에 봉안하셨나이까?」

종사주 답해 말씀하시기를 「우리 집 부처님은 방금 외출하였으니, 보시고자 하거든 잠시 기다리시라.」

일행이 괴이하게 여기더니, 잠시 후에 산업부원 일행이 밭에 나가 출역하였다가 점심때가 되어 돌아올 새 모든 농기구를 걸쳐 메고 씩씩하게 들어오거늘, 종사주 그들을 가리키며 말씀하시기를 「저들이 모두 우리 집의 부처니라.」

물었던 사람이 망연하더라.

《주산 송도성 수필, 『마음은 스승님께 몸은 세상에』〈법해적적〉》

『대종경』 인도품 27장 – 돼지의 생활에서 발견하신 감상

원기15년(1930)에 익산총부 구내에서 불법연구회 7부 중 하나인 서무부와 농업부에서 각각 돼지를 길렀다. 아마도 돼지우리가 있었던 곳은 지금의 정산종사성탑과 종법원 접견실 일대로 추정된다. 이후로도 현재의 종법원 일대에 산업부와 축사가 있었다.

돼지가 구미에 맞는 삶은 보리죽을 먹다가 이후 거친 보릿겨를 먹게 되니 살이 빠지게 되는 현상처럼 사람도 부귀하다가 빈천해지면 고통이 더하다는 감각 감상이다. 그러므로 이러한 부귀 빈천의 고락에 끌리지 말고 부귀 빈천의 고락에 담박하고 초월하라는 것이다. 부귀와 빈천의 경계에 집착하고 타락하지 않으면 고에서 낙으로 변하고 또한 영원한 낙이 되어 참으로 영원한 안락, 영원한 명리名利, 영원한 권위를 누리게 된다는 것이다. 이는 『정전』 '고락에 대한 법문'의 "이 고가 영원한 고가 될는지 고가 변하여 낙이 될는지 낙이라도 영원한 낙이 될는지 낙이 변하여 고가 될는지 생각 없이 살지마는"과 관련된다.

도야지의 생활에서 발견하신 한 좋은 경전

종사주께옵서 익산 금강원에 계옵실 새, 하루는 여러 도중道衆으로 더불어 정원을 거니시다가 돼지[저猪] 기르는 목장 가에 다다르시니, 그 목장 안에는 회무소[즉, 서무부]에서 기르는 돼지 두 마리와 그 옆 판장板墻 하나를 격隔하여 농업부에서 기르는 돼지 두 마리가 있었다. 그런데 회무소 돼지는 전일에 볼 때와 같이 살이 쪄서 번들번들하되, 웬일인지 농업부 돼지는 이 수일 사이에 끔찍하게도 여위었는지라, 종사주께옵서 이것을 보시고 「왜, 이 돼지가 이같이 여위었을까?」 하시며 좌우에 모시고 있는 여러 사람에게 그 연유를 물으시었다. 이동안 여쭙기를 「그게 다름이 아니라 금년 여름에 모맥牟麥을 수확하여서 간수를 잘못하여 비에 맞혀 썩혔으므로 먹을 수도 없고 팔 수도 없사와 근일에 그 모맥을 삶아 저 돼지를 주었더니, 아무리 비 맞은 썩은 곡식일망정 그래도 그것이 진곡眞穀인 이상 저 돼지에게는 아주 팔주미八珠味 이상의 맛있는 음식이었습니다. 그리하여 그것을 먹을 동안은 한 번도 남겨본 적이 없었고, 살이 곧 무럭무럭 부어오르는 것 같더니, 수일 전부터는 그것이 다 떨어지고 보릿겨를 삶아주기 시작하였사온데 그동안 습관들인 입맛을 졸지에 고치지 못하여 근일은 도무지 사료를 먹지 아니하고 저 모양으로 살이 자꾸 내려집니다.」 하거늘, 종사주 그 말을 들으시옵고 좌우 사람에게 일러 가라사대, **「이것은 곧 경전이다. 제군들은 이것을 그저 돼지의 하는 짓으로만 알아서 심상히 볼 터이지마는, 나는 이것을 곧 경전으로 본다. 왜 그런가 하니, 우리 사람의 하는 일 가운데에도 이와 같은 것이 허다하다고 생각한다. 가령 한 예를 들어 말하면, 부富하던 자가 졸지에 가난해져서 그 전에 먹던 좋은 음식과 그 전에 입던 좋은 의복은 일시에 간데없고, 오직 추반악식[飯惡食, 거친 곡식으로 지은 밥과 맛없고 거친 음식]과 남루폐의[襤褸弊衣, 낡아 해진 옷]로 세상을 지내게 된 때에 그 비애와 고통이야말로 참으로 어떠하였겠으며, 또는 존귀한 위位에 있던 자가 졸지에 그 위가 떨어져서 그 전에 쓰던 모든 권리와 그 전에 받던 모든 대우가 일시에 끊어지고, 다만 한 개의 무권리 부자유한 존재로 세상을 지낼 때 그 비애와 고통이야말로 참으로 어떠하겠느냐? 차라리 본래부터 가난하고 천한 생활을 하였다면 그에 대한 경험이라든지 인내라든지 하여 간 빈천과 대항하는 힘과 안분하는 태도라도 좀 더 있을 것이 아닌가. 과연, 고통 고통 하여도 부귀자로서 졸지에 빈천자 되는 고통에 더함이 없을 것이며, 신新 빈천자로서는 구舊 빈천자가 몹시도 부러울 것이 사실이라 한다.

그러나 이 돼지가 그 밀죽을 먹을 때에 다만 그 맛있는 것만 알았을 뿐이요, 그 맛있는 밀죽이 도리어 저에게 고통을 가져다 줄 줄은 몰랐을 것이며, 저 부귀자가 그 부귀를 누릴 때에 다만 부귀의 안락한 것만 알았을 뿐이요, 안락을 주던 부귀가 도리어 저에게 비애를 던질 줄은 몰랐을 것이다.

그런고로 그것을 받을 때는 잔뜩 자만하고 방종해져서 어느 때까지든지 그것이 계속될 듯이 생각하고 있지마는, 그것을 계속하고 하지 않는 권리가 저에게 있지 않고 각각 매인 곳이 있나니, 돼지의 밀죽은 그 권리가 사람에게 있고 사람의 부귀는 그 권리가 운명에 있을지라[대부분 자작自作에도 있지마는], 어찌 저의 구하고 원하는 대로 이룰 수 있으랴. 그런고로 그 원하고 구하는 것을 이루지 못하면 자연 안분安分이 되지 못하여 저 돼지와 같이 빼빼 마르며, 사람으로서는 스스로 점점 타락의 구렁으로 떨어지고 마나니라.

그런고로 자고로 성현 군자가 모두 이 인간 부귀를 초개와 같이 경시輕視하셨느니라. 부귀가 온다고 그다지 기쁠 것도 없었으며, 부귀가 간다고 그다지 근심하지도 않으셨나니라. 옛날에 제帝 순舜은 밭 갈고 질그릇 굽는 천역賤役을 하던 백성으로서 천자위의 추대를 받았으나 거기에 별 의외의 감感이 없었고, 석가세존께서는 돌아오는 왕위도 마다하시고 유성 출가를 하셨나니, 아~ 과연 이들의 부귀에 대한 태도가 그 얼마나 담박하였으며 고락을 초월하는 힘이 그 얼마나 강렬하였는가?

그런즉 제군도 도에 뜻하고 성현을 배우려거든 그 돼지가 밀죽에 끌리듯이 우선 편하고 즐겁고, 우선 이利 있고, 우선 권세 잡는 데에 눈이 어둡지 말고 도리어 그 모든 굴혈[窟穴, 바위나 땅 따위에 깊숙하게 팬 굴]을 삼가 피할지며, 설혹 부득이한 형편에 그러한 경우를 처한다고 할지라도 더욱 조심하고 조심하여 거기에 집착하지 말며 거기에 타락하지 말라. 그러하면 참으로 영원한 안락, 영원한 명리名利, 영원한 권위를 누리게 되리라.」하시더라.

《송도성 수필, 〈월말통신〉 31호 시창15년 8월》

『대종경』 교단품 29장 - 양계장 사고의 보감

산업부에 근대적 양계 방법을 도입하여 운영한 과정이 등장한다. 보온을 위한 물통이 터져서 병아리들이 죽게 되는데 이를 축산계 주임[김준대 법명 金廉公]에게 말하니 이런 사소한 사고를 통해 큰 사고를 미연에 방지하는 경험을 쌓아야 한다고 충고하며 "지금의 적은 손해는 도리어 후일의 큰 이익으로 전환될 수가 있나니, 결코 낙망은 말라."고 격려한다. 이에 소태산은 이 일에 대한 큰 법문이요 축산계 주임은 대법사이니 보감 삼으라고 한다.

좋은 말을 듣거든 보감을 삼으라

한때 익산교당에서 종사님 법좌에 출석하시사 일반 대중에게 말씀하여 가라사대,

「요사이 산업부에서는 익산군청 축산계 주임의 지도로써 기계로 깨인 병아리 200마리를 갖다가 키운다고 하기에, 어제 가서 본즉 병아리 집 속에는 그 어미 닭 대신에 거적때기를 날개같이 덮어주고 온도를 맞춰주기 위하여 함석 물통에 불을 피워서 들여놓았는데, 일전에는 그 물통이 별안간에 터져서 병아리가 일시에 근 40마리나 죽었다 한다. 그래서 병아리를 맡아 키우던 부원은 깜짝 놀라서 근심하던 중 마침 축산계 주임이 오니까 그를 보고 병아리 죽었다고 말하며, "물통의 고장만 아니었으면 그와 같이 여러 마리가 죽지는 않았을 것을." 그랬다고 한즉, 그 주임은 대답하되 "당신네가 참으로 길게 이 닭을 키워 이익을 보고자 할진대 어찌 그 40마리뿐이리오. 앞으로는 그보다 더 큰 실패라도 볼 것을 각오하는 것이 가할지니, 나는 생각건대 이 병아리 200마리를 다 죽여 보아야 비로소 양계에 대한 지식과 경험을 얻게 될 줄로 안다." 하

며, 또 말하기를 "닭을 키우자면 의외의 이[虱]가 발생하여 죽기도 하고 혹은 다른 짐승에게 물려 죽기도 하며, 이 외에도 죽는 길이 여러 가지가 있는 반면에 살려내는 방식도 또한 여러 가지가 있나니, 만일 양계를 경영하는 사람들이 실제로 그러한 등의 실패를 당하여 보지 않는다면 그에 대한 경험이 없기 때문에 큰 손해를 보게 될 것은 사실이라. **지금의 적은 손해는 도리어 후일의 큰 이익으로 전환될 수가 있나니, 결코 낙망은 말라.**"고 하더라고 한다. 나는 그 말을 들을 때에 축산계 주임은 참 양계에 대한 대법사大法師요, 그의 말은 대법문大法門이라고 감탄한 바 있노라.

과연 그러할 것이다. **고어에 '불경일사不經一事면 부장일지不長一智'라는 말과 같이 양계할 적에도 실지 실패를 목도目睹해 보아야 그에 대한 방비책도 알게 되며, 따라서 경험도 얻어져서 미연의 손실을 방지할 수가 있지**, 만일 처음에 아무 고장도 없이 잘 자라다가 양계 기관도 커지고 닭 수효도 몇천 몇만 마리가 되었을 때 뜻밖에 고장이 생긴다면, 그 어찌 될 것인가? 실로 그 말속에는 깊은 진리가 들어 있나니, 나는 그 말을 듣고 난즉 새로이 전정의 보감을 얻은 것 같은데 제군의 마음엔 어떠한가? **과거 부처님 말씀에 "좋은 법문을 듣고 곧 잊어버리거나, 그 말 들은 효과를 나타내지 못하는 것은 마치 바위 위에 물붓기와 같다."라고 하셨나니, 제군은 무슨 말이든지 범연히 듣지 말고 좋은 말이거든 잘 기억하여 두었다가 각자 전정前程의 보감 삼기를 바라노라.**

그러면, 양계가養鷄家로써 경력 얻는 일은 위에 말한 바와 같거니와, 우리 종교가로서의 경력을 얻자면 어떻게 할 것인가? **즉 종교가의 처지에서는 다른 종교가들의 동정을 잘 보아서 선악을 개오사皆悟事하여 선행은 그대로 본本을 뜨고 악행은 반드시 고칠 줄 알아야 할 것이니**, 어느 종교에서는 어떻게 하니까 나쁜 평판을 듣고 정부에서도 금지하며 사회에서도 배척하던가? 또 어느 종교에서는 어떻게 하니까 사방에서 찬성을 듣고 정부에서나 사회에서도 환영하던가? 또 어떻게 하면 좋은 역사를 드러내어 천추千秋에 영명榮名을 전하게 되고, 어떻게 하면 나쁜 이름이 드러나서 오랜 세상에 더러운 역사를 끼치게 되는가? 이러한 것 등을 참고하여 우리는 우리의 짓는바 그 목적을 잘 밝혀서 언제든지 정정당당한 인도 정의만을 행하게 된다면 개인·가정·사회·국가를 물론하고 대하는 곳마다 유익을 끼쳐서 중인衆人의 환영받는 모범적 종교가 될 것이요, 만일 그 반대로 불의 부정한 일을 남행하여 누구에게든지 해독을 끼치게 된다면 결국은 그 죄상이 넓은 세상에 드러나서 박멸당할 것은 불가피不可避의 사실이니, 그 어찌 조심할 바 아니랴?」하시더라.

《이공주 수필, 〈회보〉 37호 시창22년 8월》

연구실 터의 산업부 전경(현재 원광디지털대학교, 원광대 경영관, 로스쿨 일대)

『대종경』 교단품 12장 – 교중의 채포采圃와 가외 수입

채소밭인 채포 중 하나가 정산종사성탑 주위에 있었다. 공중 일을 하는 가운데 살생으로 수입이 되었다면 그 돈은 공익사업에 활용하여 살생의 일이 죄가 되지 않도록 사용하라는 것이다.

한 제자 교중의 채포采圃를 맡아 가꾸는데 많은 굼벵이를 잡게 된지라 이를 말리어 약방에 파니 적지 않은 돈이 되거늘 당시 감원監院이 그 경과를 대종사께 사뢰고 「이것은 작업 중의 가외 수입이옵고 그가 마침 옷이 없사오니 그 돈으로 옷을 한 벌 지어 주면 어떠하오리까」 하니, 대종사 말씀하시기를 「그 것이 비록 가외 수입이나 공중 일을 하는 중에 수입된 것이니, 공중에 들여놓음이 당연한 일이며, 또는 비록 연고 없이 한 것은 아니지마는 수많은 생명을 죽인 돈으로 그 사람의 옷을 지어 입힌다면 그 과보를 또한 어찌하리오..」 하시고, 친히 옷 한 벌을 내리시며, 말씀하시기를 「그 돈은 여러 사람이 널리 혜택을 입을 유표한 공익사업에 활용하여 그에게 죄가 되지 않게 하라.」

《『대종경』 교단품 12장》

『대종경』 교단품 13장 – 과원의 소독과 제충

교중의 과원 중 하나가 대각전 아래의 비탈에 복숭아 과원이 있었다. 교중 일을 사심 없이 하면 설사 소독 및 제충으로 인한 살생의 일이라도 과보를 받지 않는다는 것이다. 그런데 만일 사리를 취하면 과보가 따르니 조심하라는 것이다.

한 제자 교중의 과원果園을 맡음에 매양 소독과 제충除虫 등으로 수많은 살생을 하게 되는지라, 마음에 불안하여 그 사유를 대종사께 사뢰니, 대종사 말씀하시기를 「과보는 조금도 두려워 말고 사심 없이 공사에만 전력하라. 그러하면, 과보가 네게 돌아오지 아니하리라. 그러나, 만일 이 일을 하는 가운데 조금이라도 사리私利를 취함이 있다면 그 과보를 또한 면하지 못할 것이니 각별히 조심하라.」

《『대종경』 교단품 13장》

『원불교교사』 제2편 제1장 3. 전무출신의 공동생활
 – 박원석家와 산업부의 효시

원기9년(1924) 6월 1일 이리 마동에 위치한 보광사에서 '불법연구회' 창립총회를 개최하여 회상을 공개하였으나 영광에서 올라온 김광선 오창건 이준경 이동안은 기지가 확보되지 않아 갈 곳이 없어 이리 철도에 근무하는 박원석[김남천의 사위]의 송학동 집[송학동 89-1]에서 거처하게 된다. 이것이 **전무출신 첫 공동생활**이다.

박원석家 주변 현재 모습
- 전무출신 첫 공동생활과 산업부의 효시

그러나 당장 생활 대책이 막막하게 되자 이 사정을 알게 된 김제 한약방의 서중안이 동양척식회사의 증권을 사주는 조건으로 척식회사 소유의 토지를 얻어 소작하게 된다. 이것이 바로 **새 회상 산업부의 효시**이다.

> 이때 전무출신 김광선 등은 이리[朴元石 집]에 임시 주접住接하였으나, 적수공권으로 생활 방로가 심히 막연하던 중, 부근 송학리松鶴里에 척식회사 소유 토지 약간을 빌려 근근 작농한 결과, 약간의 추수를 얻어 공부의 자금을 삼게 되었으니, 이것이 새 회상 산업부의 효시이다.
>
> 《『원불교교사』전무출신의 공동생활》

산업부 관련지
- 만석평, 연구실 터, 알봉, 황등율원, 이리보화당, 총부농지, 삼례과원

만석평萬石坪 소작농

만석평은 익산총부 뒤편에 펼쳐있는 논경지로, 인근에 만성교당이 자리 잡고 있다. 원기9년(1924) 신룡리에 새 회상의 기지를 건설하고, 이듬해 원기10년(1925) 만석평에 있는 동양척식회사 소유답 약간을 빌려 공부 비용 및 생활 대책과 유지의 일부를 충당한다. 당시 김광선, 이동안, 이보국, 이준경, 이호춘, 전종환 등이 한 조가 되

만석평 사적비   모정 너머의 만석평

어 낮에는 폭염 속에 농사짓고 밤에는 소태산 대종사의 법설로 공부길을 지도받는 공동생활을 한다. 이는 곧 생활 종교의 체제를 세우는 토대가 되었다.

성가 117장 '공덕탑의 노래'에 나오는 '만석평에 밭 갈기도 눈물겨워라'는 원기10년(1925) 이후의 동양척식회사 소작농의 역사 현장으로, 만석평은 소작료가 5할에 이르는 식민지 수탈의 땅이었다. 성가 가사의 밭 갈기는 논농사이다.

연구실 터와 산업부

소태산 대종사는 제1대 제1회 기념총회를 마치고 제2회 내 9개 사업안의 하나로 연구부 관사[대학] 건축을 계획하였다. 연구부 관사 부지로 익산본관 길 건너 솔밭 너머에 있는 야산으로, 속설에 의하면 장차 진사 3천 명이 나온다는 배산 정씨[연일 정씨의 속칭] 선산 3천여 평을 매입하였다. 소태산은 황등 호숫가 언덕배기[원광디지털대학교 일대]를 대大학원이 자리할 '연구실 터'라 이름한다.

이 빈터를 이용하여 농공부원들은 박 농사를 지어 그해 가뭄에도 풍작을 거둔다. 이로부터 10년 뒤 연구실 터에는 산업부가 들어서고 여기에 닭, 돼지, 토끼 사육과 과수원, 약초 재배 및 온실에서 멜론 등을 재배하였다. 또한 지금의 원광대 캠퍼스의 경상대학·인문대학·미술대학과 그 너머까지 복숭아밭이 펼쳐져 있었다.《김정용, 『전무출신으로 살았습니다』》

8.15 광복의 환희와 6.25 한국전쟁을 겪고 난 이후 비로소 이 자리에 원광대학이 설립됨으로써 소태산의 경륜이 세상에 드러나게 되고 제대로 '연구실 터'라는 이름값

연구실 터의 산업부(원기27년 불법연구회 산업부), 현 원광디지털대학교 일대 전경

종법원 일대, 옛 산업부 건물 터

을 하게 되었다.

산업부는 현재의 원광보건전문대학교 정문을 거쳐 언덕 아래를 따라 돌아 들어가는 길에 있는 연구실 터에 자리 잡아 왕성한 활동을 하였다. 그러다가 농사의 주축인 황소와 말이 급작스럽게 죽게 되면서 운영상의 어려움을 겪게 되어 원기28년(1943) 1월에 비상 운영체제로 전환하여 총부 구내의 산업부 건물[종법원 앞뜰]로 축소 이전한다. 농업부를 산업부로 개칭하여 산업활동을 확장하여 연구실 터로 이전하였다가 다시 축소 통합하게 된다. 또한 구정원의 도서실을 확장하여 현 종법원 앞뜰에 있었던 산업부 건물로 옮겨온다.

알봉 – 박과 수박 재배

△ 박대완, 송봉환, 성정철, 권대호, 박노신 제씨로 성립된 **농공단**은 역시 열심 근고勤苦하였으나 도작稻作은 별로 볼 것이 없고 **연구실 건축 부지** 3천여 평 및 **난봉**[卵峰, 알봉] 4천여 평의 지상地上에 포농匏農[박 농사]을 경영하였던 바, 다행히 발육이 잘 되어서 대소 합 7백여 개를 수확하였으며 근경近頃은

알봉(자선원) 가는 길
초창기 선진들이 박 농사, 수박 농사뿐만 아니라 율원으로 가꾸기도 하고 대종사 이하 제자들이 이곳에 오시어 황등호수와 미륵산을 바라보며 휴식을 취한 곳이다.

추잠秋蠶 8매八枚를 경영하고 일동은 대분망중이다.
《〈월말통신〉 5호 시창13년 무진 음력 7월 말일》

△ 과농주무瓜農主務 이보국 씨는 **황등면 죽촌리** 전田 3천여 평에, 단원 박노신 씨는 난봉 미간지未墾地 4천여 평에 각각 서과[西瓜, 수박]를 재배하여 6개월간은 불면불휴히 전문적 노고를 가加하였으나 한독旱毒의 수해로 39원을 손실하다.
《〈월말통신〉 20호 시창14년 음력 10월》

황등율원黃登栗園

원기15년(1930) 음력 4월 19일에 황등면 율촌리 임야 182번지에 조성한다. 이후 원기48년(1963·癸卯) 2월에 매각하여 원광사 시설을 확장한다.

황등율원 터, 소태산 대종사 소창도 했던 곳

△ 황등면 율촌리 임야 182번지 2정町 7반反 4묘보畝步를 대금 462원60전에 매수買受한바 비용이 13원42전야錢也라. 《〈월말통신〉 26호》

△ 20일 총무 전음광 씨와 양잠부養蠶部 주임 정일지 씨는 본회의 소유인 황등산판黃登山板 과수원으로 설정한 지세地勢 급及 토질을 실질적으로 답사하고 … 《〈월보〉 41호》

△ 상조부 소영所營의 황등율원黃登栗園은 식부植付한 지 5년 만인 금추今秋에야 비로소 귀여운 알맹이를 보게 되는데 … 《〈회보〉 39호》

△ 원기48년(1963·癸卯) 2월에는 황등율원黃登栗園을 매각하여 원광사 시설을 확장하였다.
《『원불교교사』》

이리보화당裡里普和堂

이리보화당은 원기19년(1934) 5월 20일에 이리[익산시] 인화동에 설립한 한약방으로, **장래 병원설립을 위한 토대**를 마련하기 위해 세운 기관이다. 일산 이재철, 도산 이동안, 공산 송혜환 등 초기교단의 선진들이 영육쌍전 이사병행 제생의세의 정신을 바탕으로 교단 경제의 중요한 역할을 하며 향후 원불교 한의원과 제약사의 시원이 된다. 또한 교단 초기 많은 인재가 이곳을 거쳐 배출되는 인재양성의 못자리판이었다.

보화당한약방

"원기19년(1934·甲戌) 8월[5월 20일의 오기]에는 이리에 보화당 한약방을 합자 회사 형식으로 창설하니, 이것이 후일 새 회상 수익 기관의 으뜸을 이루는 기업으로 성장하였다. 이는 대종사께서 앞으로 교단 자선 병원慈善病院 濟衆院의 설립 기금과 교화 교육 사업의 기금을 마련하실 뜻으로 설립하신 것인바, 그동안 신정 예법의 실행에 의하여 저축된 총지부 일반 교도의 공익금[公益金 1만원]을 총투자하였으며, 대표 이사 이재철[庶政院長 겸임]과 첫 실무 임원[이사 李東安, 의사 朴理碩]이 그 발전의 기반을 다졌다."

《『원불교교사』제2편 제3장》

총부 주변 농지

내곳리, 이동진화 소유답[현영동], 알봉, 죽촌리 등 답畓과 전田이 등장한다.

△ 10일에 본회 종사주의 하명에 의依하여 회중 간부 일동의 가결로 **회중 소유답 내관리**[내곳리] **5천 평**과 **이동진화 씨 소유답 6,000여 평**[현영동]을 세稅로써 양수하고 **회중 소유 난봉**[卵峰, 알봉] **미간지**未墾地 **4,000여 평**을 무세無稅로, **황등면 죽촌리 소재 전田 3,000여 평**을 세稅로써 각각 양수하여 답畓에는 수농水農을, 전田에는 과농[瓜農, 수박]을 경영키로 하다.　《〈월말통신〉 20호 시창14년 음력 10월》

△ 본회 농업부원 열혈분투熱血奮鬪의 결정結晶인 **내곳촌**內串村 **전田 70여 두락**斗落과 **회중**會中 **소영**所營 **10여 두락**은 무참無慘히도 차중此中에 매몰埋沒하여 앙묘秧苗는 전부 소말消抹되고 말았도다.　《〈월말통신〉 28·29호 시창15년 庚午 6월·윤6월분》

△ 총부 농업부는 이준경, 이일근, 김경환 등이 황등면 **죽촌리 평**竹村里坪에 전음광 소유답 수십 두락을 빌려 출장 작농으로써 동기冬期 선비를 작만하다."

《〈회보〉 48호 10월호》

삼례과원

교단 초창기, 지방 교당에서는 장래 유지 자금을 총부로 보내 그 대책을 세워 달라고 요청했는데, 그 자금을 운용할 대책으로 당시로서는 유망한 신농업 업종인 과수원을 운영하여 그 이익금을 각 교당에 배당하기로 했다. **원기24년(1939) 9월**, 이동안 산업부장과 전주지부 조갑종이 과수원 기지

삼례과원(수계농원)

를 물색하다가 전북 완주군 삼례면과 봉동면 경계에 있는 배뫼산 아래 구릉지대의 임야 69,920평을 매수하여 삼례과원을 발족하게 되었다. 《『원불교대사전』》

"원기25년(1940·庚辰) 2월[원기24년 9월에 삼례과원 창립하고 원기25년 2월에 교역자 파견]에는 삼례수계리三禮岫溪里에 임야 7만 평을 사들여 삼례과수원을 창설하니, 자본금은 각 지부 출장소의 유지비 자금[維持費資金 7천여 원]을 수합 투자하였으며, 초대 감독에 이동안[産業部長 겸임]이 발령되고, 첫 실무 임원[주무 金碩奎, 기사 丁—持]이 파견되어 황도黃桃를 주로 하는 종합 과수원을 시작하였다. 삼례과수원은 그 후 삼창과원三昌果園·수계농원岫溪農園·은산재단 수계농원 등으로 개칭되면서 주로 새 회상 기본 인재 양성의 산업 도량으로 발전하였다." 《『원불교교사』제2편 제3장》

10 대각전

익산총부 대각전은 복숭아 과원이 있는 언덕배기[일명 5룡 가운데 2룡에 해당하는 구릉]에 터를 다져 지은 건물이다. 당시에는 대각전이 언덕 위에 우뚝 솟아 사방에서 다 보여 익산 인근 주민들이 구경을 왔고 이곳으로 소풍을 오기도 했다.

언덕 위의 대각전
원기20년(1935) 4월 28일 준공한 대각전은 그해 9월 6일 열반한 삼산 김기천의 운구행렬 사진에서 언덕 위에 우뚝 서 있는 모습을 볼 수 있다.

제1대 제1회 기념강당인 영춘원에 이어 대각전은 원기20년(1935) 기념 건물이다. 기념관 계보는 제1대 제1회 기념관[영춘원], 원기20년 기념관[대각전], 반백주년기념관, 백주년기념관[소태산기념관]으로 이어진다고 할 것이다.

원기19년(1934) 음력 3월 26일 제6회 정기총대회에서 대각전 건축기성위원회를 조직하여 유허일과 이공주를 남녀 중앙위원장에 추천하며, 건축 성금은 자발적 희사를 받도록 한다. 그리하여 원기20년(1935) 초에 기념관 건축공사를 시작하여 음력 3월 14일에 상량식을 하고 84평 규모로 완공한다.

원기20년(1935) 음력 3월 25일 공동생일기념일에 전국에서 500여 명이 참석한 가운데 준공식을 하고 신앙의 대상과 수행의 표본인 일원상을 불단 정면에 봉안한다.

대각전 정면에는 '대각전' 현판을 출입구인 측면에는 '정신수양' '사리연구' '작업취

대각전 낙성봉불기념

대각전 정면

대각전 측면(출입문)

대각전 현판

사'의 현판을 걸었다. 이는 일원상의 진리를 체받아서 정신수양과 사리연구에 따라 사은에 보은하는 정의는 취取하고 사은에 배은하는 불의는 사捨하는 작업취사로 삼대력을 얻으라는 뜻으로 이해할 수 있다. 또한 대각전 내부에 걸려 있는 '불여만법위려자시심마'의 의두를 연마하여 일원상의 진리를 오득하는 공부로 적공하라는 뜻으로 받아들여야 할 것이다.

대각전 건축 이후 이곳은 예회와 기념식, 동하선 결제 해제 등이 열리며 소태산 대종사의 금옥 같은 법설이 펼쳐진다.

대각전 관련 법문은 『대종경』 수행편 55장·56장·57장·61장·62장, 천도품 28장, 실시품 33장, 부촉품 14장 등이 있다.

〈대각전〉 - 법회와 법설의 도량

신앙의 대상이요 수행의 표본인 일원상 공식 봉안지

삼예회 집회장

단회[단원 예회]의 장

법흥고조의 장[절하고 춤추던 장]

깔깔대소회[여흥회]의 장

4기념예장

교리강연대회장

아침 좌선의 장

추도의 장

정기훈련 결제·해제의 장

초기 일원상 - 활등 목판 일원상
초기 일원상은 위패 형식이다. 이후 위폐 디자인에서 벗어나 일원상만 드러낸다.

일원상을 모본하라, 〈회보〉 40호 원기22년(1937) 12월호

이 법문은 원기22년(1937) 음력 8월 6일에 대각전에서 거행된 제24회 정축하선 해제식 법설이다. 소태산 대종사는 일원상을 본받고 일원상을 체받는 것을 '일원상을 모본하라'고 달리 표현한다. 원만은 일원상이 드러나는 것이다. '심불心佛 일원상 즉 사은의 내역'이란 뜻은 마음 부처인 일원상 마음에서 사은의 내역이 역력하게 나타난다는 말이다. 원만한 일원상 자리에서 사은의 실제 그대로가 드러나는 것이다. 또한 무슨 일이든지 일원상을 체받아 원만한 일원상 대로 하면 잘된 것으로, 즉 정의가 드러나는 것이다. 반대로 무슨 일이 되었든 일원상을 위반하면 잘못된 것으로, 불의라고 할 수 있다. 소태산은 원만무애한 일원상의 안목을 갖출 때 일상 수행의 요법 9조도 제대로 실행할 수 있다고 안내한다.

이날은 익산교당 **대각전 내에서** 제24회 정축하선丁丑夏禪 해제식(시창22년 음력 8월 6일)을 거행하였다. 종사주 법좌에 오르시어 일반 선도禪徒에게 말씀하여 가라사대,

"제군[諸君, 여러분]은 3개월 동안 입선하여 공부에만 전력하다가 오늘은 해제를 마치고 가게 되었으니 과연 그 공부한 효과를 어떻게 나타내려 하는가? 실은 그동안 배운 것만 가지고도 실지 생활에 연락連絡을 붙여 사용할 줄 안다면 누구에게나 좋은 일뿐이요, 낮은 일은 없을 것이니, 곧 자리이타自利利他가 될 것이요 따라서 큰 효과가 있으리라고 생각한다. 그러나 만일 실생활에 연락을 붙일 줄 모른다면 그동안 배워 안 것은 수포화[水泡化, 물거품]하여 아무 소용도 없을 것이니 어찌 허망치 아니하랴. 제군도 물론 각자 집에서보다는 고생되는 일이 많았겠지만, 이곳에 있는 교무나 사무실 임원들도 여러 가지로 수고를 하였을 것은 사실이니, 즉 교무는 입선 동안 매 시간, 이 방면으로 말해주고 저 방면으로 가르쳐서 지자智者 선인善人이 되도록 그 인도引導에 노력하였고, 또 사무실 여러 사람은 선객禪客의 식사 공급이며 기타 심부름 등 주선과 보호에 진력하였다. 그러면 그와 같이 여러 사람을 수고롭게 해가며

이편은 편안히 공부하여서 만일 어떠한 효과가 없다면 그는 반드시 배은자이요 죄인을 면치 못할 것이다.

그러면 내 이제 간단히 우리 공부법을 가지고 저세상에 나가서 연락 사용하는 방법을 말하여 주리니 그대로 실행하여 볼지어다. 제군은 그동안 심불心佛 일원상 즉 사은의 내역을 배웠고 따라서 신앙하고 숭배하였다. 그러면 오늘부터라도 집에 가거든 그 일원상[一圓相, 원형圓形]을 조그맣게 하나씩 만들어서 몸에다 지니든지 벽에다 붙이든지 하고 행주좌와 어묵동정 간에 오직 일원一圓의 그 공空한 자리만을 생각하여 사심 잡념을 떼어 버리라. 그런다면 곧 일원상을 체받는 것이 될 것이니, 비하건댄 글씨 배우는 아이들이 선생의 쳇줄을 보고 그대로 쓰듯 그 일원의 원만무애圓滿無礙한 모형을 본떠보라는 말이다.

예를 들면 무슨 일을 하다가 하기 싫은 사심이 나는 것은 일원상을 위반하는 마음이니, 그런 때에는 즉석에서 그 사심을 물리치고 오직 온전한 마음으로 그 일에 전일專一한 것이 일원상을 체받는 것이요, 또는 불의의 재물이 욕심난다든지 부당한 음식을 먹고 싶다든지 하거든 곧 그 욕심을 제除해 버리고 오직 청렴한 마음으로 전환하는 것이 일원상을 체받는 것이며, 혹은 가족을 대할 때에는 미운 데에 끌린다든지 사랑스러운 데에 끌려서 중도를 잃는다면 일원상 하고는 어긋난 일이니 오직 증애심을 놓아 버리고 항상 원만 공정히 하는 것이 일원상을 체받았다 할 것이다. 자고自古로 인물도 잘난 것을 보고 원만하다 하고 일 처리도 잘된 것을 보고 원만하다 하나니, 원만이란 것은 곧 일원상을 이름이니라.

본회 공부의 요도 3강령 중 정신수양, 즉 일심을 얻는 데 관해서도 항상 마음을 대조하여 보아 사심 없이 온전하여 무슨 일에든지 그르침이 없다면 곧 일원상을 체받는 것이요, 사리연구, 즉 지식을 얻는 데 관해서도 사리 간에 배우고 익혀서 시비와 이해를 원만히 분석할 줄 안다면 또한 일원상을 체받는 것이며, 작업취사, 즉 실행에 들어가서도 정의는 죽기로써 행하고 불의는 행치 않았다면 이 또한 일원상을 체받는 것이니라. 그리고 순경이나 역경이나 그 어떠한 경계를 당하든지 원망심을 버리고 감사 생활을 하며, 타력심을 버리고 자력생활을 하며, 모르는 것은 배우기에 노력하고, 아는 것은 가르치기에 노력하며, 남은 나에게 어떻게 하든지 나는 남에게 유익을 주며, 이 외에도 사은·사요와 솔성요론 등 하여간 자리이타법自利利他法을 쓸 것 같으면 일원상의 체를 받는 동시에 공부한 효과가 나타나서 한량없는 지자智者 복인福人이 될 것이요, 만약 그 반대로 삼십 계문 등의 나쁜 일을 행한다면 일원상과 위반되는 동시에 적악積惡이 되어 무궁한 죄고를 받게 될 것은 사실이다. **상술한 바를 더욱 간명히 말하자면 무슨 일이나 잘된 것은 정의요 곧 일원상을 체받은 것이며, 그 반면에 잘못된 것은 다 불의요 곧 일원상을 체받지 못한 것이니, 제군은 명심하여 억 천만사에 일원상을 모본할지어다.**" 하시더라.

《이공주 수필受筆》

『대종경』 수행품 55장 - 입선공부와 소 길들이기

법좌는 대각전의 법상이며 일반 선도禪徒는 정축동선(1937년 음력 11월 6일~1938년 음력 2월 6일)의 정기훈련 입선인으로 봐야 할 것이며 이 법설은 해제법문으로 여겨진다. 왜냐하면 정기훈련에 입선하는 것을 소 길들이기에 비유하며 해제 후 세상에 나가서 훈련받은 것을 잘 이용하고 만일 부족한 점이 있거든 다시 입선하여 배워가기를 당부하기 때문이다. 정기훈련 11과목 중 염불, 좌선, 경전, 강연, 회화, 일기의 6과정을 중시하는 것을 살펴볼 수 있다. 여담이지만, 앞으로 소 길들이는 비유는 반려동물 훈련하는 방법으로 대치하여 이해해야 할 것이다.

입선入禪 공부는 순우馴牛하는 것과 같다
한때에 종사주 법좌에 오르시사 일반 선도禪徒에게 말씀하여 가라사대,
「제군이 입선하여 매일 이처럼 공부하는 것은 비하건대 소 길들이기[순우馴牛]와 같다 하노라. 대저, 소[우牛]로 말하면 어려서 어미젖 떨어지기 전에는 자행

자지自行自止하여 논이나 밭에도 뛰어 들어가고 혹은 곡식도 잘라 먹으며 그 외에도 모든 행동을 제 생각대로 하되 그대로 보지마는, 차차 커서 젖만 떨어지게 된다면 그때에는 비로소 사람이 들어 길 박기 시작하나니, 같은 소에도 그 성질이 얌전한 것은 곧 길들기가 쉽고 불량한 것은 사람의 애를 많이 먹이는 것이다.

이에 그 경로를 대강 들어 말하자면, 맨 처음에는 목을 옭아매서 말뚝에다가 잡아 매어두면 불의不意에 구속받게 된 송아지는 그만 죽는소리를 치고 어미를 연속해 부르며 먹지도 않고 눈이 벌게서 몸살을 치나니, 그럴 때 같으면 곧 못살 것 같지마는 그대로 여러 날이 지나고 또 지나면 점진적으로 안심을 하게 되는 것이다. 그다음은 목에다가 끄나풀을 달아서 끌고 다니며 풀도 뜯기고, "이라[오너라], 자라[가거라], 워[서라]." 등도 가르쳐 단련시키는 가운데 나날이 커가는 것이다. 그래 그 송아지에게 구루마[짐수레] 질도 시켜 보고 논밭도 갈려보는 등 점차로 버릇을 가르치게 되는 것이다. 그런데 처음으로 쟁기질을 시켜 보면 해보지 못하던 일이라 정처 없이 뺑뺑이 질만 하게 되므로 한 사람은 앞에서 잡아당기고 또 한 사람은 뒤에서 인도하여 이리저리 고苦를 받을 때, 생각에는 길을 박지 못할 것 같으나 한 번 두 번, 한 달 두 달, 한 해 두 해 이처럼 꾸준히 연습시켜 숙熟이 드는 날에는 그 멍청하던 것이 말귀[언구言句]도 척척 다 알아듣고 전답도 많이 갈게 되며 사방에 곡식이 있으되 본체도 않고 저는 풀이나 뜯어 먹나니, 그렇게만 되고 보면 길 잘든 소라 하여 가치가 오르며 누구나 사다가 귀중히 여기게 되는 것이다.

이와 같이 사람도 세상에서 도덕의 훈련이 없이 보는 대로 듣는 대로 생각나는 대로 자행자지하여 인도 정의의 탈선적 행동을 감행하는 자는 어미젖 떨어지기 전 어린 송아지가 자행자지로 뛰어다닐 때와 같다 할 것이요, 사가私家를 떠나 선방에 입선하여 전문 훈련을 받으며 모든 규칙과 계명戒命을 지켜 나갈 때 과거의 모든 악습이 떨어지지 않아서 지도인의 뇌수를 뜨겁게 하며, 각자 심중에도 사심邪心 잡념이 더욱 치성하여 이 공부 이 사업에 입각을 완전히 하지 못하고 자행자지의 생각이 나는 것은 송아지가 말뚝에 매달리어 어미 소를 생각하고 울고 야단칠 때와 같다 할 것이며, 매일 여섯 과정을 지켜 나갈 때 말귀도 차차 알아듣고 사심과 잡념도 자연히 조금씩 가라앉으며 사리事理 간에 모르던 것이 한 가지 두 가지 알게 되는 것에 재미가 붙을 때로 말하면 그 소가 완전한 길은 들지 못하였다 할지라도 모든 역사役事를 하여 나갈 때에 안심安心을 얻어가는 것과 같다 할 것이며, 또 수양력과 연구력과 취사력을 얻어가고 사은四恩과 사요四要를 확실히 알아서 실천궁행實踐躬行하며, 그 외에도 솔성요론·최초법어 등을 행하여 인도 정의에 탈선의 행동이 없으며 그 반면에 불의한 삼십 계문 등은 죽기로써 지켜서 어떠한 역경·난경을 당한다고 하더라도 백절불굴百折不屈하여 비열한 행동을 아니 하고 도리어 자기의 정신이나 육신이나 물질을 희사喜捨하여 가는 곳마다 공중에 유익만 끼치게 된다면 길 잘든 소가 무슨 일이나 시키면 잘하여 가는 곳마다 그 주인에게 유익을 끼치게 되는 것과 같다 하리라.

이와 같이 농촌에서 농부가 소를 길들이는 뜻은 전답을 갈 때 써먹자는 것이요, 선방에서 제군에게 전문 훈련을 시키는 뜻은 인류 사회에 나아가서 활동할 때 잘 써먹으라는 것이니, 제군은 이런 기회를 만났을 때 낭유시일浪遊時日 하지 말고 부지런히 공부하여 만단萬端으로 준비하였다가, **해제 후 세상에 나가거든 경계를 따라 이용하고 만일 부족한 점이 있거든 다시 와서 배워 가기를 바라노라.**」고 하시더라. 《이공주 수필, 〈회보〉 42호 시창23년 3월》

『대종경』 수행품 56·57장 – 을해동선乙亥冬禪 결제식 훈사

을해동선 결제식은 원기20년(1935) 음력 11월 6일에 열린다. 익산교당은 익산총부 대각전으로, 소태산 대종사는 대각전 법상[법좌]에 올라 결제 법문을 한다. 전문 입선入禪은 병원 입원 치료와 같고, 예회 참석은 통원 치료와 같다는 설법이다. 소태산은 "제군들로 말하면 마음 병 환자들이요, 이곳은 그러한 병을 치료하는 병원이며, 나는 그 병을 낫게 해주는 의사요, 교무들은 조수助手 의사며, 본회의 모든 교리·제도는 의술이요, 약재이다."라고 훈련생과 훈련처 그리고 지도인과 교과서의 관계를 밝히고 있다.

소태산은 서구의 물질문명이 들어오는 이때 물질문명의 화려한 외경에만 끌려가고 이를 잘 사용할 마음공부에 힘이 없으면 마음에 병이 생기게 된다고 주의를 준다. 그러므로 정기훈련하는 훈련처가 바로 마음 병을 치료하는 곳이며 이곳에서 가르치는 것에 자각적 신성을 갖추어 자기도 병을 낫고 다른 사람도 치료할 능력을 갖추라는 것이다. 결국 정기훈련에 입선하는 것은 마음 병을 치료하는 훈련으로 물질이 개벽되니 정신을 개벽하는 마음공부라 할 것이다.

을해동선乙亥冬禪 결제식 훈사

이날은 익산교당에서 제21회 동선 결제식을 거행하던바, 종사님 법좌에 출석하시사 대중을 향하여 말씀하여 가라사대,

「오늘 이 자리에 모인 여러 사람으로 말하면 전문으로 공부하러 온 사람도 있고 혹은 예회나 보고 가려고 온 사람도 있을 것이다. 비하건대 여러 가지 병을 가진 환자들이 각자의 병을 치료하기 위하여 병원을 찾아온 것과 같으니, **즉 전문 입선入禪을 하러 온 사람들로 말하면 병원에 입원 치료하는 사람과 같고, 예회 참예參詣나 하는 사람들로 말하면 통원 치료하는 사람과 같다** 하노라. 그러면 혹자는 '왜 공부하러 온 사람들을 보고 환자라고 하며, 공부하는 선방을 병원이라 하는고?' 할는지도 모른다. 그러나 만일 이 가운데 그러한 생각을 하는 사람이 있다면 그 사람은 참으로 중병重病 환자라고 나는 인증하나니, 보라! 누구든지 감기나 몸살 같은 경輕한 병은 제 몸에 병이 든 줄을 잘 알지마는 저 무서운 폐병이나 늑막염 같은 생명에 관계되는 중한 병은 전문 의사의 진찰을 받기 전[초기]에는 누구나 자신에 병이 드는지도 모르는 것이 아닌가? 그러면 나는 제군 등을 본즉 마음 병 안 든 자가 하나도 없는데, 만일 제군들은 각자 마음에 병이 드는지도 모른다면 그것은 반드시 중병 환자라 아니 할 수 없다 하노라.

그러면 그와 같은 중병을 가진 환자들로서 만일 치료를 아니 하고 내버려둔

다면 어떻게 될 것인가? 자고로 누구든지 육신에 병이 들면 병든 것을 잘 알고 병이 든 줄을 아는 머리에 나으려고 서두르며, 나으려고 서두는 머리에 의약과 병원도 찾게 되며, 의약과 병원을 찾는 사람이 많은 머리에 자연히 이 세상에는 의약과 병원의 설비도 충분히 되어 가지고 있는 것이다. 그러나 그 반면에 마음 병이 든 것은 병인지도 모르고, 병이 드는지도 모르는 머리에 나으려고 서두는 사람도 없으며, 따라서 그 병을 나을 만한 의약과 병원도 없게 된 것이다.

그러므로 나는 20년 전부터 그 병원[마음병원]을 설치하려고 여러 가지로 연구하고 노력하였나니, 그것은 다름이 아니라 오랫동안 어둡던 우리 조선에 저 서양 문명[물질]이 자꾸 들어오고 보면, 물론 우리 조선 사람들은 생전에 보지도 듣지도 못하던 화려하고 편리한 기구 집물什物과 의복 음식 등을 보게 될 것이니, 그런다면 견물생심見物生心으로 그 모든 물건에 욕심이 날 것이요, 욕심만 나고 본즉 마음이 시끄러워서 온전한 정신은 없어질 것이니, 온전한 정신이 없어지고 마음이 시끄러워진즉 그 마음은 병이 드는 마음이라. 그 병든 마음을 치료하기로 말하면 반드시 마음 병에 적절한 의술과 병원이 필요하겠으므로 나는 그와 같은 생각을 가졌다.

대저, 우리 육신의 병으로 말하면 아무리 중병이라도 명의를 만나서 치료시키는 대로 약만 잘 쓰면 완치할 수도 있고, 설사 못 낫고 죽는다 하더라도 그 육신만 죽으면 그 병은 그만이지만 마음 병이라 하는 것은 한번 들어만 놓으면 나을 만한 의약과 병원이 없는 만큼 점점 병근病根이 깊이 박혀서 일평생을 그 병으로 고통을 받다가 내생에까지 그 여독이 미치게 되나니, 알고 보면 마음 병이란 것은 육신 병보다도 훨씬 무서운 병이며 반드시 나아야 할 병이니라.

그러면 마음 병이란 어떻게 생겼으며, 종류는 몇 가지나 되는가? 그의 증세는 마치 간질병이나 미친병 같고 종류는 수천만 가지나 되나니, 우선 간질병을 가진 환자를 들어보자! 물지랄 하는 사람은 물을 보면 생사를 불계不計하고 물로 뛰어들고, 불지랄 하는 사람은 불을 보면 타서 죽을지라도 그 불 속으로 뛰어들며, 인人지랄 하는 사람은 사람만 보면 별별 지랄을 다 하지 않는가?

또 미친병 있는 사람은 그 병기病氣가 발작되면 안 먹을 것을 함부로 먹고, 아니할 말을 함부로 하며, 아니 갈 데를 함부로 가고, 아니할 짓을 함부로 하여 제 신세를 제가 그르치지 않는가?

그러면 우리의 마음 병도 그와 같나니, 마음 병든 자를 대개 보면 아니 먹어야 할 불의不義한 음식을 먹어서 재앙을 스스로 불러들이고, 아니 입어야 할 불의한 의복이나 아니 살아야 할 불의한 주택이나 아니 써야 할 불의한 돈을 써서 모든 재앙을 불러들이며, 그 외에도 천만 가지로 제가[자신이] 저[자신]에게 고생도 시키고, 제가 제 뺨을 맞게 하며, 제가 저를 묶어서 징역을 살리며, 제가 제 살림을 망쳐 놓으며, 제가 저에게 온갖 죄벌이 떨어지게 하여 제 일신을 망치고 점차로 가정·사회·국가를 망치며 일보一步 나아가 전 세계를 망치게 하나니, 그것이 지랄병이 아니고 무엇이며, 미친병이 아니고 무엇인가? 즉 각자의 처지와 분수를 지키지 못하고 불의不義의 욕심을 채우려는 마음은 다 큰 병이니, 그러면 누가 그러한 병이 하나도 들지 않은 사람이 있는가?

과연 제군들로 말하면 그와 같은 마음 병의 환자들이요, 이곳은 그러한 병을 치료하는 병원이며, 나는 그 병을 낫게 해주는 의사요, 교무들은 조수助手 의사며, 본회의 모든 교리·제도는 의술이요, 약재이다.《『대종경』수행품 56장》 그런데 제군들은 요행히도 각자의 병든 것을 발견하였고 그 병에 마땅한 병원을 찾아왔으니, 이제는 이 병원에서 시키는 대로만 치료를 잘하게 되면 그 병은 낫고야 말 것이다. 그러나 하나 알아 둘 것은 각자의 병 경중輕重과 정성 다소多少에 따라서 쉽게 나을 병도 있고 혹은 3개월 후에 떨어질 병도 있으며 혹은 10년까지 갈 병도 있고 혹은 평생을 치료하여야 떨어질 병도 있나니라.

그러면 저 육신의 병도 그 병을 나으려면 그 병난 동기를 의사에게는 속임 없이 말하고, 아무리 쓴 약도 먹으라면 먹으며, 아무리 아파도 주사를 맞으라면 맞고 수술하자면 하며 미음을 먹으라면 먹고 하여튼 의사의 말을 잘 들어야 그 병이 낫듯이, 제군도 마음 병을 고치고자 하거든 나에게는 모든 일을 속이지 말며 내가 이르는 말을 잘 듣고 내가 내놓은 법과 규칙을 준수하여 보라. 그런다면 모든 마음의 악질 고질이라도 다 나아서 완인完人이 될 것이요, 만일 자각적 신성自覺的 信誠이 없이 건성으로 있는 사람들은 트집이나 생겨나고 규칙을 문란히 하여 다른 사람에게까지 방해나 부리다가 도망가고 말 것이다. 그러하니 제군들도 각자의 병을 낫게 하고 꼭 완인完人이 한번 되고 싶거든 오늘 결제를 하고, 만일 고장故障이나 붙이고 성가시려거든 차라리 입선을 하지 않는 것이 가할 줄로 안다.

그런데 이 마음 병원에서는 또 한 가지 특색이 있나니, 그것은 다름이 아니라 각기各其 자심自心의 병을 낫게 하는 동시에 남의 병을 치료시키는 의약까지 얻게 되는 것이다. 그러면 제군도 공부를 잘하면 자기의 병을 낫게 하는 동시에 다른 사람의 병을 치료할[부처님의 지혜와 능력] 능력까지 얻게 될 것을 내 장담하노라.」 하시더라. 《『대종경』 수행품 57장》

《이공주 수필, 〈회보〉 21호 시창20년 12월》

『대종경』 수행품 61장 – 제25회 동선 해제식 훈사

제25회 동선은 정축동선이다. 해제식은 원기23년(1938) 음력 2월 6일이다. 익산 강당은 대각전으로, 소태산은 법상[법좌]에 올라 동선 입선인[선객禪客]에게 설법하는데 영광지부의 간사와 몽학 선생 간의 대화를 설법의 예화로 사용한다. 초학자가 바로 지행이 골라 맞지 않는다고 해서 공부에 좌절하지 말고 듣고 또 듣고 행하고 또 행하여 지행을 대조하여 지행을 같이하라는 것이다.

동선 해제 시 훈사
익산 강당에서 제25회 동선 해제식[시창23년 음력 2월 6일]을 거행할새, 종사주宗師主 법좌에 오르시사 일반 선객 禪客에게 말씀하여 가라사대,
「입선 중 90일간이나 많은 말을 하였고, 오늘도 또한 같은 말로써 훈사를 하게 되니 혹자는 싫증이 날지도 모르겠으나, 법을 들을 줄 알고 각성이 있는 자는 들을 때마다 새로운 정신과 새로운 지식을 얻게 되니, 온전한 마음으

로 잘 듣기를 바라노라.

내 항상 이와 같이 많은 말을 들려주는 것은, 비컨대 어린아이에게 글을 가르쳐 주는 것과 다름이 없나니, 과연 자행자지로 뛰어다니던 어린아이를 잡아 앉히고 글을 가르칠 때 한두 번 가르쳐서 잘 알 것인가? 어쨌든지 처음에는 잘 모르는 것이 보통일 것이다. 그러나 선생이 성의를 다하여 열 번 스무 번 가르치고 또 가르치고, 일러주고 또 일러주면 점진적으로 알아져서 필경에는 잘 아는 사람이 되는 것과 마찬가지로, **제군에게도 이와 같이 싫증이 나도록 법문을 들려주는 것이 오직 도덕에 대한 지식을 알려주기 위함이니, 사실 오욕심五慾心을 다 떼지 못한 제군의 귀에 한두 번 하여서 그 법이 들어갈 것인가? 그러므로 이렇게 많은 말을 하여 뇌수에 박히도록 해주면 모든 사리事理가 밝아져서 실행까지 나타나게 되는 것이다. 또는 설사 배워 안대로 다 행하지 못하고 열 가지 중 한두 가지만 행한다고 하더라도 전혀 지행이 없을 때 비하여 그 얼마나 좋은 일인가?**

그러기에 과거 제불제성諸佛諸聖도 그 모든 사람을 교화 지도할 때에 첫째, 사리 간事理間 알리는 데에 노력하였고 실행은 그다음에 가르쳤나니, 혹 철없는 사람들은 가령 그 자녀를 이런 도학가道學家에 보내서 공부를 얼마간 시키다가, 만일 무엇을 조금만 잘못하면 "도학 공부하면서도 이 모양이냐?"고 나무라고, 또는 무엇 아는 말을 하면 "말은 잘한다. 마치 말만 가르치나 보다."고 야단을 친다 하나, 그러면 실행도 못 하는 자녀에게 말도 못 하게 하는 수작이 아닌가? 만약 한두 선禪 나서 지행이 넉넉지 못하다고 야단치는 부모가 있다면 그런 부모는 진리를 모르는 사람이며, 요량 없는 사람이라 아니할 수 없나니, 내 그런 일에 대하여 실화 하나를 소개하겠노라.《『대종경』 수행품 61장》

지금으로부터 한 10년 전 영광지부에서는 어느 야회에 회원이 근 100명 모였다가 갈리었는데, 그때 고무신 한 켤레를 잃었다가 찾은 일이 있었다. 이 소문을 들은 동리 사람들은 "도적질 말라는 계문 지키는 사람들이 고무신은 왜 도적 하였노.", "그러기에 배워도 다 소용없어." 하는 등 나쁜 평판이 많이 있었다 한다. 그때 우리 교당에는 그 동리 서당에서 몽학蒙學 선생질하는 사람의 친족 되는 사람이 와서 간사로 있었던바, 그 선생도 그 말을 들었던지 어느 날 소매장군[똥장군의 방언]을 지고 밭으로 나가는 우리 간사를 보고 묻되, "너는 무엇 때문에 그 교당에 입회하였느냐?"라고 하였다.

간사가 대답하되, "나는 빈촌 무식한 가정에 태어나서, 사람이면서도 사람 노릇 하는 법을 모르니까 그 법을 배워 보려고 입회하였지요."

선생: "그 교당에서 공부하는 사람들이 고무신을 집어 갔다고 하니, 그러면 너도 도적질을 배우지 않겠느냐?" 한다.

이 말을 들은 간사는 그만 소매장군을 내려놓고 정색하며 말하되, "나는 아저씨를 지식 있는 양반으로 알았더니, 이제 말씀하는 것을 들으니까 불학무식不學無識한 나만도 못하여 보이오. 대관절 아저씨는 글을 무엇까지나 배우셨소?" 하고 물었다.

선생은 하도 우스우나 그의 하는 양을 보려고,

선생: "사서삼경을 다 읽었다."

간사: "시일은 얼마나 걸렸나요?"

선생: "10여 년 걸렸다."

간사: "그러면 서당에는 1년 배운 사람이나 5년 배운 사람이나 10년 배운 사람이나 그 아는 것은 똑같은가요?"

선생: "그럴 리가 있느냐. 같은 서당 내에도 1년 다닌 사람은 겨우 천자千字 권이나 읽게 되고, 사서四書나 삼경三經을 다 읽기로 말하면 상당한 햇수와 노력이 들어야 하는 것이다."

간사: "그렇니까. 우리 교당에도 그와 같소. 물론 그 사람의 지우청탁智愚淸獨과 근성勤誠 유무에도 있지마는, 또는 배운 시일에 따라서 각각 다르외다. 그날 야회에는 10년 전부터 공부한 이도 있었고 4, 5년 된 이도 있었으며, 요사이 입회한 이도 있었으니, 요사이 입회한 이 중에 고무신 도적질하던 사람이 있었다면, 그 습관을 단번에 어떻게 고치겠습니까?"

선생: "그럼 그런 나쁜 남녀는 조사해서 내쫓는 것이 옳지야."

간사: "우리 교당에서는 그런 나쁜 사람이면 더욱 붙잡고 가르치오. 얌전한 사

람이야 안 가르쳐도 별일 없지마는 행실이 나쁜 자는 세상에 나가면 여러 사람에게 해독을 끼치게 되므로 그 나쁜 습관이 빠질 때까지 가르칩니다. 만일 아저씨 말씀처럼 방금 입회시키면서 못된 습관을 다 떼라 하는 것은, 마치 서당에 처음 입학한 천 자짜리 보고 편지 못쓴다고 야단하는 거와 같으며 사서삼경 못 읽는다고 퇴학시키라는 말과 조금도 다름이 없다고 생각되오." 하였다. 그래 수염 긴 몽학 선생이 무식한 간사에게 이와 같이 당한 일이 있었다.

과연 이 세상 사람을 보면 대개가 그러하나니, 자기는 행치 못하면서 남의 행치 못함은 흉보고 욕하며, 자기의 잘못은 용서하면서도 남의 잘못은 시비가 분분하나니, 그 어찌 한심할 바 아니랴?」 《이공주 수필, 〈회보〉 43호 시창23년 4월》

『대종경』 수행품 62장, 병자하선 〈선원일지〉
- 정기훈련 해제는 상시훈련의 결제

제21회 병자하선은 원기21년(1936) 음력 5월 6일에 결제하여 음력 8월 6일(양력 9월 21일)에 해제한다. 소태산은 병자하선 해제를 맞이하여 해제 법설을 한다. 남선원 〈선원일지〉 음력 8월 6일에 대각전에서 설해진 소태산 대종사의 해제 법문이 기록되어 있다. 『대종경』 수행품 62장과 연관이 깊다.

금일은 종사주 훈사로써 해제식을 거행하니 식순은 여좌[如左, 다음과 같다]함.
종사주 법당에 출석하시사 실행에 대한 훈사는 여좌함.
「여러 선원禪員이 3개월간 공부를 한 것은 세상에 나가서 사용하자는 것이다. 그러므로 대건물과 모든 교무 임원들이 활동하는 것이 여러분을 위함이며 나도 기진역진氣盡力盡하여 가면서 침이 마르도록 가르치는 것이 세상에 나가서 위대한 행동을 하여 성인聖人이 되라는 것이다. 그러므로 여러 선원 제군은 중대한 의무와 책임을 느끼고 있다. 마치 농사꾼이 오뉴월 염천에도 땀을 흘려가면서 일을 하는 것이 동지섣달에 평안히 지내자는 것이다. 그와 같이 3개월간 고생하여 공부하는 것이 실생활에 나가서 잘 써먹자는 것이다. … 」
《시창21년 음력 8월 6일 병자하선 〈선원일지〉》

대종사 선원 해제식에서 대중에게 말씀하시기를 「오늘의 이 해제식은 작은 선원에는 해제를 하는 것이나, 큰 선원에는 다시 결제를 하는 것이니, 만일 이 식을 오직 해제식으로만 아는 사람은 아직 큰 공부의 법을 알지 못함이니라.」
《『대종경』 수행품 62장》

『대종경』 천도품 28장 - 팔산 열반, 생사거래와 업보멸도에 대한 법

〈회보〉의 '각지상황' '각지회합'과 '인사동정'을 보면 소태산은 원기23년(1938) 11월 19일부터 12월 4일까지 영산에 주석한다. 요양하고 있는 팔산 김광선의 문병을 위해 영산을 찾은 것이다. 소태산은 문병을 다녀온 한 달 후에 팔산의 열반 소식을 접한다. 『대종경』 천도품 28장에서 팔산의 열반[시창24년 1월 3일 오전 1시경 고향 길룡리에서 61세를 일기로 열반]에 눈물 흘리시는 소태산 대종사의 심정을 느낄 수 있다.
이처럼 팔산은 5~6개월간 병고에 시달리다가 열반에 들며 중앙단원 정산 종사가 임종을 지키는 것도 볼 수 있다. 『대종경』 천도품 28장은 원기24년(1939) 1월 3일 대각전에서 망배식을 할 때 또는 1월 8일 추도 및 착복식을 거행할 때 설한 법문으로 여겨진다.

故 **팔산당 김광선 선생 약력**
… 60세 시창23년(1938) 무인戊寅에는 갑종 순교무로 임명되어 각지를 순회하며 영광지부를 내려갔던바 동년 7월경에 우연히 전부터 간간 발작하든 **소화불량증**이 더욱 치성하니 씨는 부득이 요양에 유의하게 되었으며, 부인 신정랑 씨와 친자 김홍철 김완수 씨 등의 하늘에 사무치는 정성과 일반 동지의 피가 끓는 동지애로써 백방으로 구병에 전력하였으나 천수天數에는 무내[無

奈, 어찌할 도리가 없는] 없어 **61세를 일기로 시창24년(1939) 1월 3일 오전 1시 경**에 마침내 환원還元의 고인故人을 작作하였다.

《〈회보〉 52호 시창24년 2월호》

각지상황 - 익산총부
팔산 김광선 선생께서 이래 병환으로 영광지부에 요양 중에 재하시다 하심은 기旣히 전자 누차 본 난에 보도한 바이거니와 그 후 병세가 소감소증小減小增으로 변화무상하옵더니 마침내 거 1월 3일 오전 3시 돌연 입적하신바 그 비보가 각지의 교당으로 전하게 되자 일반 회원의 애도 통석하옴은 실로 말할 수 없었으며 익산총부에서 부전을 접할 때는 마침 선원禪院 상학上學 시간이라 종사주 선방[공회당]에 출석하옵시와 성루구하聖淚俱下하시는 음성으로 "오늘 공부는 중지하시오. 영광서 팔산이 열반했다는 전보가 왔소." 하심에 일반 대중은 경악함을 마지않았으며 임시로 대각전에 가서 망배식을 거행할새 종사주의 애통하심은 말할 것도 없고 일반대중이 모두 부모의 상을 당한 것 같이 비호 통곡하였으며, 선생은 창립 초회 1등 공인임에 감안하여 **본회 전체장**으로 결정하고 열반 후 제6일인 **1월 8일**에는 각지 대표를 소집하여 **총부 대각전에서 추도 급及 착복식**을 거행한바 그 식순은 좌左와 여如함.

《〈회보〉 52호 시창24년 2월호》

김형오 추도문 - 故 팔산 선생님 존령 전에
"정산 형님 종사주 모시고 부디부디 건강한 몸으로 회무에 노력 많이 하시라고 최후의 부탁을 하시고 힘 풀어지는 손으로 마지막 정산 선생님 손목을 잡아보신 후 말없이 원적의 길을 떠나셨다지요."   《〈회보〉 52호 시창24년 2월호》

김광선이 열반하매 대종사 눈물을 흘리시며, 대중에게 말씀하시기를 「팔산八山으로 말하면 이십여 년 동안 고락을 같이하는 가운데 말할 수 없는 정이 들었는지라 법신은 비록 생·멸·성·쇠가 없다 하나, 색신은 이제 또다시 그 얼굴로 대하지 못하게 되었으니 그 어찌 섭섭하지 아니하리오. 내 이제 팔산의 영을 위하여 생사 거래와 업보 멸도滅度에 대한 법을 설하리니 그대들은 팔산을 위로하는 마음으로 이 법을 더욱 잘 들어라. 그대들이 이 말을 듣고 깨달음이 있다면 그대들에게 이익이 있을 뿐 아니라 팔산에게도 또한 이익이 되리라. 과거 부처님 말씀에 생멸 거래가 없는 큰 도를 얻어 수행하면 다생의 업보가 멸도된다고 하셨나니, 그 업보를 멸도시키는 방법은 이러하나니라. 누가 나에게 고통과 손해를 끼쳐 주는 일이 있거든 그 사람을 속 깊이 원망하거나 미워하지 말고 과거의 빚을 갚은 것으로 알아 안심하며 또한 그에 대항하지 말라. 이편에서 갚을 차례에 져 버리면 그 업보는 쉬어버리나니라. 또는 생사 거래와 고락이 구공한 자리를 알아서 마음이 그 자리에 그치게 하라. 거기에는 생사도 없고 업보도 없나니, 이 지경에 이르면 생사 업보가 완전히 멸도되었다 하리라.」

《『대종경』 천도품 28장》

『대종경』 실시품 33장 - 도산 이동안 열반

도산 이동안은 원기26년(1941) 5월 8일 오후 3시 반 49세로 열반에 들며 5월 10일 오전에 대각전에서 발인식을 거행한다. 소태산은 천도 설법을 하다가 목이 메어 흐느끼자, 대중들도 슬픔을 이기지 못하고 흐느낀다.

도산 이동안은 전무출신으로 19년간 전념하는 동안 직명과 직위에 끌리는 일이 없었다. 총부 부장이나 보화당과 산업부 기타 무엇이든지 대종사의 가르침과 공명에 따랐다. 《손정윤, 『원각성존 소태산대종사 일화집』》

도산 이동안 발인식
대각전에서 사회보는 정산 종사, 법상에 대종사 좌정하신 모습. 불단 중앙에 일원상을 봉안하고 있다.

이동안이 열반하매 대종사 한참 동

안 묵념하신 후 눈물을 흘리시는지라 제자들이 「너무 상심하지 마옵소서.」 하니, 대종사 말씀하시기를 「마음까지 상하기야 하리오마는 내 이 사람과 갈리면서[헤어지면서] 눈물을 아니 흘릴 수 없도다. 이 사람은 초창 당시에 나의 뜻을 전적으로 받들어 신앙 줄을 바로 잡았으며, 그 후 모든 공사를 할 때도 직위에 조금도 계교가 없었나니라.」 《『대종경』실시품 33장》

"시감[염병, 장티푸스]이 돌 때 산업부원 12명이 다 걸렸다. 양태설 하나만 온전하였다. 그중 도산이 가장 심해 장티푸스가 황달로 변했다. 도산이 입적할 때쯤 되어서 산업부원들은 거의 병이 나았다."
《산업부원 양태설 구술, 『소태산박중빈 불법연구회』 3권》

소태산은 도산이 위독해지자 매일 산업부에 다녀갔다. "우리 동안이를 살려줄 의사만 있다면 불법연구회 절반은 주겠다."라고 하며 "어떤 의사가 와서 살려놓을 거냐."고 한탄하였다. 소태산의 이런 모습을 가까이 접한 제자들은 가슴이 뭉클하였다. 《이영훈, '대종사를 만난 사람들' 〈원불교신보〉 662호》

소태산은 도산을 떠나보내며 뜰 앞에 서서 설법을 하자, 도산은 장남 광오의 부축을 받아 앉았다. "다 잊어버리고 가게. 자네가 지혜력은 약간 모자라지만 심리 쓰는 것은 법강항마부보다 솟네[낫네]." 《『소태산박중빈 불법연구회』 3권》

『대종경』 부촉품 14장 – 최후설법

소태산은 원기28년(1943) 5월 16일 예회를 마친 뒤 점심 공양으로 상추쌈을 드신 후 도착한 우편물을 점검하시고 갑자기 복통이 일어나 자리에 눕게 된다. 5월 27일 저녁에 이리병원[현 중앙동 한일산부인과 터]에 입원한 후 6월 1일 2시 30분경 열반에 든다. 5월 16일에 최후법설을 하시고 16일 후 열반에 드신 것이다. 소태산은 최후설법에서 생사 공부와 예회에 건성으로 다니지 않기를 당부한다. 생사고락이 돈공하고 언어명상이 끊어진 성품 자리를 깨닫는 견성 도인이 되어야 생사와 인과법에 통찰할 수 있다는 것이다.

선종사주[先宗師主, 소태산 대종사]의 최후 법설
계미癸未년 5월 16일, **익산총부 대각전에는** 남녀 대중이 운집하여 예회 순서를 집행할 새, 종사주 법좌에 오르시사 법장法杖을 세 번 울리신 후 일반 청중에게 말씀하여 가라사대 「내 지금 조실祖室에서 나와 대각전을 향하여 오는데 여러 아이가 솔밭에서 이리 뛰고 저리 뛰며 재미있게 놀다가 나를 보더니, 한 놈이 썩 나서서 소리를 높여 "기착氣着"을 부른, 즉 일제히 모여 서서 손을 들어 경례를 하더라. 만일 그것들이 우치한 금수의 새끼라면 아무리 가르쳐도 그와 같이 어른을 보고 경례할 줄을 몰랐을 것이다. 그러나 만물 가운데 최령最靈하다는 사람의 자식인지라 학교에 다니며 배웠기 때문에 예절을 알아서 행하였을 것이다.

그러나 아무리 사람의 자식이라도 어려서 배움이 없고 철나기 전에는 예절은 고사하고 부모 형제의 내역도 알지 못하여 실례하는 일이 종종 있나니, 예를 들면 그 조모祖母가 손부孫婦 보고 "아기 어미"라 하면, 저도 따라서 형수 보고 "아기 어미"라고 부르다가 장성하여 촌수를 가릴 줄 알게 되면 "형수"라고 바로 부르게 되는 것이다. 그와 마찬가지로 나도 어릴 때는 아버지 어머니가 다정히 이야기하시는 것을 보면, '저이들 사이는 무엇이 되어서 저와 같이 사는고?' 하고 궁금한 마음을 여러 번 가졌다가 내종乃終 철난 후에야 의심을 풀게 되었었다. 그러면 우리가 진리 공부를 하여 견성을 하는 것도 흡사 그와 같나니, 공부가 미숙하여 견성을 못하였으면 철모르는 아이 시절과 같고 공부를 많이 하여 견성을 하면 슬기로운 어른과 같다 하리라.

대저, 성품이라 하는 것은 우주 만유의 근본으로써 생사고락이 돈공頓空하고 언어명상言語名相이 끊어진 자리건마는, 가령 현재 본회의 최고 선생을 '종사宗師'라고 이름 짓듯 사람들이 강연이 이름 지어 '성품性品'이라 하였나

니, 저 지혜 발달한 불보살로서 견성 못한 범부 중생을 볼 때는 마치 부모 형제의 촌수도 모르는 어린아이와 같아서 심히 우치해 보일 것은 불가피의 사실이니라.

우리 불가佛家의 견성법은 만고의 대도며 인생의 대 철학이건마는, 견성의 필요도 느끼는 자 귀하니 실로 답답한 일이며, 그뿐만 아니라 각자 자신 거래去來의 내역도 알지 못하여 누구든지 모태 중에서 나오면 명命타고 난대로 일생을 살다가 죽으면 그 육신은 청산에 매장하고 그 영식靈識은 어디로 가는지 어떻게 되는지 한번 생각해 보는 일도 없으니, 어찌 한심치 아니하랴.

『음부경陰符經』에 운云하되, '생자사지근生者死之根이요, 사자생지근死者生之根이라.' 하였다. 그러면 생사윤회는 마치 개미 쳇바퀴 도는 것과도 같고 또는 일월日月이 동서로 내왕하여 주야가 반복되는 것과도 같아서 생과 사는 서로 뿌리하고 바탕으로 언제나 무시간단無時間斷으로 돌고 있나니, 이것이 이른바 우주 자연의 운전 법칙이요, 천지 만물의 순환 진리니라.

자고로 수도하는 사람이 견성을 해야 진리를 알게 되고, 진리를 알아야 인과인연법因果因緣法도 **알게 되고 취사심**取捨心도 **생겨나며 친소심**親疎心도 **없어져서 자타 없는 삼매행자**三昧行者**가 된다.** 비컨대 우리가 견성을 하는 것은 대목大木이 집을 짓는데 먹줄과 잣대 같아서 인도人道를 밟아 가는 데 없지 못할 최상승법最上乘法이니, 어서 부지런히 배우고 닦아서 **견성도인 되기에** 노력할지어다.

그리고 여러분이 이와 같이 **예회에 내참하는 것은 마치 장꾼이 장 보러 온 것과 같나니**, 기왕에 장을 보러 왔으면 내 물건을 팔기도 하고 남의 물건을 소용所用대로 사기도 하여야 장에 온 효력이 있을 것인데, 만일 내 물건을 내놓지도 않고 남의 물건을 사 가지도 않으면 장에 온 목적이 무엇인가? 그러면 제군이 열흘 동안 집에서 모든 경계를 지내는 가운데 처리處理 잘한 일이 있다거나 혹은 인간 생활에 필요한 법을 알았다거나 또는 교과서 보다가 의심나는 곳이 있다면 잘 기억하여 두었다가 예회날이 되거든 와서 유익될 말은 대중에게 알려도 주고 의심 건은 제출하여 한 가지 한 가지씩 배워도 가며 또는 연사들의 말을 잘 들어 두었다가 일상생활에 보감을 삼는다면 공부가 자연히 잘 되어서 **견성 도인도** 무려[無慮, 생각보다 상당히 많음]히 될 수 있을 것이거늘, 그 쉬운 길을 알지 못하고 예회날이면 바쁜 가운데 좇아와서는 이렇게 우두커니 앉아서 졸기나 한다면 그 무슨 소용이 있을 것인가? 그래서 나는 **예회날 건성으로 다니는 사람을 건달 장꾼이라 하나니,** 여러분은 지금 나의[내가] 한 말을 범연히 듣지 말고 각골명심하였다가 매 예회날마다 공왕공래空往空來가 없도록 주의하는 동시에 막대한 효과를 나타내기를 재삼 부탁하노라.」 하시더라.

세사世事란 허망하고 인생이란 무상無常한 것이다. 유아唯我 종사주, 이 법설을 하옵시고 들어오셔서 곽란霍亂이란 평범한 증세로 비롯하여 회춘回春치 못하옵시고 열반 피안에 드옵시사, 이 말씀이 과연 최후 마지막 법음法音이 되실 줄이야 그 누가 꿈엔들 상상이나 하여 본 일이랴. 오호, 애재哀哉 통재痛哉로다.
《이공주 수필, 〈대종사 법설〉 시창28년 5월 16일》

『대종경』 전망품 29장 – 춤추고 절하는 책임을 가지고 나온 보살들

대종사께서 (공회당 또는 대각전에서) 설법하시면 설법을 듣던 제자 박사시화(1867~1946), 문정규(1863~1936), 김남천(1869~1941)은 백발을 휘날리며 춤을 추셨고, 전삼삼(1870~1948), 최도화(1883~1954), 노덕송옥(1859~1933)은 그 자리에서 오체투지를 수없이 하시는 광경을 자주 볼 수 있었다. 당시 내 나이 15~16세로 절하고 춤추는 광경을 뵈면, 충만한 기쁨을 주체할 수 없어 하시는 모습이었다.
《김정용, 춤추고 절하는 보살들, 『생불님의 함박웃음』》

11
대종로 및 대각전 법상

영춘원 종법실에서 공회당으로 가는 길과 대각전으로 가는 길은 소태산 대종사가 제자들에게 법설하려고 나선 길이다. 또한 이리역으로 나서시어 서울, 부산, 영광 등으로 행가行駕하신 이 길은 소태산이 교법을 굴리고 교화에 나선 '전법轉法의 길'이라 할 것이다. 일원상의 진리에 근원한 사은사요와 삼학팔조의 교리에 따라 구체적인 수행법을 훈련하기 위해 소태산이 발걸음을 옮기신 길이다.

특히 이 길 중에서 소태산 대종사의 주석처인 종법실에서 설법처인 대각전까지 가는 길을 '대종로大宗路'라 이름하는 것이 타당할 것이다.

대산 종사는 "이 길[대각전 둘레]은 내가 대종경을 편찬할 때 일심으로 거닐던 길이다."고 하시며 대종로大宗路라고 이름하였다. 즉 대종경 법문을 초록할 때 사가[현 원로원 터]에 거주하시면서 가까이 있는 대각전 주변을 선보禪步하며 대종사의 법문을 떠올리어 채록했던 것이다. 이에 대각전 둘레길을 '대종로'라 칭했던 것이다. 이러한 기연의 대종로를 확대하여 대종사의 주석처인 종법실에서 출발하여 설법처인 대각전 주변을 돌아 대각전에 입실하는 과정 전체를 '대종로'라고 확대 명명하면 더 의미 있을 것이다. 소태산은 이 길을 걸어 공회당 및 대각전에 입실하여 대종경의 법설을 수없이 설하셨기 때문이다.

대종사는 발걸음이 사뿐사뿐하여 대중들이 오시는 줄 몰랐다고 한다. 소태산 대종사의 발걸음처럼 우보牛步로 종법실에서 대각전까지 걷는 길은 소태산의 교법을 체득하는 소중한 순례길이 될 것이다.

『대종경선외록』 실시위덕장 1절

> 대종사, … 걸음은 우보牛步로 뚜벅뚜벅 걸으시며, 급하시거나 한가하시거나 오래 걸으시거나 잠깐 걸으시거나 항상 같은 보조로 걸으시었다.
> 《『대종경선외록』 실시위덕장 1절》

1. 소태산 법설의 길, 대종로 법문순례

- 종법실 → 공회당[대종경 수행품 17장, 복합 일심] → 벚나무
- 종법실 → 전나무 → 구정원 로터리[대종경 실시품 21장, 약속] → 옛 정문[교정원 별관-청하원 사이] 및 교정원 별관 소나무[대종경 전망품 4장, 못자리판] → 원음각[대종경 부촉품 14장, 총부의 아이들] → 대각전 아치 → 복숭아과원 옆길[『대종경』 교단품 13장, 과원의 소독과 제충] → 대각전 정문[대각전 현판, 종. 대종경 천도품 18장, 차자 광령 열반] → 느티나무 귀

종법실에서 대각전 나서는 길
종법실의 정원에서 총부 정문으로 가는 사이로 난 길은 익산총부 도량에서 정갈하게 정돈되어 있는 길로서, 비질도 양쪽에서 길 가운데로 쓸어 모아 가운데가 높아지도록 하여 물 빠짐이 좋게 하였으며, 쓸어 모은 것에서 땔 것은 아궁이로 거름할 것은 퇴비장으로 그리고 남은 돌은 파인 곳에 담도록 하여 일 속에서 지혜가 단련되도록 지도하신 현장이다. 또한 한 제자가 길을 쓸 때 단전에 기운을 주하고 비질한다 하니, 좌선을 할 때는 단전에 마음을 주하고 비질할 때는 비질하는 그 일 그 일에 정신을 주하는 사상선事上禪을 단련토록 지도하셨다.

11 대종로 및 대각전 법상

목 → 대각전 뒷문[불연마을 쪽인 대종사 출입문] → 벚나무 → 대각전 출입문[정신수양, 사리연구, 작업취사 현판] → 대각전 상량문[始創貳拾年 陰貳月拾日 立柱上樑] → 대각전 법상[대종경 전망품 29장, 법흥 고조] → 대각전 일원상 헌배

대종로
종법실과 정원길→구정원 로터리→청하원과 교정원 별관 사잇길→대각전 오르는 길

대각전 정면

대각전 초기 모습

대각전 출입구

대각전 천장 및 상량문

대각전 상량문
始創貳拾年 陰貳月拾日 立柱上梁(시창이십년 음 이월십일 입주상량)

2. 일원상 및 법상

대각전은 일원상을 최초로 모신 곳이다. 원기20년(1935) 대각전을 건축하고서 신앙의 대상이요 수행의 표본인 법신불 일원상을 공식적으로 봉안한다. 또한 소태산은 일원상을 모신 불단 오른쪽에 법상을 마련하여 이곳에 올라 수많은 승좌 설법하였다. 제자들은 법을 받드는 마음으로 소태산의 법문을 수필受筆한다. 법상 위에 찍혀 있는 법장 친 자국을 통해 이 법상에서 무수한 법문이 쏟아져 나왔다는 감동을 느낄 수 있다. 특히 왼쪽에 많이 찍힌 자국은 대종사께서 왼손을 주로 쓰신 양손잡이라는 흔적이요 오른쪽에 찍힌 자국은 정산 종사가 친 법장의 흔적으로 현장감을 느낄 수 있다.

대각전 불단(일원상과 법상)

대각전 법상

다음의 법문은 법낭[법문 주머니]이라는 별호를 받은 이공주가 대각전 법설 현장에서 받아 쓴 일원상 및 삼학에 관한 소태산의 육성 법문이다.

삼대력 얻는 빠른 길

〈회보〉 제50호 시창23년(1938) 12월호
제10회 총대회가 열린 원기23년(1938) 4월 26일 다음 날에 대각전에서 설하신 법문이다. 소태산은 삼대력을 얻기 위해서는 일원상을 체받아서 삼학수행을 해야 한다고 강조한다. 소태산 대종사는 칠판에 둥근 일원상을 그리고 이 자리는 우주 만물을 내고 들일 능력이 있는 천지·부모·동포·법률의 본원이며, 복주고 죄주는 권리가 있는 제불제성과 범부 중생의 불성이라고 밝힌다. 이 일원상 자리를 깨친 마음으로 사리 간에 알음알이를 구하면 연구력을 얻게 되며, 이 결함 없는 일원상과 같이 마음을 원만하게 지켜 사심을 없게 하면 수양력을 얻고, 이 원만무애한 일원상의 진리를 본받아 모든 일에 중도를 잃지 않고 원만행을 베풀면 취사력을 얻게 된다는 설법이다. 일원상에 근원하여 일심할 때 수양력이 나타나며, 일원상에 기반하여 알음알이를 구할 때 연구력을 얻게 되고, 일원상에 근거하여 실행할 때 취사력이 나타나는 것이다. 삼학을 떠나서 일원상이 따로 없고 일원상을 떠난 삼학은 의미 없다. 결국 일원상이 삼학이요 삼학이 일원상이다.

> 이날은 제10회 총대회[시창23년 4월 26일]를 맞은 그 익일[翌日, 다음날]이었다. 오전 10시부터 남녀 수백 대중이 **대각전**에 운집하여 청법聽法을 기대할 제 종사주 법좌에 출석하시사 …중략… **친히 칠판에 일원상 두 개를 그리시니 그 한 개는 결함이 없는 원만한 일원상이요 또 한 개는 한 귀퉁이가 일그러진 결함이 있는 일원상이었다.** 그중 원만한 일원상을 가리켜 이르시되 이것은 곧 부처님의 마음이요, **다시 말하면 천지 부모 동포 법률의 본원이며 제불제성과 범부 중생의 불성으로 우주 만물을 내고 들일 능력과 복 주고 죄 주는 권리가 있음으로써,** 이 일원의 진리를 깨치면 견성을 한 것이며 곧 연구력을 얻었다 할 것이요, 이 일원과 같이 마음을 원만하게 지켜 일호의 사심도 없다면 양성을 한 것이며 곧 수양력을 얻었다 할 것이요, 이 일원을 모방하여 모든 일에 중도를 잃지 않고 원만행을 베푼다면 솔성을 한 것이며 곧 취사력을 얻었다 할 것이다. 이와 같이 삼대력만 얻고 보면 즉시 부처요 성인이며 이 결함 없는 일원상이요, 만일 사심에 끌려 원만치 못하다든지 사리 간에 아는 것이 부족하다든지 실행이 없다면 즉시 범부요 중생이며 이 한편이 결함된 일원상이니라. 그러면 제군은 어느 편이 되려 하는가? 번설[煩說, 번잡한 설명]을 불요[不要, 불필요]하고 이 원만한 일원상이 되어야 할 것이요 원만한 일원상이

되기로 말하면 삼대력을 아울러 얻어야 할 것이니, 각자의 처지와 환경을 따라 삼강령 공부에 정진 불퇴하기를 부탁하노라 하시더라.

《이공주 수필受筆, 〈회보〉 50호》

집에서 살림하면서 공부하는 방식

〈회보〉 제34호 시창22년(1937) 4·5월호
원기22년(1937) 음력 2월 6일 목요일 대각전에서 제23회 병자동선 해제식을 시행한다. 이때 해제 법문이다. 소태산은 경전으로 배울 때나 말로 할 때 삼학이다 삼대력이다 하며, 어떨 때는 수양 공부요 또는 연구 공부요 취사 공부라고 구별하지마는 실은 한꺼번에 얻어진다고 명시한다. 정신수양·사리연구·작업취사의 삼학은 각각 1/3씩이 아니라 그때 그 상황마다 삼학의 주체는 있되 서로 연동된 세 관점의 마음공부이다. 삼학은 서로서로 요건으로 이어져 있다. 이처럼 삼학은 동시적으로 연동되어 있는 관계이다.

이날은 익산교당 **대각전 내에서** 제23회 병자동선 해제식을 거행할새 종사님 법좌에 출석하시사 일반 선도禪徒에게 말씀하여 가라사대
"제군은 삼동선[三冬禪, 3개월 동선]**을 무사히 마치고 이제부터는 각각 집에 돌아가서 세간 생활을 하게 되므로, 내 오늘은 특별히 집에서 살림하면서 공부하는 법**[삼대력 얻는 방식]**을 대강 말해주려 하노니, 명심불망**銘心不忘**하여 그대로 실행해 보길 바라노라.** 즉 우리의 생각은 항상 복잡다단하여 무슨 일을 하든지 그 일에 전일專一하지 못하고 다른 삿된 데로 마음을 뺏기기 때문에 그 일을 그르치기 쉽나니, 보라! 가령 제군이 이 자리에서 이 말을 듣는 데에도 그 마음이 끌리는 데가 없이 오직 온전하여야 잘 들을 수가 있지, 만일 마음에 근심이나 걱정 등 시끄러운 일이 있어서 일심이 못 되었다면 아무리 유익하고 좋은 말을 한다고 하더라도 무슨 말인지 요령도 잡지 못할 것이며,

따라서 하등[何等, 아무런]의 효과도 나타내지 못할 것은 사실이다. 불시라[不啻, 그뿐만 아니라] 살림을 하는 데든지 공부를 하는 데든지 만일 주색이나 잡기 등 삿된 데에 그 정신이 흐른다면 그 일의 성공을 보지 못할 것은 또한 명약관화明若觀火의 일이 아닌가? 대저 보통 사람이란 자기의 마음이지만은 그 마음을 마음대로 하지 못하여 필경은 그르치는 일이 허다하나니, 예를 들면 술이나 아편 같은 것을 먹으면 몹쓸 줄을 당연히 알면서도 그 먹고 싶은 생각을 억제하지 못하여 한 번 두 번 먹고 또 먹어서 결국은 가패신망家敗身亡 하며 사회와 국가에도 그 해독을 끼치게 되는 것이다. 그러면 비단 술이나 아편뿐이리오? 본회에서 금지하는 살殺 도盜 음淫 탐貪 진嗔 치痴 등의 30계문이 다 그와 같나니, 제군은 무엇보다도 먼저 그 모든 사심을 떼어버리고 오직 삼대력을 익히는 방식만 안다면 어느 곳에서든지 능히 할 수가 있나니, 과연 그 방식은 어떠한 것일까?

그는 별것이 아니니 우리가 경전으로 배울 때나 말로 할 때는 삼대력이라 혹은 삼강령이라 하여 어쩌면 수양 공부요 어쩌면 연구 공부요 어쩌면 취사 공부라고 구별하지마는 그 실은 삼대력이 한꺼번에 얻어지나니, 이제 몇 가지 예를 든다면 대개 좌[左, 다음]와 같다. 즉 법설을 들으면서 삼대력을 익히는 법은 법설을 들을 때에 모든 잡념을 끊어 버리고 오직 일심으로 듣는 것은 수양력을 익힌 것이요, 그 말을 들음에 따라 사리 간에 모르던 것이 알게 되고 의심나던 것이 확연히 깨쳐졌다면 연구력을 익힌 것이며, 밖에 나가고 싶어도 결단코 참고 꼭 앉아서 잘 들었다면 취사력을 익힌 것이다.

또 길을 가면서 삼대력 공부하는 법은 길을 갈 때 아무 사심도 없이 마음이 온전하여 돌부리에 차이거나 넘어지지도 아니하고 오직 일심으로 그 길을 갔다면 수양 공부를 잘한 것이요, 길 가다가 높고 낮은 데를 척척 분별할 줄 알며 가는 도중에도 견문 간에 알게 된 것이 있다면 연구 공부를 잘한 것이며, 어디를 물론하고 가는 것이 옳다고 생각한 이에는 아무리 가기가 싫든지 다른 연고가 있다고 하더라도 기어이 그곳에 가는 것은 취사 공부를 잘한 것이다.

또 이 외에도 삼대력 공부는 무엇을 하면서도 할 수가 있나니 **즉 마음이 좋**

은 데나 낮은 데에도 끌리지 아니하고 하고 싶은 데나 하기 싫은 데도 끌리지 아니하고 공부 삼아 한다면 수양력을 얻는 길이요, 보든지 듣든지 생각하든지 하여간 사리 간에 알음알이가 생기도록 하는 것은 연구력을 얻는 길이며, 정당한 일과 부당한 일을 구분해서 정당한 일은 기어이 행하고 부당한 일은 죽기로써 아니 하기로 하는 것은 취사력을 얻는 길이니, 누구나 이 삼대력 공부만 잘한다면 일방一方으로는 소관사所關事를 성취하게 되고 일방으로는 삼대력 얻는 공부를 잘하게 되므로, 나는 이것을 일러 일거양득一擧兩得이라고 하노라. 그러나 과거 세상 유가儒家에서는 소위 유명하다는 사람들이 세상사를 모두 잊어버리고 평생에 글이나 읽고 들어앉아서 그의 처자 권속은 먹는지 굶는지 입는지 벗는지도 몰랐으며, 또 자기네는 선비나 학자니 하는 말을 들으면서도 그의 가족에게는 사람으로 사람 노릇을 하는 데에 필요를 주는 소학小學 한 권도 알기 쉬운 조선말로 번역하여 가르쳐주는 사람이 희소稀少하였으며, 불시라[不啻, 그뿐만 아니라] 사람의 생명줄이요 생활의 강령이 되는 사농공상의 직업도 도외시하였나니, 사실 그러한 인물들이 공부했다 한들 그 무슨 효과를 이 세상에 널리 나타내었겠는가? 또 불가의 승려로 말하여도 부모 형제 처자와 모든 생활의 직업을 벗어나서 타력 생활로 심산궁곡[深山窮谷, 깊은 산 깊은 골짜기]에서 독선기신[獨善其身, 자기 한 몸의 처신만을 온전히 하는 일] 할 뿐이었으며, 소위 이름 높은 공부를 한다는 사람들로서 모든 사회에 유익 주는 점은 없고 다만 유의유식[遊衣遊食, 하는 일 없이 놀면서 입고 먹음]할 뿐이었으니 그 사회는 자연 그 본本을 떠서 놀고먹는 사람이 많게 되었고, 따라서 부지중 개인 가정 사회 국가에 많은 해독이 미치게 되었으므로, 나는 그것을 유감으로 생각하고 과거의 편벽된 모든 법을 개혁하여 유무식 남녀노소를 망라하고 각자 직업에 충실하면서도 공부할 수 있는 이 삼강령 법을 제정하였나니, 제군은 번거煩遽와 종용[從容, 조용]도 가리지 말며, 세간 출세간의 처소도 관계 말고, 오직 동정 간에 삼대력만 준비하라. 그렇다면 다방면으로 쓸모 많은 사람이 되어 어디를 가든지 귀대[貴待, 귀한 대우]와 앙모[仰慕, 우러러 받듦]를 받게 되리라." 하시더라.

《이공주 수필, 〈회보〉 34호》

12
전음광·권동화家

전음광·권동화의 집은 원기10년(1925) 익산총부에 세워진 최초의 사가이다. 원기9년(1924) 말경 익산 신룡벌에 '도치원과 꼭두마리집'을 지은 후 두 번째 건축이며 건물로는 세 번째로 지어진 기와집이다. 특히 중요한 역사적 사실은 이 집은 야회와 더불어 최초의 정기훈련을 시행한 장소라는 것이다. 이를 『원불교교사』에서 '새 회상 정기훈련의 원시元始'라고 천명한다. 소태산은 전음광·권동화 부부를 신룡벌로 이사시키면서 집 설계까지 직접 해주신다. 이때 방 하나를 방 2개로 합한 크기의 큰방으로 설계해서 정기훈련의 선방禪房으로 삼은 것이다. 이처럼 전음광·권동화의 집은 원불교 역사에서 기억해야 하는 의미 있는 공간이다. 이 집을 선심원禪心院이라 부르나 사실 제1회 정기훈련인 을축하선을 났던 선방임을 기려 초선방初禪房 또는 초선원初禪院이라 하는 게 더 타당할 것이다.

『원불교교사』 제2편 제1장 4. 훈련법의 발표와 실시

익산총부 내 '전음광·권동화의 집'에서 을축하선(원기10년 음력 5월 6일~8월 6일)을 난다. 아마도 을축동선(원기10년 음력 11월 6일~원기11년 2월 6일) 그리고 병인하선(원기11년 음력 5월 6일~8월 6일), 병인동선까지 전음광·권동화의 집 일부를 빌려 진행했을 것이다. 정묘하선(원기12년 음력 5월 6일~8월 6일)은 영춘원[종법실]

의 전신인 부인선원에서 열리며, 원기14년(1929) 공회당 건립 후 동·하선의 정기훈련의 선방 역할을 한다. 일명 공회당 선방이라 불린다.

이처럼 전음광·권동화의 집은 최초의 정기훈련 선방[初禪房] 및 선원[初禪院] 역할을 한다. 정기훈련법에 따른 최초의 정기훈련장이다. 최초의 정기훈련인 을축하선은 지도교무 송규의 지도 아래 이원화 이청풍 박사시화 이동진화 김삼매화 정세월 권동화 등 10여 명이 참석했고, 남자들은 5개월여 엿 행상을 해왔던 것을 그만두고 만석들 소작 농사짓느라 입선하지 못하고 저녁에만 함께한다.

> 원기9년(1924·甲子) 5월에, 대종사, 진안 만덕산에 가시어, 한 달 동안 선[禪, 金光旋 주관]을 나시며, 김대거金大擧를 만나시었고, 이듬해[원기10년(1925)] 3월에 새 교법을 지도 훈련하기 위하여 정기훈련법과 상시훈련법을 제정 발표하시었다. … 중략 …
> 원기10년(1925·乙丑) 5월 6일에, 대종사, 새 훈련법에 의하여 첫 정기훈련을 실시하실 제, 총부 가옥이 아직 협착하므로 임시로 구내 개인 가옥[全飮光 집] 일부를 빌려 교무 송규의 지도 아래 10여 명의 남녀 선원禪員이 하선 훈련을 받게 하시고, 11월에는 교무 이춘풍李春風의 지도 아래 20여 명의 남녀 선원이 동선 훈련을 받게 하시니, 이 양기兩期의 선禪이 새 회상 정기훈련의 원시元始가 되었다.
> 이 정기훈련은 일반 선원禪員의 공부를 단련하는 중요한 기간이 될 뿐 아니라, 초창기에 교무를 양성하는 유일한 방도로 활용되었으며, 훈련의 장소는 그 후 공회당을 신축하여, 간고한 가운데 선원 훈련의 명맥을 이어 나왔다.
> 《『원불교교사』제2편 제1장 4. 훈련법의 발표와 실시》

〈불법연구회창건사〉 훈련법의 실시

만덕산 초선은 익산총부 건설을 위한 휴양과 준비의 성격이 강하다. 정산 종사 송규가 〈회보〉에 연재한 〈불법연구회창건사〉에는 만덕산 초선이 등장하지 않는다. 훈련법은 원기10년(1925)에 익산총부에서 발표하여 시행한다. 아마도 상시훈련법과 정기훈련법은 변산 석두암에서 기본적인 체제는 구상했을 것이고 만덕산에서 준비의 시도는 했을지는 모르나 분명한 것은 구체적이고 체계적인 상시훈련법과 정기훈련법은 익산총부에서 발표하고 이에 따라 훈련을 시행했다는 것이다. 특히 정기훈련법은 익산총부 건설 후 동하선 형식으로 소태산 대종사 열반하실 때까지 정기적으로 지속한다.

이처럼 훈련법의 시행은 익산총부가 원시元始이다. 이 가치를 놓치면 익산총부는 '신룡전법상'의 의미를 드러내기 어렵게 된다. 법을 굴리는 전법轉法은 바로 정기훈련법과 상시훈련법을 시행한 것에 의미가 크기 때문이다.

> 3월에 대종사께서 모든 제자에게 혁신 교리와 제도를 지도하시기 위하여 정기훈련법과 상시훈련법을 발표하시니, … 중략 …
> 5월 6일에 대종사께서는 이상 규정에 의하여 정기훈련법을 실시하실새 당시 총부의 가옥이 아직 협착하므로 임시 총부 구내에 전음광 씨의 사가 신축한 가옥 일부를 차借하여 교무 송규 씨의 지도하에 남녀 선원 10여 인이 전문 훈련을 받게 하시고, 당년 재회[再回, 2회]는 교무 이춘풍 씨의 지도하에 남녀 선원 20여 인이 전문 훈련을 받게 하시니, 본회 공부의 정기 입선은 이 양기兩期로써 원시元始가 되었다. 《〈불법연구회창건사〉 제17장 훈련법의 실시》

〈원불교신문〉 선진의 법향, 진타원 전팔진 원로교도

그의 본적은 '전북 익산시 북일면 신용리 344-2', 즉 중앙총부다. 불법연구회 초창기, **소태산 대종사가 직접 설계해 준 집**[현재 옛 모습대로 외형 복원]을 지어 익산총부 구내에 온 가족이 살았고, 그 집에서 그가 태어났기 때문이다.

고등학교까지 총부 구내에서 자란 그는 어릴 적 기억이 확연하다. 구타원[이공주 종사] 할머니 집을 지나면 총부 사무실이 있었고, 그 옆 팔타원[황정신행 종사] 할머니 집, 그 옆이 자신이 나고 자란, 큰 방[제1회 정기훈련의 선방] 하나를 놀이터 삼던 '우리 집'이다. 총부 교무들 생활관도, 세탁부도, 두 집 건너 금강원도 그는 또렷하게 그려낸다. 전 원로교도와의 인터뷰는 부친[혜산 전음광]에 대한 이야기로 시작됐다.

교단 최초의 사진사, 전음광 선진

소태산 대종사의 은자恩子 제1호인 전음광 선진은 '교단 기관지 발행의 필요성을 앞장서 강조했던 시대감각과 비전을 가진 선각자'로, 〈월말통신〉 17호(원기14년)에 실린 기관지 발행에 대한 회설會說이 주목된다. "기관지는 그 사회나 단체의 호흡이다. 시대에 적응한 문물과 사조를 때때로 주입하여 잠자는 자로 하여금 일어나게 하고, 게으른 자로 하여금 근면하게 하여 그 사회 그 단체의 생명을 유지해야 한다."

부친에 대한 기억 하나하나가 선명한 전 원로교도. 그의 가슴에 더 선명하게 새겨있는 것은, 바로 소태산 대종사 열반 등 교단 역사에 소중한 자료로 남겨진 '사진'과 관련된 부친의 모습이다.

"저의 아버지는 소태산 대종사님 당대에 여러 법문을 직접 수기하고 사진으로 남기신 분이어서 '교단 최초의 사진사'라는 별명도 가지셨어요." 전 원로교도의 기억이 이어진다. "그 당시 총부 구내에 있던 우리 집 **안방 벽장에 커다란 암실**을 만들어 놓으시고, 네댓 개의 높지 않은 네모난 물통에 사진들을 담가 놓으셨던 모습이 지금도 머릿속에 뚜렷해요."

역사적인 순간의 사진들

지나간 시간은 사진으로 선명해지는 걸까. 부친이 찍었던 당시의 사진을 기억하는 전 원로교도는 주저함이 없다. "소태산 대종사님 열반하셨을 때 하얀색 홑이불을 덮으시고 흰색 베개를 베고 누워계신 사진이며, 까만색 옷을 입고 상여를 메고 나가시던 당시 젊은 남자 교무님들 사진, 일제의 제압으로 장지까지 상여 뒤를 따라갈 수 없었던 일반 교도님들이 논길로 밭길로 상여를 따라 줄지어 가던 사진들을 잊을 수가 없어요."

전 원로교도는 모친[동타원 권동화 종사]에게 들었던 사진 설명도 빼놓지 않는다. "사진기를 들고 빈소에서 계속 사진을 찍고 있는 부친을 구타원님이 '모두가 슬퍼서 경황이 없는 때 사진만 찍느냐'고 큰 소리로 꾸중하시는데도, 아버지는 '우리 회상의 역사를 남기는 일'이라고 하시며 계속 사진을 찍으셨대요. 결국 어머니까지 구타원님께 꾸중을 듣게 되고, 어머니의 만류에도 아버지는 역사적인 순간을 사진으로 남기셨다고 합니다."

그 역사적인 사진들은 전 원로교도가 중학교 다닐 때까지 사가에 소중하게 보관돼 있었다. "어느 날 어머니께서 저에게 사진을 한 묶음 싸서 주시면서 '이 귀중한 사진을 우리 집에서 개인적으로 보관하면 안 되겠다'며 총부 사무실[옛 구타원 종사 사가 뒤편, 구정원]에 가져다드리라고 하셨어요." 그때 직접 총부 사무실에 '한 묶음의 사진'을 전달한 장본인이 전 원로교도다.

《〈원불교신문〉 2134호, 이여원 기자》

전음광·권동화家 평면도
쪽마루 쪽이 총부 방향이고 마루 쪽이 큰길과 연해진 방향.
총부 쪽의 쪽마루보다 큰길 방향 마루가 두세 배 넓다.

전음광·권동화의 집은 대종사가 직접 설계해서 지은 집인데 부엌이 좁았다. 그래서 땔감을 부엌에 들이지 못하고 밖에 쌓아두고서 그때그때 옮겨와야 하는 어려움이 있었다. 권동화가 "부엌을 좀 더 크게 지어주셨으면 좋았을 텐데."라고 대종사께 말씀을 드리자, "부엌을 작게 만들어 동화가 힘들겠다." 하시면서도 "나무 쌓아놓았다가 불내려고?" 하시며 혹시 불날 수도 있으니 조심하라고 주의를 준다. 또한 안방 벽장은 혜산 전음광이 소태산의 열반과 장례 과정을 사진으로 찍어 현상했던 곳이다. 대종사 열반 관련 사진은 전음광뿐만 아니라 다른 사람도 찍은 듯하다. 법산 이백철은 "소화사진관 최씨라는 분이 찍었다."(원불교신문 1197호)라고 회고한다.

최초의 정기훈련을 냈던 전음광·권동화의 집

익산총부 최초의 사가, 전음광·권동화의 집

전음광·권동화 일가족 사진
앞줄 권동화 모친 김만공월, 장남 팔로, 소태산,
전음광 모친 전삼삼과 장녀 전팔근,
뒷줄 전음광, 처남 권대호, 권동화

전음광 관련 법문

『대종경』 수행품 11장 – 적지위대積之爲大

혜산 전음광이 정축동선(1937년 음력 11월 6일~1938년 음력 2월 6일) 회화 시간에 '공부인과 비공부인'이라는 감상을 발표한다. 비공부인은 어려운 일을 당하면 삼학공부를 하다가도 그 상황을 모면하면 방심할 뿐이요 무관심하기에 공부에 진척이 없고 일을 당해 낭패를 당한다는 것이다. 이에 비해 공부인은 일이 있든 일이 없든 동정 간에 수양 연구 취사의 삼학공부를 놓치지 않고 지속하기에 삼대력을 얻어 큰 법력을 얻는 인격을 이룬다는 것이다.

이 감상은 『정산종사법어』 경의편 14장에서 "공부하지 않는 이에게도 삼학은 있으나 이는 부지중 삼학이요 주견 없는 삼학이요 임시적 삼학이며, 공부인의 삼학은 공부적 삼학이요 법도 있는 삼학이요 간단없는 삼학이니라."라고 법문으로 이어진다. 전음광의 감상에 대해 소태산은 어떠한 평가를 하기보다는 당신의 감상을 덧붙여 회화의 깊이를 더해가는 것이 특징이다.

> 정축丁丑동선 어느 날, 회화 시간을 당하여 전음광의 차례가 되매, 음광은 『공부인과 비非 공부인의 다른 점』이란 문제로써 장시간 열변을 토하였다. 그 말에 「이 공부를 하지 않는 사람들도 어떠한 경우에 이르고 보면 다 우리의 삼강령三綱領을 이용하게 되나니, 그것은 즉 누구나 어려운 일을 당하면 반드시 정신을 수습하여 일심을 구하며 또는 그 아는 지혜를 구하며 또는 그 실행을 구하여 백방으로 노력을 하나니, 그때 그들의 열심熱心 상태야말로 우리 공부인에 조금도 지지 않을 것입니다. 그러나 그들의 삼강령은 그때 그 일에만 한하였을 뿐으로 그때 그 일만 지나가면 그만 방심이요, 무관심이기 때문에 평생을 지내어도 공부상 척촌尺寸의 진보가 없을 것은 물론이며, 모든 일에 임사낭패臨事狼狽를 면키 어려울 것은 사실입니다. 그러나 우리 공부인은 그와 달라서 때의 동정과 일의 유무를 헤아릴 것 없이 언제든지 쉬지 않는 삼강령의 공부법이 있으므로, 이대로만 오래 계속한다면 반드시 수양·연구·취사의 삼대력을 얻어서 출중초범出衆超凡한 대 인격을 완성하리라고 생각합니다.」라고 하였다.
>
> 때마침 종사주께옵서 이 말을 들으시고 가라사대, 「음광의 말이 매우 의지意旨가 있으며, 이미 공부의 길을 잡은 사람에게는 많은 도움이 될 듯하나 일반적으로 알기가 좀 어려울 듯하므로 내 이제 일언一言으로써 더하리라. 가령

여기에 세 사람이 모여 앉아 있다 하자! 그 중 한 사람은 기계 발명의 연구를 골똘히 하고 앉았으며, 또 한 사람은 수승화강水昇火降의 좌선법에 전심專心하고 앉았으며, 또 한 사람은 그도 저도 하는 것 없이 무료히 앉아 있다 하자! 그런다면 외면으로 보아 그때 그들의 아무 일 없이 앉아 있는 모양은 조금도 다를 것이 없을 것이며, 내면으로 무엇을 하고 안 하는 표가 나타나지 아니할 것이다. 그러나 그와 같이 1년! 2년! 내지 몇십 년의 장구한 시일을 두고 끊임없는 노력을 계속하고 보면 결국은 저의[본인의] 하는 바로 좇아 각각 현수懸殊한 차이가 나타나게 될 것이니, 기계학을 연구한 사람은 기계에 대한 어떠한 발명이 나타날 것이요, 수승화강하는 좌선에 힘쓴 사람은 자유자재自由自在한 정신의 위력을 얻을 것이요, 그도 저도 하는 것 없이 무료도일無聊度日한 사람은 필경 아무 성과가 없을지라.

이와 같이 무엇이나 하는 그때에는 오히려 심상하고 적은 일 같지마는 그 하는 것을 쉬지 않고 쌓고 또 쌓은 그 결과는 심히 위대하나니, 시시처처時時處處에 삼강령의 공부심이 있게 지내는 사람과 없이 지내는 사람의 장래가 그 어떠할 것은 오인吾人의 상식으로도 가히 판단할 일이 아닌가? 1시간의 좌선을 더 하고 덜함이 무슨 큰 차이가 있으며, 한 가지 일의 잘하고 잘못함이 얼마나 큰 관계가 있겠느냐 하지마는 돌이켜 생각해 보건대, 그 1시간이라는 시간이 쌓이고 쌓여서 사람의 일평생이 되는 것이요, 한 가지 잘하고 잘못함이 쌓이고 쌓여서 인품의 선악·고하를 나타내게 되나니, 어찌 짧은 시간이라 하여 그를 등한히 하며 작은 행실이라 하여 그를 소홀히 할 바이랴.

이에 대하여 또 나의 지내온 실험담 하나를 이야기해 주리라. 내가 8, 9세의 어렸을 때 한문 서숙에 다녔었는데, 그때 같이 글공부하던 '박朴'이라는 아이가 있었다. 이 아이는 매일 글공부에는 뜻이 적고 항상 광대소리 하기를 즐겨하여 책을 펴놓고도 그 소리, 길을 가면서도 그 소리, 언제든지 그 소리가 구부절성口不絶聲이었다. 그런 후 나와는 서로 방향이 달라져서 수십 년간 상봉치 못하다가, 연전年前 내가 영광에 갔을 때 우연히 도중에서 만나게 되니, 머리에는 백발이 성성하고 얼굴에는 무수한 주름살이 잡혀서 아주 몰라볼 정도로 늙었으나, 아직도 그 광대소리를 놓지 못하고 엿목판을 메고 가면서 한 곡조를 하는데, 과연 숨은 명창이 분명하더라.

나는 또 어렸을 때부터 우연히 진리 방면에 취미를 가지기 시작하여 독서에는 별로 정성이 적고 밤낮으로 생각하는 바가 현묘한 그 이치였다. 인간의 생로병사를 볼 때라든지, 자연계의 모든 현상을 접촉할 때 그 하나도 의심나지 않음이 없었고 의심이 나면 모두 다 알고 싶어서 이로 인하여 침식을 구망俱忘하고 명상瞑想에 잠긴 적이 한두 번이 아니었으며, 그로부터 계속되는 정성이 조금도 쉬지 않는 결과에 드디어 금일까지 진리 생활을 하게 되었으니, 이것을 두고 볼지라도 사람의 일생에 있어 제일 첫째, 그 방향의 선택이 중대한 것이며, 이미 방향을 정하여 옳은 데에 입각한 이상에는 사심邪心 없이 그 목적하는 바에 노력을 계속함이 만사 성공의 기초라.」하시더라.

《김대거 수필, 〈회보〉 45호 시창23년 6월》

권동화 관련 법문

동타원 권동화, 총부 상조조합에서 자금을 빌렸으나 기간 내 갚지 못하자 소태산은 복숭아밭을 담보 설정하라고 하며 "총부 간부들이 총부 재산을 빌려 썼다고 하면 일정의 감시가 심한 이때 여간 곤란하지 않다."라고 하니, 이에 권동화는 1개월만 기간을 달라하여 그 빚을 청산한다.《『한울안한이치에』 제1편 8. 화합교단 16절》
이처럼 전무출신의 권장부로서 권동화는 사가 일을 책임졌다. 이런 와중에 아들딸 차별 않고 4남매를 공부시켜 해외교화도 시키고 교육계와 법조계에서 역할을 하도록 교육하였다.
동타원 권동화는 논밭으로 다니며 일을 하다가도 대종사의 법설이 있으면 흙먼지를 씻지 못할지라도 축담에 앉아서라도 법설을 듣곤 했다. 소태산은 "들에서 왔냐, 밭에서 왔냐?" 하시며 하나하나 속 깊게 챙기며 "이것이 다 너희들 역사 한 자락을 꾸미는 것이다."라고 격려한다. 이러한 소태산의 보살핌 속에 권동화를 비롯한 총부에 사는 제자들은 힘을 얻었다.

『대종경』 수행품 13장 – 좌선에 대한 법문

〈회보〉 15호 '좌선에 대한 법문'에 소태산 대종사와 동타원 권동화 사제 간의 문답이 펼쳐진다. 이 문답에서 절집의 좌선과 소태산이 가르치는 좌선의 차이에 관해 묻고 답하며 결론으로 소태산의 보설이 붙어 있다. 권동화는 '마음의 거래처去來處'를 조사하여 온전한 정신이 밖으로 경계에 끌려가지 않도록 하고 안으로 번뇌에 흔들리지 않도록 그 마음을 지키고 앉은 것이 좌선이라고 답한다. 밖에서 들어오는 마음도 없고 안에서 나가는 마음도 없는 것이다. 이처럼 대종사가 제자들에게 지도하는 좌선은 "온전한 정신을 놓지 않고 마음의 거래처를 소소昭昭하게 조사하고 앉아 있는 것"이기에, 성성하나 망상에 빠지지 않고 적적하나 성성함이 없는 무기無記의 사선死禪에 떨어질 수 없다고 밝힌다. 이 법설이 기재된 원기20년(1935) 3월은 대각전이 건설되기 이전으로 새벽 좌선의 선방은 공회당으로 여겨진다.

이 문답은 『정전』 '좌선의 방법' 7~9조에 해당하는 시원 법문이다. 이 법설은 『대종경』 수행품 13장에 간략 윤문하여 수록한다.

> 한때 익산교당에서 종사님 새벽 좌선 시간에 선방에 출석하시사 대중을 향하여 말씀하여 가라사대,
> 「매일 새벽마다 일어나서 이와 같이 좌선 시간을 지키기로 말하면 피곤하여 응당 일어나기 싫을 때도 있을 것이요, 혹은 잠이 와서 눈을 뜨기에 싫을 때도 많을 것이다. 그런데 그 모든 괴로움과 오는 잠을 참고 이렇게 좌선들을 하니, 대체 무슨 좋은 일을 보려고 이와 같이 하는가? 저세상에서 모든 사람이 각자의 직업을 따라 관공청에 다닌다, 혹은 장사를 한다, 혹은 농사를 짓는다, 혹은 노동한다고 하여 그 여러 가지로 악전고투惡戰苦鬪하는 것이 무엇을 하려고 그러느냐 하면 곧 돈 하나를 벌자는 것이다. 그러므로 목적한바 돈

을 벌게 된다면 어떠한 역경·난경을 당하더라도 그와 같이 참고 견디나니, 제군도 이 좌선 공부를 하면 어떠한 좋은 일이 있을 줄을 발견하여야 할 것이 아닌가? 돈 버는 사람이 돈맛을 알아야 괴로움을 참고 돈을 버는 것과 같이 이 좌선도 그 좋은 맛이 있는 것을 발견한 사람이라야 잠도 덜 오고 괴로운 생각도 없으며 오직 재미가 날 것이니, 과연 좌선의 결과에 좋은 일이 무엇인가 대답하여 보라.」하시었다. 그때 2, 3인의 대답이 있었고 계속하여 권동화에게 전문轉問하옵시니,

답:「사람의 정신이라 하는 것은 본래 온전하고 맑고 싱그러운 것입니다. 그러나 오욕심[식욕·색욕·재욕·명예욕·수면욕]이 발동하오면 그 욕심을 채우려는 데에 정신이 천지만엽으로 갈려져서 온전한 근본정신이 없어지는 머리에 지혜문智慧門이 막혀서 일이나 이치에도 분석이 없어지는 것입니다. **그러므로 좌선하는 뜻은 안으로 일어나는 모든 욕심과 밖에서 들어오는 모든 경계를 물리치고, 오직 온전한 근본정신을 회복시켜서 금강철석**金剛鐵石 **같은 수양력을 얻기 위함이오니**, 과연 수양력을 얻게 된다면 그보다 더 좋은 일은 없으리라고 생각하옵나이다.」

문:「좌선하는 방법은 어떻게 하는가?」

답:「좌선을 하기로 하오면, 어느 시간을 물론하고 일없이 조용한 때를 이용하여 편안하게 앉아서[반좌] 전신의 기운을 바르게 한 후, 마음의 나가는 곳을 조사하기 위해서 마음과 기운을 아랫배[배꼽 밑]에 머무르고, 마치 하기 좋게 슬쩍 힘을 주는 듯하오면 조금 아랫배가 불쑥하여집니다. 그리고 조용히 앉았으면 번거한 생각과 망녕妄佞된 마음도 나고, 혹은 계교심이 생겨서 별별 공상도 끓여지는 때가 있고, 혹은 잠이 와서 혼몽천지昏夢天地가 될 때도 있사오며, 또는 정신이 깨끗하여 잠도 아니 오고 온전한 때도 있습니다. 그러면 **마음의 거래처**去來處**를 조사하여** 못 나가게 그 마음을 지키고 앉은 것을 일러서 좌선의 방법이라 하겠습니다.」…

《이공주 수필, 〈회보〉 15호 시창20년 3월》

13
이청춘家

이청춘의 집은 전음광·권동화의 집에 이어 원기11년(1926) 익산총부에 지어진 두 번째 사가이다. 꼭두마리집 언덕 바로 아래[현 공덕원]에 지어진 초가로 집 앞에 익산본관, 도치원 건축 당시 식수 해결을 위해 팠던 우물이 있다. 이청춘은 소태산 대종사를 가까이 모시고 마음공부에 전력하기 위하여 익산본관 내에 집을 지어 노모 김설상화와 함께 낙도생활하며 전무출신을 단행한다. 또한 이청춘의 집 맞은편 큰길 건너에 외삼촌 김남천이 오두막을 지어 손녀 이청풍과 함께 살게 된다.

이청춘(李靑春, 1886~1955)은 원기9년(1924) 3월 전주에서 불법연구회 창립 발기인 7인 중 여성으로 유일하게 참여한다. 이후 익산본관을 건설하고서 엿장수 소작농 등으로 생활해 가던 불법연구회의 형편을 보고 원기10년(1925)에 그동안 근검저축하여 모아왔던 전 재산 70두락[1만 4천평]의 **토지**를 입회 기념으로 희사한다. 이처럼 이청춘의 쾌척으로 불법연구회 7부 중 하나인 농업부가 실질적으로 설립된 것이다. 이에 이청춘은 원기13년(1928) 창립한도 제1대 제1회 기념총회 때에 1등 유공인의 공심가로 인정받는다.

이청춘은 어린 나이에 부친을 여의고 가정환경이 순조롭지 못하여 파란중첩한 생활을 하다가 꽃다운 시절을 보내고 불혹을 바라보는 때에 우연히 마당 가운데서 돼지 암수가 놀고 있는 것을 보고 홀연히 느낀 바 있었다.

"우리 인생으로도 마치 오욕생활五慾生活에 탐몰하여 인생의 본분을 찾지 못하면 저 돼지와 다를 것이 무엇인가?" 하는 생각에 이르니 누가 돼지껍질을 벗겨다가 자기의 얼굴에 씌우는 것 같았다. 그리하여 인생의 본분을 찾고 참다운 사람의 길을 걷고자 결심한 후 당시 유행하던 태을도太乙道를 믿었으나 허망하게 여기던 중 원기8년(1923) 12월 27일 최도화로부터 소태산의 가르침을 전해 듣고 39세가 되던 원기9년(1924) 봄, 전주에 행가한 소태산을 직접 뵙고 나서 환희용약한 마음으로 제자가 된다.

소태산으로부터 '화춘化春'에서 '청춘靑春'이라는 법명을 받들고 "우리 선생님께서 나를 구하지 않으셨다면 내가 어찌 이 고목생춘古木生春의 갱생로更生路를 잡았으랴. … 앞날의 화춘은 만물 조락하는 심동深冬을 당하면 변함이 있으련만 오늘 청춘靑春만은 봄이 와도 청춘이요 여름이 와도 청춘이요 가을이 와도 청춘이요 사시 청춘 내가 되며, 십 년이 가도 청춘이 되며, 백년이 가도 청춘이요 천년이 가더라도 오직 청춘은 청춘으로 일관하리라"《〈월말통신〉 제22호 시창14년 기사己巳 12월》라는 감상을 발표한다.

원기20년(1935) 전주 교화를 위해 사재를 들여 노송동에 회관을 마련하고 초대 교무로 부임한다. 이 뒤 이청춘의 집은 총부의 치병실로 사용하다가 퇴락하여 원기22년(1937)에 해체하여 일부 목재는 산업부로 옮겨 사용하고 이 터에 총부 식당채를 건축한다. 이청춘의 집은 여학원생들의 자취방으로 제공되기도 한다.

이청춘은 원기16년(1931) 여자수위단 이방离方 단원으로 내정되었으며 원기28년(1943) 여자수위단 시보단 손방巽方 단원에 선정된다.

이청춘의 집터, 공덕원
꼭두마리집 언덕 아래에 이청춘의 집터가 있었고, 한때 이곳에서 여학원생들이 자취를 한다.

『대종경』 실시품 26장 – 이청춘의 희사

소태산은 이청춘이 70두락[1만 4천평]의 재산을 희사하겠다는 의지에 대해 "심심장지深深藏之했던 귀한 재산을 별안간에 전부 희사함은 불가하니 차차 지내면서 생각해 보도록 하라"고 신중을 기했으나 이청춘은 "한번 마음먹은 것이오니 회중會中에 유용하게 사용해 주시라"고 간곡히 청한다. 이청춘은 "전주 기생 화춘이가 불법연구회 청춘으로 다시 태어났다"며 소태산을 스승으로 모실 수 있는 희열로 자기 재산을 익산본관의 유지답으로 희사하여 간고했던 불법연구회의 생활 기반을 세우는 데 큰 도움을 준다.

> 이청춘이 돼지 자웅의 노는 것을 보다가 마음에 깊이 깨친 바 있어 세간 향락을 청산하고 도문에 들어와 수도에 힘쓰던 중, 자기의 소유 토지 전부를 이 회상에 바치려 하는지라, 대종사 말씀하시기를 「그대의 뜻은 심히 아름다우나 사람의 마음이란 처음과 끝이 같지 아니할 수 있으니, 더 신중히 생각하여 보라.」 하시고 여러 번 거절하시니, 청춘은 한번 결정한 마음에 변동이 없을 뿐 아니라 대종사의 여러 번 거절하심에 더욱 감동하여 받아 주시기를 굳이 원하거늘, 대종사 드디어 허락하시며 **「덕을 쏠진대 천지같이 상相 없는 대덕을 써서 영원히 그 공덕이 멸하지 않도록 하라.」** 《『대종경』 실시품 26장》

『구도역정기』 – 이청춘의 금연

한때 이청춘은 소태산의 가르침에 따라, 오랜 습관이었던 담배를 끊기 위해 꼭두마리집 아래의 본인의 집[청춘家]의 방문을 걸어 잠그고 금연을 단행하는 실행력을 보여준다.

> 회중에 거금 4,000원을 희사하여 1회 12년 내 창립 일등사업 유공인, 이청춘

씨는 본관에 이주해 살면서도 세상에서 익힌 담배를 끊지 못하고 계속 피웠다. 종사주께서 엄히 주의를 내렸다.
"이곳에 와서 담배를 못 떼면 쓰겠느냐?"
이 말씀에 이청춘 씨는 금연키로 굳은 결의를 하였다.
방문을 걸어 닫고 칩거하며 문구멍으로 세끼 밥을 차입해 먹으면서 결국은 담배 끊는 자력을 얻었다. 후일, 이청춘 씨는 "구류 살고 담배 끊었다"고 자랑하였다.
《『구도역정기』 융타원 김영신 법사편》

여학원생과 이청춘家

총부 여학원생들은 선비[정기훈련비]를 마련하기 위해 공장에 다녔는데 20여 명 남짓하였다. 도치원 서아실에서 자취하다가 인원이 늘자 이청춘은 자신의 집을 자취방으로 내놓는다. 여학원생들은 이리 천일고무공장, 이리 택전제사공장, 전주 제사공장, 또는 광주 제사공장에 다닌다.

천일고무공장을 지나며(소태산 운구행렬)
익산 남중동에 위치한 천일고무는 당대 대표적인 고무신 회사였다. 실제 천일고무의 설립자는 이정림李庭林이다. (출처: 한국학중앙연구원 - 향토문화전자대전)

이때 익산총부의 유성열 등 남자 사무원들은 꽃밭재까지 나가 기다리고 있다가 공장에 다니는 여학원생들을 데려오는 경호를 맡았으며, 대종사님은 늦게까지 잠자리에 들지 않고 여학생들이 돌아오는 것을 확인하시고 따듯한 밥을 챙겨주도록 하신 뒤 잠자리에 드시었다.

한때 공장에 다니는 여학원생들에 대해 회중 간부들이 대책회의를 한다. 김대거가 영산 간척답에서 1년에 천 석 정도 수확하는 것을 예산 잡아서 학원생들을 교육시키자고 발의하여 중의로써 결정하고 종법실에 보고한다. 이 보고에 대종사 매우 꾸중하여 간부들은 1주일간을 밥을 제대로 먹지 못하고 지내게 된다.

얼마 후 소태산은 제자들의 마음을 풀어주며 "너희들 뒤에 보아라. 저 사람들이 공장에 다니며 고생을 감내하여 그것이 큰 힘이 되어 앞으로 우리 회상에 큰일을 할 것이다. 저 사람들은 우리 회상의 기초가 되고 근간이 되나 유학한 사람들은 별 자랑이 되지 못할 것이다." 또한 대종사님은 공장에 다니는 여학원생들에게 "너희들 지금은 이래 고생하지만, 앞으로 너희들 호강하는 꼴 어떻게 볼거나. 우리가 지금 이렇게 고생하는 것이 너희들 장래를 위해서 하는 일이다."라고 하시며 격려해 준다.

소태산은 어린 여학원생들이 공장에서 또는 공양원 등으로 고생하는 모습을 보시고 공부심을 진작시키고 격려한다.

> "너희들이 이 공부 이 사업을 하기 위하여 혹은 공장 혹은 식당 혹은 산업부産業部 등에서 모든 괴로움을 참아 가며 힘에 과한 일을 하는 것은 비하건대, 모든 쇠를 풀무 화로에 집어넣고 달구고 또 달구며 때리고 또 때려서 잡철은 다 떨어 버리고 좋은 쇠를 만들어 세상에 필요한 기구를 제조함과 같나니, 너희들이 그러한 괴로운 경계 속에서 진리를 탐구하며 삼대력을 얻어 나가야 범부의 잡철이 떨어지고 정금精金 같은 불보살을 이룰 것이라, 그러므로 저 풀무 화로가 아니면 능히 좋은 쇠를 이뤄내지 못할 것이요 모든 괴로운 경계의 단련이 아니면 능히 뛰어난 인격을 이루지 못하리니, 너희는 이 뜻을 알아서 항상 안심과 즐거움으로 생활해 가라." 《『대종경』 교단품 8장》

14
서중안·정세월家

　서중안·정세월의 집은 전음광·권동화의 집과 이청춘의 집에 이어 익산총부에 세 번째로 지어진 사가이다. 이왕이면 기와집으로 짓자고 하자 서중안은 "사부님도 초가인 도치원에 사시는데 그럴 수 없다."며 원기12년(1927) 봄에 김제 인화당한약방과 가산을 정리하고 전음광·권동화의 기와집 옆에 방 3칸 부엌 1칸의 안채와 헛간채를 초가로 지어 이사한다. 이사 올 당시 서중안은 건강이 무척 나빠진 상태라 회장직을 수행할 수 없어서 이재철 서무부장이 대행하였으며 갈수록 병이 더 깊어져 익산본관을 떠나 전지 요양을 떠날 때가 많았다.
　추산 서중안은 원기15년(1930) 6월 2일 열반하니 이 집에서 3년 정도 살았다. 정세월은 서중안의 열반 이후 원기17년(1932)에 전무출신으로 출가하여 식당 주임을 시작으로 소태산의 식사 수발을 책임진다. 서중안·정세월의 집은 이후 조갑종·박명성 부부가 들어와 살다가, 원기26년(1941) 경에 팔타원 황정신행이 아들 강필국과 함께 수양할 목적으로 이 집을 헐고 기와집으로 신축한다.
　서중안은 원기8년(1923) 음력 6월 1일 소태산을 변산 석두암에서 뵙고 제자가 되며 음력 6월 26일 스승 소태산에게 하산하여 회상을 열 것을 청한다. 이에 소태산은 하산을 결정하며 원기9년(1924) 봄에 전주 완산동 곤리지 전음광·권동화의 집에서 불법연구회 창립발기인 모임을 하고 회관 기지를 물색하던 중 익산 지역에 건립할 것을 결정하고 6월 1일에 이리에 있는 보광사에서 불법연구회 창립총회를 열고 당신은 총재가 되고 초대회장에 서중안이 선임된다. 그리고 9월 29일 익산군 북일면 신룡리 344-2번지 3,495평을 매입하여 본관 건설에 착수한다.

이 땅은 북일면 새말[신동 436번지]에 사는 류신차의 소유로서 박원석[김남천 사위]의 주선으로 매입한다. 서 회장은 본관 기지 대금뿐만 아니라 회관 건축비 일부[6백여 원]도 제공한다.

회관 건축 당시 서중안 회장은 자전거를 배워서 김제 인화당한약방에서 본관 공사 현장까지 약 22㎞ 거리를 통근하다시피 하였고 부인 정세월이 준비해 준 간장 등의 반찬을 자전거에 싣고서 공사장에 대었다. 서중안은 불법연구회 회장으로서 총재인 소태산 대종사가 부재 시 사업채인 인화당한약방이 아무리 바쁘다 할지라도 낮에 일을 보고 오후 늦게라도 자전거를 타고 익산본관 건설 현장에 가서 공사 상황을 살피었다. 이러한 공덕으로 불법연구회 초대회장인 서중안은 시창13년(1928) 제1대 제1회 창립기념대회에서 1등 유공인으로 표창된다.

익산총부 건설 100주년을 맞이하는 원기109년(2024)에 그 보본사업의 일환으로 추산 서중안을 기리는 행사를 해야 할 것이다. 그 방법으로 익산총부의 서중안·정세월의 집터[현 정신원]에 기념비 하나는 세웠으면 한다.

또한 소태산의 하산을 간청한 변산 석두암과 김제 인화당한약방과 사가 터, 익산본관 건축을 위해 김제~익산총부 간을 자전거 타고 다니셨던 노정 등을 기려야 할 것이다.

사요의 공도자숭배 차원에서 추산 서중안의 역사를 기념하자.

추산家[현 정신원] 뜰에 추산 기념비[표석]와 최초 본관, 도치원 기둥에 서중안이 직접 써 걸었던 '불법연구회' 간판을 재현할 필요가 있다. 또한 그의 필체인 『수양연구요론』과 『불법연구회규약』을 도치원에 기념으로 현판할 필요도 있다.

그리고 서중안의 행적이 깃들어 있는 변산 석두암 및 김제 인화당한약방[승리약업사, 김제시 교동 60]과 김제 사가[김제시 교동 63], 김제~익산총부 간 국도에 표석 등을 세워 기념해야 할 것이다.

『원불교교사』 - 서중안의 회상 공개 요청

원기8년(1923·癸亥) 6월에 서중안이 부인 정세월과 함께 다시 봉래정사에 와서 사뢰기를 "이곳은 길이 험난하여 교통이 불편하고 장소가 협착하오니 마땅히 교통과 장소가 편리한 곳을 택하여, 모든 사람의 앞길을 널리 열어 주심이 시대의 급무일까 하나이다" 하며, 대종사의 하산下山을 지성으로 간청하였다.

《『원불교교사』 제1편 제5장 5. 회상 공개의 준비》

서중안의 시봉

추산 서중안은 변산 봉래정사에서 10살이나 연상임에도 대종사를 영부靈父로 모신다. 그 후 그는 대종사를 스승이며 아버님으로 모셨다.

총부 건설 기지 대금 전액과 건축 대금 상당 부분을 책임지며 총부 건설의 주역이 되어 대종사가 안 계시면 김제에서 총부까지 자전거로 내왕하며 공사를 감독하여 도치원 본관과 꼭두마리집이 완성되었다.

그 후 원기12년(1927) 봄에 서중안은 대종사를 모시고 경성출장소 창신동 회관에 얼마간 있었다. 그때 서중안은 한시도 대종사 곁을 멀리 아니하며 대종사의 수건과 양말을 빨거나 또는 걸레를 빨아 방을 수없이 닦는다. 이것저것 하는 것이 어떠한 여자도 따를 수 없으며 대종사를 시봉하는 데에는 체면도 무엇도 불고하였다.

《경성교무 이공주 추모담》

익산본관 건설 및 인화당한약방 화재

서중안은 익산본관 업무를 보던 중 인화당약방에 불이 났다는 소식을 전해 듣고도 불법연구회 회장으로서 역할을 다할 뿐이었다. 50여 명이 일하는 인화당약방에 사업역량이 뛰어난 일산 이재철과 도산 이동안을 영입하고 식당 감원을 불법연구회 회원인 이강련화와 김정각에게 맡겼다. 이처럼 서중안은 인화당약방을 장차 불법연구회 유지사업체로 운영할 계획이었다. 원기19년(1934) 이리보화당의 설립은 이때의 경험에 기인한 것이다.

서중안은 봉래정사에서 '13세각'의 이청풍을 김제 집에 데려다가 3년간 한문과 서예 및 수예 등을 가르쳐서 여자계의 일꾼으로 만들 작정이었다. 이 기연으로 이청풍은 진안 마령 출신 송혜환과 결혼하게 되고 뒷날 그는 보화당을 이끄는 사업계의 중진 역할을 한다.

원기10년(1925) 3월 31일 김제 인화당한약방에 불이 났다. 사흘 밤낮을 타고 전소되었다. 익산본관에서 한약방에 불이 났다는 전보를 받고 서중안 회장은 본관 일이 마무리되지 않아 갈 수 없다고 하였다.
"천지공사를 다 마치지 못하였는데 사사 일에 맘이 끌려 중간에 갈 수 없다."
익산본관 일을 대략 마치고 사흘 뒤 아침에 자전거를 타고 김제에 내려갔다.
"불은 이왕 난 것이고 공사가 더 중하지. 사람은 주인이고 물건은 말이니까 본말이 바뀌지 않은 이상 걱정할 것 없다."
"사람은 안 다쳤느냐."며 먼저 인명피해를 물었다.
얼마 후 약방 재건에 착수하여 곧 다시 개업하였다. 인화당약방이 불타버렸다는 소식을 들은 각지 거래처에서 이를 동정하여 외상값이 속속 들어오기 시작하여 사업은 종전보다 더욱 번창하였다.
서중안 회장은 이동안에게 외무를, 이재철에게는 내무를 맡기고, 인화당약방을 불법연구회 유지기관으로 운영할 계획이었다. 그러나 인화당약방 운영을 등지고 불법연구회에 빠져 약방 화재를 초래하였고, 형 서동풍의 상장례를 소태산의 신정예법에 따라 치러 유가 전통을 저버렸다는 형제 친척들의 비판과 압박 속에 한약방의 운영에 곤란함이 생긴다[아마도 인화당약방은 형제 친척들과 동업 또는 투자를 받은 사업체로 보인다].
이에 소태산은 "재산은 있다가도 없고 없다가도 있는 것이다. 마음공부가 제일이니 그까짓 것 돈 가지고 속상해할 것 없다. 정리하고 나오너라."라고 한다. 서중안은 친척들의 압박을 피하여 가족을 데리고 익산본관 뒤 내곶리로 이사와 석 달간 살다가 이후 총부 구내로 집을 지어 이사한다.

《박용덕, 『소태산박중빈 불법연구회』 2권 중에서》

〈월말통신〉 26호 - 서중안과 군산 구암리 예수병원

소태산은 금강산 탐승을 위해 상경하기 1주일 전인 원기15년(1930) 5월 9일 몇몇 제자들과 함께 서중안이 치료받고 있는 군산 구암리 예수병원에 갔으나 벌써 퇴원하고 없었다. 수소문 끝에 병원에 드나드는 인력거꾼을 통해 선일여관에서 한방치료하고 있는 서중안을 찾게 된다. 더 이상 건강을 유지할 기력이 없을 정도로 쇠약해져 있는 서중안을 익산본관으로 데리고 온다.

△ 추산 서중안 씨 본병本病이 갱작更作하여 일반은 동정同情의 우憂를 불금不禁.
《〈월말통신〉 5호 시창13년 음력 7월》

△ 종사주 소창蘇暢 겸 당시 병기病氣로 군산시외群山市外 귀암리龜岩里 야소교耶蘇敎 병원에 입원 중인 서중안 씨를 위문차 조갑종, 송도성, 전음광, 서대원, 김대거, 이동진화 등을 데리고 군산 해안을 순람巡覽하신 후 해병원[該病院, 그 병원]을 왕방往訪하시니, 중안 씨 기[旣, 이미]히 퇴원하였다. 종사주 이하 일반은 의려만단리疑廬萬端裡에 방황하다가 모某 인력거부人力車夫의 지시指示로 군산시내 선일여관에서 한약 치료를 하고 있음을 탐지探知케 되었다. 갱更히 해여관該旅館을 방문한바 과연 상봉을 득得하여 당일 오후에 부호 귀가扶護歸家하니 기후其後 병세가 혹증혹멸惑增或滅하여 가족의 우수가 점심漸深하는 일방一方 회우會友의 민정悶情이 익절益切하더라. 그러나 금차今此의 병증病症은 파頗히 위독하여 특수한 생기生氣를 만회挽回키 전에는 소생을 기期하기 난難하드라.
《〈월말통신〉 26호 시창15년 음력 4월》

〈월말통신〉 27호 – 최초의 교회연합장

서중안은 부인 정세월과 은자恩子 성정철에게 본회의 상장례에 준하여 장례를 치를 것을 당부하고 원기15년(1930) 6월 2일(음력 5월 6일) 오후 2시에 열반에 든다. 이에 익산본관은 최초로 교회연합장을 결정하고 서중안 사택 앞에서 발인식을 거행한다.

소태산은 서중안을 제자로 얻게 된 것을 대단히 기뻐하였고, 뒷날 서중안이 49세에 발병하여 열반하자 그의 공덕을 기리며 "중안은 자공子貢과 같은 사람이야. 공자님에게 자공이 없었다면 어찌 그 뜻을 폈을 것인가?"라고 술회한다.

사업계의 기관차, 금강이도의 행동가였던 서중안은 소태산을 스승으로 모시고 소태산의 교법을 이 세상에 펼치고자 했다. 이 포부를 실행할 기반인 김제 인화당약방을 잃어버린 허탈감으로 인해 그는 결국 신경쇠약증을 얻어 생을 마감하게 된다. 소태산은 이러한 성격을 염려해서였는지 과하지 않게 중도에 따라 편안하게 진척해 가라는 중안中安이란 법명을 준다. 서중안 열반 후 그의 추상같은 열정을 기리어 추산秋山이란 법호를 내린다.

1. 음력 5월 6일

오랫동안 숙환宿患으로 신음呻吟하시던 전회장前會長 서중안 씨는 부인 정세월 여사의 천신동감天神同感한 열성적熱誠的 구호救護에도 종시終是 회춘回春치 못하고 금일 오후 2시 다한多恨한 49세를 일기로 대원무별大圓無別의 본적처本寂處에 드시었다. 씨氏는 창립초회創立初回 제1등 공인功人으로서 아회我會 창설의 유일한 공훈가功勳家인 만큼 본관 간부 일동 협의 결과 회장會葬으로 가결하고 영광, 김제, 진안 각지방 대표 요인에게 초전招電을 발發하는 동시, 경성만은 거리距里 우又는 당지當地 형편상形便上 서신書信으로 즉시 통부通訃하였고 또 전기前記 각지各地에 지령指令을 발하여 출상出喪 당일[5월 8일]에는 추도식을 거행토록 하다.

2. 5월 8일

추산秋山 서중안徐中安의 장의葬儀는 본일本日로서 거행케 되었다. **오전 11시경 씨의 사택私宅 전정前庭에서 전음광 씨 사회하司會下 발인식을 행할새** 염불 묵상 경례 등 예례의 식순 등을 밟아 끝으로 부인 정세월 여사의 비절통절悲絶痛絶한 추도문과 시자侍子 성정철 씨의 다한심회多恨深懷한 추도문에는 방관자傍觀者로서도 자연 낙루落淚를 불금不禁하였다. 식을 필畢한 후 영구靈柩를 회관장會館場 전전前前에 운치運置하고 전음광 씨 주례하主禮下 갱更히 추도식을 행할새 제순서諸順序를 밟아 추도문 낭독 순에 입入하여 본관 대표 추도문은 송도성 씨가, 영광지회 대표 추도문은 전음광 씨가, 동同 신흥분회 대표 추도문은 송규 씨가, 진안 회우會友 일동 대표 추도문은 송혜환 씨가, 김제 원평 회우 일동 대표 추도문은 조송광 씨가 각각 차례 낭독하였고, 이재철 씨의 추도문은 송규 씨가 대독代讀하니 주위는 비장한 분위기가 일층一層 미만彌滿하였다. 식을 필한 후 오찬午餐을 분식分食하고 서서徐徐 운구運柩하여 이리시내 영정통櫻町通을 직관直貫 구舊 이리가裡里街를 경유經由로 북일면 지정 묘지를 향진向進할새 수십폭數十幅의 만장挽章과 89본의 봉도기奉悼旗는 전열前列 창공蒼空에 비양飛揚하고, 수지포선手持布扇한 백여 동지가 후열에 나립羅立하여 수십정數十丁을 연타連拖로 정숙 행진하니 고수잔리枯樹殘籬에 은면목출隱面目出한 소부소녀小婦小女의 함타극찬含唾極讚의 잠미성潛微聲도 있었고 휴장부신携杖扶身한 노인행객路人行客과 개공심파호開空心罷戶하고 노신망견露身望見하는 내외인사內外人士의 경의성驚疑聲 탄자성歎自聲도 있었다. 4, 5회를 휴게休憩하여 겨우 당지當地에 도착 장례葬禮를 필하고 회우 일동의 일곡一哭으로 다정한 추산당秋山堂의 육체를 결별한 후 귀가하니 시時는 오후 5시러라.

3. 5월 23일

고故 추산당秋山堂 서중안 씨의 초상肖像을 이리 김규홍金圭鴻 화사畫士에게 촉탁囑託하다.　　　　　　　《〈월말통신〉 27호 익산본관 각지상황》

금강산 여행 닷새째 날인 6월 1일(음력 5월 5일)은 비가 와서 소태산 일행은 종일 장안사 금강여관에서 쉬었다. 엿새째 날 6월 2일, 일행은 외금강에 가기로 계획되어 있었다. 이날 아침에 세수를 마친 소태산은 남쪽 하늘을 바라보며 탄식하였다.

"오늘 다정하고 인연 깊은 사람이 가는구나."

이날 오후 2시에 불법연구회 초대회장 서중안이 익산본관 자택에서 49세를 일기로 열반에 든다. 이때 소태산 일행은 장안사 금강구에서 신풍리까지, 신풍리에서 온정리까지 자동차로 혹은 도보로 행보 중에 있었다. 이날 저녁, 온정리 여관에서 소태산은 식사도 폐한 채 감기와 신열로 상기되어 몹시 앓았다.

《박용덕, 『소태산박중빈 불법연구회』 2권》

추산 서중안의 발인식 터, 서중안·정세월의 집 앞
"추산 서중안의 장의는 … 오전 11시경 **씨의 사택私宅 전정前庭에서** 전음광 씨 사회하司會下 발인식을 행할새 … "

〈월말통신〉 27호 – 서중안 추도문

본회가 창설되던 초기에 남다른 위적偉績을 이루시고 이래爾來 팔구 연간에 일반 회원의 극진한 경앙景仰을 받으시며 휴척고락休戚苦樂을 같이 하여오시던 전회장前會長 추산당秋山堂 서중안徐中安 형님은 이제 거연遽然히 대원무별大圓無別한 본적처本寂處에 드시었다.

대각 성불의 웅대한 서원을 달하지 못하여 철천의 한을 품은 그대로 형님은 벌써 대원무별한 본적처에 드시나이까. 매고 북돋우고 거름 주고 물 주어서 어서어서 자라

나기를 기다리는 과수 남기[뿌리]가 과실果實 미처 열기 전에 형님은 벌써 대원무별한 본적처에 드시나이까. 아, 슬프다 형님이시여! 형님의 떠나심이 너무나 일찍이라고 [빠르다고] 생각합니다. 가정상으로 볼지라도 당상堂上에는 90 소령邵齡의 노친老親이 계시어, 한번 당하기도 어려운 인생의 최대한 비극에 두 번이나 열루熱淚를 뿌리시며, 슬하에는 아직 미성未成한 애식愛息이 있어서 아버지 아버지하고 발을 굴러 통곡하니 처참한 이 광경을 차마 보고 듣기 어렵습니다. 아 형님이시여! 형님의 떠나심이 너무나 일찍이라고 생각합니다. **평소에 그렇게도 신앙하고 존봉尊奉하시든 우리 아버님 대종사주의 법가法駕가 바야흐로 금강산중金剛山中에 두류하시거늘 환가還駕하실 그동안을 기다리지 못하여 이렇게도 허망하게 떠나시나이까?** 대자연의 공도를 좇아서 왔다가 가고 갔다가 오시는 형님의 영가를 뉘라서 능히 만류하며 아니 가셔야 할 이때 기어코 가시는 형님의 영가를 어찌 감히 원망이야 하오리까마는 다만 동지 제인諸人의 흉장胸腸에 사무치는 쓰라린 마음과 안곽眼廓에 넘치는 뜨거운 눈물이 솟아날 뿐입니다.

그러나 또다시 생각하면 형님은 이 세상에 오셔서 본회 탄산誕産의 초기에 당하여 창립 초회初回 제 일등 유공인이라는 거룩하신 공적을 남기셨사오니 이제 비록 형님이 가셨다고 하오나 이 몇 자의 기록만은 영원히 마멸되지 아니하고 그때의 유력한 창립주가 되셨음을 증명하올 터이오며 이후 무궁한 세상에 공익심을 권면하는 원동력이 되셨사오니 49년의 짧은 일생으로 무엇을 하면 이보다 더 광채 있는 일이 있겠습니까. 형님이 서원하신 대각 성불의 목적을 달치 못하셨다고 하나 하여간 처음부터 끝까지 그 마음을 바꾸지 아니하셨으니, 서원을 세운 그날부터 곧 대각 성불이며 매고 북돋우고 거름 주고 물 주어서 사랑하고 두호하시던 우리의 사업기관도 근본이 점점 굳어지고 지엽枝葉이 차차 발달하오니 성과는 자연이라. 이도 또한 형님의 원願을 이루심이요, 가정 상황으로 볼지라도 현숙賢淑한 미망인이 계시어 상봉하솔의 도를 형님이 계실 때와 조금도 다름이 없을 터이오며 우리 아버님 **대종사주의 법안法顔**을 더 한번 얻어 뵙지 못하신 것이 유감遺憾일는지는 모르오나 지영지대至靈至大하옵신 종사주의 정령精靈은 사주세계四洲世界를 통하여 아니 계시는 곳이 없을 터이오니 금강산과 익산이 무슨 간격이 있으며 한 번 더 뵈옵고 덜 뵈옵는 데에 어떠한 차별이 생생生하리요.

형님이시여! 형님께서는 이 세상에 한 가지도 미진한 일이 없이 다 마치시었사오니 만사萬事를 도무지 잊으시고 온전한 기운 그대로 호연浩然이 돌아가소서. 그러하였다가 춘삼월春三月 호시절好時節에 떨어진 꽃 다시 피고 일그러진 달 둥글거든 다시 서로 만나서 이 공부 이 사업을 영원히 계속하옵시다.

《시창15년 경오庚午 5월 8일, 본회 익산본관 동지 일동 배도拜悼》

〈월말통신〉 27호 – 추산 서중안 씨 열반에 대한 각 인사의 감상

1. 참 애석한 일
– 영광지회 교무부장 송규 씨 담談

추산秋山 서중안徐中安 형님을 생각할 때 항상 애석한 마음이 마지않습니다. 형님은 사업계에 참 열성가입니다. 본회가 구성된 처음, 계해癸亥, 갑자甲子, 을축乙丑, 3, 4년간 그 활동하신 성력誠力이야 진실로 장하였지요. 그 후 연連해 병마에 침체沈滯되어 그 성의誠意를 계속 발휘치 못한 것은 말할 수 없이 애석한 바이며 종시終是 회춘의 길을 밟지 못하고 거연遽然히 열반의 자리에 들게 되오니 슬픈 눈물이 자연 방방하여집니다. 또 형님의 성격은 공심公心 있고 인자仁慈하였지요. 건강한 몸으로 기개년幾個年만 더 지내셨다 하여도 우리 회會의 행복이 될 것을.

2. 추산당秋山堂 부음을 듣고
– 경성교무 이공주 씨 담談

오호! 추산당 서중안 씨의 열반 비보여! 참으로 동지인 우리의 마음을 놀랍게 하며 슬프게 하며 섭섭하게 합니다. 씨는 오직 본회의 유일하신 공훈자시며 우리의 선도자先導者시었습니다. 현재 익산본관이 터도 없을 때, 씨는 자발적으로 삼천여 원이란 거액을 의연하여 기초를 구성하였으며 오늘날의 발전을 보게 하였습니다. 또한 씨는 문필文筆이 초월超越하였나니 본회 교과서의 하나인 『수양연구요론』의 표지[씨의 친

필만 보아도 알 일입니다. 씨는 누구에게든지 겸사謙辭가 많으시며 하심下心을 주장하셨나니 씨와 얼마 동안 접촉하여 본 사람이면 누구나 알 일입니다. 더욱이 종사주께 향념向念 즉 성심을 짝할 자 드문 이라고 생각됩니다. **정묘년 춘春에 씨는 종사주를 모시고 이곳 창신동 지회에 얼마간 계옵신 일이 있었는데 기시其時에도 종사주의 곁을 멀리 아니하시며 수건과 양말을 빤다, 걸레를 빨아 방을 수없이 닦는다, 이것저것 하시는 것이 어떠한 여자도 따를 수 없었으며, 종사주를 시봉하는 데에는 체면도 무엇도 불구하시고 오직 전일지심專一之心이었습니다.** 아 우리가 박복하여 씨가 먼저 열반에 드시게 되었습니다. 만약 건강하신 몸으로 본회의 공부와 사업을 계속하였다면 그 얼마나 본회의 행복이었겠습니까? 다만 애석할 따름입니다.

3. 굴기하심屈己下心 하셨습니다
– 본회 교무부 서기 송도성 씨 담담談

굴기하심屈己下心, 이 네 글자. 아무라도[누구나] 말하기는 쉬우나 행하기는 극히 어려운 것이 사실입니다. 그런데 고故 추산당께서는 능히 이것을 실행하셨습니다. 남녀노소를 물론하고 회우 간會友間에는 호상 경어를 사용하자는 의견을 제의하신 후로부터 다른 사람은 혹 언어변경言語變更에 많은 곤란을 당하였으나 추산당께서는 솔선실행率先實行하여 극진한 배례拜禮와 경건한 언사로써 대하였습니다. 이제 추산당의 육체가 가시었다 할지라도 그 좋은 법만은 가지 않고 길이 우리의 마음속에 잠겨 있으니 우리는 남녀노소 일체적으로 그 법을 모범하여서 서로서로 굴기하심으로 위주하면 떠나신 영가에게 만일의 보공報功이 되는 동시에 본회 전도前途가 양양평화洋洋平和할 듯합니다.

4. 천부적 행범가行凡家입니다
– 본부 교무부장 김기천 씨 담담談

추산당에 대한 감상 말입니까? 열반에 대한 감상보다도 나는 씨의 솔성率性에 대하여 대찬특표大讚特表코자 합니다. 도우간道友間에 가장 친절하여 남녀노소 상하를 물론하고 어찌 그리 정이 도탑게 생각하는지요! 또한 성격이 퍽이나 조용한 가운데 모든 일에 절대로 예禮를 잃지 아니하며 소소小小한 언행에 귀를 기울이지 않고 고대古代 위인달사의 초계급超階級 초국한적超局限的 가언대행嘉言大行을 선청善聽하여 자기의 공심행사公心行事에 조금도 사심私心 없이 정일진행精一進行하였습니다. 또는 본회에 입참 이후 창립 사업에 몰두하여 종사주의 대법하大法下 직접 수훈受訓의 시일이 천단淺短함도 불구하고 여사如斯히 솔성하신 것을 보면 씨는 천부적天賦的 행범가行凡家로서 우리의 사표적師表的이라고 생각합니다.

5. 금강이도적金剛利刀的 용단가勇斷家입니다
– 본부 농업부장 이동안 씨 담談

추산당의 감상을 말하려고 생전生前 일을 곰곰이 생각하니 새삼스레 처연凄然한 감회가 흉중에 미만彌滿합니다. 본인은 씨와 얼마간 동거할 기연奇緣이 있어서 그때 얻은 감상이야 실상 여산약해如山若海하지만, 고각姑閣하고 대략만 들고자 합니다. 씨는 참 용단이 특수하셨습니다. 본인이 처음 출가하여 김제 약국에 우거寓居할 때 종사주께옵서는 부안 산중에 수양차 계시고 씨는 간혹 내왕케 되었습니다. 한번은 단연명령斷煙命令이 계시어 다른 사람은 혹은 암암리 혹은 감도적減度的이란 핑계로 흡취吸取하여 주저유예躊躇猶豫하는 열태劣態를 폭로暴露하는 자 많았으나 씨는 평소에 그같이 좋아함에도 불구하고 즉시 단절하였습니다. 또는 그같이 거창한 가산 복잡한 영업 속에서 가권 사무인事務人 내왕행객來往行客 등 시시時時로 백여인식百餘人式의 식사를 공급할 때 사육四肉 등속이 아니면 찬찬을 지속할 수 없습니다. 그중에도 종사주의 일차 금육령一次禁肉令이 있으신 후는 갱불접구更不接口하였습니다. 이상의 그것보다 실상 특수한 바는 친형 동풍 씨의 열반 시 아회我會의 상장예법喪葬禮法 사용에 대하여 완풍구취完風舊臭가 농농濃濃한 김제 원평 등지에서 타인의 무수한 비평 조소와 친자 족척의 강경한 반대가 있음도 불구하고 기어이 소지素志를 관철하였습니다. 수천 년 전래고풍傳來古風을 일시에 개혁하는 그 용단勇斷이야 오죽합니까? 말로는 쉬어도 사람마다 그 지위 그 환경에 처하여서 실행키 어려운 일이라고 생각합니다. 그러므로 나는 금강이도적金剛利刀的 용단가勇斷家라 합니다.

6. 사업계事業界의 기관차機關車
– 본부 교무부 서기 전음광 씨 담담

묻지도 마시오. 추산당에 대한 감상을 말하려면 감상보다도 감회가 앞을 서니 어쩌란 말이요 글쎄, 그러나 저 질풍신뢰적疾風迅雷的으로 달리는 기차를 볼 때 그 조화가 모두 기관차에 있다는 것은 우리가 다 인식할 바입니다. 그와 같이 씨는 우리 사업계事業界의 기관차機關車이었습니다. 본회가 처음 구성될 때 모든 것이 씨의 알선斡旋과 활동으로 되지 않았습니까? 그것은 아회我會의 제1회 역사나 씨의 일생 역사를 보신 이는 잘 알 줄로 믿습니다. 씨의 병 들음은 기관차의 고장이었고 씨의 열반은 기관차의 파손입니다. 그 기관차의 조종사이시던 종사주가 그 뒤에 부속 작용을 하던 우리 회우會友 전차체全車體의 실망과 비통은 말하지 않아도 알겠지요. 모든 것을 운명이라면 췌설贅說할 필요가 없거니와 그래도 실제를 추구하면 감회만강感懷滿腔 목자루目自淚할 뿐입니다.

7. 공경심恭敬心과 사양심辭讓心이 많은 어른
– 본부 농업부 과농부瓜農部 주임 박노신 씨 담담

위로 종사주를 시봉할 때나 아래로 회우간會友間 상교相交할 때나 기타 외인外人을 응접할 때나 동동촉촉洞洞屬屬하는 공경심이 충만하셨고 석일昔日 요순시대의 민중들과 같은 사양심이 극하시어 실로 우리 후진자의 모범적 어른이라고 생각합니다.

8. 감화력感化力이 절대絶對 하심이다
– 본부 농업부 답농畓農 주임 이준경 씨 담담

김제 약국에서 본 일입니다. 씨는 항상 사람을 응접할 때 열 사람이나 백 사람이나 굴기하심屈己下心하시며 또는 작별할 때도 개개문전個個門前까지 전송하십니다. 기타 가인家人 사무인事務人을 지휘하실 때의 언행도 온유와 정직을 주장하셨나니 모든 것을 종합하면 감화력이 진실절대眞實絶對한 이라고 생각합니다.

9. 실實한 가운데 허망虛妄하고 허망한 가운데 실한 이다
– 본부 농업부 축산주임 전종환 씨 담談

실한 가운데 허망하고 허망한 가운데 실하다. 아아 말이 좀 이상합니다. 그러나 추산당의 일생행적一生行蹟에 대해서는 이것이 실로 정평正評입니다. 왜 그러냐 하면 그분이 오죽이나 우리 회會에 대하여 영적으로나 육적肉的으로 진력하셨습니까? 실실한 사업에 실하게 일하였으니까 실로 실하지요! 그러나 금일 거연 열반에 드시니 생전 상황이 허망한 것 같습니다. 또는 그러나 그분이 아무리 열반에 드시어 허망하다고 하더라도 실한 그분만은 실로 변함이 없습니다. 창립에 대한 성의의 자취와 공로功勞의 가치는 천추를 긍亘하여 소소昭昭할 것이며 따라서 그분의 전 존재가 갈수록 더욱 더욱 일체중생의 뇌 속에 또렷또렷하게 인상될 것이오니 어찌 실하지 않습니까, 끝을 추리면 오직 실 자實字 하나가 남을 뿐입니다.

10. 총명과 지개志慨가 과인過人하시지요
– 본부 농업부원 잠농蠶農주임 송봉환 씨 담談

옛날 사광이 총聰있다고 합니다. 그러나 그는 내의 보지 못한 바이지만 추산당은 참으로 총명聰明하셨습니다. 그 병마에 리[걸릴 리罹]하기 전의 총聰쯤은 아마 사광이라도 쫓아갈지 모르지요. 그 어느 때 취지규약 전편을 강講하게 되었습니다. 씨는 거년去年에 일차 열람한 것을 다 외웠지요. 내 원 그런 총聰은 처음 보았어요. 욀 때도 단번에 주루 주루 다 외는 게 아니라 생각하고 생각하고 하면 그저 나옵니다 그려. 그러고 씨는 또 지개志慨가 견고하였습니다. 무슨 일이든지 어심於心에 옳다고 결정되면 저사위한[抵死爲限, 죽기를 작정하고 뜻을 지킴]해 갑니다. 그러나 만일 불의로 인認할 때는 아무리 천붕지괴天崩地壞의 변變이 있더라도 하지 않을 것입니다. 부귀로도 그 마음은 빼앗지 못할 것이요, 권력으로도 꺾지 못할 것이요, 술수로도 달래지 못할 것입니다. 하여튼 드문 양반이지요.

11. 사업은 꼭 하여야 할 것입니다
– 본부 서무부 간사 전구일 씨 담談

추산당 생전은 씨의 병으로 인하여 접촉할 기회가 많지 못하였으므로 씨의 자세한 성격도 모르고 또는 감상도 그리 없습니다. 그러나 열반으로 장식葬式까지 일체를 참관한 저로서는 과연 감상이 없지 않습니다. 그것은 사람으로서 사업은 반드시 할 것과 사업이라도 일개 가정 같은 적은 곳에 그치지 말고 국한을 초월하여 중인衆人을 위한 사업에 그칠 것으로 생각합니다. 왜 그러냐 하면 추산을 보더라도 씨가 만일 가정 사업에만 그쳤다면 어찌 그날 같은 광대한 단체장團體葬을 거행하게 되며 본회 전체가 추도케 되겠습니까? 다직하면['기껏 한다고 하면', '기껏 많게 잡아서', '기껏 많다고 하여야'의 뜻으로 쓰는 말] 부모 처자 족척族戚 기인幾人이 모여 명인통탄鳴咽痛歎할 따름일 것입니다. 그러함에도 불구하고 굉대宏大한 장례로 백여 동지가 호종護從하며 익益히 역사와 영정을 봉안하여 본회의 조상으로써 대우하려 하나니 어찌 장하지 않습니까? 본회가 드러남을 따라 씨의 명망名望도 익익益益 떨칠 것입니다. 이로 보면 사람이 사업은 꼭 하여야 할 것이며 사업 중에도 중인衆人을 위한 사업을 할 것이 아닌가요!

12. 순실한 공심가
– 본부 서무부장 오창건 씨 담談

추산당으로부터 얻은 감상. 씨와 다년 교거交居한 나로서 그 수를 어찌 다 헤아리겠는가? 본시 어눌하고 단문短文한 내로서는 글과 말이 충정을 표시할 능력을 갖추지 못하였으므로 다 물리치고 이제 겨우 하나만 말하고자 합니다. 씨는 참으로 순실한 공심가입니다. 본회 창립 이후 조금도 사심이 없이 몸과 마음과 물질을 오로지 본회에 바쳐 낮 없이 활동하셨습니다. 본회가 무형적無形的한 데서 기초를 세우게 된 것도 오로지 씨의 공심公心이 결정화結晶化한 것으로 생각합니다. 오늘의 씨는 열반에 들었지만, 그 공심만은 만대에 남아 있어 만령萬靈의 공심제公心劑가 될 것이며 세계를 공가公家로 만들 줄로 압니다.

15
청하원 및 북일순사주재소

경성출장소 재가 교무 이공주와 그녀의 큰아들 박창기 모자母子가 원기17년(1932) 9월 1일(음력 8월 1일)에 전무출신으로 출가하기 위해 익산총부에 도착한다. 이때 소태산은 이공주가 지원하여 수리한 도치원 동아실[동쪽 방]에 거주하도록 한다. 출가 2년 후인 원기19년(1934) 8월 20일에 익산총부 구내에 6칸 겹집의 안채와 3칸 짜리 아래채를 총부 정문 입구 쪽에 건축한다. 안채의 북쪽 방은 이공주가, 남쪽 방은 박창기가 사용했다. 그리고 안채는 외빈 응접실로도 사용되었고, 1935년 도산 안창호를 응접한 곳이다. 이공주는 이곳에서 〈회보〉를 발간하는 통신부 업무를 보았다. 시창21년(1936) 일경은 도산이 소태산을 방문한 이후 익산총부를 감시하기 위해 이

청하원
이공주·박창기 모자가 전무출신하여 원기18년(1933) 8월 20일 익산총부 입구에 건립한 사가. 원기21년(1936) 9월 이리경찰서 파견 사찰 형사가 이 집 일부를 강제 징발하여 주재한다. 이 집은 내빈 응접실로도 사용되며 이공주의 아호를 따 청하원이라 이름한다.

공주의 집을 강제 수용하여 안채는 순사 주재소로, 아래채는 일경의 숙소로 사용하는 유래를 찾아보기 어려운 탄압의 장소이다. 이공주家는 이공주의 아호를 따서 '청하원'이라고 부른다. 이공주家 관련 법문은 『대종경』 실시품 45장과 『대종경선외록』 교단수난장 5절이 대표적이다.

청하원 마당정리

『대종경』 실시품 45장 – 도산 안창호의 익산총부 방문

도산 안창호는 윤봉길 의사의 폭탄 투척 사건에 연루되어 4년의 실형을 받고 복역 중 20개월을 남기고 가출옥된다. 이후 전국을 순회하던 중 김제군 백구면 치문학교를 방문하고, 익산군 북일면에 김한규가 설립한 계문보통학교[신룡리 355-3. 현 원불교중앙요양원 일대, 원의원 건너편]를 방문한 길에, 불법연구회를 취재했던 〈동아일보〉 이리 주재 기자 배현의 권유로 인근의 불법연구회 익산총부[신룡리 344-2]를 방문하게 된다. 도산은 신축한 지 얼마 안 된 대각전을 참배한 뒤 청하원 응접실로 안내되어 소태산과 대면하게 된다. 당시 소태산은 45세였고 도산은 58세였다.

도산 안창호는 김형오의 안내를 받으며 대각전을 참배하는데 당시의 대각전은 높은 언덕 위에 막힐 것이 없어서 사방을 다 둘러볼 수 있는 전망처였다. 아마도 잘 정돈된 익산총부 전경을 봤을 것이고 주변에 둘러있는 과수원을 전망했을 것이다. 익산총부 도량은 소박하면서도 정갈하게 정돈된 풍광이면서 훈훈하고 신선한 분위기였다. 자력양성을 추구하고 지자를 앞세우고 서로 가르치고 공도자를 숭배하는 도량의 기운이 풍기었을 것이다.

도산 안창호의 소태산에 대한 평은 중요하다. 판국이 넓고 방편이 능란하여 동포에게 공헌은 많으면서도 일제가 대놓고 구속하고 압박할 것은 없었다는 도산의 평은 소태산의 노고를 꿰뚫는 안목이요 공감이라 할 것이다.

> 안도산安島山이 찾아온지라, 대종사 친히 영접하사 민족을 위한 그의 수고를 위로하시니, 도산이 말하기를 「나의 일은 판국이 좁고 솜씨가 또한 충분하지 못하여, 민족에게 큰 이익은 주지 못하고 도리어 나로 인하여 관헌들의 압박을 받는 동지까지 적지 아니하온데, **선생께서는 그 일의 판국이 넓고 운용하시는 방편이 능란하시어, 안으로 동포 대중에게 공헌함은 많으시면서도, 직접으로 큰 구속과 압박은 받지 아니하시니 선생의 역량은 참으로 장하옵니다.**」하니라.
> 《『대종경』 실시품 45장》

『대종경선외록』 교단수난장 5절

도산 안창호가 익산총부를 방문하여 소태산 대종사와 면담을 나눈 시기는 원기20년(1935) 여름쯤으로 여겨진다. 왜냐하면 대전형무소에서 출소하여 호남 일대를 순방한 시기는 1935년 5월 이후이기 때문이다. 원기21년인 1936년 초에 전주를 방문하는데 이때 익산에 올 수도 있을 것이나 겨울철에 방문한 것 같지는 않다. 『대종경선외록』 교단수난장 7절에서 황이천 순사는 원기21년(1936) 하선 결제 때부터 집회에 참석하여 소태산 대종사의 일거수일투족을 감시하기에 시기 상황상 원기20년(1935) 여름에 도산의 총부 방문설이 타당할 듯하다.

> 우리 교단이 일제의 감시를 특별히 받은 것은 원기21년 도산 안창호 선생이 불법연구회를 방문하고 대종사와 면담을 나눈 뒤부터였다. 안도산은 당시 호남 일대의 농촌 상황 시찰차 이리에 도착했다가 〈동아일보〉 기자의 안내를 받아 불법연구회를 방문하게 된 것이다. 그 기자는 불법연구회를 최초로 〈동아일보〉에 소개하면서 극구 찬양하던 사람이었다. 그러나, 대종사와 안도산

은 이리경찰서에서 감시차 따라온 형사들 때문에 깊은 대화는 나누지 못하고 인사 정도만으로 그쳤다. 《『대종경선외록』 교단수난장 5절》

『대산종사 수필법문집』 - 도산 안창호의 광주 강연에서 소태산에 대한 평

도산 안창호는 광주 강연에서 익산총부를 방문하여 소태산을 만나보고 느낀 감상을 주변 사람에게 전한다. 실력양성과 인격 혁명을 주장하는 도산과 자력양성과 정신개벽을 외쳤던 소태산은 사상적 공감을 가졌다. 도산은 1935년 6월경 1박 2일간 광주를 방문하여 북문 밖 교화와 수피아 여학교, 만찬을 한 신광원 음식점에서 불법연구회의 소태산에 대하여 지인에게 소개했다.《방길튼·조성식,『원불교 남도와 만나다』 6. 도산 안창호의 광주 강연과 소태산 이야기》

도산 안창호 선생님이 대전형무소에서 출옥하신 후 이리 오셨을 때 이리시에 있는 이원제 장로가 모시고 와 대종사님을 친견하시게 했었다. 그 후 광주에 가시어 '나는 민족 독립운동 한다고 하여 많은 사람에게 오히려 어려움을 많이 주고 있으나 불법연구회의 선생은 조용히 참으로 큰일하고 있다'고 많은 수행인과 모인 사람들에게 말하였었다.

《『대산종사수필법문』, 원기64년(1979) 3월 19일》

『대종경』 실시품 12장 - 두 하늘 황이천

이천二天이란 법명은 두 하늘로 일제의 순사이면서 소태산의 제자라는 이중의 상황을 뜻하기도 하며, 선천시대를 넘어서서 후천개벽시대를 지향하는 뜻으로 해석할 수 있다.

형사 한 사람이 경찰 당국의 지령을 받아, 대종사와 교단을 감시하기 위하여 여러 해를 총부에 머무르는데, 대종사 그 사람을 챙기고 사랑하시기를 사랑하는 제자나 다름없이 하시는지라, 한 제자 여쭙기를 「그렇게까지 하실 것은 없지 않겠나이까.」 대종사 말씀하시기를 「그대의 생각과 나의 생각이 다르도다. 그 사람을 감화시켜 제도를 받게 하여 안될 것이 무엇이리요.」 하시고, 그 사람이 있을 때나 없을 때나 매양 한결같이 챙기고 사랑하시더니, 그가 드디어 감복하여 입교하고 그 후로 교중 모든 일에 많은 도움을 주니 법명이 황이천黃二天이러라.

《『대종경』 실시품 12장》

『대종경선외록』 교단수난장 7절 – 황 순사

황 순사는 원기21년(1936) 하선 때부터 대중 속에 끼어 정기훈련의 결제부터 시작하여 대종사의 동정을 살피고 종법실 툇마루 등에 숨어서 소태산의 대화를 엿듣기도 한다. 불법연구회를 감시할 때 황이천은 청하원 아래채에 숙소를 둔다.

일제는 민심을 현혹게 하는 국내 유사 종교에 대해 무조건 탄압에 착수하였다. 그들이 유사 종교를 무조건 탄압하려는 이유는 대개의 유사 종교들은 금전 문제 아니면 남녀 관계로 사회의 물의를 일으키고 있는 형편이었기 때문에 일조일석에 탄압이 진행되어 불법연구회 하나만 남게 된 실정이었다. 이에 일경은 황 순사를 파견하여 불법연구회마저 문을 닫게 하려 하였다. 그러나, 대종사는 미리부터 금전이나 남녀 문제에 특히 경계하여 둔 바가 있으므로 이것으로는 탄압의 꼬투리가 되지 않았다. 황 순사는 원기21년 하선 때부터 머리를 깎고 법복을 입고 대중 속에 끼어 결제에서부터 시작하여 대종사의 동정을 살피고 불법연구회를 감시하기 시작하였다.

《『대종경선외록』 교단수난장 7절 》

16 정신원

정신원은 원기26년(1941) 팔타원 황정신행이 총부에 수양할 목적으로 서중안·정세월의 초가집을 헐고 그 집터에 기와집으로 신축한 것이다. 황정신행은 아들 강필국과 이 집에서 휴양하곤 했으며, 팔타원의 법명에 따라 정신원이라 이름을 붙인 것이다. 팔타원 황정신행이 총부에 정기훈련을 받으러 오면 소태산은 정신행을 견성시켜야 한다며 성리를 많이 설한다. 아마도 상相 없는 보시에 누수가 없도록 하기 위해서일 것이다.

또한 원기43년(1958) 5월에 장수교당에서 정산 종사에 의해 교서편수기관인 정화사正化社가 발족하는데, 원기45년(1960) 4월에 이곳 정신원으로 사무실을 옮겨 원기62년(1977) 정화사 업무를 완료하고 해체할 때까지 17년간 사용한다. 정신원에 간판을 건 정화사에서『대종경』편수와『정전』재편의 역사적 작업이 진행된다.

정신원(옛 모습)

정신원(현재 모습)

『대종경』 교단품 35장 - 무념보시와 사업등급

황온순은 소태산에게서 정신행淨信行이라는 법명을 받게 된다. 정신淨信을 실행하라는 뜻이다. 맑은 믿음의 뜻인 정신은 청정한 일원상 마음에 기반을 둔 신심이다. 이러한 맑은 신심의 법명으로 상 없는 복지사업하기를 소태산은 기대한 것이라 할 것이다.

황정신행은 경성지부 돈암동 회관에서 원기21년(1936) 음력 9월 1일(양력 10월 15일) 32세에 입교한다. 그 몇 달 뒤 상경하신 대종사를 뵙게 된다. 이 기간 사이에 정신행이란 법명을 받게 된 듯하다.

> 황정신행黃淨信行이 여쭙기를 「과거 부처님께서는 무념 보시無念布施를 하라 하시고 예수께서는 오른손으로 주는 것을 왼손도 모르게 하라 하셨사온데, 대종사께서는 사업 등급의 법을 두시어 모든 교도의 성적을 다 기록하게 하시니, 혹 사업하는 사람들의 계교심을 일으키는 원인도 되지 아니하오리까.」 대종사 말씀하시기를 「사업을 하는 당인들에게 있어서는 마땅히 무념으로 하여야만 무루의 복이 쌓이려니와 공덕을 존숭尊崇하고 표창할 처지에서는 또한 분명하여야 하지 않겠는가.」 《『대종경』 교단품 35장》

나는 남편[강익하]이 알게 모르게 교단 사업을 했다. 뭐 대단한 일은 아니었지만, 토지 확보나 건물 확보하는 데 일익을 담당했는데 때로 남편의 도움을 얻어서도 했다. 남편은 이런 일에 한 번도 반대하거나 짜증 내는 일 없이 순수하게 나의 요구를 들어주었다.

그런데 한 가지 이해할 수 없는 일이 있었다. 예수교회에서는 "오른손이 한 짓은 왼손이 모르게 하라"는 성경 말씀이 있는데 교단에서는 일일이 사업성적이라 하여 기록했다. 나는 어느 때 기회다 싶어 대종사님께 말씀드렸다.

"왜 여기서는 사업한 것을 기록합니까? 부끄러운데요."

"사업하는 사람은 무상보시로 해야 하지만, 그렇게 할 줄 모르는 사람을 깨우치고 또 격려하기 위해서 그렇게 하는 것입니다."
나는 그 깊은 뜻을 알 수 있었다. 단편적인 생각으로 판단하고 처리할 일이 아님을 알았다. 나는 총부에 급한 일만 생기면 현금이 모자랄 때는 땅을 팔아서 보내기도 했다. 내 나름대로 있는 성의를 다한다고 했다.

《『구도역정기』 팔타원 황정신행 법사편》

『대종경선외록』 교화기연장 7절 – 황정신행과 무의탁 기관

팔타원 황정신행은 한때 공회당 왼쪽 방과 벚나무 주위에 어린이 놀이시설을 두어 유아교육을 시행한다. 또한 공회당 오른쪽 방에서 박창기 등이 총부의 어린이들을 모아 어린이 법회를 시작한다. 이처럼 공회당은 어린이 법회 및 유아교육의 발아지라 할 것이다.

대종사 말씀하시었다. "돌아오는 세상에는 집집과 동리 동리에 무의무탁한 노유老幼를 보호하는 기관이 많이 나서 거리에 불쌍한 사람이 없고 혹 그러한 사람이 발견되면 서로 데려다 보호하려고 경쟁하기까지 하리라. 우리 회상에서 이 법을 개인적으로 먼저 실행한 사람은 김계옥金桂玉과 전명철행全明哲行이요, 이 법을 기관으로 시설하여 먼저 실행한 사람은 황정신행黃淨信行이니라."

《『대종경선외록』 교화기연장 7절》

팔타원님께 치하
팔타원님이 서울에서 오신다고 하면 직원들이 이리역까지 손수레 차를 끌고 나가고, 숙소를 청소한다고 하며 총부에서는 바쁘게들 동動합니다.
종사님께서는 공회당에서 법문하시며, 「정신행이는 영산회상에 수달장자와 같으오. 우리 회상에도 역시 수달장자 노릇을 하고 있고, 계교 사량이 없고 상도 없는 보시심은 상등 보시행을 하고 있으며 그 큰 공덕행은 대보살행이라. 받기 싫어도 전륜왕위 좀 받을 것이요..」하시고, 그 외에도 많은 법문을 하셨으나 수십 분에 일도 못 쓰는 것입니다.

팔타원님이 오시면서 산업부원들 입으라고 쓰봉[바지]과 양말이며 박스로 가지고 오시고, 밤도 가마니로 가지고 오십니다. 《묵타원 권우연 수필법문》

『원불교교사』 제3편 제3장 3. 대종경 편수와 정전 재편

정화사正化社는 당시 종법사인 정산 종사에 의해 장수교당에서 원기43년(1958) 5월 대종경 편수를 비롯한 교전 교서 편수 발간 기관으로 발족한다. 그리고 원기45년(1960·庚子) 1월, 수위단회에서「정전의 자귀 수정과 그 재간의 추진」이 의결됨에 따라『대종경』의 편수와『정전』의 재편을 아울러 진행한다. 이에 원기45년(1960) 4월 정화사 사무실을 정신원으로 옮겨『대종경』편수와『정전』재편의 역사적 작업을 진행한다. **정신원은 이처럼『원불교교전』의 산실이다.**

원기41년(1956·丙申) 5월, 수위단회 의결로 대종경편수위원회가 정산 종법사를 총재, 수위단 남녀 중앙단원[金大擧·李共珠]을 지도위원, 수위단원 전원을 자문위원으로 하고, 전문 편수위원[李空田]을 임명하여 발족하였다.『대종경』 편수의 논의는 대종사 열반 직후부터 발론 되었고, 그 과업이 제1대 성업봉찬회에 위임도 되었으나 진전을 보지 못한바, 이에 이르러, 대종사 재세 당시에 이미 수필受筆 공표된 법설들과 대종사 열반 후 송도성 등 친시 제자親侍弟子들에 의하여 편편이 기록된 법설들이 공식적으로 수집 정리되기 시작하였다. 대종경편수위원회는 발족 후 1년 반 동안 자료의 대체 수집을 마친 다음, 원기42년(1957·丁酉) 10월부터 편수 장소를 남원 산동山東교당에 정하고 그간 수집한 모든 자료의 축약 분품縮約分品 작업을 반년 동안에 대강 매듭지었다. 이에, 당시 장수長水교당에서 요양 중이시던 정산 종법사는 수위단회의 협찬을 얻어, 원기43년(1958·戊戌) 5월에 교전 교서 편수 발간 기관으로 정화사를 발족시켰다. 진전하는 교세에 부응하여 『대종경』뿐 아니라 각종 교서의 편찬을 조속 추진하며, 그 번역과 출판의 소임을 담당할 정화사는, 대종경편수위원회의 체제를 그대로 계승한 위에, 편찬·번역·연구·경제의 각 위원을 두어 각 항 업무를 분담하였고, 사무장에 이공전이 임명되어 우선 대종경의 편수를 계속, 그해 7월부터 초안의 자문과 재편수 및 감수 작업을 진행하였다.

한편, 원기45년(1960·庚子) 1월, 수위단회에서 「정전의 자귀 수정과 그 재간의 추진」이 의결됨으로써 정화사는 『대종경』의 편수와 『정전』의 재편을 아울러 진행하게 되었다. 대종사 열반 전년에 서둘러 성편成編되고, 일정 압제의 고비에 어렵게 발간된 「불교정전」은, 대종사께서 설법하신 바[『대종경』 부촉품 3장]와 같이 때가 급하여 그 만전萬全을 다하지는 못하였다. 그러므로 원기34년(1949·己丑)에 일부 개쇄一部改刷로 수정된 부분 외에, 대종사의 본의가 한 지역이나 한 교파에 국한된 듯 해석될 부분들을 대종사의 본의대로 바로 잡고, 명칭도 『정전』으로 환원하며, 편차도 『대종경』과 연관하여 다시 가다듬되, 그 일은 종법사 친재 아래 정화사를 통하여 행하시기로 하였다.

이에 따라, 편수 작업을 진행하는 도중, 정산 종법사의 환후가 점차 침중해지시어, 원기46년(1961·辛丑) 12월 25일에는 최후의 특별 유시로 김대거·이공주·이완철·박광전·이운권·박장식에게 교전 교서의 감수가 위촉되고, 담당 위원에게 편수의 조속 추진이 촉구되었다.

《『원불교교사』 대종경 편수와 정전 재편》

원불교 교전 편수 기관, 정화사가 있었던 정신원
- 『원불교교전』의 산실, 정신원

대종경편수위원들의 회의처, 정신원
좌로부터 이공전·박장식·이완철·박광전·이운권

17
하운원[양하운家]

십타원 양하운의 집은 본래 진정리화의 집이었다. 원기16년(1931) 서울 교도 진정리화가 이동진화의 연원으로 입회하여 수양할 목적으로 익산총부에 지은 초가다. 진정리화는 총부에서 4년간 휴양하다가 원기20년(1935) 부인병으로 수술하게 되어 귀가하면서 이 집을 양하운에게 희사한다. 양하운은 이 집을 희사 받은 후에야 비로소 번듯한 집이 생긴 것이다. 이 집은 양하운의 사가이기에 하운관 또는 하운원이라 이름하는 게 타당할 것이다.

양하운은 소태산의 정토로서 사가를 전적으로 책임졌다. 전무출신 부인을 전무출신 권장부勸獎婦라 했는데 이를 정토正土라 호칭하게 된다. 양하운은 구호동→임시방언관리소→구간도실→영산원 식당채→임실 지사면 개금실[최도화의 집]→이리 송학동[오산면 영만리 336]→신룡리 346[아래채에 산업부 숙소]를 거쳐 총부 구내의 진정리화의 집으로 이사한다.

양하운 사모는 원기9년경 영산원 식당채에 주거하다가 원기10년(1925) 임실군 지사면 개금실로 거처를 옮기고 그해 10월에 이리 송학리로 이사한 후 다시 원기12년(1927) 익산본관 옆 도치마을[신룡리 346]로 이사한다. 한때 총부 구내 곁방살이도 하다가 원기20년(1935) 진정리화가 희사한 총부 구내의 집[하운원, 초가 4칸]으로 이사한 후 주거에 안정을 얻는다.

『구도역정기』 숭산 박광전 편에 "내가 보통학교 3학년 때 우리 집은 총부 주변 문정규 선생댁 옆집으로 초가삼간을 지어 이사하게 되었다. 아래채는 산업부였고 수박 농사짓는 것을 보았다."라는 회고담에서도 도치마을에 한때 사신 것을 알 수 있다. 하운원과 관련된 법문은 『대종경』 실시품 25장, 천도품 18장, 실시품 32장 등이 있다.

십타원 양하운家, 하운원
숭산원은 하운원 자리에 신축한 건물로 박광전의 법호를 따 지은 옥호이나, 이 집터는 양하운의 집으로 하운원이라 하는 것이 타당할 것이다.

양하운家 위치
박해원옥의 집 뒤편 기와집

『대종경』 교의품 17장 – 진정리화와 심고의 감응되는 이치

총부 구내에 수양할 목적으로 초가를 짓고 살던 진정리화는 소태산에게 심고의 감응되는 이치에 대해 질문한다. 이 법설이 설해질 때는 원기17년(1932) 5월 26일 예회날이며, 예회 장소는 공회당으로, 『정전』 심고와 기도의 "이 심고와 기도의 뜻을 잘 알아서 정성으로써 계속하면 지성이면 감천으로 자연히 사은의 위력을 얻어 원하는 바를 이룰 것이며 낙 있는 생활을 하게 될 것이니라."의 부연 법설이라 할 것이다. 소태산은 사은에 심고를 올리면 감응이 나타나는 증거로 역사적 예와 현실적 증거를 제시하고 있다. 이 중 현실적 증거로 악심이나 낮은 마음이 일어날 때 사은 전에 자주 고백하면 그 일을 하지 않게 되는 참회 개과의 능력을 얻게 된다는 것이다. 심고를 하면 개과천선이 되는 것이 심고의 위력이라는 것이 소태산의 답변이다.

시창17년(1932) 5월 26일 본일本日은 본회 창한創限 제2회 내 153회의 예회

일이다.

… 종사주 친히 대중을 향하사,「전날 진정리화가 나에게 묻되,"사은四恩에 심고心告를 올리면 참으로 사은이 알아서 감응感應을 하는 것인지? 안 하는 것인지? 이것만은 의심이 풀어지지 않는다."라고 하였다. 제군 내에 누구를 물론하고 그 감응하는 실적實蹟을 아는 자 있거든 그 증거를 들어 말하라.」하시니, 각인各人 각언各言이 많았으나 정곡을 타파한 자 없는지라, 결국 종사주께옵서 설하옵시되,「사람이 저 사은에 대하여 심고를 올리면 저 천지나 부모나 동포, 법률이 '오! 네가 나에게 심고 하느냐? 참 고마워서 너의 소원을 들어주어야겠다.' 이렇게 감응하는 것은 아니다. 그러나 그 정성이 지극하고 그 마음이 전일專一하면 사은의 감응이 무위이화無爲而化 자연한 가운데에서 사람의 상상 못 할 감응과 위력이 나타나는 것이니, 역사적으로 볼지라도 옛날 맹종과 왕양은 부모에 지극한 효자이다. 맹종은 부모를 위하여 눈 속에서 때아닌 죽순을 얻었고, 왕양은 얼음 위에서 산 잉어를 얻었으니, 이것이 곧 그 정성과 마음이 전일지충專一至忠한 데에서 사은의 감응이 나타나는 증거이다.

또는 현실적으로 볼지라도 우리가 어떠한 악한 마음이 자주 일어나서 아무리 그 마음을 없애려고 하나 없어지지 않을 때 자주 사은에 그 마음이 일어나지 않도록 심고를 하면 그 마음이 차차 일어나지 않는 것이라든지, 또는 어떠한 낮은 일을 자주 하게 될 때 사은에 꼭 그 잘못함을 고백하고 뒤에는 하지 않겠다는 것을 자주자주 맹서盟誓하면 결국 그 일을 않을 능력이 생기는 것은 곧 사은이 감응하는 자취이다.

그러나 한두 번 사은에 심고를 올린다고 대번에 사은이 감응하는 것도 아니니, 지성불식至誠不息의 마음으로 심고하되 제일 하겠다고 심고한 일은 하고, 안 하겠다고 심고한 일은 안 해야 사은에 신용을 잃지 아니하고서 오래오래 계속하면 사은의 감응이 빠르며 그 위력 나타남이 장할 것이요, 이에서 확호[確乎, 든든하고 굳센]한 심력을 얻으면 무궁한 천권天權을 잡아 천지 같은 위력을 발휘할 수 있나니라.」하시는 현묘한 법의法義를 강설하시니,

대중은 심고의 필요를 확연히 깨닫고 뛰며 춤추며 즐거워하더라.

《〈월보〉 36호 시창17년 5월》

대종사 말씀하시었다. "무슨 일이든지 일심 적공으로 마음만 단심이 되면 조화가 생기는 것이다. 민 충신은 충의가 단심이 되매 피가 어려서 죽순으로 화하였고, 이차돈은 도심이 단심이 되매 목에 피가 흰 젖으로 화하였으며, 우리 구인은 신성이 단심이 되매 맨 손가락으로 혈인을 낸 것이다. 이런 진리를 모르는 사람들은 혹 믿지 못하고 부인도 하나, 저 물을 보라. 물 같이 부드러운 것이 없지마는 추위가 극하매 은산 철벽같이 부술 수 없는 단단한 물건이 되지 않는가. 과연 마음만 단심이 되면 못 할 일이 없는 것이다."

《『대종경선외록』 영보도국장 11절》

『대종경』 실시품 25장 – 자력생활과 행복한 생활

소태산 대종사는 자력생활이 떳떳하고 행복한 생활임을 양하운 사모를 통해서 그 실례를 제시한다. 자력양성하여 주권이 세워진 자력생활을 하라는 것이다.

소태산 대종사는 여성의 경제주권을 강조한다. 여성이 남성으로부터 주권을 갖기 위해서는 경제자립이 필수라는 것이다. 공타원 조전권은 소태산 대종사의 말씀을 회고한다. "부부간에도 의무와 책임을 주로 하지 사랑을 주로 하지 않는다. 문밖에 부부간판[문패] 따로 붙여놓고 산다. 보고 싶으면 몇 가지 음식 해 놓고 남편 초청해, 음식상도 남녀 똑같이 받고 교육비로 각기 절반씩 부담한다."

소태산 대종사는 미래의 가족은 부부가 각자의 독자적인 경제권을 가지면서 서로 교류하는 삶을 살 것이며, 부모 각자의 성을 자녀들에게 물려줄 것이라 하셨다. 부부가 자기 집에 배우자를 서로 초대하여 식사와 성생활을 할 것이며, 자녀를 낳으면 상의 하에 부계와 모계를 따르도록 한다는 것이다. 미래는 부부각산夫婦各産과 부모각성父母各姓을 따른다는 전망이다.

양하운梁夏雲 사모께서는 대종사께서 회상을 창립하시기까지 대종사의 사가 일을 전담하사 갖은 수고를 다 하셨으며, 회상 창립 후에도 논과 밭으로 다니시면서 갖은 고역을 다 하시는지라, 일반 교도가 이를 죄송히 생각하여 거교적으로 성금을 모아 그 고역을 면하시도록 하자는 의논이 도는지라, 대종사 들으시고 말씀하시기를 「그 말도 예에는 그럴듯하나 중지하라. 이만한 큰 회상을 창립하는데 그 사람도 직접 나서서 창립의 큰 인물은 못 될지언정 도리어 대중의 도움을 받았어야 하겠는가. **자력이 없어서 할 수 없는 처지라면 모르거니와 자신의 힘으로 살 수 있다면 그것이 떳떳하고 행복한 생활이니라.**」

《『대종경』 실시품 25장》

『대종경』 천도품 18장, 〈법해적적法海滴滴〉 염라국과 명부사자

주산 송도성이 한문으로 수필한 소태산 법문인 〈법해적적法海滴滴〉 1. 염라국과 명부사자 법문이다. 소태산 대종사의 차자 길주[광령]가 원기27년(1942) 2월 6일에 이리 농림학교 재학 중에 결핵으로 양하운 사모의 사가인 하운원에서 요절한다. 이에 길주의 부친인 대종사는 '지금 길주가 사는 하운원[양하운 사가]이 염라국이요 길주가 애착하는 양하운 사모가 명부사자가 될 수 있으니 애착 탐착을 떼도록 인도해야 한다'고 법설했다. 문산 김정용은 이 상황을 자세하게 회고하여 『생불님의 함박웃음』에 실었다.

> 대종사 선원 대중에게 말씀하시기를 「그대들은 염라국閻羅國과 명부사자冥府使者를 아는가. 염라국이 다른 데가 아니라 곧 자기 집 울타리 안이며 명부 사자가 다른 이가 아니라 곧 자기의 권속이니, 어찌하여 그런가 하면 보통 사람은 이생에 얽힌 권속의 정애情愛로 인하여 몸이 죽는 날에 영이 멀리 뜨지 못하고 도로 자기 집 울안에 떨어져서 인도 수생의 기회가 없으면 혹은 그 집의 가축도 되며 혹은 그 집안에 곤충류의 몸을 받기도 하나니, 그러므로 예로부

터 제불 조사가 다 착 없이 가며 착 없이 행하라고 권장하신 것은 그리하여야 능히 악도에 떨어지는 것을 면할 수 있기 때문이니라.」

《『대종경』 천도품 18장》

혼미한 영혼을 깨우는 쇳소리

대종사님의 작은 아들인 길주[吉珠, 법명 광령]가 이리농림학교 재학 중에 요절했다. 당시 학원생이었던 나는 그와 자주 만났고 가까이했었다. 그가 요절한 날도 근처에 있었다.

길주가 열반하자 즉시 조실에 계시는 대종사님께 연락을 드렸고, 대종사님께서 바로 오셨다. 오시자마자 총부 감원인 이건양에게 대각전의 종을 떼어 오라고 하셨다. 그때는 일정 시기였기 때문에 대각전의 종이라고 해야 학교에서 공부의 시작과 끝을 알릴 때 '땡땡땡' 치는 것과 같은 종이 대각전 정문 큰 창문 위에 걸려 있었다. 대종사님 명을 받들어 종을 떼어 오자 종을 계속해서 치게 하셨다. 그렇게 한참 동안 치게 하시더니 이어 설법하셨다.

"사람이 죽으면 육신에서 영혼이 떨어져 나간다. 그 영이 육신에 함께 있을 때는 사람이 무슨 말을 하면 알아듣기도 하고 느끼고 이해하기도 하지만 육신과 분리될 때는 혼미해져서 맑은 정신을 갖지 못한다. 그 혼미한 영을 조금이라도 각성시키는 데는 쇳소리가 제일 좋다. 길주가 공부할 기회를 별로 얻지 못했고, 어머니의 사랑 받으며 학교나 다니다가 갑자기 어린 나이에 일찍 죽었으니 내가 이놈한테 이야기를 좀 해주어야겠는데 영이 혼미하여 내가 하는 말을 잘 알아듣지 못할 것 같아서 길주의 영을 각성시키고 내 말을 잘 듣게 하기 위해서 종을 쳐 쇳소리를 내게 한 것이다.

내가 오늘 길주에게 특별히 당부하고 싶은 말은, 사람이 죽어갈 때 가장 무섭고 가장 조심할 바가 애착 탐착이라는 것이다. 영이 애착 탐착을 여의지 못하고 거기에 걸려 있으면 정상적인 길을 따르지 못하고 전이되어 궤도에서 이탈하게 된다. 그래서 애착 탐착에 끌려오게 된다. 그 애착 탐착이 사람에게 있으면 그 사람 주위를 맴돌고, 물건에 있으면 그 물건 주위를 맴돌아 영이 높이 뜨지 못한다.

길주가 이 세상에 태어나 제 어머니 사랑 속에서 학교나 다니다 죽었으니 언제 수양공부를 했고 애착 탐착 떼는 공부를 했겠느냐. 그러니 제 어머니 하운[십타원 양하운]이한테 애착 탐착이 붙어서 하운이의 주위를 맴돌 것이다. 그러면 지금 하운이 집안에 인도 수생할 인연이 있는가 생각해 보라. 하운이가 애를 낳을 것인가? 아니면 누가 이 집안에 어린애를 낳을 사람이 있는가? 이 집안의 사람에게는 잉태할 기연이 없지만, 집 주위에는 우마육축牛馬肉畜이라든지 쥐라든지 곤충이라든지 하는 것들이 가득 차 있지 않겠느냐? 동물들이 새 생명을 잉태할 때는 평소보다 강하게 끌어당기는데, 만약에 길주의 영이 주위를 맴돌다가 쥐가 잉태하려고 강하게 끌어들일 때는 길주가 무슨 능력으로 감당하겠느냐? 길주가 거기에 빨려 들어가 쥐새끼가 되어서 돌아다닌다고 생각해 봐라. 그러면 하운이는 쥐새끼가 길주인 줄도 모르고 때려잡으려고 할 것이 아니냐. 그러니 애착 탐착이라는 것이 얼마나 무서운 것이냐. 염라국이 다른 데 있는 것이 아니다. 길주에게는 하운이가 살고 있는 이 집안이 염라국이다. 그리고 여기 몸을 의탁하고 있는 것들이 염라대왕이요, 명부사자다. 그러니 죽음에 당해서는 어떤 경우라도 착심을 놓아버리고 초연한 마음, 무심으로 떠나야 한다. 착심이 없어야 영이 높이 뜨고 영이 높이 솟아야 인도 수생의 기연을 따라 바른길을 갈 수 있는 것이다. 애착 탐착, 이것은 반드시 떼 버리고 가야 하는 것이다. 이 점을 명심해야 한다."

《김정용, 『생불님의 함박웃음』》

『대종경』 실시품 32장 – 차자 광령

광령은 소태산과 양하운의 둘째 아들 길주의 법명이다. 길주는 이리농고에 재학 중이었고 『대종경』 실시품 32장에 나오는 집안사람은 소태산의 정토 양하운이다. 소태산의 차남 길주는 농림학교 2학년 재학 중에 폐결핵으로 위독할 지경에 이르렀다가 열반한다.

> 대종사, 차자 광령光靈이 병들매 집안사람으로 하여금 힘을 다하여 간호하게 하시더니, 그가 요절하매 말씀하시기를 「오직 인사를 다 할 따름이요, 마침내 인력으로 좌우하지 못할 것은 명이라.」 하시고, 공사公事나 법설하심이 조금도 평시와 다르지 아니하시니라. 《『대종경』 실시품 32장》

〈회보〉 39호 - 「감상」 사모님의 실생활

소태산 대종사를 시봉했던 김형오의 감상담이다. 양하운은 교조의 부인이면서도 논농사 밭농사며 양돈 양계 등으로 사가 일을 전담하였으며, 또한 남의 옷을 세탁하는 일로 가용 및 자녀 학비를 조달한다. 김형오는 "실로 사모님의 생활은 검소질박하신 생활이시니, 현실 조선 농가 생활에 비하여 실로 자력적이요 실행적이요 경제적이요 표본적이라 자랑할 수 있다."라며 양하운 사모의 자력생활을 소개한다. 소태산 대종사는 여성의 경제주권을 강조한다. 여성이 주권을 갖기 위해서는 경제자립의 자력생활이 필수라는 것이다.

> 사모님의 일상생활 하시는 상황을 대략 소개하고자 하니 의심하던 자는 더 의심할 것이며 감탄하던 자는 일층 더 감탄할 것이다. **실로 사모님의 생활은 검소질박하신 생활이시니, 현실 조선 농가 생활에 비하여 실로 자력적이요 실행적이요 경제적이요 표본적이라 자랑할 수 있다.** 하고何故이냐하면[왜냐하면] 현 조선인 생활은 사세부득이[事勢不得已, 마지못해 하는 수 없이] 하면이거니와 다소 여유만 있으면 부인으로써 자신이 활동하여 가정을 유지하는 일이 희소하며 대개는 남자에게 의지한 의뢰생활이거늘, 사모님께서는 남자에게 의지하는 게 아니시고 자신이 활동하시사 가정을 유지하옵시니 자력적이시요, 한서[寒暑, 추위와 더위] 피로를 불고不顧하시고 용감히 근로하시니 실행적

이시요, 대개는 실지로 자신이 노력하시니 경제적이시요, 세상에 드러난 교회주教會主의 부인으로서 실지 노동으로 영농을 하시사 자력적 생활을 하시니, 현하 조선의 정세에 감하여[鑑하여, 비추어 보아] 불구난득[不求難得, 구할 수 없고 얻기 어려운]의 무이하신[無二하신, 둘이 없는 오직 하나뿐인] 사표이시라 아니할 수 없다.

그 노력하심에 황송하온 중 감탄할 바 불무하니[不無하니, 없지 아니하니] 그 일단을 소개하자면, 금년 여름은 예년에 비하여 폭서暴暑라 할 만하였으니 실로 홍로용금洪爐鎔金이란 고어古語 그대로 무서운 성염[盛炎, 한더위]이었다. 그런 때임에도 불구하시고 십 리 여정의 먼 논에 이른 아침에 가시면 종일토록 김을 매시고 물을 대시고 저물어 해와 동무하여 귀가하시기를 일과로 하셨으니 날마다 옷은 젖어서 땀투성이요 얼굴이 타서 검으실뿐더러 발이 앞뒤로 부르터져서 피가 흐르고 부서져 고민하시든 적이 일이차[한두 차례]가 아니었으나 논에 다니시기를 조금도 등한히 아니하셨다. 또 도야지[돼지]와 토끼를 기르시되 자신이 짚[외양간·마구간·닭둥우리 따위의 바닥에 까는 볏짚이나 마른 풀]을 꺼내어 퇴비를 만들어 전답田畓에 사용하시니, 금년 여름 어느 날은 더우심에도 불고하고 더러운 도야지 막에서 뒤엄[두엄]을 쳐내시는 것을 나는 목도目睹하였다. 얼굴에는 구슬 같은 땀이 흐르고 옷은 젖어서 험상하였다. 나는 황송한 중에 인부를 시키지요 하고 사뢰었더니, 「고맙네. 그러나 내가 벌어야지 다른 사람 삯 주어 시킬 게 무엇 있는가?」 하시며, 이 거름을 받아 내년 맥농麥農 잘하실 일까지 자미滋味있게 말씀하시며 원기 있게 일하시었다. 밭에 가시면 종자를 뿌리시고 거름을 덮으시고 밭을 고르시니 언제나 흙먼지를 무릅쓰시고 땀투성이가 되시어 항상 거기에 불만과 불평이 없는 낙관이시다. 금추今秋 추수秋收 모경[牟耕, 보리갈이]에도 대단 분망하시니 일꾼을 다리시고 논으로 밭으로 머리에는 가마니나 짚 다발을 이지 아니하시는 날이 없으시고, 붉은 얼굴과 등에는 땀 식을 새가 없으시며, 떨어진 저고리와 치마에는 먼지 개일 날이 없으시다. 그뿐만 아니라 땀 묻은 남의 의복 등을 세탁하여 주시고 그 요금을 받아 가용家用과 자녀 학비 등을 쓰시는 일도 있으시다. 이러한 생계에 처하면서도 또 한편으로는 열렬히 공중 사업에까지 진출하사 하방면何方面으로든지 힘에 미치는 대로는 이타적 노력을 적극적으로 하옵시며, 공부심이 장하시사 기어이 동선기冬禪期에는 정식 입선을 하시니 그 얼마나 감탄할 바이랴.

생각건댄 우리 종사님께서는 그와 같은 육신 노력은 아니 하시옵는데 종부인으로 이상과 같은 생활 상태에 있으면 혹 원망도 하시고 불만과 불평이 있으련마는 도리어 이에 안심하시고 만족하시며 평화한 생활, 감사한 생활을 하옵시니, 그 특지特志에는 천우신조의 복보福報가 있을 것이요 지어[至於, ~에 이르기까지] 무정목석無情木石까지라도 감동될 바 있으리라고 생각한다. 끝으로 사모님께서 이러한 생활을 하시게 하는 것은 우리로서는 견디기 어려운 부끄러운 일이나 그 특지에 감격한 나머지 부끄러움을 무릅쓰고 대략을 초草하여 이와 같이 소개하고 붓을 놓나니, 원하는 평화와 안락을 건설하려거든 사모님의 특지를 모범 할지어다.

《김형오. 〈회보〉 39호, 시창22년(1937) 11월호》

〈회보〉 64호
-「감상」 기한飢寒을 이기시며 공사公事를 위하시는 우리 사모님 생활

양하운 사모의 전무출신 권장부 생활을 밝히고 있는 김형오의 감상문이다. 소태산 대종사가 제도 사업에 전력할 수 있도록 가정사를 책임지고 있는 양하운 사모의 삶을 공도에 협조하고 헌신하는 삶으로 밝히고 있다. 전무출신 권장부의 삶을 공도헌신의 삶으로 승화한 내용이다. 대화자로 등장하는 소태산의 차남 길주는 이 감상이 있었던 2년 후인 원기27년(1942) 2월 6일(음력 12월 21일) 만19세로 요절한다. 소태산은 49세 시 법명을 광령光靈이라 내린다.

거년(시창24년) 동짓달 어느 날 석양에 나는 저녁을 마치고서 사모님 댁을 찾아갔었는데 그때 마침 사모님께서는 저녁 진짓상을 받으신 참이었다. 길주[차남]와 길연[3남]이도 돌아앉아 수저를 들었다. 나는 옆에 앉아 밥상을 들여다본, 즉 칠이 벗겨진 헌 상 위에는 김치와 간장 외에 밥이 반 그릇씩 밖에 담기지 아니한 식기 세 개가 놓여 있었다. 이 밥상을 본 나는 문득 '칠 벗겨진 헌 상판과 쓰디쓴 김치에 심심한 간장은 언제나 사모님 댁을 떠날까?' 이러한 생각이 심중에 돌며, 밥이 반 그릇씩 담긴 데에 의심이 나서 '어찌하여 밥이 반 그릇씩 밖에 아니 됩니까' 하고 여쭈었다. 이 말을 들으신 사모님께서는 나를 보시며 '다른 것 간식을 하여서 밥 생각이 없기에 일부러 이리하였네' 하고 말씀하신다.

그러나 그 말씀에 의심이 풀어지지 아니하는 차에 길주와 길연이가 허허하고 웃어 버린다. 나는 웃는 길주를 건너다보며 '어째서 웃느냐?'고 다시 물었더니 길주는 어머니의 비밀을 지키지 아니하고 사실대로 솔직하게 말한다. '다른 게 아니요 먹기는 무엇을 먹어요. 간식도 하고 이렇게 밥 먹고 살면 얼마나 좋게요. 우리 집 형편에 어림이나 있소? 흉년이 드는 관계로 먹을 양식이 부족해 절약하기 위하여 이렇게 반 그릇씩 먹는다오. 사실은 세 때에 한 그릇씩 먹어도 배고픈 때가 많은 데다가 이것도 조금씩 먹으면 먹은 둥 마는 둥 합니다.' 하고 웃어 버린다. 사모님께서는 무안하신 얼굴을 보이시며 느닷없는 소리를 한다고 길주를 나무래 버리신다.

나는 말을 이어 '사모님 듣고 보니 그렇습니다. 이런 줄 몰랐습니다. 이런 사정은 우리가 알아야 하지 않겠습니까?'라고 하였다. 이에 사모님 말씀하시기를 '글쎄 말일세. 자네쯤이야 아는 것은 관계없겠지마는 자연 여러분이 알게 되면 미안스럽지 않겠는가? 말이 났으니 말이지 자네도 아는 바와 같이 금년에 농사짓는다고 낮이나 밤이나 동분서주하며 서둘고 다닌 것이 천재天災로 날이 가물어 버리니 농사지은 비용은 한 푼 갚지 못하고 오히려 빚만 쳐졌으며 다 썩은 짚 몇 다발밖에 남은 것이 없네그려. 그래서 먹고 살 것이 있는가? 전과 같이 먹고 쓰자니 설상가상으로 빚 위에 빚만 더 질 모양이니 아껴 쓰고 적게 먹는 수밖에 별도리가 있는가? 그래서 이렇게 반 그릇씩 먹어 보는 것일

세. 금년 한재[旱災, 가뭄으로 생긴 재난]는 일반적으로 다 당하는 일로써 우리보다 더 곤란한 사람이 많을 터이니 이도 호강일세. 그리고 또 이와 같이 곤란하게 살아도 혹자는 종사님께 회원의 것을 걷어다가 자기와 처자가 호화로운 생활이나 하지 않는가 하는 의심을 가질 사람도 있을는지 모르는데 더구나 편히 먹고 잘 입고 호강스럽게 살아보소. 천만인의 고혈을 빨아다가 자기 이욕만 채운다고 험악한 말이 많을 것일세. 하물며 내가 공사에 큰 보조는 하지 못할지언정 공사에 전력하시는 종사님께 추호라도 방해될 일을 하여서야 되겠는가?

또는 내가 공중의 물건을 먹을 만한 자격과 가치가 없이 먹는 것은 이 이상 더 큰 죄가 없는 일이니, 나는 종사님의 공사하시는 데에 방해되지 않게 하고 또는 죄도 짓지 아니하고 차라리 삼순구식[三旬九食, 30일 동안 아홉 끼니밖에 먹지 못함]을 할지라도 오직 내 힘으로 내 생활을 하여 가는 것이 이 이상 행복 되고 양심상 편안한 일이 없네.' 이러한 말씀으로 도리어 나에게 안심을 주시었다. 나는 이러한 실경을 보고 이러한 말씀을 듣고 돌아올 때 진정으로 솟아나는 감격한 눈물을 금할 바 없어서 다만 허공을 우러러 우리 사모님이 이렇게 기한[飢寒, 주림과 추위]을 참아가며 생활하는 것을 누가 알랴. 명명 소소하신 신명이야 밝게 거울 하여 아실 터이지 하고 겨우 솟아나는 눈물을 억제하였다.

그뿐인가. 금년 겨울은 다른 해에 비하여 심히 추워서 산야에는 눈이 쌓이고 쌀쌀한 북풍은 살을 베어 낼 듯하여 따뜻한 방에서도 손을 불고 앉아 있는데 무서운 추위에 사모님께서 거처하시는 방에는 동서남북에서 새어드는 바람이 그야말로 한데에 앉아 있는 셈이요 방바닥까지 삼천 냉돌로써 떠다 놓은 물그릇이 얼어붙을 정도였다. 다습지도 못한 방바닥이 울퉁불퉁하여 등을 대고 편히 누울 곳이 없고 장판은 모두가 썩어서 냄새가 나고 먹을 칠한 것처럼 검다. 이는 부엌에서 불이 잘 들어가지 아니하는 데에다가 나무를 절약하기 위하여 불을 조금씩 때는 관계라 한다. 나는 이 이유를 알고 방을 뜯어고치시라고 몇 차례를 권하는 말씀을 여쭈었더니, 이것 아니라도 비용 곤란인 데다가 더 차금借金만 질 터이니 차라리 찬방에서 추위와 싸워가면서라도 이번 겨울은 이대로 지내고 금년 농사나 잘 지으면 고치시겠다고 하시며, 역연[逆緣, 나이 많은 분이 나이 어린 사람을 공양하는 태도] 태연하신 말씀으로 조금도 염려하시는 기색을 보이지 아니하신다.

그뿐 아니라 세탁하셔서 그 요금을 받아 가용家用 등을 쓰시는 것이며, 농사를 지으시느라고 황등까지 십리허정十里許程을 이른 아침에 가셨다가 밤늦게 돌아오시기며, 자수自手로 퇴비를 만들어 전답에 내시는 등이며, 의복 한 벌도 남과 같이 입어보지 못하시고, 손과 발이 한 번도 부드러운 때가 없이 터져 버려진 그대로 동분서주하시는 고생만 하신 그 생활 어찌 붓과 말로써 다 할 바이랴. 생각건댄 사모님께서 이와 같이 검소한 생활을 하시는 것이 남녀 권리 동일을 주장하고 자력갱생을 부르짖으며 근검절약을 실행하는 현대에 있어서 참으로 실행적이요 가장 의의 깊은 일로써 천추 청사靑史에 색색이 빛날 것이며 만인의 사표가 될 바이니, 사모님 자신 상으로 보아서는 당연하시다고 볼 수가 있다.

그러나 종사님 전에 사제의 법의를 맺고 영겁에 지도의 서원을 바치고 훈련을 받는 우리의 처지에서 생각건대 사모님께서 이러한 생활하시는 것을 보면서도 무관심해하고 있는 것이 어찌 도리에 떳떳하다 할 바일까? 사모님께서 농사를 지어 생활하는 것쯤이야 설사 당연하다 할지 모르나, 발 벗으신 채로 헌 옷 입으시고 논귀로 밭귀로 다니시고, 버러진 손으로 거름을 놓고 밭을 매시고, 양식을 절약하시기 위하여 치마끈을 졸라매시며, 나무를 아끼시기 위하여 엄동설한에 냉돌방에서 거처하시는 것이 어찌 우리로서 부끄러운 바가 아니리오.

자! 다시 생각하여 보자. 우리 종사님께옵서 만사를 그만두고 사가를 위해 활동을 하시던지 설사 현재의 처지에 계시면서라도 어느 방면으로든지 사가를 돌보시기로 하신다면 어찌 이러한 생활에 그치실 바일까! 구차하게 여러 말할 것 없이 누구누구보다도 부럽잖게 생활하실 우리 종사님이 아니신가. 그리하거늘 우리 종사님께옵서는 아침부터 저녁에 이르기까지 한때도 편안히 쉬실 때가 없이 혹은 말씀으로 혹은 저술로써 정신을 태우시며, 지어침소至於寢

所에 들으실 시에도 온전히 주무실 때가 없으시고, 진지를 잡수실 때까지도 그 진지가 식전에 잘 잡수실 때가 없이 염려를 놓지 아니하시며, 우러러 뵈옵건댄 존안에는 날로 학발鶴髮이 성성하여지옵고 전날에 없던 주름살이 잡히심을 뵈옵게 되며, 차차로 건강을 잃으시고 정신과 육신에 불안을 느끼시며, 심지어 황송하게도 간간이 병마에 신음하심을 뵈옵기까지 이르게 되나니, 생각건대 종사님께옵서 현재의 위와 의복과 공양과 거처에 만족을 느끼시어, 이렇게 주야로 노심초사하시며 검은 모발이 학발이 되시도록 안광에 주름살이 나타나시도록 정신과 육신에 병마의 불안까지 느끼시도록 하시는가? 어디가 계시면 현재의 처지만 못하시며 현재의 생활을 못하실 바가 아니로되, 오로지 한량없으신 자비와 공중을 위하시는 이타심으로써 우리 회의 창조를 위하시고 악도에서 헤매는 우리를 선도로 인도하시기 위하시사 염려하시는 데에서 학발이 더하고 주름살이 날로 생기시며 병마가 더 심하시다. 그런즉 우리는 종사님과 사모님의 지절지충至切至忠하신 은혜를 어느 때나 마음 깊이 잊지 말아야 할 것이요, 특히 우리 전무출신들은 종사님이 공사를 위하여 헌신적 희생적으로 노력하시는 정신을 체받아야 할 것이며, 나아가 전무출신의 가족들은 사모님께서 종사님이 공사하시는 데에 방해되지 않게 자립적 생활하시는 정신을 모범하여 전무출신 권장인의 의무를 다하기로 하자.

《김형오. 〈회보〉 64호, 시창25년(1940) 3월호》

//

18
익산총부 사가

불법연구회 시절의 익산총부는 양하운의 집[하운원]을 중심으로 전후좌우에 10여 채의 사가私家가 있었다. 동쪽은 권동화[초선원]·박명성[정세월의 집]·신영기[구정원]·이공주[청하원], 앞쪽은 박해원옥[현 교정원 별관 재무부 자리]·이화진[현 법인사무국 자리], 서북쪽으로 이칠성[반백년기념관 남자화장실 자리, 초가 4칸, 성정철의 정토]·박길선[반백년기념관 여자화장실과 정화정사 앞터, 3칸 기와집, 해방 후 박해원옥 집으로 이사]의 집이 모여 있었다.
익산총부 사가와 관련된 법문은 『대종경』 교단품 14장과 15장이 있다.
익산총부 일대는 전무출신 권장부[정토]들이 운영하는 과수원으로 둘러싸여 있었다. 봄이면 복사꽃 만발하는 별유천지였다. 그 당시 과수원이 있는 마을은 이상촌으로 알아주던 시절이었다.

    양하운[소태산 대종사 정토] - 원대 박물관~공대 일대
    박명성[의산 조갑종 정토] - 도원교당 일대
    권동화[혜산 전음광 정토] - 알봉 가는 길가
    박길선[주산 송도성 정토] - 내곶리 유공자 마을과 공도빌리지
    이화진[덕산 조희석 정토] - 상록원과 원예원 자리
    이영훈[대산 김대거 정토] - 정화수도원 뒤 언덕, 처음은 정세월 과원
    대각전 아래와 연구실 터 일대 - 복숭아 과원

1943년 총부 전경

1953년 대각전 지붕에서 촬영한 사진
원기38년(1953) 성업봉찬회 당시 모습

불법연구회 총부 전경

총부의 사가들
1. 금강원 2. 도치원 3. 종법실 4. 공회당 5. 양잠실 6. 박해원옥가 7. 양하운가 8. 이화진가 9. 박길선가 10. 이칠성가
11. 청하원 12. 구정원(신영기가) 13. 박명성가(정세월가) 14. 권동화가

『대종경』 교단품 15장 – 전무출신 사가생활 보살피는 기관

오롯이 대중과 남을 위하는 전무출신의 사명과 기관을 적게 벌여서라도 현직에 있는 전무출신이 사가 일에 마음 빼앗기는 일이 없도록 하는 양면을 해결할 지도자가 있어야 할 것이다.

> 대종사 물으시기를 「전무출신이 사가私家 일에 끌리지 아니하고 공사에만 전력하게 하기 위하여, 곤궁한 사가는 교단에서 보조하는 제도를 두면 어떠하겠는가.」 전음광이 사뢰기를 「앞으로 반드시 그러한 제도가 서야 할 줄 아나이다.」 또 물으시기를 「그러한 제도가 아직 서지 못한 때에 전무출신의 사가 형편이 아주 곤란한 처지에 이르러서 이를 돌보지 않을 수 없게 되면 어찌하는 것이 좋겠는가.」 서대원이 사뢰기를 「만일, 보통 임원이면 적당한 기간을 주어 사가를 돌본 후 돌아오게 하옵고, 중요한 인물이면 회의의 결정을 얻어 임시로라도 교중에서 보조하는 길을 취하게 함이 좋을 듯하나이다.」
> 또 물으시기를 「앞으로 그러한 제도가 시행될 때 혹 보조를 바라는 사람이 많게 되면 어찌하여야 하겠는가.」 유허일이 사뢰기를 「그러한 폐단을 막기 위하여 일반 전무출신의 사가생활을 지도하고 보살피는 기관이 총부 안에 있어야 하겠나이다.」 대종사 말씀하시기를 「세 사람의 말이 다 좋으니, 앞으로 차차 그러한 제도를 세워서 활용해 보되, 교중의 형편이 아직 그렇게 되지 못하는 때에는 기관을 적게 벌여서라도 현직에 있는 전무출신으로서 사가 일에 마음 빼앗기는 일이 없도록 하라.」　《『대종경』 교단품 15장》

제9회 평의회 회의록 – 간부 사가생활 보장 여부의 건

제9회 평의회 회록

시창17년(1932) 3월 27일 오전 10시 제9회 평의원회를 본 회관에서 개최하고 출석원을 점검하니 좌와 여하다.

⑤ 간부 사가생활 보장 여부의 건

(조송광) 회장 제의하되 「본 간부 중에 사가생활 계획이 도무하며 우해인右該人 사가생활을 위하여 사직할 때는 그 사무를 대리할 자격자가 없어 양방간 처결이 곤란하고, 불시라[그뿐만 아니라] 회중 형편에도 그 생활을 보장할 수 없으며 설사 1, 2인은 보장한다고 하더라도 그것이 습관이 된다면 허다한 간부에 어찌 감당하며, 따라서 본회를 어떻게 유지하리오. 고로 이는 아무리 생각하여도 해결책이 묘연하니 제위는 심심 심의를 걸乞한다.」하매 이공주 씨 기립하여 「생활이 시급한 해당 간부의 씨명」을 물었다.

회장이 이재철 송도성 양 씨를 거한 즉 이공주 씨 재기립, 「연즉[然則, 그런즉] 양 씨의 생활비는 년 기하[幾何, 얼마]를 산算하느냐」고 반문하였다. 회장이 「이재철 씨는 약 100원, 송도성 씨는 약 70원가량이라.」답하니 이공주 3차 기립하여 운하되 「이재철 송도성 양 씨는 우금于今 10여 년을 일양[一樣, 한결같은 모습] 본회 사업을 위하여 헌신적 노력을 한 요인 중 요인이니 아직 본회의 형편이 미급하여서 부득이하거니와 아我 회원 전반이 공동으로 그 생활을 보장할 의무가 있다고 생각합니다. 더욱이 절약 절식을 하여서라도 차 양 씨의 가정 생활비를 자담하겠습니다.」하였다. 해결책이 없어 침묵하던 회원은 감격함을 성언成言치 못하고 엄숙한 박수로써 환영하다.

《『원불교 교고총간』 6권, 제9회 평의회 회의록》

〈월말통신〉 35호 - 사가생활 보장 여부의 건

전음광이 쓴 〈회설〉에 제9회 평의회의 '간부 사가생활 보장 여부의 건'을 논의한 내용이 등장한다. 이공주의 후원으로 급한 문제는 해소한 것이다. 그러나 전무출신의 사가생활은 근본적인 해결책이 없었다. 그뿐만 아니라 원기17년(1932) 경에 소태산의 사가는 주거의 안정을 얻지 못하고 있는 것을 알 수 있다. 전음광의 회설 중에 '우리의 사모주師母主와 우리의 사형제師兄弟는 자초지금自初至今 남의 곁방을 면치 못하시며'라는 대목이 등장한다.

〈회설〉 지절지충至切至忠하신 종사주의 대봉공심을 뵈옵고

본년 정기총회를 대代한 제8회[9회로 여겨짐] 평의원회 석상에서 **모모某某 간부의 사가생활 보장 여부의 건**을 토의할 새, 사정은 대단히 난처하였다. 생활을 보장하여 주자면 회의 예산이 부족하고 생활을 보장치 아니하면 그들 사가생활이 막연하여 그들을 회중에서 내놓지 않으면 아니 되게 되었으며, 그들을 내어놓는다면 회중 사업은 운전할 수 없는 난경에 빠지게 될 가위 진퇴양난의 경계이었다.

그리하여 평의원 이하 일반은 용이한 해결을 얻지 못하고 장내는 침묵한 그대로 1분, 2분을 경과할 그 찰나! 덕의심德義心이 무비無比한 예例의 이공주 선생은 정중하고 쾌활하고 또 선명하게도 그 생활을 자기의 절약 절검節儉으로써 독담獨擔 보장할 것을 선언하였다. 때에 장내는 마치 깊은 함정에서 살아 올라온 것 같은 환희와 안심의 빛이 모든 사람의 얼굴에 돌고, 이어서 감사를 표하는 박수성이 요란하였다. 때에 회장 서편에 좌정하셨던 종사주께서는 존안尊顔에 처연한 빛을 띠시고 감개 깊으신 어조로, 「내가 자금自今 10여 년 전 동지 몇 사람인 그들과 영광에서부터 부안, 부안으로부터 익산에 나올 때는 우리의 정신과 몸까지 희생하여서라도 일체 인류에게 이익을 끼쳐주자고 굳게 맹세하였더니, 아! 세상사世上事라는 과연 뜻과 같이 되지 못하는 것이로구나. 남에게 이익을 끼쳐준 것은 아직 없고 도리어 각 방면으로 소소한 생활까지 남의 의뢰를 받게 되니, 이 어찌 우리의 본뜻이랴?」 하시고, 성안에는 눈물의 흔적이 나타나시었다.

그때 이 광경을 참관參觀하는 우리는 어찌하여야 옳은가? 목을 놓고 통곡하여야 옳을까? 뛰어야 옳을까? 이 어찌 우리의 본뜻이랴? 하시던 그 한 말씀과 성안에 흐르시는 그 눈물 한 점, 6천의 뼈끝이 마디마디 저리고 진정에서 우러나는 피가 끓어서 감격하고도 황송한 눈물이 넘쳐흐름을 깨닫지 못하였다.

또는 한 걸음 더 나아가 그 사가생활하심을 보라. 세상 사람은 논마지기만 생기더라도 자기 일신 호강할 것과 처자 권속 호강시키기에 흡족하며 어느 회사 사장이나 조합장이나 하다못해 한 동리의 구장區長만 하더라도 취임한 그날부터 자기의 명예와 자기 개인 사생활의 만족부터 얻기 위하여 대단히 바쁘거늘 종사주는 적어도 수백의 대중을 지도하시는 어른이시며 수만의 자산을 감독하시는 어른으로서도 **우리의 사모주師母主와 우리의 사형제師兄弟는 자초지금自初至今 남의 곁방을 면치 못하시며 추의악식醜衣惡食을 면치 못하시니** 이 오죽이나 본회를 위하시는 행동이시며 범속에 뛰어나신 일이신가? 종사주도 육체를 받으신 인간이시니 정신 과로에서 나는 육체적 정신적 고통이 없으실 수 없을 것이며, 처자 권속에 대하신 애정이 없으실 수 없는 일이다. 그러나 대중을 위하시는 자신을 잊으시고 공사를 위해서는 사사를 잊으시며 전심전력으로 활동을 하시지 않는가?

《전음광, 〈월말통신〉 35호 시창17년 4월호》

송도성의 사가생활 대책

시창22년(1937) 영광지부장 송도성은 만 30세의 나이에 총부 교정원장으로 부임했다. 교무·감찰부 업무를 겸직하면서 교정원장이라는 막중한 직에 있었으나 그는 사가생활 안정을 얻지 못하였다. 부인 박길선은 셋째 아이를 임신한 몸으로 친정집[하운관] 신세를 지고 있었지만, 이에 대해서 그는[송도성] 아무런 대책을 세우지 못하고 있었다.

어느 날 공회당에서 무슨 모임 끝에 소태산은 송도성의 사가생활에 대해서 언급하였다.

"내가 도성이 부부가 사는 것을 보면 기가 차고 참 입장이 딱해서 사가 살림을 경영하라고 도성이를 밖에 내보내면 한문을 잘하니 당장 몽학 선생 할 것이고 글씨를 잘 쓰니 당장 나가도 여관 서기라도 하겠지. 도성이를 밖에 보내면 제 집 살림 하나야 잘 건사할 것이다. 그러나 도성이를 보내면 우리 일이 큰일이여. 공가에선 없어서 안 될 중요한 사람이니 우리가 봐줘야 하지 않겠는가. 내 딸자식 사위라서 그런 게 아니라 우리 회중을 위해서 하는 말이여."
송도성은 평소 꼿꼿하게 정좌하던 허리를 굽히고 두 손으로 얼굴을 가린 채 앉았다. 이해[시창22년] 이동진화의 도움으로 송도성은 기와집 하나를 장만하였다. 친정집 옆 터[현 반백년기념관 옆 여자화장실과 정화정사 옆 터]에 3칸 기와집을 지었다. 《회중 간부의 사가생활,『소태산박중빈 불법연구회』3권》

성정철의 사가생활 대책

"정철[성산 성정철]이가 영산에서 생활하고 있는지 오래고, 가정을 돌볼 수 있는 상황도 아니니 사가의 생활이 곤궁하기 이를 데가 없다. … 교단 상황으로 봐도 정철이가 영산에서 하고 있는 일은 아무나 대신할 수 있는 일이 아니다. 그러니 정철이가 사가의 어려움에 마음 끌리지 않고 공중사에 전념할 수 있도록 교중에서 사가 일을 보살펴 줄 수 있는 방법을 강구해 보아라."

대종사의 말씀에 따라서 제자들이 올린 전무출신 사가생활 지원에 대한 방향은 세 가지로 논의되었다.
첫째는 곤궁한 사가는 교단에서 보조하는 제도를 두자는 것이었다.
둘째는 그러한 제도가 아직 서지 못한 때에 돌보지 않을 수 없는 처지의 전무출신은 그가 일반 임원이면 적당한 기간 동안 사가를 돌본 후 돌아오게 하고, 중요 인물이면 회의를 거쳐 교중에서 보조하도록 하자는 것이었다.
셋째는 전무출신의 사가생활을 지도하고 보살피는 기관이 총부 안에 서야겠다는 의견이었다.
대종사께서 이 의견들을 수용하여 앞으로 합당한 제도를 세워 활용하도록 하고, 이를 관장할 기관의 설립을 부촉하셨다. 그때 도울 방幇, 도울 조助 자를 써서 방조기관幇助機關이라고 표현하셨다. 특히 "교중의 형편이 아직 그렇게 되지 못한 때에는 기관을 적게 벌려서라도 현직에 있는 전무출신으로서 사가 일에 마음 뺏앗기는 일이 없도록 하라."는 당부의 말씀을 하셨다.

《김정용, 사가 일에 마음 뺏기지 않게 하라,『생불님의 함박웃음』》

『대종경』 교단품 14장 – 우연한 재앙

소태산은 〈회보〉 60호 '음조와 음해의 출처'에서 "개인에게 지은 것은 어느 때든지 그 사람을 만나야 받게 되지마는, 국한을 툭 트고 공중을 향하여 지은 것은 어느 때 어느 곳을 가든지 우연한 복과 우연한 죄를 받게 된다."라고 밝히고 있다.
개인에게 지은 것은 그 사람을 만나서 받고 공중에 지은 것은 우연히 받는다는 것이다. 인연과에 있어 개인 간의 연緣과 공중과의 연緣에 따라 받게 되는 현상이 다르다는 것이다.
우연한 고락은 불특정 다수인 공중公衆을 대상으로 짓고 받는 것이다. 즉 우연히 받는 것은 공익사업에 지어서 불특정의 공중으로부터 받는 것이다.
불특정 다수인 여러 사람의 정성으로 모은 물건을 정당하지 못하게 사사로이 사용하면 불특정의 우연한 재앙이 미치게 된다는 말씀이다. 우연한 고는 불특정한 공중에 해가 되는 심신 작용을 한 결과라는 것이다.

한 제자 총부 부근에 살며 교중의 땔나무 등 소소한 물건을 사가로 가져가는지라, 대종사 말씀하시기를 「아무리 교중 살림이 어렵더라도 나무 몇 조각 못 몇 개로 큰 영향이 있을 것은 아니나, 여러 사람의 정성으로 모여진 물건을 정당하지 못하게 사사로이 소유하면 너의 장래에 우연한 재앙이 미쳐 그 몇 배의 손해를 당할 것이므로, 내가 그것을 예방하기 위하여 미리 경계하노라.」

《『대종경』 교단품 14장》

이칠성[성정철 정토]은 총부에 방 한 칸 의지할 데가 없었다. 이에 진정리화가 자기 집 건넛방에 살라고 하여 총부 식당에서 일하는 시어머니 손학경은 "잘되었다. 내가 겨[땔감]하고 양식은 대 주마"라고 하였다.

손학경이 총부 살림을 빼돌린다는 소문이 나자, 조실에서 불렀다.

"학경이가 총부 살림을 사가에 가져다 준담서."

청천벽력 같은 말에 손학경은 딴말하지 않고 이 말만 했다.

"종사님. 제가 여기서 하루 이틀 살았습니껴?"

"아문. 학경이 결백한 거 알지, 대중들의 시비는 밝혀야제."

이 사실을 알고 대중은 입을 다물었다. 4년간의 총부식당 생활을 마치고 고부간은 합쳤다.

대각전을 건축한 그 이듬해 시창21년(1936)이었다. 조실에서 산업부장 일산을 불러 "학경이와 칠성이가 집이 없어 저러니 산업부에 터가 좀 있던데 거기다 방 들여 주어라."

진정리화 집 앞[현 반백년기념관 남자화장실 자리]에 방 한 칸짜리 산업부 창고가 있었다. 거기에다 대각전 공사하고 남은 자재로 방 한 칸과 부엌을 달아냈다 한 달이 지난 뒤에 이사 갔다. 나중에 한 칸을 더 달아내어 네 칸짜리 집이 되었다.

《『소태산박중빈 불법연구회』3권》

19
청법수
- 소태산 대종사 법설을 청법聽法한 익산총부의 나무들

소태산 재세 시의 익산총부는 소박하면서도 정갈하며 훈훈한 도량의 분위기였다. 현재 총부에 식재된 나무들 대부분은 소태산 재세 시 사진상에 보이는 나무의 대체목이다. 확인되는 소태산 당대의 나무는 대각전 언덕 위의 느티나무와 대각전 담장에 있는 벚나무 고목이며, 공회당 앞의 벚나무 및 종법실 정원 앞뒤의 전나무 그리고 교정원 별관 앞 정원의 소나무 또는 대각전 오르는 길가의 오래된 소나무 등으로 여겨진다.

소태산 당대의 나무들은 소태산 대종사를 뵙고 설법을 들었다고 할 수 있지 않을까. 그러므로 소태산의 법설을 들은 청법수聽法樹요 소태산을 뵌 대면수對面樹라 할 것이다. 이 청법수 아래에서 소태산 대종사의 법문을 봉독하는 것은 큰 울림이 있을 것이다.

1. 종법실 앞 전나무
2. 공회당 앞 벚나무
3. 교정원 별관 앞 소나무
4. 원음각 주변의 소나무
5. 대각전 주변 느티나무

대각전·총부 정문·공회당·종법실 나무들

1. 소태산 당대의 청법수聽法樹인 대각전 벚나무와 느티나무 괴목이 들었을 법문

익산교당은 대각전을 지칭하며, 법좌가 등장하면 대각전의 법상으로 봐야 할 것이다. "한때 익산교당에서 종사주[종사님] **법좌에 출석**하시사[오르시사] (일반) 대중을 향하여[여러 제자에게] 말씀하여 가라사대"로 시작하는 법설의 경우는 설법처가 대각전으로 추정된다. [선방이 명시된 법설과 대각전 건축 이전 법설은 제외]
『대종경』교의품 18장, 『대종경』수행품 8장, 25장, 41장, 58장, 59장, 60장이 해당하며, 이외에도 『대종경』교단품 27장, 전망품 23~28장이 해당한다.

대각전 둘레의 느티나무(오른쪽 위)와 벚나무(불연마을 쪽)

『대종경』 수행품 8장 – 돈 버는 방식

이 법설처는 대각전이다. 법설 중에 "아마 이 **대각전**이 미어지게 모여들 것이다."라고 설법처가 명시된다. 원기20년(1935) 7월에 이 법설이 〈회보〉에 실리니 대각전이 건축되고 두세 달 후의 법설이다. 법설 예화로 경성박람회[조선박람회]에 출품되었던 기계로 움직이는 사람이 등장한다.

소태산은 『정전』 '교당 내왕 시 주의 사항' 제5조와 제6조처럼 매월 예회에는 반드시 참예하기를 주의할 것과 교당에 다녀갈 시는 그 득실 대조에 주의하도록 한다. 예회에서 인생에 필요한 법을 가르쳐 주니 곧 돈을 주는 셈이요, 그러한 법을 많이 듣고 알아서 그대로 행하는 것은 곧 돈을 버는 셈이라고 여기라는 것이다. 그리고 법을 들을 때는 기계사람[경성박람회에 출품되었던 기계로 움직이는 거짓 사람] 같이 건성으로 앉아 있지 말고, 정신을 차려서 선악 간에 보감을 삼아 매사에 활용하라고 당부한다.

돈 버는 방식

한때 익산교당에서 종사님 법좌에 출석하시사 대중을 향하여 말씀하여 가라사대,

「이제 나는 제군에게 돈을 주려 하나니, 제군은 각자의 재주와 기국대로 이 돈을 받아다가 밥도 하여 먹고 옷도 하여 입고 집도 지어 살고 그 외 어디든지 쓰고 싶은 데가 있거든 마음대로 쓸지어다. 내가 이러한 말을 하면 혹 어떤 사람은 '돈은 한 푼도 주지 않으면서 무슨 돈을 마음대로 쓰라고 하는고?' 하여 거짓말 같이 혹은 부황하게 알지도 모르겠다.

그러나 지각知覺 있는 사람이 한번 곰곰이 생각하여 본다면 이 말이 조금도 거짓말이 아님을 이해할 것이니, 즉 알기 쉽게 한 예를 들어 말한다면 술을 1년이면 50원어치나 먹고 살던 사람이 오늘, 이 예회에 와서 술 먹지 말라는 계문 해석을 듣고 크게 깨달음이 있어 먹던 술을 아주 참았다고 하여 보자. 그런다면 1년을 참으면 50원이 모이고, 10년을 참으면 500원이 모이며, 일평생을 참는다면 몇백 원 혹은 몇천 원도 모일 수가 있을 것이니, 곧 그 계문을 설한 사람이 그 사람에게 그만한 돈을 준 셈이 되지 않는가?

또는 잡기雜技를 하여 부모의 유산을 낭비하던 사람이 오늘 이곳에 와서 잡기 말라는 계문 해석을 듣고 또한 깨달음이 있어 항상 하던 잡기를 참기로 결심하고 얌전한 사람이 되었다고 하여 보자. 그런다면 전답을 팔아먹던 사람이 도리어 전답을 장만하게 될 것이며, 남의 빚을 쓰던 사람이 도리어 저금을 하게 될 것이니, 그 법을 설하여 준 사람이 또한 그만한 돈을 준 것이 아니고 그 무엇인가?

만일 위에 말한 바와 같이 술 잘 먹고 잡기 잘하는 사람들이 일평생에 그와 같은 필요한 법설을 듣지 못하고 자행자지로 지내어 보라. 그 말로未老의 기구할 것은 의심할 것도 없는 사실이니, 실로 위태한 세상이라고 아니할 수 없나니라. 그뿐만 아니라 또 가령 농촌에서 농사 지어먹는 사람이 본래 재주는 한 두락에 한 섬밖에 못 내어 먹었는데, 어떠한 농사법 잘 아는 선생에게서 개량 농사법을 배워서 같은 한 두락에 두 섬씩을 내어 먹는다고 하여 보자.

그런다면 그 선생은 법만 일러주었건마는 그 실은 논 한 마지기 더 사준 것과 똑같은 일을 하지 아니하였는가?

그러면, 우리 인생 생활에 필요한 법을 가르쳐 주는 것은 곧 돈을 주는 셈이요, 그러한 법을 많이 듣고 알아서 그대로 행하는 사람은 곧 돈을 버는 셈이라고 아니할 수 없을 것이다. 그러면 제군도 이후부터 예회에 법을 들으러 오거든 돈을 벌러 온다고 생각하고, 또 사회는 연사를 소개할 때 "이참에는 어느 분이 무슨 말을 한다."라고 하지 말고, "이참에는 어느 분이 나오셔서 돈을 줄 터이니 받을 그릇을 준비하였다가 많이 담아가게 하라."고 하라.

또 저세상에서 과학 학교에 다니는 것도 곧 그 선생의 가르치는 법을 들으려고 다니는 것이니, 그 가르침을 많이 잘 듣고 그대로 행하는 사람은 가치 있는 사람이 되어 월급 생활을 한다고 하더라도 1개월에 수십 원 수백 원이라는 고급高給을 받게 되는 것이요, 만일 듣고 보고 배운 것이 없이 마구잡이로 산 사람은 가치 없는 사람이 되고 마나니, 저 무식한 농촌 부녀들을 본다면 종일 가서 죽도록 남의 일을 하여 주어도 그 품삯이 15전 혹은 20전에 불과하고, 남자는 기운이나 상식이 부녀보다 조금 낫다 하여 45전을 받게 되며, 대목이나 토수 같은 사람은 전문 기술이 있다고 하여 하루에 1원 내지 2, 3원씩 받는 사람도 있지 아니한가? 그러면 같은 사람 가운데에도 인생 생활에 필요한 법을 많이 들어서 아는 것이 있는 사람은 귀대를 받게 되고, 그와 반대로 필요한 법을 듣지 못하여 아는 것이 없는 사람은 천대를 받게 되나니, 그러므로 나는 이 세상에서 천대받는 모든 사람에게 인도정의人道正義를 가르쳐 귀대를 받게 하기 위하여 이 회상문會上門을 열고 모든 법을 설하여 주게 된 것이다.

그런데 이 세상 사람들은 그 뜻을 알지 못하고, 도리어 심한 자는 비방을 하며 가난한 자는 돈이 없어 못 한다, 빚 있는 자는 빚 때문에 못 한다, 부모 있는 자는 부모 때문에 못 한다고 하니 그 어찌 애달프지 아니하랴? 그 실은 돈이 없으니까 이 법을 배워야 하고, 빚이 있으니까 이 법을 배워야 하며, 부모가 계시니까 이 법을 부지런히 배워야 할 것이다.

그런데 도리어 그것 때문에 못 한다고 하니 그것이 될 말인가? 다른 것은 다 그만두고 신용 없지 말라는 계문 하나만 배워서 지킨다고 하더라도 천만 원의 가치가 있는 것이며 일평생을 두고 써도 유익 되고 남음이 있겠거늘, 그런 것은 심상히 알고 배우려는 생각도 아니 내며 우선 눈에 보이는 돈에만 욕심이 나서 소위 회원이 되어 가지고도 15전이나 20전 품삯에 팔리어 예회에 번번이 불참하는 자도 그 수가 많지 아니한가?

보라! 지금이라도 이 근동 사람들에게 말하기를 "오늘은 우리 인간 생활에 필요한 법을 말하여 줄 터이니, 모두 들으러 오라."고 한다면 몇 사람이 안 올 것이다. 그러나 "오늘 오는 자에게는 아무 일도 시키지 않고 남자는 15전, 여자는 20전씩을 개개個個히 줄 터이니 오라."고 한다면 우치한 사람들은 아마 이 **대각전**이 미어지게 모여들 것이다. 그러면 모든 사람의 정도가 무가無價의 가치를 가진 좋은 법설을 저하치 않은 돈 몇십 전만도 못 하게 인증하는 모양이니, 그것을 생각할 때는 실로 한심할 일이라고 아니 할 수 없나니라.

그리고 끝으로 또한 말하여 줄 것이 있으니, 그것은 다름이 아니라, 설사 예회에는 빠지지 않고 꼭 참예하는 사람이라도 그 마음을 정돈할 줄 모르고 건성으로 앉아서 존다든지, 펄렁거리고 밖에나 드나든다든지 하면 그러한 사람들에게는 아무리 좋은 소리를 하여 준다고 하여도 소용이 없을 것이니, 실로 그런 사람들은 연전年前 경성박람회에 출품되었던 기계로 움직이는 거짓 사람과 같다고 아니할 수 없을 것이다.

그러한즉 제군은 또한 이 점에 주의하여 어떠한 법설을 듣게 되든지 기계사람 같이 건성으로 앉아 있지 말고, 정신을 차려서 선악 간에 반드시 나의 보감을 삼으며 매사에 활용하도록 하라. 그런다면 아무리 멍청하던 사람이라도 슬기로운 사람이 될 것이요, 빈한하던 사람이라도 부자가 될 것이며, 무식하던 사람이라도 유식한 사람이 되어 고는 적고 낙이 많아지리라.」 하시더라.

《이공주 수필, 〈회보〉 18호 시창20년 7월》

『대종경』 수행품 25장 - 법설이나 강연을 듣는 제군에게

이 법문은 예회의 설법으로 보인다. 법설에 "오늘같이 우중雨中임에도 불구하고 원근 각처에서 이렇게 다수 참석하였느니"라는 대목을 보면 정기적인 예회로 여겨진다. 원기19년(1934) 5월부터 익산총부 예회는 10일마다의 3순일 예회에서 7일마다의 일요 예회로 전환하기에 일요 예회로 봐야 할 것이다. 또한 대각전이 건축된 이후인 원기21년(1936) 10월호인 〈회보〉 29호에 실리니 설법처는 대각전인 것이다. 소태산은 허수아비와 우편물 및 명함 등을 법설 소재로 등장시킨다.

법설이나 강연을 듣는 제군에게

한때 익산교당에서 종사님 법좌에 출석하시사 대중을 행하여 말씀하여 가라사대,

「제군은 법사의 설법이나 혹은 연사演士의 강연을 듣게 된 때에는 반드시 주의할 바가 있나니, 그것은 다름이 아니라 곧 그 말을 들을 때에 인형人形 허수아비와 같이 앉았지 말고, 오직 금은보화나 얻을 듯이 정신을 고누고 들어보라는 말이다. 왜 그런가 하니, 가령 저 법사나 연사 편에서는 아무리 유익한 말을 한다고 하더라도 듣는 사람들 자체에서 아무 요령을 잡지 못하고 건성으로 듣는다면 추호의 유익도 얻지 못하게 되는 까닭이다.

보라! 나의 실지 경험한 바로 말하더라도 매일 각처에서 오는 우편물을 받아서 열 장이나 스무 장이나 무심히 본 것은 나중에 하나도 생각이 나지 않는다. 그러나 이 편지는 자세히 보아 두었다가 곧 답장하여 주리라고 명념銘念한 것은 그 사연이 하나도 잊어버려지지 않고 다 생각이 난다. 또는 여러 사람을 교제할 때 혹 명함도 내어놓고 혹 구두口頭로 성명을 통하는 사람도 있는바, 그저 무심히 보든지 듣든지 한 것은 그 사람의 성이 '박'이었는지 '김'이었는지도 곧 잊어버리고 만다. 그러나 이 사람은 꼭 기억하여 두어야 하겠다고 작정하고 특별히 정신을 들여 둔 것은 언제까지든지 잊어버리지 않고 생각이 나더라. 그와 같이 이런 곳에서 말을 듣는 것도 정신을 들여 듣지 않고, 존다든지 혹

은 딴생각이나 한다면 그 들은 바가 아무 소용이 없을 것이요, 그 반면에 만일 무슨 말을 듣든지 내 공부와 내 경계에 대조하여 '오, 저 말은 어디에 적당한 말씀이다.', '이 말은 어떻게 유익한 말씀이다.' 하고 온전한 정신으로 듣는다면 물론 얻음이 많을 것은 사실이 아닌가?

그런데 제군들로 말하면 오늘같이 우중雨中임에도 불구하고 원근 각처에서 이렇게 다수 참석하였으니, 과연 이 공부에 열성과 신심이 많은 것은 잘 알 수가 있으며, 따라서 어떻게 해서라도 유익을 주어야 하겠다는 생각이 새로이 나노라. 그래서 오늘은 특별히 공부하는 강령적으로 알아서 실행할 바를 말하여 주려 하나니, 명심불망할지어다.」

《이공주 수필, 〈회보〉 29호 시창21년 10월》

『대종경』 수행품 41장
- 나의 가르치는 것은 인도상 요법人道上要法이 주체이다

〈회보〉 24호 원기21년(1936) 5월호에 실린 법문이다. 법설 중에 "예회날마다 법설을 듣는 것도 항상 듣던 법만 들으면 마치 반찬 없는 밥 먹는 것과 같아서 별맛을 모르는 것이요, 그 반면에 아니 듣던 색다른 법을 들으면 별 반찬이나 장만한 것 같아서 누구나 흥미 있게 듣는 것이다."라는 말씀에 비추어 보면 예회의 설법으로 여겨진다. 원기19년(1934) 5월부터 익산총부 예회는 음력 3·6예회에서 일요예회로 전환한다. 그렇다면 예회는 일요예회이고 대각전이 건설된 1년 후이므로 예회 장소는 대각전으로 봐야 할 것이다.

소태산의 가르침은 사람이 떳떳하게 밟아갈 인도상人道上의 긴요한 법이라는 선언이다. 그러므로 소태산의 교법인 인생의 요도 사은·사요와 공부의 요도 삼학·팔조는 사람이라면 행해야 할 마땅한 법이다. 소태산은 "내가 가르쳐 주는 법은 신통 변화도 제2 문제로 두고 우선 사람으로서 반드시 알아야 하고 행하여야 할 수신상修身上 요법과 제가상齊家上 요법과 단체와 단체의 진화상進化上 요법과 지도인으로서의 준비할 요법〈『정전』 '최초법어'〉을 주체로 하여 가르친다"고 명시한다. 소태산 대종사는 이 길에서 벗어나 자신들이 공부길을 만들어서 행하는 자와는 사제 간이 아니라고 일갈한다.

나의 가르치는 것은 인도상 요법人道上要法이 주체이다

한때 익산교당에서 종사님 법좌에 출석하시사 대중을 향하여 말씀하여 가라사대,

「우리 사람들은 매일 삼시三時로 밥을 먹고 사는 바 도회지에서는 대개 밥때마다 색다른 반찬을 장만하여 먹나니, 그런 밥은 아무라도 먹을 만한 것이다. 그러나 저 농촌 넉넉지 못한 집에서는 언제든지 고정적 반찬, 즉 김치나 된장 혹은 장이나 새우젓, 이와 같이 날마다 같은 반찬을 도로 먹나니, 그런 밥은 물론 별맛이 없을 것은 사실이다. 그런 때에 혹 색다른 고춧잎, 김치라도 어디서 가져오면 새로운 맛이 있는 것과 같이 예회날마다 법설을 듣는 것도 항상 듣던 법만 들으면 마치 반찬 없는 밥 먹기 같아서 별맛을 모르는 것이요, 그 반면에 아니 듣던 색다른 법을 들으면 별 반찬이나 장만한 것 같아서 누구나 흥미 있게 듣는 것이다.

그리고 또 여러 사람의 말을 들어보면 처음 내어놓을 때는 각각 문제가 다른 것 같지마는 결국 끝에 가서는 대개가 혜복慧福을 구하자는 대로 돌아가고 마나니, 그것은 마치 우리가 밥을 먹을 때에 여러 가지 반찬과 아울러 먹지마는 돌아 나올 때는 대소변 두 가지로 변하여 버리는 것과 같은 것이다. 사실 우리가 선禪 때나 예회날이면 천어만어千語萬語를 하지마는 그 내용에 들어가서는 혜복을 얻자는 데에 불과하나니, 혜족慧足이란 알음알이가 많아서 천조天造의 대소유무大小有無와 인간의 시비이해是非利害에 걸림 없는 것을 이름이요, 복족福足이란 모든 일을 지어 나갈 때에 나의 하고 싶은 대로 되는 것을 이름이니, 과연 우리가 이 두 가지만 얻는다면 그 위에 더 좋은 일이 또 무엇이겠는가?

자, 그러면 오늘은 제군에게 색다른 고춧잎과 김치[항상 아니하시는 법설을 하신

다는 말씀]를 조금 장만하여 주려 하나니, 먹어들 보라.」 하시고 계속하여 가라사대,

「나는 항상 심중에 걱정되는 바가 하나 있으니, 그것은 다름이 아니라 우리 회원 가운데에도 신성信誠이 독실하고 지각知覺이 난 사람들은 말할 것도 없지마는, 신성이 부족하다거나 혹은 지각이 아직 덜 난 사람 중에서 제 소위 공부를 남보다 속히 하고 특별히 잘해 보겠다는 의미 아래에서 자행자지의 행동을 취하는 일이다.

즉, 어떤 자는 고요한 산중으로 들어가서 아주 영통靈通을 하여 훤하게 터 버려야 한다는 자, 혹은 특별한 지혜와 신통을 얻어 이산도수移山渡水와 호풍환우呼風喚雨를 마음대로 하여야 큰 인물이 되지 보통으로 일해가면서 입선해서 언제 되겠느냐고 저 스스로 공부길을 찾는 자, 혹은 경전·강연·회화도 다 쓸데없고 그저 염불·좌선을 많이 하여야 정력定力을 얻는다는 자, 혹은 아무것도 않고 좌선만 하다가 병이 들어서 죽게 되니까 그때에는 운동을 시작하여서 효력을 본 후로는 또 운동이 제일 필요하다고 주창主唱하는 자 등 하여간 저의[자기의] 의견만 내세우는 인물들 말이니, 만일 본회의 회원들이 모두 그와 같이 각자의 마음대로만 나간다면 어떻게 될 것인가?

그런 사람들은 물론 본회의 교과서도 보지 않을 것이요, 몇 해 동안 교과서를 보지 아니한다면 자연히 다 잊어버려서 아무것도 모르고 점진적으로 천치天痴가 될 것은 명약관화明若觀火한 사실이다. 과연 그와 같이 되는 사람들로 말하면 나를 만났지마는 나의 얼굴도 보지 못한 자라고 나는 인증하노라.

참으로 나를 선생으로 정하였을진대, 나의 가르침과 지도함에 절대복종하는 것이 가할 것이며, 수화라도 피치 않을 만하고 전문專門 공부나 재가在家 공부나 각자의 처지와 형편을 따라서 하여 나간다면 성공은 반드시 그 가운데 있을 것인데, 만일 나의 법이나 가르침에 의심이나 하고 '종사님은 언제 이와 같은 순서로 공부하여 도통을 하셨는가.' 하며 저희가 공부길을 만들어서 행한다면 그런 자와 나와 사제師弟 간이라고 할 것이 무엇이랴?

가령 시계 만드는 법을 배우고자 하여 시계 공장에 들어갔으면, 그 공장에

응당 선생이 있어 여러 가지로 시계 만드는 방식을 가르쳐 줄 것이니, 그대로만 배워 나간다면 목적한바 시계 제조법은 알고야 말 것인데, 만일 그 선생의 가르침을 믿지 않고 의심만 내며 자행자지한다면 그 시계 만드는 법을 어떻게 배울 것이며, 그 꼴을 누가 볼 것이냐? 물론 그런 자는 '미친놈'이라 하여 그 공장에서는 쫓아낼 것이니, 그런다면 그 목적한바 시계 제조법 배우려는 일은 허사가 되고 말 것이다. 그러면 나의 지도를 불복하고 제 마음대로 공부하는 자들은 마치 시계 공장에서 그 가르침을 듣지 않다가 쫓겨난 놈과 상위相違가 없을 것이니, 나는 그런 사람들의 전정[前程, 앞길]을 위하여 근심하노라.

보라! 지금도 각 도 사찰 선방에 돌아다니는 누더기 수자修者들로 말하면 일평생을 아무 직업 없이 산중으로 돌아다니면서 한가히 얻어먹고 좌선만 하건마는 왜 통령通靈을 쉽게 못 하는지 모르겠다. 그뿐인가? 심산궁곡深山窮谷에 들어가 보면 음부경陰符經 통령을 한다, 혹은 미타경彌陀經 통령을 한다, 혹은 오제五帝 통령을 한다고 하여 산중에서 방황하는 사람이 그 수를 헤아릴 수가 없을 만큼 많이 있는바, 자칭 저희가 도를 알았다고 하며 또는 도인을 안다고 하니, 나는 그 속을 알지 못하노라.

자고로 참 양반이라야 그 양반을 아는 것이요, 글씨를 잘 쓰는 사람이라야 그 명필을 알아보는 것이며, 성인이라야 능히 그 성인을 알아보는 것인데, 공부길도 모르는 사도인邪道人들이 무슨 능력으로써 정도인正道人을 알아볼 것이랴? 만약 주문장呪文章이나 읽어서 도통을 한다면 아마 이 세상은 도인 천지가 될 것이다.

그러나 참 도인은 귀하고 세상의 인심은 약아져서 점점 미신을 배척할 것이니, 산중에 잠재한 사도인들은 불원한 장래에 자연히 없어지고 그 반면에 인도人道에 적절한 정도正道는 스스로 서게 될 것이다. 알고 보면 삼계三界가 변화하는 이때 전에 복 좀 지어 놓은 사람이라야 참 선생을 만나서 큰 공부와 사업을 성취하게 되지, 만일 무복無福한 자라면 설사 만났을지라도 외도外道로 빠지고 말 것이다.

내가 제군에게 가르쳐 주는 법으로 말하면 신통 변화도 제2 문제로 두고, 우선 사람으로서는 반드시 알아야 하고 행하여야 할 수신상修身上 요법과 제가상齊家上 요법과 단체와 단체의 진화상進化上 요법과 지도인으로서의 준비할 요법 등을 주체로 하여 가르치나니, 그 가르치는 대로만 공부하여 나간다면 복족 혜족을 얻는 동시에 통령도 자연히 되어 신통자재神通自在할 수도 있는 것인데, 아무 수고와 노력도 없이 산중에나 들어가 있다면 그 무엇이 알게 될 것이냐? 자고로 떳떳한 도를 놓고 요행수나 바라는 것은 소인의 짓이요, 우자愚者의 행이니라.

제군이여! 제군도 이 나의 가르치는 인도상 요법부터 점진적으로 배우려거든 계속하여 공부하고, 만일 신통 묘술이나 원하거든 일찌감치 보따리 싸서 짊어질지어다.」 하시더라.

《이공주 수필, 〈회보〉 24호 시창21년 5월》

『대종경』 수행품 58장 – 마음 난리 평정법

마음 난리인 심란心亂을 다스릴 병서는 우리의 경전이요, 실습할 적군은 30계문이니, 삼학으로 삼대력을 얻어 가고 보통급 10계문, 특신급 10계문, 법마상전급 10계문을 단계별로 지켜 나가 법강항마위에 올라 어떠한 강적이라도 이기는 도원수가 되라는 것이다. 『정전』 법위등급의 3급을 넘어 3위에 오르는 공부 과정이다. 법설의 예화로 구주[유럽] 전쟁과 중국의 내전 및 고사포나 독가스 등의 무기도 등장한다. 법설이 〈회보〉에 발표된 시기가 대각전이 건축된 이후이므로 일요 예회 시 대각전 법설로 여겨진다.

제군은 난세에 나왔으니 도원수都元帥가 될지어다

한때 익산교당에서 종사님 법좌에 출석하시사, 대중을 향하여 말씀하여 가라사대,

「제군들은 무엇을 하려고 이와 같이 한곳에 모이었는가? 다름이 아니니, 곧 제군들로 말하면 난리 난 세상에 나왔는지라 적군과 싸우지 않으면 아니 되게 되었고, 적군과 싸움을 하기로 하면 전쟁하는 법을 알아야 할 것이며, 전쟁하는 법을 알기로 말하면 부득이 병법을 배워야 하겠으므로 그 병법을 배우기 위하여 이곳에 왔다고 생각하노라. 또 나더러는 무엇을 하는 사람이냐고 하면 곧 그 전쟁하는 법을 가르쳐 주는 선생이니, 나로 말하면 진작부터 병법을 많이 연구하여 적군과 접전하는 법도 잘 알고 따라서 백전백승하는 재주를 가진 연고니라.

혹 '난리亂離'라 하니까 구주歐洲 전쟁이나 중국 장개석의 싸움 같은 그러한 난리로 알지 모르나, **이 나의 '난리'라 함은 그러한 총과 칼의 무기를 가지고 싸우는 난리가 아니요, 오직 모든 사람의 심란心亂 즉 마음의 난리를 말함이니,** 그것은 불의한 욕심을 채우기 위하여 온전한 정신과 정당한 일을 놓아버리고 항상 복잡하고 시끄럽게 지냄을 이름이다.

예를 들어 말하면, 사람이 재물이나 의복·음식이나 주색잡기 등에 욕심이 심하게 한번 나고 보면, 예의염치를 불고하고 사기詐欺 취재取財를 한다, 살인강도를 한다, 혹은 부자 형제간에 고소를 한다, 독살을 한다, 그 외에도 말로 다할 수 없는 윤리·도덕에 벗어난 별별 악행을 다하다가 그 죄상이 발로되는 날에는 신용이 떨어져서 붙일 곳이 없게 되고, 혹은 잡혀간다, 징역을 산다 등의 번민과 고통이 생겨나며, 또 만일 저의 뜻한바 욕심대로 되지 않으면 진심과 치심이 병기倂起하여 여러 가지로 마음 난리가 일어나게 되는 것이다.

그러면 우리 인생이란 누구나 물론하고 천부지성天賦之性으로 양심은 다 가졌건마는 천연적으로 일어나는 그 욕심을 제거하지 못하여 패악무도悖惡無道한 짓을 하기는 하면서도 자연 양심의 가책을 받게 되나니, 이것이 또한 마음의 난리니라.

그러면 나는 날마다 제군에게 여러 가지 방편과 수단으로써 그 마음 난리의 적군을 쳐 항복 받을만한 병법을 가르쳐 주며 또 한편으로는 실지 싸움을 붙여보나니, 그 구경은 참 볼 만하니라. 저 세계 각국에서는 육·해군이나 혹은 항공군 연습을 시키는 것과 같이, **나는 제군에게 삼십계문三十戒文을 주어서 싸움을 붙여 놓고 보면, 혹자는 보통부 십계를 가지고도 배치작배치작하고 까딱하면 적군에게 쿵 하고 떨어지는 것**[계문을 지키려다가 범하는 것]을 보면 실로 가련한 생각이 든다. 그러다가 어찌어찌하여 그 계문을 지킬 만하게 되면 또 특신부特信簿 십계문을 주어 보아서 그 계문도 이겨 넘길 만하게 되면, 계속하여 법마상전부法魔相戰簿 십계를 또 주어서 마군[삼십계 범하려는 마음]과 접전을 시키다가 그도 또한 백전백승하게 되면, 그때는 법강항마부法強降魔簿에 올리어 마음 난리의 도원수를 삼아서 아주 주력전主力戰을 시키게 되는 것이다.

그러면 혹자는 "각종의 무기를 가지고 수만數萬 적군과 접전하는 것이 전쟁이요, 무서운 난리지, 그까짓 삼십계문을 지키는 것이 무슨 난리냐?"고 할는지도 모른다. 그러나 나는 실로 저 세계적 각국에서 고사포高射砲나 독와사[毒瓦斯, 독가스] 등의 무서운 병기를 가지고 싸우는 전쟁은 참 작은 싸움이요, 따라서 하나도 무섭지 않다고 생각하나니, 이 시방세계를 놓고 본다면 나라와 나라끼리 전쟁하는 것은 마치 몇천 호 사는 동리에서 두어 사람이 말다툼하는 것 같다고 하여도 과언은 아닐 것이다.

보라! 저 중국에서 아무리 전쟁을 한들 우리 조선에서는 구경도 할 수가 없지 아니한가? 그뿐만 아니라 저희가 아무리 맹렬한 싸움을 한다고 하여도 이 넓은 세계는 없애지 못할 것은 또한 사실이다. 그러나 이 마음의 난리란 것은 동서양 어느 곳을 물론하고 산에서나 들에서나 집에서나 방방곡곡에서 주야를 불구하고 시시각각으로 일어나나니, 만일 이 싸움이 쉬지 않고 이대로 길게 나간다면 세상은 파괴요, 절망일 것이다.

제군이여, 제군은 이 말에 각성하여 마음 난리의 투사가 되어서 적군과 접전할 적마다 승전하여 개선가를 부르게 하라. 저 모든 병사가 출전하기로 하면 상관에게 병법을 배우고 적군과 접전하는 연습을 하는 것과 같이 제군도 모든 마군을 쳐 항복 받고 법왕法王을 세우기로 말하면 역시 병법을 많이 익히고 적군과 접전하는 실습을 하여 보아야 할 것이니, **우리 집의 병서는 『육대**

요령』·『삼대요령』·『수양연구요론』 등이 그것이요, 실습할 적군은 삼십계 문이니, 누구든지 공부를 잘해서 삼대력을 얻고 삼십계문을 하나도 범치 않는다면 법강항마부에 올릴 것이요, 법강항마부에만 오르게 된다면 어떠한 강적이라도 기필코 이겨 넘길 것이니, 그렇게만 된다면 내 도원수로 승인하여 주리라.」 하시더라. 《이공주 수필, 〈회보〉 20호 시창20년 11월》

『대종경』 수행품 59장(심전계발)·60장(심전농사)

〈회보〉 20호 시창20년(1935) 10·11월호 각지 회합의 익산총부 9월 15일 일요일에 「금일은 본회 창한 제2회 내 289회의 예회이다. 오전 10시에 전음광 씨 사회로 제반 순서를 밟은 후 심전계발에 대하여 종사주의 법설이 계시고 휴회하였다가 오후 2시 반에 속회하여 육영부 취지 설명과 단금수합 급及 의견심의가 있고 난 후 폐회하다.」 라는 예회록이 보인다. 이때는 대각전이 건축된 이후이고 일요 예회이기에 '심전계발' 법문은 대각전에서 설해진 법문으로 보인다. 이 법설을 다음 달인 〈회보〉 21호 시창20년 12월호에 발표한다.

일제日帝에 의해 주도된 심전계발운동에 대해 소태산 대종사는 성품을 단련하는 공부라고 재해석하여 설법한다. 이처럼 심전은 곧 성품 자리이다. 소태산은 밭에서 여러 풀이 나오듯이 우리 마음 바탕에서 온갖 마음이 나오므로 '마음 심' 자 밑에 '밭 전' 자를 붙여 '심전心田'이라 밝히고 있다. 그리고 정신수양·사리연구·작업취사의 삼대강령三大綱領을 심전계발하는 전문 공부로 삼아 먼저 정신수양으로 마음 밭을 깨끗하게 잘 고르듯이 마음을 닦고, 사리연구로 심전 농사짓는 방식과 죄고와 혜복을 구분하고, 작업취사로 심전농사 법대로 실행하여 폐농하지 않고 많은 수확을 얻도록 하라는 것이다. 즉 심전계발은 성품에 바탕을 둔 삼학 공부이다.

심전계발心田啓發
한때 종사주 법좌에 오르시어 여러 제자에게 말씀하여 가라사대,

「내 오늘은 '심전계발'이란 문제에 두어 말 하려 하노라. 그러나 나는 본회를 창립한 후로 이래 20년 동안을 심전계발에 주력하여 왔으니, 오늘에 이 문제로써 시간을 보내는 것이 어찌 보면 새삼스러운 듯하다.

그러나 이 심전계발을 1~20년에 다 할 수 없는 일이요, 무궁한 세상에 한없이 할 일이며 또한 근자에 이르러 정부나 사회에서 심전계발에 대한 권장이 있고 모든 학자가 각 신문과 잡지를 통하여 이에 대한 의견 발표가 많이 있으니, 이런 기회를 당하여 우리는 근본 목적인 이 심전계발에 한층 더 정진하여야 할지며, 또는 지면상에 나타난 모든 학자의 논설을 참고한다면 대개가 그 어려운 문자를 인용하고 문체가 또한 범범泛泛[데면데면, 대충대충]하여 유·무식을 물론하고 쉽게 그 요령을 이해하여 직접 심전계발에 착수하기가 어려울 듯하기로, 내 이제 쉽고 강령 될 말로 본 문제를 설명하나니, 제군들은 오늘에 나의 하는 말을 잘 들어 두었다가 이 자리에 참석지 못한 여러 사람에게 널리 전하기 바라며, 그동안 심전계발에 많은 유념留念을 가진 사람에 있어서는 나의 말에 또한 더 각성이 있을 줄로 생각한다.

그러면 심전心田이란 무엇이며, 계발啓發이란 어떠한 의미인가? 이제 차서 대로 말하여 보자. '심전'이란 간단히 말하면 우리의 성품을 이름이니, 그러면 어찌하여 '마음 심心' 자 밑에 '밭 전田' 자를 써서 '심전心田'이란 명사를 붙였는가. 이는 다름 아니라 본래 분별과 주착이 없는 그 성품 가운데에서 선악 간 마음 발하는 것이, 본래 저 흙만 있는 밭에서 여러 가지 풀이 계속해 나오는 것과 같다는 데에 비유한 것이니, 이에 대하여는 우리가 알기 쉽게 한때나 조용히 앉아서 각자의 선악 간 마음 발하는 것을 조사해 보라. 그런다면 저 밭에서 여러 가지 풀이 늘 나오는 것과 같이 우리 성품 가운데에서는 무슨 마음이든지 마음이 늘 나오고 있지 않는가? 밭에서는 풀이 나고 성품에서는 마음이 나오는 고로 저 밭에 비하여 '마음 심' 자 밑에 '밭 전' 자를 붙여 '심전心田'이라 한 것이다.

그러므로 고어에도 말하기를 "사람의 악심惡心이란 제거해도 또 나오고, 제거해도 또 나오고 하여 저 밭에서 나는 풀을 매기와 흡사하다."는 의미로써 "악을 장차 제거하려고 하매 풀 아님이 없다[악장제거무비초惡將除去無非草].”고 하였나니, 심전이란 말이 근래에 생긴 것이 아니라 자래自來로 있는 말이다.

심전은 그렇거니와 '계발'이란 또 어떠한 의미인가. 이는 알기 쉽게 묵은 밭을 다시 개척하여 양전良田을 만들자는 말이니, 이 심전을 계발하는 것도 저 묵정밭을 개척하기와 조금도 틀림이 없나니라. 그러므로 도가道家에서 자고로 내려오는 용어에 "남의 밭 매려고 힘쓰지 말고, 네 밭이나 잘 매어라." 또는 "남의 밭 매어 주다가 네 밭 다 묵는다." 이러한 말이 있나니, 이 말은 다 자기의 행실도 깨끗하지 못한 자가 다른 사람의 시비와 장단을 잘 말하는 사람이나 또는 남을 가르치느라고 자기 공부는 할 틈이 없는 사람들을 대하여 쓰는 말이다.

그러면 어떠한 사람이 심전을 잘 계발하는 사람이며, 어떠한 사람이 심전을 잘 계발치 못하는 사람인가? 또는 그 잘하고 못하는 사이에 결과는 어떠할 것인가? **심전을 잘 계발하는 자는** 저 농사를 짓는 사람이 밭에 잡초가 나면 곧 매고, 나면 또 매고 하여 잡초는 다 없애버리고 좋은 곡식만 골라 세워두는 것과 같이, 선악 간 마음 발하는 것을 잘 조사하여 저 잡초와 같은 악심이 나면 곧 제거하고, 나면 또 제거하여 악심은 다 없애 버리고 저 곡식과 같은 선심善心만 양성하는 자이니, 이리된다면 저 농사를 잘 짓는 사람이 가을을 당하여 추수할 것도 많고 먹을 것도 넉넉한 것과 같이 조금도 낮은 일은 없고 항시 좋은 일만 돌아올 것이다.

그러면 **이 심전계발을 잘못하는 자는** 저 농사를 잘못 짓는 사람이 밭에 풀이 나도 내버려두고 곡식이 나도 내버려두고 하여 풀인지 곡식인지 분별할 수 없이 되는 것과 같이, 악한 마음이 나도 그대로 행하고 선한 마음이 나도 그대로 행하여 선악의 구별이 없이 마음 나는 대로 자행자지하는 자이니, 이리된다면 저 폐농廢農한 사람이 비록 가을을 당하였으나 수확할 것이 없고 먹을 것도 없어서 스스로 기한에 골몰하는 것과 같이, 당하는 것이 고苦뿐이요, 좋은 일은 별로 없을 것이 아닌가!

그러므로 우리의 천만 죄복이 별다른 데에 있는 것이 아니요, 다 이 심전계발

을 잘하고 못하는 데에 있나니라.《『대종경』 수행품 59장》

자래로 불법문佛法門 중에서는 심전을 발견한 자를 견성자見性者라고 하고, 또는 세상 말에 '복전福田'이라는 이름도 있으니, 복전이라는 말은 심전을 잘 계발하여 매사에 선행善行을 갖고 보면 그 심전에서 항시 복만 나오는 고로 그 이름을 '복전'이라 한 것이다. 그러나 이와 반대로 심전을 잘 계발치 아니하고 악행을 그대로 갖는다면 그 심전에서는 항시 죄만 나올 것이니, 그것은 곧 '죄전罪田'이 아닌가!

그런데 이 심전을 계발하기로 하면 한 가지 주의할 일이 있으니, 그것은 저 밭에 제초하는 사람이 풀이 나서 그 뿌리가 깊이 박히기 전에 그 풀을 뽑아야만 힘은 적게 들이고 제초를 잘할 수 있는 것과 같이, 제군의 심전에도 만일 어떠한 악심이 발하거든 그 즉시 제거하기를 힘쓸 것이니, 만일 그 악심을 오래 둔다면 나중에는 습관이 되어 제거하기가 대단히 힘들다니, 특히 이점에 주의할지어다.

또한 이 심전을 계발하기로 하면 그 방식을 전문으로 가르치고 배우는 기관이 있어야 할 것이요, 지상紙上의 이론만으로는 도저히 불가능한 일이니, 그것은 선악의 구별이 비록 쉬운 듯하나 그 종류를 천만千萬으로 계산하기가 심히 어려울 것이다. 그러므로 그 천만 종류를 다 구분해 알기로 하면 마땅히 나보다 나은 선생을 찾아 전문으로 배우지 않으면 알 수 없고, 설사 몇 가지 아는 것이 있다고 할지라도 습관에 끌리어 실행을 못 하는 일이 많은 것이다.

그런고로 본회에서는 정신수양·사리연구·작업취사 이 삼대강령三大綱領으로써 전문 공부를 시키나니, 정신수양은 심전농사를 짓기 위하여 먼저 밭을 깨끗하게 잘 다듬어 놓는 과목이요, 사리연구는 그 여러 가지 농사짓는 방식과 곡식과 잡초를 구분시키는 과목이요, 작업취사는 아는 그대로 실행하여 폐농을 하지 않고 많은 수확을 얻도록 하는 과목이니라.

더욱이 현대는 과학 문명의 발달을 따라 사람의 욕심이 날로 치성하는 중이니, 종교의 힘이 아니면 이 욕심을 항복 받을 능력이 없고, 이 욕심을 항복 받지 못하면 세상은 평화를 보기가 어려울 것이다. 그러므로 이 앞으로는 관민官民간에 종교를 많이 장려할 것이요, 얼마 안 지내면 형식에 끌려서라도 다 종교를 믿게 될 것이다.

지금은 처자가 있어 공부를 못하느니, 재산이 없어 못 하느니 하여 여러 가지로 빙자憑藉가 많으나, 미래에는 처자가 있으니 공부해야 할 것이요, 재산이 없으니 공부해야 하겠다 할 것이며, 공부가 능한 사람에 있어서는 더욱이 한없는 귀염을 받을 것이니, 제군은 이때 한 번 더 결심하여 이 심전농사를 잘하는 농부가 되어 보라.」하시더라.《『대종경』 수행품 60장 참고》

《서대원 수필, 〈회보〉 21호 시창20년 12월》

『대종경』 서품 14장, 경진동선 〈선원일지〉 – 혈인법인상 회고

제31회 경진동선은 원기25년(1940) 12월 6일 금요일 결제하여 원기26년(1941) 3월 6일 목요일) 해제한다. 경진동선 중인 원기25년 12월 31일(음력 12월 3일 화요일) 남자부 〈선원일지〉에 '오후 3시 30분부터 5시 30분까지 정남정녀 전무출신에 대한 열반기념식'을 거행한 기록이 있다. 또한 여자부 〈선원일지〉에 「방금 사회[송도성]가 정남정녀 전무출신의 약력을 보고할 때 그 가운데도 짧은 시일에 장원長遠한 일을 착수만 하고 죽은 사람도 있지마는, 팔산[김광선]이나 삼산[김기천] 같은 선배의 역사를 보고할 때는 '죽기로써 했다'고 보고한즉 아는 사람은 잘 알겠지마는 모르는 사람은 잘 모를 터이니, 내가 가르쳐 주마」하시고 팔·구인 선배와 단 조직하신 데 대하여 법설이 계시었다는 설명이 여자부 〈선원일지〉에 기록되어 있다.

소태산의 육성으로 법인기도의 상황을 접할 수 있는 법문이다. 손을 깨끗이 씻고서 백지장에 손도장을 찍으며 등불에 비추어 본즉 혈인이 나타났으며, 혈인이 나타나지 않으면 죽을 수 없고 혈인이 나타나야 죽을 자격이 있다는 법설이다. 법설처는 대각전으로 여겨진다.

(정남정녀) 약력보고를 한 후 종사주 법설이 계시다.

사람이 누구나 물론하고 신성信誠이 아니면 성사成事를 못 한다고 하시되 신성이 없는 사람은 동네에서도 믿어주지 아니하고 돌릴 것이며, 인생의 도를 밟지 못 할지라 하시되, 우리 회중이 처음 시작될 적에 본래는 40명을 제도하게 되었는데, 하루는 종사주께서 신성을 보기 위하여 이런 법설을 하시었다. 그 법설은 다름이 아니라 「너희들이 나의 법을 배울 때는 누구를 물론하고 불체佛體가 되어 중생을 제도할 마음으로 나의 법을 믿는다고 하였으니, 이제부터는 너의 중하게 짊어진 그 육신을 버리고 새로운 육신을 받아야 불체가 되어 중생제도를 시킬 터이니 죽어서 불체가 될 사람은 이 자리에서 말하라.」 하시니 40명 중 9인이었다. 나머지 사람들은 죽든 못하겠다고 물러갔으며 9인은 죽어서 불체가 되겠다고 죽기로써 고하였었다. 「그러면 날을 받아 줄 터이니 칼이 있느냐.」고 한 즉 머리 깎는 배코 칼이 있다고 하였었다. 그러면 「며칠날 저녁 몇 시경에 도롱이와 삿갓을 쓰고 칼을 들고 오라」 하시었고 죽을 밤을 정하였다.

그 후 그날 그 시時를 당하여 9인 일동이 다 기구를 갖추어서 왔는지라 그래서 「너희들이 죽으려면 여기에 자리를 깔고 물을 한 동이 길어오라」 하여 자리 위에 깨끗이 놓고 획 둘러앉아서 정성한 마음으로 심고를 드리고 일동이 손을 깨끗하게 씻고 기약서期約書를 만들어 놓고 기약서에 손가락으로 백인白印을 일일이 받되 「만일 백인에 표적이 나타날 터이니 만일 백인의 표적이 나타나지 아니하면 너희들은 죽지 못하리라」 하시고 일일이 백인을 받는 중 9인이 다 일심 것 찍었[박았]는지라, 그러나 찍은[박은] 후 9인이 다 전심專心으로 보니 표적이 없었다. 그래서 9인의 형상은 불같은 기운에 눈이 반짝거리기에 번개와 흡사하였었다.

한참 지난 후 등불에 비춰본 즉, 9인의 혈액이 나타난지라, 그래서 「이제 죽어라.」 하시니 각각 일동이 전심껏 심고를 올리고 종사님께 배례한 후 각각 죽을 장소로 들어가는데 그때 불렀었다. 「이제는 너희들이 죽었을 터이니, 가정에 대한 일은 소호小毫라도 생각지 말라.」 하시면서 「그렇게 실행이 되겠느냐, 못 되겠느냐?」라고 물은 즉 일동이 다 감심感心하여 그러기로 하다. 그래서 9인을 다 개인 개인에게 새로 이름을 주시면서 「거적은 죽었으니, 이제부터는 이 9인은 가정을 버리고 회상을 들치기로[책임지기로]써 기약」하시고 그때부터 법을 발전하여 법을 가르치셨다. 그 9인들은 종사께 교육을 받고 9인으로서는 또 개인 개인이 단원이 되어 9인씩을 가르치게 되었다. 그래서 「이와 같이 벌려 나와 이와 같이 창성하여 이만큼 되었다.」 하시되 「금일 열반기념을 뫼시는 중 세 분[오산, 팔산, 삼산]은 최초 9인 중에 계시는 선생님이라.」 하시다. 《〈선원일지〉 시창25년 12월 31일》

일요 법설, 병자동선 〈선원일지〉 – 사은과 미륵불

제23회 병자동선 중 1937년 1월 17일(병자년 12월 5일, 일요일) 남자부 〈선원일지〉에 기록된 일요예회의 법설이다. 여자부 〈선원일지〉에 "공부해 나가는 데 가장 필요한 방책에 대한 말씀이 계셨으니, 이는 곧 「까닭 있는 실생활을 할 것이며 과거의 그 시비이해를 구분하지 못하는 썩은 도인이 되지 말고 진도인眞道人이 될지며, 의식주를 완전히 하고 공부를 할지며, 각 신神을 위하는 것은 허위니 다 없애고 오직 원만한 일원상一圓相을 모시고 죄와 복을 빌지며, 끝으로 또한 미륵불 시대에 대하여 말씀이 계시다.」"라는 간략한 법설 기록이 있다. 이 일요예회 설법처는 대각전이다.

> 종사주 가라사되 「내 각지 지부를 순회하고 오니 여러 동지의 얼굴들을 1개월 반가량 보지 못하였고, 여러분도 나를 보지 못하였으니, 오늘은 오랜만에 법을 설해 주리라.」 하시고 말씀하시되 「우리 지부에서 회원이 많이 불어나니 그 회원이 끝까지 잘 나의 법을 신앙하여 갈까 하는 염려다. 그리고 일요일에는 이와 같이 많이 모여서 공부에 대한 말을 많이 들으니, 여기에 와서 좋은 말을 많이 들어서 유효하게 써먹어야 할 것이다. 만일 장에 가는 사람이 아무 목표도 없이 가는 사람은 아무 매물賣物이 없이 그냥 돌아오고 말 것이다. 무엇을 사려고 간 사람은 사려고 한 물품을 사서 필요하게 가족들과 잘 쓸 것과

같이, 여기에 온 여러분도 장에 물건 사러 간 사람과 같이 얻을 것을 많이 얻어 귀가한 후에 가족들과 토론도 하고 강설도 하여 이 공부의 맛을 보여 놓는다면 여기에 온 효력이 있을 것이다.

그리고 옛적 도인은 세간사에는 미숙하고 시비이해에 간섭지 아니하고 우치愚癡 같은 사람을 도인이라 하였으나, 오지교[吾之敎, 나의 가르침]는 인생의 의식주 3건이 유요有要하니 이 의식주 3건을 필구必求하여 생활해 가면서 시비이해에 능지能智라야 이 도인이라. 여차하니 오등[吾等, 우리]은 과거의 도인을 모방하여 우리는 그러지 않도록 할 것이다.

그리고 오등[우리]은 가중家中에 귀신 숭배하는 것을 폐지하자. 그리고 **천지 만물 허공법계를 포함한 일원상 숭배를 하자.** 모든 사람이 미신에 끌려서 미륵불을 찾는다는 것이 돌을 미륵불이라 하며, 어떤 사람은 불종불박佛宗佛朴이라고 써진 돌을 띠어다 미륵불을 조성하여 숭배한다. 그러나 미륵불은 다른 것 아니라 천지 만물 허공법계가 곧 미륵이며 또는 자비불을 지知한 때가 곧 미륵 세계라, 부처에게는 중생을 보실 때 불쌍히 여기시고 어여삐 여기시어서 악도로 떨어진 중생을 건져주는 것이 불佛이니, **사은께서는 자비로써 우리 중생을 구제하여 주시니 미륵불이며 심불心佛이다.**」 하시더라.

2. 소태산 당대의 청법수聽法樹인 공회당 벚나무가 들었을 법문

공회당 앞 벚나무

유일학림은 공회당과 양잠실을 수리해 개교하였다.

양잠실 앞에는 **큰 은행나무와 단감나무**가 있어서 유일학림생들이 단감을 따서 먹기도 하였다. 오랜 시일이 지나면서 고목으로 남아 있다가 지금은 없어졌다.

지금도 **공회당 앞 벚나무**는 오랜 세월을 말해 주고 있다. **이 벚나무는 대종**

사님 당시에 심은 나무이다. 유일학림생들이 벚꽃이 만발할 때면 나무에 전등을 여러 개 달아 놓았다. 벚꽃은 전등으로 더욱 화사한 빛을 선보이며 분위기를 돋우었고, 정산 종사님을 모시고 등불 아래에서 법문도 받들고 즐겁게 소창도 하였다.

《서문 성, 『원불교예화집』》

공회당 앞 벚나무 예전 모습

공회당 앞 벚나무

『대종경』 교의품 18장 – 삼강령三綱領의 필요

〈회보〉 제25호 각지상황 익산총부 난에 "5월 7일 오후 3시경에 임시로 공회당에 집합한 후 종사주께옵서 삼강령에 대한 필요를 말씀하옵시다."라는 기록이 보인다. 그러므로 이 '삼강령의 필요'는 시창21년(1936) 5월 7일 오후 3시경에 공회당에서 설하신 특별 법문이다.

정신수양, 사리연구, 작업취사의 삼학은 소태산의 수행법이요 마음공부법이다. 소태산은 불교의 계정혜 자의字意를 인용해서 정신수양, 사리연구, 작업취사의 본의와 진의眞義를 밝히고 있다. '정할 정定 자' 뜻을 끌어와서 정신수양을 밝히고, '밝은 혜慧 자' 뜻을 가져와서 사리연구를 밝히며, '경계할 계戒 자'를 통해 작업취사를 밝히고 있다. 소태산은 정신수양, 사리연구, 작업취사의 삼학으로 불교의 계정혜를 포괄하면서 더 나아가 유불선도 포섭하고 있다. 그러므로 소태산의 삼학은 불교의 계정혜 및 유불선 등 만법을 통합 활용하는 소태산의 고유한 수행법이다.

삼강령三綱領의 필요

한때 익산교당에서 종사님 법좌에 출석하시사 대중을 향하여 말씀하여 가라사대,

「우리 집 공부의 요도要道 삼강령으로 말하면, 우리 인생에 적절하고 필요한 법이며 잠깐도 떠날 수 없는 법이니, 예를 들면 육신에 대한 의식주衣食住 3건과 조금도 다름이 없다 하노라.

즉, 우리의 육신이 이 세상에 나오고 보면 첫째, 먹고 입고 거처할 집이 있어야 살 수가 있지, 만일 한 가지라도 없다면 우리의 존재를 보전할 수 없는 것과 같이, 우리의 정신에는 삼강령[정신수양·사리연구·작업취사]을 들이대어야 어떠한 일이든지 성공할 수가 있지, 만일 한 가지라도 부족하다면 그 일을 이룰 수 없나니라.

보라! 제군 등이 입선하여 이와 같이 경전 공부를 하는 것도 정신에 속한 일로써 이 공부를 잘하기로 하면 무엇보다도 먼저 온전한 마음 즉 일심一心을 들이대어야지, 만일 사심邪心이 들어서 마음이 안정치 못하거나 생각이 번거하다면 이 자리에서 아무리 명석한 말을 듣는다고 하여도 이 뜻은 하나도 모를 것이 사실이다. 그뿐만 아니라, 길을 가는 데도 일심이 아니면 애먼 길로 갈 것이요, 나무를 베는 데도 일심이 아니면 손을 자를 것이며, 잠을 자는 데에도 일심이 아니면 잠을 자지 못할 것이요, 이 외에도 대소사大小事를 물론하고 정신이 온전치 못하여 일심이 되지 못하고 사심邪心이나 공상으로 마음이 시끄러운 즉, 만사를 불성不成하나니, 과거에 충신이나 효자나 열녀도 오직 순일한 일심으로 좇아 된 것이요, 성현 불보살도 근본은 일심으로 좇아 이룬 것이며, 나로 말하여도 제군의 강연·회화나 일기의 갑甲을 매겨 주려면 정신이 온전하여 일심이 되어야지, 만일 누가 온다든지 다른 일이 있어 정신이 시끄러운 즉, 듣던 말의 까닭을 놓쳐서 그 갑을 매길 수가 없나니, 일심[정신수양]이란 그와 같이 우리에게 필요한 것이니라.

또 그다음은 알음알이가 있어야 할 것이니, 아무리 우리의 정신은 온전하다 하더라도 모든 일에 시비이해是非利害를 가려내는 구별력과 이 우주 만물의

본래 이치와 인간의 생사고락을 알지 못한다면 무슨 일이든지 이루지 못할 것은 또한 사실이라. 자고로 대인大人들은 천조天造의 대소유무大小有無와 인간의 시비이해를 밝게 앎으로 무엇에나 구별이 분명하고 군색窘塞함이 없나니, 그러므로 한 동리에 드러난 사람보다는 한 면에 드러난 사람이 아는 것이 많은 것이요, 한 도내에 드러난 사람보다는 한 나라에 드러난 사람의 알음알이가 더 많은 것이며, 세계에 드러난 제불제성은 한 나라에 드러난 사람보다 그 알음알이가 훨씬 많은 것이니, 과연 우리의 정신을 운전하는 데에는 그 아는 것[사리연구]이 또한 그와 같이 필요하다는 말이다.

또 그다음은 실제 실행이 있어야 할 것이니, 아무리 우리의 정신이 온전하여 일심이 되었고, 사리事理 간에 알음알이가 많다 하더라도 만일 그대로 행하지 못한다면 그 안 것이 수포화할 것은 명약관화明若觀火한 사실이 아닌가?

그래서 정신을 운전해 쓰는 데에는 일심과 알음알이와 실행의 이 3건이 육신에 대한 의식주 3건과 똑같이 필요하다는 말이니, 저세상 모든 사람이 각자의 경영하는 바 일에 성공치 못하는 것도 그 원인은 마음이 온전치 못하다거나 알음알이가 충분치 못하여 선악 시비를 분석지 못한다거나 혹은 실행이 없는 까닭이니라.

또 이 삼강령을 재래 불법佛法에 연락 붙여 말한다면 계정혜戒定慧와 같나니, 계라 하는 것은 '경계할 계戒' 자인 만큼 무엇이나 부당한 일은 하지 말고 정당한 일만 하라는 말이니 곧 작업취사作業取捨를 이름이요, 정이라 하는 말은 '정할 정定' 자인 만큼 사람의 마음을 정한 즉 심행처心行處가 없어지고 정신이 온전하여지나니 곧 정신수양精神修養을 이름이며, 혜라 하는 것은 '밝을 혜慧' 자인 만큼 밝은, 즉 알음알이가 많아서 우연한 생사고락의 모든 이치에 걸림 없이 안다는 말이니 곧 사리연구事理研究를 이름이니라.

또다시 이 삼강령을 저 노대老大 종교에 대하여 분석한다면, 유불선儒佛仙 삼도三道라고도 할 수가 있으니, 작업취사는 범절凡節을 밝히는 유교로써 곧 솔성지도率性之道를 이름이요, 사리연구는 천지 만물의 근본 이치를 각득覺得하자는 불교로써 곧 견성지도見性之道를 이름이요, 정신수양은 정신을 온전히 하여 정력定力을 얻자는 선교仙敎로써 양성지도養性之道를 이름이니, 누구든지 이 삼강령을 공부하여 삼대력을 얻는다면 이는 소위 선가仙家의 신선이요, 유가의 성현이며, 불가의 부처라고 할 수가 있으며, 또한 누구든지 이 삼도三道를 합해 행한다면 동서양을 물론하고 악도에 떨어진 만 중생을 제도하고도 남음이 있으리라고 생각하노라.」하시더라.

《이공주 수필, 〈회보〉 25호 시창21년 6월》

『대종경』 실시품 41장 – 조선 고악 감상

대종사 간혹 대중으로 더불어 조선 고악古樂을 감상하신바 특히 창극 춘향전·심청전·흥부전 등을 들으실 때는 매양 그 정절과 효우孝友의 장함을 칭찬하시며, 공도 생활에 지조와 인화가 더욱 소중함을 자주 강조하시고, 말씀하시기를 「충·열·효·제忠烈孝悌가 그 형식은 시대에 따라 서로 다르나, 그 정신만은 어느 시대에나 변함없이 활용되어야 하리라.」 《『대종경』 실시품 41장》

공회당에서 작업 때 법문

오늘은 공회당에서 고치 작업을 남녀 학원들과 하는데, 종사님께서 꼭 나오시어 법설하시기를, 「너희가 일만 한다고 하면 지루하니까 소창을 한다고 하되, 축음기를 갖다 틀어놓고 꼭 배울 것을 틀어놓아라.」 하시고,

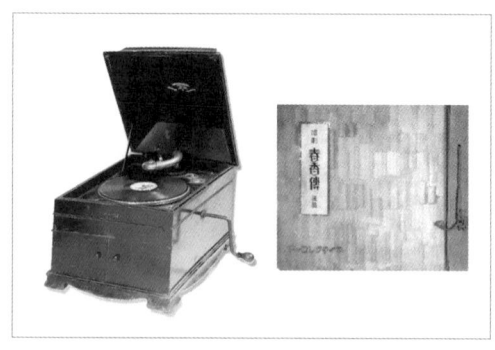
축음기와 창극 춘향전 판(원불교역사박물관 소장)

1. 춘향전을 틀어놓고서 거기서 「절개를 배우라.」
2. 심청전을 틀어놓고서 거기서 「효성을 배우라.」

3. 흥부전을 틀어놓고서 거기서 「우애를 배우라.」 하시고,
「누에고치 따고 먹는 고치와 잎도 따고 일이 많으나 일 중에서 공부하는 길이 둘이 아닌 길을 배워야 한다. 춘향의 절개 정신을 닮아야 하고, 심청의 효성 정신을 닮아야 하고, 흥부의 우애 정신을 닮아야 한다.」 하시며 칭찬을 많이 하셨습니다.　　　　　　　　　　　　　　　《묵타원 권우연 수필법문》

대중의 기운 뜨는 현상

공회당에서 저녁마다 법문하시다가 대중들 기운 뜬 걸 보신다고 이마에다 손을 대시고 대중 머리를 보시면 대중은 마음이 오쫄오쫄하여집니다.
「기운이 굴뚝에서 연기나듯 5색이 난다.」 하십니다.
종사님께서는 사람 사람마다 두상에 5색 기운이 뜬 것을 보십니다.
1. 탐심인은 흑색 기운이 떠 있고,
2. 진심인은 홍색 기운이 떠 있고,
3. 치심인은 황색 기운이 떠 있고,
4. 부심浮心인은 백색 기운이 떠 있고,
5. 일심인은 청색 기운이 떠 있다.　　　　　　《묵타원 권우연 수필법문》

『대종경』 수행품 1장, 기묘동선 〈선원일지〉 - 「일상 수행의 요법」 제송의 뜻

제29회 기묘己卯동선은 원기24년(1939) 12월 6일(수) 결제하여 원기25년(1940) 3월 6일(수) 해제한다. 여자부 〈선원일지〉의 원기24년(1939) 12월 7일(목)에 『대종경』 수행품 1장과 관련된 기록이 보인다. 교강敎綱은 『정전』 편수 시 「일상 수행의 요법」으로 제명되는데 예회 외에 같이 암송하는 뜻에 관해 제자들의 답변을 들은 후 소태산의 법설이 펼쳐진다. 목요일 평일 경전 공부 시간에 진행되니 법설 장소는 공회당

선방으로 여겨진다.

> 종사주께옵서 일반선원에게 말씀하시되 「여러분이 늘 읽는 교강敎綱을 매월 예회 시時나 또는 공부를 시작할 때는 제일 먼저 제송齊誦하게 되나니, 어떠한 의미로 교강을 그와 같이 제송하게 되는가? 누구든지 아는 사람이 있으면 대답하여 보라」 하시니, 정일성 씨를 비롯하여 3~4인의 답이 있었던바 일일이 청취하옵시고 끝으로 종사주께옵서 명철하옵신 설법이 유하시와 일반선원은 환희심이 한량없었다. 《시창24년 12월 7일 〈선원일지〉》

『대종경』 실시품 39장, 병자동선 〈선원일지〉 - 성질에 따른 지도법

제23회 병자동선은 병자년(1936) 음력 11월 6일(양력 12월 19일 토요일) 결제하여 원기22년(1937) 음력 2월 6일(양력 3월 18일 목요일) 해제한다. 시창22년 1월 25일(병자년 음력 12월 13일 월요일) 남자부 〈선원일지〉 기록에 오전 경전 시간은 종사주 출석하시고 남녀 합석하여 11시까지 공부하고 이후 30분 동안 소태산의 법설이 펼쳐진다. 이 법설은 『대종경』 실시품 39장과 관련 있다. 경전 공부 장소는 공회당으로 여겨진다.

> 「사람의 성질에 두 질이 있으니, 하나는 그 사람의 성질을 따라 잘못된 일을 발견하여 꾸짖어주어서 그 잘못을 잘 고치는 사람이 있으니, 이는 매우 가르치기 좋은 성질이다. 하나는 만일 잘못된 일을 발견하여 꾸짖으면 도리어 심하게 되는 성질이 있으니, 이런 사람은 잘못된 일이 8이고 잘하는 일이 2면 못된 일은 알고도 모르는 척하고 그 좋은 일만 발견하여 잘한다고 권면하여 주어야만 할 것이니, 그리하여 이러한 성질의 소유자는 잘 꾸짖지 않고 경계하지 않으면 자칫 나는 아무 말씀도 하시지 않는다고 하며 내심으로 좋아하나니, 이러한 사람은 마음을 잘 돌리지 않으면 절대 향상심이 없는 사람이라.」

하시고, 그리고 「앞에 말한 성질의 소유자가 매우 가르치기 좋은 성질이라 한다고 혹 방심할까 염려하니 그 성질의 소유자도 잘 양심을 대조하여야 할 것이다.」 하시더라.　　　　　　　　　　　　　　《시창22년 1월 25일 〈선원일지〉》

『대종경』 인도품 34장, 병자동선 〈선원일지〉 – 난세를 무사히 살아갈 비결

제23회 병자동선(결제 1936년 음력 11월 6일~해제 1937년 음력 2월 6일)의 여자부 〈선원일지〉 중 1937년 2월 17일(음력 1월 7일 수요일)에 "종사주께옵서 내어놓으신 처세요결 중 '급지상사완急地尙思緩 안시불망위安時不忘危'라는 말씀을 실행하여 이용하라는 데 대하여 말씀하시다."라는 일지기록이 있다.

이 〈선원일지〉에 따르면 『대종경』 인도품 34장의 처세요결 법문은 1937년에 설해진 신년 법설로 여겨진다. 아마도 세배를 받는 등으로 보아 대각전 또는 공회당에서 설해진 법설로 여겨지나 '급지상사완 안시불망위'라는 말씀이 병자동선의 평일에 거론되기에 공회당에서 설해진 법설로 설정해 본다.

> 대종사 신년을 당하여 말씀하시기를 「내가 오늘 여러 사람에게 **세배**歲拜를 받았으니 세속 사람들 같으면 음식이나 물건으로 답례를 하겠으나, 나는 돌아오는 **난세를 무사히 살아갈 비결**祕訣 하나를 일러 줄 터인즉 보감을 삼으라.」 하시고 선현先賢의 시 한 편을 써 주시니 곧 "처세에는 유한 것이 제일 귀하고處世柔爲貴 강강함은 재앙의 근본이니라剛强是禍基 말하기는 어눌한 듯 조심히 하고發言常欲訥 일 당하면 바보인 듯 삼가 행하라臨事當如痴 급할수록 그 마음을 더욱 늦추고急地尙思緩 편안할 때 위태할 것 잊지 말아라安時不忘危 일생을 이 글대로 살아간다면一生從此計 그 사람이 참으로 대장부니라眞個好男兒" 한 글이요, 그 글 끝에 한 귀를 더 쓰시니 "이대로 행하는 이는 늘 안락하리라右知而行之者常安樂" 하시니라.　　　《『대종경』 인도품 34장》

3. 소태산 당대의 청법수聽法樹인
영춘원 종법실 앞뒤 전나무가 들었을 법문

팔타원 황정신행이 식목한 소태산 당대의 전나무와 소나무는 '기틀을 알면 편안한 것이다.' 법문이 설해진 이후에 식목 되기에 『대종경』 천도품 6장에 해당하는 법문은 듣지는 못하였으나 『대종경』 교단품 19장의 기러기 떼 법문은 들었을 것이다. 현재의 종법실 앞의 소나무는 대체목이다. 아래의 법설처는 영춘원으로 여겨진다.

> … 청중의 손바닥은 불에 덴 손 같이 호닥호닥하여짐[화끈 달아오름]을 깨달을 때 박수의 소리는 **금강원**[金剛院, 광의로 익산본관을 지칭]에 높아졌다. 사회의 「오늘은 **법法의 박람회**이니, 여러분은 정신을 모아 구경하시라」는 권사勸辭에 일층一層 장내場內는 긴장미緊張味를 가加하였다. **최후로 종사주 조선박람회에서 얻은 감상을 말씀하시니**[법설을 기재할 별지 내월 발포할 예정임] 일동은 가위可謂 열광적이었다. **김남천 씨의 환희에 넘쳐 성성한 백발을 흩날리고 추는 그 무도舞蹈, 전삼삼 씨의 감탄感歎에서 우러나는 묵묵默默한 재배再拜**는 만장滿場의 흥기興氣를 고무鼓舞하였다. 불가피不可避하다, 광음이여! 도흥이 깊어 가는 이때 벽상의 괘종이 열둘을 울렸다.
>
> 《〈월말통신〉 21호 시창14년 기사ㄹㄷ 11월》

『대종경』 천도품 6장, 〈월말통신〉 28·29호
– 조선박람회 화재보험시설에 대한 감상

본문의 '소소한 정령'과 '일단의 정령'이 『대종경』 천도품 6장에서 '소소한 영식'과 '일점의 영식'으로 고쳐진다. 정령은 '맑고 신령한 마음 바탕'으로 '성품을 품부한 식심'을 영식으로 바꿔 쓴 것이고 일점은 일단으로 이해할 필요가 있다. 본문의 무진戊辰은 1929년인 기사ㄹㄷ의 오기誤記다. '기틀을 알면 편안하다'는 법문은 조선박람회에 전시된 화재보험시설에 대한 감상으로 천도의 원리를 제시하고 이어서 『정전』 '고락에 대한 법문'을 부연 설명한 것이다.

기틀을 알면 편안한 것이다

무진[戊辰, 1939년의 오기] 9월경에 종사주께옵서 상경하시어, 당시 개최 중이던 '조선박람회'를 보시고 익산본관으로 환가하시어 모든 제자에게 박람회 관람에 대한 감상을 말씀하시니 아래와 같더라.

「내가 이번에 상경한 것은 박람회 관람이 참 목적이 아니라, 회무상 부득이한 긴관사緊觀事가 있어[경성출장소 이춘풍 교무의 병고] 갔다가 여러 사람의 권고에 의하여 잠깐 입장한 것이다. 그러므로 모든 관찰이 충분치 못하였을 것은 사실이다. 그러나 나는 관찰하던 중 한 가지 감상 된 바가 있었으므로 오늘 이 자리에서 제군과 그 감상을 나누려 하나니 그 감상 된 바는 다름 아니라, 회장會場을 돌아 한편 구석에 이른 즉, 아마 그것이 **화재보험회사의 설비물**이었다.

어떠한 가정에 화재가 나서 방금 불꽃이 훌훌 타오르고 동량이 툭툭 무너져서 웅장하고 화려하던 그 좋은 건물이 일시에 형지形地 없이 소화될 지경이니, 누구나 그 광경을 당하는 자가 경겁驚㤼한 마음을 가지지 아니할 수 없으며 초조한 낯빛을 띠지 않을 수 없건마는, 의외에도 그 집 가족 4, 5인은 평시와 같이 태연자약한 태도로 조금도 그러한 기색이 나타나지 아니하였다. 나는 하도 이상하기로 그 이유를 더듬어 본즉 다름이 아니라, 그 집주인들은 그 건물 전부를 화재보험에 가입하여 손에다가 보험증 1매를 들고 있었다. 이 집이 형지形地 없이 소화된다고 할지라도 이 보험증 1매이면 넉넉히 훌륭한 건물을 일어낼 수 있다는 자신이 있음으로써이다.

나는 그것을 볼 때 과연 그러할 일이다. 무엇이나 자신이 있고 준비가 되어 있는 일에는 이렇게 넉넉한 태도가 나는 것이다. 그러나 자신이 없고 준비가 없는 일에는 아무리 안심하려 하나 자연적으로 나타나는 경동驚動한 태도를 감출 수 없는 것이다. 우리가 항상 말하기를 "생사고락에 해탈하자, 생사고락을 해탈해야 한다." 이렇게 부르짖건마는 생사의 원리를 모르는 사람으로서는 아무리 해탈하려 하나 도저히 할 수가 없는 것이다. 만약 사람의 생명이 한번 죽음에 다시 회복恢復되는 이치가 없이 영영 소멸하는 줄로 알진대 누가 아니 슬퍼하며 어찌 아니 경동하랴. 이것은 마치 화재보험에 들지 아니한 빈민이 그 집 한 채만 소화하면 다시 집 한 칸 의지하지 못할 처지에 있는 자로서 졸지에 화재를 당한 것 같을 것이다.

그러나 그 원리를 아는 사람의 견지로 볼진대, 이 육체의 한번 나고 죽고 하는 것은 옷 한번 갈아입음에 조금도 다를 것이 없을 것이다. **변함에 따르는 육체는 이제 죽어 없어진다고 하여도 변함이 없는 소소한 정령精靈은 영원히 사라지지 아니하고 또다시 다른 육체를 받을만한 원소元素를 포장包藏하였나니**[무간無間 지옥에 타락하여 육체를 받지 못하는 수도 있지마는] **그 일단一團의 정령이란 저 화재보험증 1매가 다시 새 건물을 일어낼 능력이 있는 것과 같이 또한 사람의 영생永生을 보증하고 있나니라.** 그런고로 이 이치를 아는 사람은 생사에 안심할 것이요, 모르는 자는 초조 경동하지 않을 수 없게 되리라.

또 고락으로 말하여도 아무리 당하기 어려운 고를 당하나, 그 고가 정당한 고가 되어서 '오냐! 이 고를 지내고 나면 반드시 무궁한 낙이 올 것이다. 그러므로 나는 장래의 낙을 준비키 위하여 지금 능히 이 고를 참는다' 이렇게 확호確乎한 자신과 굳은 결심이 있을진대 그 고를 그다지 괴로이 느껴지지 아니할 것이니, 그것은 현재의 고가 능히 미래의 낙을 보증하고 있는 소이다. 그러나 그러한 희망이 없이 그러한 준비가 없이 망망한 고해에서 헤맬 일을 생각할 때 어찌 한심치 아니하며 가련치 아니하랴.」 하시더라.《『대종경』 천도품 6장》

《송도성 수필, 〈월말통신〉 28·29호 시창15년 6월》

『대종경』 교단품 19장 – 기러기 떼

겨울철이면 익산총부 하늘에 철새들이 날아간다. 그중 기러기 떼가 줄지어 날아가는 모습을 볼 수 있을 것이다. 대종사는 이 모습을 비유하여 조실[종법실]에서 또는 공회당 서아실에서도 설한다.《선두 기러기와 기러기떼,『생불님의 함박웃음』》

대종사 여러 제자에게 말씀하시기를 「우리들의 일이 마치 저 기러기 떼의 일과 같으니, 시절 인연을 따라 인연 있는 동지가 혹은 동에 혹은 서에 교화의 판을 벌이는 것이 저 기러기들이 철을 따라 떼를 지어 혹은 남에 혹은 북에 깃들일 곳을 벌이는 것과 같도다. 그러나, 기러기가 두목 기러기의 인솔하는 대열에서 벗어나든지 또는 따라 가면서도 조심을 하지 못하고 보면 그물에 걸리거나 총알에 맞아 목숨을 상하기 쉽나니, 수도하고 교화하는 사람들에게 그물과 총알이 되는 것은 곧 재와 색의 경계니라.」

《『대종경』교단품 19장》

기러기 법문

오늘 저녁 식사 후에 학원 두엇이 조실을 가니까 종사님께서, 「저 공중에 기러기가 줄지어 가는 것을 보아라. 우리는 저 기러기 떼와 똑같으니라. 나는 선두 기러기와 같고, 너희는 후열 기러기와 같으니라. 선두 기러기가 "이 강변으로 가자" 하면 후열 기러기도 그리 쭉 따라가고 "저 강변으로 가자" 하면 그리 쭉 따라가서 한바탕씩 놀다 가듯이, 이 회상을 펴는 것도 역시 그러하다. 이번에는 인도에 가서 법을 펴자면 너희가 인도로 쭉 따라가고, 이다음에는 한국 가서 법을 펴자면 한국으로 쭉 따라가고, 요 다음에는 미국에 가서 법을 펴자면 미국으로 쭉 따라가고 하는 것이 선두 기러기 가는 대로 따라가다가, 총을 맞은 기러기는 못 따라가고 떨어지는 것과 같다. 너희 전무출신들에게는 무슨 총이 있냐? 재물총, 애인총, 명예총, 권리총, 술총, 놀음총이니라. 총맞은 자는 세속에서 재미를 보든지, 육도 수레바퀴에 돌고 있든지 할 것이다. 그러니 수도인은 총을 조심하라.」 하시었습니다. 여러 번 하신 말씀입니다.

《묵타원 권우연 수필법문》

4. 소태산 당대의 청법수聽法樹인 총부 정문[청하원-교정원 별관]의 소나무가 들었을 법문

『대종경』 실시품 21장 – 어린이와 약속

대종사 몇 제자와 함께 총부 정문 밖에 나오시매, 어린이 몇이 놀고 있다가 다 절을 하되 가장 어린아이 하나가 절을 아니 하는지라, 대종사 그 아이를 어루만지시며 「네가 절을 하면 과자를 주리라.」 하시니, 그 아이가 절을 하거

불법연구회 당대의 익산총부 정문 소나무 (현 구정원 별관 앞)

늘, 대종사 웃으신 후 무심히 한참 동안 걸으시다가, 문득 말씀하시기를 「그대들은 잠깐 기다리라. 내가 볼 일 하나를 잊었노라.」 하시고, 다시 조실로 들어가시어 과자를 가져다가 그 아이에게 주신 후 가시니, 대종사께서 비록 사소한 일이라도 항상 신을 지키심이 대개 이러하시니라.

《『대종경』 실시품 21장》

5. 소태산 당대의 청법수聽法樹인 대각전 오르는 길가 숲[원음각 일대]의 소나무가 들었을 법문

『대종경』 부촉품 14장 – 대각전 오르는 길가 숲속의 아이들

계미(1943) 오월 십육일 예회에 대종사 대중에게 설법하시기를 「내가 방금 이 대각전으로 오는데, 여러 아이가 길가 숲에서 놀다가 나를 보더니 한 아이

원음각 언덕

대각전 오르는 길가 소나무

가 군호를 하매 일제히 일어서서 경례를 하는 것이 퍽 질서가 있어 보이더라. 이것이 곧 그 아이들이 차차 철이 생겨나는 증거라, 사람이 아주 어릴 때는 가장 가까운 부모 형제의 내역과 촌수도 잘 모르고 그에 대한 도리는 더욱 모르고 지내다가 차차 철이 나면서 그 내역과 촌수와 도리를 알게 되는 것 같이 공부인들이 미한 때에는 불보살 되고 범부 중생 되는 내역이나, 자기와 천지 만물의 관계나, 각자 자신 거래의 길도 모르고 지내다가 차차 공부가 익어 가면서 그 모든 내역과 관계와 도리를 알게 되나니, 그러므로 우리가 도를 알아 가는 것이 마치 철없는 아이가 차차 어른 되어가는 것과 같다 하리라. 이와 같이, 아이가 커서 어른이 되고 범부가 깨쳐 부처가 되며, 제자가 배워 스승이 되는 것이니, 그대들도 어서어서 참다운 실력을 얻어 그대들 후진의 스승이 되며, 제생의세의 큰 사업에 각기 큰 선도자들이 되라.」

《『대종경』부촉품 14장》

이처럼 우리도 소태산 대종사의 법문을 듣는 청법수聽法樹**가 되어 법문 청법자가 되자.**

20
송대와 대종사 성탑

1. 송대, 『정전』 편수 및 휴양처

송대는 원기26년(1941) 가을에 **대종사의 휴양과 『정전』 편수의 한적한 처소 마련**을 위해 목수가 설계해서 기와를 올린 집이다. 당시 그곳은 야산으로 솔밭 속에서 쉬기도 하고 귀빈 접응을 하기 위해 암자처럼 이용한다. 건축 당시 대종사는 하나하나 살피고 직접 감역하였으며, 학원생들이 공동출역하여 '원각가' 등을 부르며 터를 다지었다. 이처럼 송대는 송림을 배경으로 한 3칸 개량한옥으로 남쪽에 화장실을 두었다. 이렇게 직접 감역하여 지은 송대를 대종사는 얼마 사용하지 못하고 열반에 드신다.

송대(옛 모습)
대종사 만년을 수양할 목적으로 친히 감역하여 지었으며, 내빈 숙소로도 사용한다. 한때 몸이 불편한 제자들의 요양소로도 사용된다. 송대 남쪽에 화장실이 있고 정면에 계단이 있었다.

송대(현재 모습)
옛 사진과 지금의 모습을 비교해 보면 송대 정면의 계단이 사라졌고 송대 아래의 지대가 더 높아졌다.

대종사는 송대를 지으면서 "나도 좀 한가해야겠다. 별채 지어놓고 좀 쉬어야겠다." 했는데 후일 송대는 **대종사성탑**을 돌보는 **노전爐殿 역할**을 한다. 원기27년(1942) 박문사 주지 우에노[상야] 노사老師가 이곳에 머물며 불법연구회의 서적[교리]을 사찰하는 사상 점검을 했던 곳이기도 하다.

원기56년(1971) 2월, 제45회 임시수위단회에서 소태산 대종사가 친히 거처[일명 조실]하던 세 곳의 건물인 금강원, 종법실, 송대를 영구 보존하기로 결의한다.

송대 계단은 복원해야 할 것이며 대종사가 직접 감역해서 놓은 정원석은 잘 보존해야 할 것이다. 또한 테니스와 승마를 했던 송대 앞 운동장 터에 그 이야기도 남겨 놓아야 할 것이다.

송대를 짓고 조경하신 대종사

송대는 대종사님께서 명하셔서 목수가 설계해서 지었는데, 그때 대종사께서 하나하나 살피고 조경까지 하셨다. 당시 그곳은 풀과 나무가 우거진 야산이었다. 솔밭 속에서 쉬기도 하시고 귀빈이 오면 접응도 하신 곳으로 '암자'처럼 이용하셨다. 송대를 지을 때 매일 같이 나오시어 학원생들을 출역하게 하셨다. 공동출역에 나오지 않은 학원생은 거명까지 하셨다. 안 보이는 사람의 이름을 부르셨다. 대중이 듣게 하시고 본인들에게 전해지도록 하신 것이다.

정원을 만들 때 대종사님께서 돌을 옮겨 놓을 자리까지 일일이 지적하여 주셨다. 현재까지도 대종사님께서 놓으라고 하셨던 자리에 돌들이 놓여 있음을 본다. 어느 날 굉장히 큰 돌을 대종사님의 지시에 따라 나[문산 김정용]와 오치훈, 안수근 등 넷이서 들기까지는 했는데 놓으라고 하신 곳까지 옮기기가 어려웠다. 이때 송재국 씨가 번쩍 들어 옮겼다. 송재국 씨는 정산 종사님 집안 분으로 키도 크고 건장하셨는데 출역에 잘 나오지 않고 숨어서 좌선에만 전념하였다. 규칙을 잘 지키지 않고 살았던 것이다. 이분이 우리 넷이서 힘들어하며 옮기려던 돌을 "저리 치시오." 하면서 혼자 들어 대종사님께서 놓으라는 자리에 놓았다. "재국이 저 놈 꾀부리고 안 하더니 저렇게 잘하는구먼." 하셨다. **송대는 이렇게 대종사님께서 직접 지휘하고 감역하여 지으셨는데 얼마 사용하지 못하고 열반에 드셨다.** 근대문화유산으로 보존건물이 된 송대를 둘러보면 당시 대종사님의 성체가 그대로 그려진다.

《김정용, 『전무출신으로 살았습니다』》

『대종경』 실시품 43장 – 대중 출역

대종사 대중 출역이 있을 때는 매양 현장에 나오시사 친히 모든 역사役事를 지도하시며, 항상 말씀하시기를 「영육靈肉의 육대강령 가운데 육신의 삼강령을 등한시 않게 하기 위하여 이와 같이 출역을 시키노라.」 하시고, 만일 정당한 이유 없이 출역하지 않는 사람이 있거나 나와서도 일에 게으른 사람이 있을 때는 이를 크게 경책하시니라. 《『대종경』 실시품 43장》

『원불교교사』 〈원광〉 창간 – 송대와 〈원광〉

송대에서 원기34년(1949) 4월 〈원광〉이 창간되어 **초기교단의 〈월말통신〉, 〈월보〉, 〈회보〉를 잇는 기록 정신을 계승한다.** 6·25 한국전쟁 중에 보화원으로 쓰던 양잠실이 대학 여기숙사 겸 강의실이 되면서 산업부 창고에 있던 도서실도 그곳으로 옮겨지고 연구실 터에 교사가 건립된 뒤로, **산업부 창고[현 종법원]에 〈원광〉 편집실 겸 인쇄소가 들어선다.** 원광사는 송대에 있다가 동란 때 동산선원에 임시로 옮긴다.

월간 〈회보〉가 휴간된 지 9년 만인 원기34년(1949·己丑) 4월에 원광사가 발족[사무소 송대 큰방] 하고, 그해 7월에 월간 〈원광〉[주간 李恩錫 편집 李空田]이 창간됨으로써 교단의 교화 기관지가 다시 나오게 되었다[인쇄처: 전북일보 인쇄국]. 정산 종법사는 창간호 권두에 '一圓之光遍照十方일원지광 편조시방'이라 휘호揮毫하시고, 「무엇이나 진실한 일은 아무리 없애려 하여도 필경은 있어지는 것이요, 거짓된 일은 아무리 있으려 하여도 필경은 없어지고 마나니라.」는 요언을 실으시었다.

〈원광〉은 5호를 내고 6·25 동란으로 중단되었다가, 원기37년(1952·壬辰) 4월에 보화당[이사 宋慧煥]과 이리 고등선원[교감 李雲捲]이 합력하여 복간하였으며, 원기40년(1955·乙未) 3월에 다시 총부로 옮긴 후, 원기42년(1957·丁酉) 2월에 교도[부산 金白蓮]의 후원으로 자영自營 인쇄 시설을 갖추고, 교단 출판업무의 일부까지 담당하기에 이르렀다.

《『원불교교사』 제2편 제5장 6. 원광 창간과 6·25 경난》

산업부 창고[현 종법원]에 있었던 〈원광〉 편집실 겸 인쇄소
원기34년(1949) 4월 25일에 소태산 대종사의 유해를 모시고 공회당 옆을 지나 송대로 향하고 있는 모습. 함석지붕이 공회당(오른쪽)이고 큰 기와집(가운데) 2채가 산업부 건물이다. 원기42년(1957) 2월에 인쇄시설을 이곳에 두었다.

원광 제1호

2. 송대와 대종사 성탑

원기28년(1943) 6월 1일 소태산 대종사 열반에 들자, 일경日警은 빨리 화장火葬하기를 종용하였고 장례식도 성대히 치르지 못하게 제약했으며 장의행렬 수행인마저 200명으로 제한한다. 이러한 상황 속에서 제자들은 금강리 수도산 화장막에서 성해를 화장하여 영춘원 종법실에 임시 안치하였다가 49재 이후 신흥리 장자산長者山 공동묘지에 안장하고 '소태산일원종사지묘少太山一圓宗師之墓'라는 묘비를 세운다.

그 후 6년이 지난 원기34년(1949) 4월 25일 송대의 송림에 성탑을 조성하여 이안하였다. 대종사께서 이 송림이 귀중한 땅이 될 것이라 했는데 결국 소태산 대종사를 추모하는 영모동산이 된다. 이처럼 송림은 값을 매길 수 없는 땅이 된다.

대종사 성탑이 송림에 세워진 후 송대는 소태산 대종사 성탑을 지키는 노전 역할을 한다. 우리도 송대의 노전 역할처럼 소태산 대종사의 교법을 수호하고 실행하는 공부인이 되어야 할 것이다.

값을 매길 수 없는 땅

어느 해 가을 양혜련이 조실 문안 인사차 왔더니 총부 대중들이 눈에 띄지 않고 대종사님 혼자 계셨다. "모두 황등 밤밭[율원]에 밤 따러 갔다. 너도 갈 거냐?" 길을 가다가 송대 옆을 한 바퀴 돌더니 대종사 말씀하시기를 **"이 땅은 한 평에 6전씩 주고 샀다. 앞으로 이 땅이 금값이 될 거다."**

《손정윤, 선진일화집 『무엇하러 왔는가?』》

양혜련은 '**이 터는 값을 매길 수 없는 땅이 된다**'는 말을 듣고 그냥 희망을 주는 말씀이거니 했는데 대종사 열반하시고 6년 뒤 성탑이 건립되어 그 가치를 알게 되었다. 《박용덕, 『소태산박중빈 불법연구회』 4》

최후의 겸상 – 제자들과 잦은 겸상을 하다

게송을 전할 시기에 소태산은 초창기 회상 창립에 애쓴 남녀 제자들을 불문하고 함께 식사하는 일이 자주 있었다. 평소 소태산이 남긴 밥을 나눠 먹길 좋아하는 제자들에게 이런 영광이 아닐 수 없었다.

하루는 소태산이 식당에 일렀다.

"도화하고 겸상 차리거라. 밥 하나 더 얹어 오너라."

"아이고, 어째서 겸상합니까. 저는 안 할랍니다."

최도화는 극구 사양하여 방바닥에 밥그릇을 놓고 먹었다.

"도화가 나 만나서 편한 밥 한번 못 먹고 호강 못 하고 고생 많이 했지?"

소태산의 따스한 위로에 최도화는 감격하여 그만 눈물을 펑펑 쏟았다.

"내가 금강산으로 수양 가야겠는데 내가 없어도 괜찮겠어?"

"종사님 가시면 저도 가죠."

"도화가 못 오는 데로 가."

"못 가는 데가 어디 있어요. 천 리고 만 리고, 따라가죠."

"체, 나오는 데를 와? 따라올 만한 재주를 가졌으면 참 장하지! 내가 숨어버리면 알간디."

최도화 뿐만 아니었다. 이 무렵 소태산은 초창기 회상 창립에 애쓴 남녀 제자들을 불문하고 불러 함께 상 받는 일이 잦았다.

소태산이 멀리 수양간다는 말에 이청춘은 이렇게 대답하였다.

"종사님 수양 가시면 우리도 따라가죠."

"저 멍청이 봐, 못 따라 올 데로 가는데 따라 와?"

그래도 제자들은 못 알아들었다. 다만 종사님께서 금강산으로 수양가시는 줄만 알았다.

《박용덕, 『천하농판』》

최후의 순행巡行

소태산은 열반 7~8개월 전인 원기27년(1942) 10월부터 최후 지방 순시巡視를 한다. 10월 13일에서 18일까지 전주, 원평, 신태인 교당을 살펴보시고, 2차로 11월 2일부터 24일간 부산 초량, 남부민, 당리 교당을 살펴보신다. 그리고 원기28년(1943) 3월 29일에서 4월 11일 사이에 경성교당과 개성교당을 둘러보신다. 제자들이 이끄는 교화 현장을 살펴보시고 당부할 것과 부촉할 것을 전한다. 초량교당 교무 조전권은 원기27년(1942) 겨울 예고 없이 밤늦게 갑자기 오신 소태산 스승님을 뵈며 깜짝 놀란다. 소태산은 교당을 잘 꾸려가고 있는 모습을 보고 안심하며 "나를 오래 보지 못해도 보고 싶은 마음 없이 잘 살아야 한다."는 당부를 건넨다.

행복[行服, 법복]과 대종사 열반시 상복

소태산은 법복 제작을 재촉하시더니 원기27년(1942) 총회부터 제자들에게 "어느 때 어느 곳이든지 가져가 입으라."시며 이 검정 법복을 행복行服이라 이름한다.

소태산 대종사는 민성경에게 "관복을 참고해서 법복 한번 만들어 봐라." 한다. 민성경이 시집오기 전, 친정 할아버지가 조례에 참석할 정도의 벼슬을 해서 관복을 늘 보고 살았기 때문이다. 민성경은 법복을 지어 올리려고 이리저리 연마하던 중이었다.

대종사는 팔타원 황정신행을 통해 법복 만들 천을 구해, 하루는 영춘원 종법실로 민성경과 그녀의 시모인 영타원 이대교를 불러 법복을 마름질하게 한다. 대종사는 이대교에게 천을 펴보라 하더니 "이렇게 해봐라 저렇게 해봐라."라고 의견을 내면 이대교는 치수에 맞게 그리며 마름질을 한다.

당시 이대교는 대종사의 의복을 맡고 있었다. 시어머니는 재단사, 며느리는 재봉사가 되어 합작으로 대종사의 법복을 청색 비단에 검정 물을 들여 지어드렸다.

열반을 한 달여 앞둔 원기28년(1943) 총회 무렵에는 하루에도 몇 차례씩 세탁부에 올라와 법복 짓기를 재촉하시며, 2년여에 걸쳐 제작된 200여 벌의 검정 법복과 법락을 선물한다. 《나상호, 『성경, 이름값 해라』》

이 행복行服은 이 옷을 입고 '부처와 같은 실행'을 하라는 뜻이며, 온전한[수양력] 생각으로[연구력] 실행하는[취사력] 삼학 병진의 깊은 뜻이 있으며, 또한 사은의 은혜에 보은하는 실행을 하고 또 하라는 뜻이 있는 것이다.

이 행복行服은 삼학팔조 사은사요를 실행하라는 법의 옷이요 은혜의 옷으로써 대종사께서는 **깨달음과 전법轉法의 법복**을 모두에게 공식적으로 전해 주신 것이다.

또한 소태산 대종사는 제자들에게 **"금강산으로 수도하러 간다. 너희들은 못 따라올 데로 간다."**라고 수차 열반을 암시한다. 그 누구도 금강리 수도산에서 장례[화장火葬]를 치를 줄 짐작하지 못했다. 또한 대종사께서 선물해 주신 행복行服이 결국 **대종사 열반 시 상복[장례복]**이 될 줄 아무도 몰랐다. **행복**行服은 소태산 대종사의 **장의행렬의 예복**으로, 장의**행렬복**[行服]이 된 것이다.

《방길튼,『소태산 대종사 발길따라』》

소태산의 열반상

소태산 대종사는 상추쌈 드시는 평범함 속에서 열반상을 보여주시었다. 이리병원에 입원하여 끙끙 앓다가도 문병하러 오는 사람들을 다정하게 맞이하며, 종법실 후원의 원숭이 밥 챙길 것을 당부하기도 하며 마지막 문병인이 되는 황이천 순사가 보기에 대종사의 상태가 괜찮아 보여 꾀병이라 하니 금방 죽게 될 사람보고 그런 말 한다며 응답한다. 그러면서 경찰서장 회의가 무슨 회의였냐고 물으시고 **"식은 밥 한 덩이가 그리 큰 것 아니다."**라고 화두 같은 말씀을 하신다. 좀 더 있다가 가라는 대종사의 청에도 황이천 순사는 3백여 미터 거리의 이리경찰서에 도착하니 대종사 열반했다는 소식을 전화로 듣게 된다. '식은 밥'은 아마도 불법연구회를 문닫게 하는 공로에 따른 보상일 것이다. 소태산 대종사는 원기9년(1924) 갑자년 6월 1일(음력 4월 29일)에 불법연구회 창립총회를 열고 만 19년간 신룡리에서 전법교화를 하시고 원기28년(1943) 계미년 6월 1일(음력 4월 29일)에 열반에 드신다. 바로 평범 속의 열반이었다.

대종사 열반 전 2년은 일경의 감시와 감찰이 최고조에 오를 때로, 일제는 대종사님을 일본으로 모셔가려고도 했으며 **황도불교**皇道佛教에 가입하라고 압박하던 때였다.

일제의 말을 듣지 않으니, 강제로 교문을 닫게 할 수도 있고 대종사에게 위해를 가할 수 있는 상황이었다. 이에 대종사는 수壽를 앞당겨 가셨던 것이다.

대종사의 열반과 함께 일경은 안도하면서 조용한 행보를 보인다. 일제에게 대종사는 독립운동가보다 더 무섭고 두려운 존재로 그처럼 경계한다.

'계미열반상'은 자비와 은혜의 열반상이다. 제자들에 대한 아낌없는 사랑이었으며 일제가 더 큰 죄업을 쌓지 않도록 한 구제의 은혜였다.

그리고 금강산이라는 말로 참된 금강 성품으로 천도하는 진리의 모습을 나투어 주시었다.

대종사께서 우리에게 전해주신 전법게송과 그 참된 자리인 금강 성품을 자신의 것으로 체득하는 공부에 정진적공 해야 할 것이다.

《방길튼,『소태산 대종사 발길따라』》

『원불교교사』 대종사의 열반과 정산 종법사 추대

소태산 대종사 열반과 장례 과정이다.

대종사, 원기28년(1943) **5월 16일** 예회를 마친 뒤 종법실에서 점심 공양으로 상추쌈을 드신 후 도착한 우편물을 일일이 점검하시고 갑자기 복통이 일어나 자리에 눕게 된다. 의사의 진료에도 병세가 호전되지 않자, 입원을 권유받게 되고 제자들의 간곡한 권유에 따라 **5월 27일** 저녁에 이리병원[현 중앙동 한일산부인과 터]에 입원한다.

6월 1일, 박광전이 약사발을 들고 와 드시기를 청하자 "글쎄, 그것 먹고 나을까?" 하시며, 안락의자에 앉아 있다 살며시 쓰러지신다. 이때가 오후 1시 30분이 넘은 시간이었고 2시 30분경 대종사는 열반에 든다[기관지천식 악화 심근경색으로 추정]. 오후 늦게 영구차가 총부에 도착해 성해를 영춘원 종법실에 모시게 되는데, 6월 1일, 이날은 날씨가 맑았다가 흐려지기 시작하여 저녁부터 비가 오기 시작하였다.

6월 6일, 일요일 오전 10시에 대각전에서 **발인식**을 거행하고 오후 1시에 장의행렬이 출발한다. 금강리 수도산 화장장에서 화장하여 이튿날 성해를 수습하여 종법실에 안치한다.

7월 19일, 대각전에서 **종재식**을 거행한 제자들은 참을 수 없는 비통함 속에서도 스승의 유업을 계승하리라 다짐하고서 장자산에 임시 묘역을 조성한다.

원기34년(1949) 4월 25일, 장자산에 임시로 입묘한 6년 뒤 송대가 자리하고 있는 송림에 대종사성탑을 조성한다.

원기28년(1943·癸未) 6월 1일, 대종사께서 열반하시었다. 이해 5월 16일, 총부 예회에서 설법하시기를 「아이가 커서 어른이 되고, 범부가 깨쳐 부처가 되며, 제자가 배워 스승이 되는 것이니, 그대들도 어서어서 참다운 실력을 얻어 그대들 후진의 스승이 되며, 제생의세의 큰 사업에 각기 큰 선도자들이 돼라. 육신의 생사는 불보살이나 범부 중생이 다 같은 것이니, 그대들은 또한 사람만 믿지 말고 그 법을 믿으며, 공왕공래가 없도록 각별히 주의하라. 생사가 일이 크고 무상은 신속하니 가히 범연하지 못할 바이니라.」하시고, 그날 오후 위석委席하시어, 15일 후인 이날 오후 두 시 반 거연히 열반하시니, 세수世壽

소태산의 법구, 금강리 화장막에 도착
제자들은 금강리 수도산 화장막에 도착하여 최종 경례를 올린다.

점화 직후의 금강리 수도산 화장막　　소태산 대종사 임시 묘역, 장자산

53세요 개법開法 28년이었다. 모든 제자의 애통함은 이루 말할 수 없었고, 일반 사회의 차탄嗟嘆하는 소리 연하여 마지아니하였으며, 허공법계와 삼라만상이 다 같이 슬퍼하는 기상을 보이었다.

6월 6일 오전 10시, 총부 대각전에서 경향 각지의 수천 대중과 불교 연맹 이리 7종宗 승려들이 참석한 가운데 장엄한 영결식을 거행하고, 이리 화장장에서 다비한 후, 7월 19일 종재식을 마치고 이리 시외 묘지에 유해를 안장하였다. 대중이 다 창황망조한 가운데 초종장례는 김태흡이 주례하였고, 종재에는 총독부 고관들의 존경을 받던 일본 명승 상야순영上野舜穎이 참석하여 설법 중 흐느낌을 금치 못하였다.

대종사의 장례 행사를 마치고, 6월 7일, 수위단회에서는, 초창기 이래 수위단 중앙단원이던 정산鼎山 송규 법사를 후계 종법사로 추대하고, 6월 8일에 새 종법사 취임식을 총부 대각전에서 거행하였다.

《『원불교교사』 제2편 제4장 4. 대종사의 열반과 정산 종법사 추대》

『원불교교사』 대종사성탑의 봉건과 봉찬사업 준비

원기34년(1949·己丑) 4월 25일, 총부 구내 영모원永慕園 송림 안에 대종사성탑을 봉건하고, 성탑에 성해 입탑식聖骸入塔式을 거행함으로써 대종사 성업봉찬 보본사업이 그 막을 올렸다. 그동안 각지 교도의 알뜰한 성금을 모아, 황등산 화강석으로 조성한 대종사 성탑은, 연화를 양각陽刻한 기단基壇 위에 연화대석을 받치고, 원석圓石을 올려, 그 안에 성해聖骸를 봉안한 후 5층의 탑신과 개석蓋石을 쌓아, 그해 10월에 준공한바, 이로써 대종사 열반 후 6년 만에 성해가 성탑에 모셔지게 되었고, 이에 따라 성탑을 중심으로 한 영모원 일대가 길이 보본 숭모의 성역으로 화하였다.

《『원불교교사』 제3편 제1장 1. 대종사 성탑의 봉건과 봉찬사업 준비》

대종사 성탑 - 성업봉찬대회 당시 모습

대종사 성탑(좌) 및 대종사 성비(우) 가는 길

대종사 성비 제막식, 원기38년 6월 1일

원기38년(1953, 癸巳) 6월 1일, 교단 일제히 하향夏享을 거행함으로써, 새 회상은 새 대향예법을 실행하기 시작하였고, 그날 오후 영모원에 봉건한 원각성존 소태산 대종사비를 제막하였다. 《『원불교교사』》

21
'신룡전법상'과 '계미열반상'의 도량, 익산총부

소태산 대종사의 제생의세 행보는 불법연구회 창립총회를 열어 새 회상을 세상에 알리고서 익산 신룡벌에 최초 본관인 도치원과 꼭두마리집 건축을 시작으로 '신룡전법상'이 펼쳐지며 '계미열반상'으로 마무리 짓게 된다. 소태산은 물질이 개벽되는 시대에 정신을 개벽하자는 깃발을 신룡벌에 세운 후 이를 하나하나 실현해서 보여주셨다. 익산총부는 그야말로 정신개벽의 실제를 보여주신 도량이라 할 것이다.

신룡전법상 부조

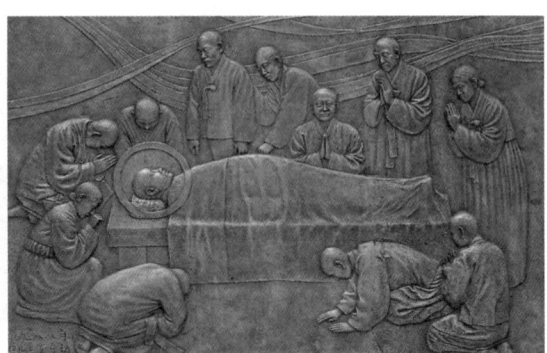
계미열반상 부조

1. 신룡전법상

'신룡전법상'은 정기훈련법과 상시훈련법을 발표하고 이 양대 훈련을 실행한 역사이다.

신룡전법상은 상시훈련과 정기훈련의 시행이다. 특히 익산총부는 '새 회상 정기훈련의 원시元始' 도량이다. 〈불법연구회창건사〉와 『원불교교사』에서 익산총부 '전음광과 권동화의 집'에서 시행된 원기10년(1925)의 을축하선과 을축동선을 '정기훈련의 원시元始'로 규정하고 있다.

다만, 『원불교교사』에서 만덕산을 '한 달 동안 선 난 곳'으로 부가하며, 만덕산을 '초선지初禪地'라고 명명한다. 만일 이 초선의 뜻을 만덕산에서 정기훈련법을 미리 준비해서 처음 시도한 선이라고 평한다면 익산총부는 정기훈련의 원시元始가 될 수 없으며 다분히 초선이라고 명명하는 만덕산 수양의 전개나 아류에 불과하게 된다.

〈불법연구회창건사〉 훈련법의 실시 – 정기훈련의 원시元始

- 시창10년 음력 3월에 대종사께서 모든 제자에게 혁신 교리와 제도를 지도하시기 위하여 정기훈련법과 상시훈련법을 발표하시니 … 본회 공부의 정기입선은 이 양기로써 원시元始가 되었다.
《〈불법연구회창건사〉 제17장 훈련법의 실시》
- 원기9년(1924, 갑자) 음력 5월에 대종사, 진안 만덕산에 가시어 한 달 동안 선[禪, 김광선 주관]을 나시며 김대거를 만나시었고, 이듬해[원기10년, 1925] 음 3월에 새 교법을 지도 훈련하기 위하여 정기훈련법과 상시훈련법을 제정 발표 하시었다. 《『원불교교사』 제2편 제1장 4. 훈련법의 발표와 실시》
- 원기10년(1925·乙丑) 음력 5월 6일에, 대종사, 새 훈련법에 의하여 첫 정기훈련을 실시하실 제, 총부 가옥이 아직 협착하므로 임시로 구내 개인 가옥[全飮光 집] 일부를 빌려 교무 송규의 지도 아래 10여 명의 남녀 선원禪員이 하선 훈련을 받게 하시고, 11월에는 교무 이춘풍李春風의 지도 아래 20여 명의 남녀 선원이 동선 훈련을 받게 하시니, 이 양기兩期의 선禪이 새 회상 정기훈련

의 원시元始가 되었다. 《『원불교교사』 제2편 제1장 4. 훈련법의 발표와 실시》

분명한 것은 정기훈련법을 발표한 곳도 익산총부이며 정기훈련을 동·하선 양식으로 지속해서 시행한 곳도 익산총부라는 것을 어떤 뜻으로든 훼손해서는 안 될 것이다. 만덕선 수양에 참여했던 정산 송규 종사가 『불법연구회창건사』에서 만덕산을 논하지 않은 이유를 살펴봐야 할 것이다. 만일 정산 종사가 만덕산 수양이 정기훈련의 효시라고 여겼다면 〈불법연구회창건사〉에 언급했을 것이다.

큰일을 하기[動] 전에 수양을 하는[靜] 소태산의 행동양식으로 볼 때, 만덕산은 익산총부 건설이라는 동動할 사태에 앞서 휴양과 준비의 예비처[靜]로 봐야 할 것이다. 이런 차원에서 만덕산 휴양은 중요한 가치가 있는 곳이다.

원기9년 3월 30일에 소태산 서울 첫 방문 → 한 달여 뒤에 전주에서 **불법연구회 창립 준비모임** → 음력 4월 29일(6월 1일)에 이리 보광사에서 **불법연구회 창립총회** 개최 → 이후 음력 5월에 **만덕산에 입산 수양**[12명 참여] → 음력 8월에 이리 신룡리에 **총부 기지 확정** → 음력 9월에 **총부본관 건축** 착수하여 음력 11월에 **준공** → 원기10년 음력 3월에 **정기훈련법·상시훈련법 발표**한다. 이후 소태산 대종사가 열반하는 해까지 끊이지 않고 36회에 걸쳐 동·하선 정기훈련을 지속해서 실시한다.

익산총부에서 시행한 정기훈련과 상시훈련을 전법轉法의 중심으로 세우면서 '만덕산 휴양'의 의미를 자리매김하여야 할 것이다. 만덕산에서 소태산 대종사 이하 12제자가 한 달 동안 선[휴양]을 났다는 것으로 인해 '정기훈련의 원시元始'가 익산총부라는 사실을 원불교 역사에서 흐리게 하거나 손상하는 결과를 야기惹起해서는 안 될 것이다.

2. 계미열반상

'계미열반상'은 소태산 대종사가 일원상 서원문(1938), 천도법문(1939), 게송과 무시선의 강령(1941년 1월 28일), 일원상 법어(1941년 2월 28일), 교리도와 표어(1943년 1월)를 연이어 발표하며 열반한 해인 1943년 초에 『정전』을 **편수**編修하는 **행적이요 역사**이다.

『원불교교사』 최종 회규의 시행과 전법 게송

소태산 대종사는 공식적으로 모든 제자에게 공전[公傳·共傳]으로 전법 게송을 전해 주셨다. 이는 **법의 민주주의**로 재가·출가에 관계없이 모두가 실력만 갖추면 그만한 법을 받을 수 있도록 한 것이다.

> 원기26년(1941·辛巳)부터 박장식朴將植에게 명하여 기초케 하신 이 회규[5부제]는 총 12장 250조로 되어 있는바, … 시국이 더욱 긴박해 짐에 따라 새 체제는 충분한 기능을 다 발휘하지 못하였다. 이 무렵부터 대종사께서는 열반의 시기가 임박함을 짐작하신 듯, 그동안 진행 중이던 정전正典의 편수를 자주 재촉하시고, 원기26년(1941·辛巳) 1월 28일에는 선원 대중에게 「유有는 무無로 무는 유로 돌고 돌아 지극하면 유와 무가 구공俱空이나 구공 역시 구족具足이라」는 게송과, 동정간 불리선 법動靜間不離禪法을 함께 내리시며 「옛 도인들은 대개 임종 당시에 바쁘게 전법 게송을 전하였으나, 나는 미리 그대들에게 이를 전하여 주며, 또는 몇 사람에게만 비밀히 전하였으나, 나는 이와 같이 여러 사람에게 고루 전하여 주노라. 그러나 법을 오롯이 받고 못 받는 것은 그대들 각자의 공부에 있나니, 각기 정진하여 후일에 유감이 없게 하라.」 하시었다.
> 대종사, 그 후부터는 예회·야회·선禪 시간 등 모든 법회에서 생사 인과에 대

한 법설들을 주로 많이 하시고, 자주 제자들에게 부촉하시기를 「내가 이제는 깊은 곳으로 수양을 가려 하노니, 내가 만일 없더라도 마음을 더욱 추어 잡으라」 하시고, 하루는 송규에게 「내가 여기에 오래 머무르기 어렵겠노라.」 하시며, 「자력으로 대중을 거느려도 보라」고 부촉하시었다.

또한 원기28년(1943·癸未) 1월에는 새로 정한 표어[處處佛像 事事佛供 無時禪 無處禪]들과 교리도를 발표하시며 「내 교법의 진수가 여기에 들어 있건마는 나의 참뜻을 아는 사람이 몇이나 될꼬」 하시며 「큰 결정을 세워서 외길로 나아가야 성공이 있으리라」 하시고, 「스승이 법을 새로 내는 일이나 제자들이 그 법을 받아서 후래 대중에게 전하는 일이나 또 후래 대중이 그 법을 반가이 받들어 실행하는 일이 삼위일체 되는 일이라 그 공덕도 또한 다름이 없나니라.」 하시었다.

《『원불교교사』 제2편 제4장 2. 최종 회규의 시행과 전법 게송》

'계미열반상'은 물질개벽 시대에 적합한 정신개벽으로 나아가도록 하는 구체적이면서도 체계적이며 또한 핵심을 추어 잡을 수 있도록 하는 교법을 『정전』에 담아 우리에게 선물해 주신 소태산의 은혜이다. 소태산의 열반은 죽음을 맞이하기까지 물질개벽시대에 합당한 제도 사업에 전력하신 정신개벽의 모습이다.

원각성존소태산대종사비명병서圓覺聖尊少太山大宗師碑銘並序
- 교리훈련과 생활제도개선

기미 8월에 2, 3 제자를 데리시고 석장錫杖을 부안 봉래산에 옮기시어 5년간 주재하시며 교리제도敎理制度의 초안을 대략 마치신 후 갑자 4월에 하산하시어 총부總部를 차此 신룡리에 건설하시고 불법연구회佛法研究會라는 임시 명칭으로 교문敎門을 공개하사 제자 수 10인으로 더불어 주경야독晝耕夜讀의 간고한 생활을 하여가며 교리 훈련을 시작하시었나니 **교리의 대강은 일원**一圓

을 최고종지最高宗旨로 하여 이를 신앙의 대상과 수행의 표본으로 하는 동시에 천만사리千萬事理를 다 이에 통일게 하시고 사은사요四恩四要를 윤리로 하여 종전에 미달한 모든 윤리를 다 통하게 하시고 삼학팔조三學八條를 수행으로 하여 종전에 편벽된 일체 수행을 병진하게 하시며 다시 영육쌍전靈肉雙全 이사병행理事竝行 처처불상處處佛像 사사불공事事佛供 무시선無時禪 무처선無處禪 등 대체를 밝히사 사통오달의 원융한 도로써 모든 법을 간이능행簡易能行케 하신 것이다.

이와 같이 교리 훈련을 실시하시는 일방 다시 생활제도의 개선에 착수하사 허례산삭虛禮刪削과 미신타파迷信打破며 자작자급自作自給과 수지대조收支對照 등 방법으로써 새로운 사업기초를 쌓으사 춘풍추우春風秋雨 20여 년에 숙야근간夙夜勤懇하시와 일정日政의 압제와 싸워가며 모든 난관을 극복하시어 교단 건설에 오로지 심혈을 다하시더니 무상無常이 신속迅速하여 계미 5월 16일에 대중을 모으시고 생사진리生死眞理의 대법문大法門을 최후로 설하신 후 6월 1일에 열반상涅槃相을 보이시니 세수는 53이요 개법開法이 28년이었다.

때에 도중徒衆들은 반호벽용攀號擗踊하여 그칠 줄을 몰랐고 일반 사회의 차탄嗟嘆하는 소리 연하여 마지아니했으며 허공법계虛空法界와 삼라만상이 다 같이 오열嗚咽하는 기상을 보이었다.

《원각성존소태산대종사비명병서》 중에서

결국 익산총부[익산성지]는 소태산의 대원정각에 의해 제정한 교법으로 교리 훈련하는 '신룡전법상'의 도량이요, 또 한편 열반 직전까지 교법을 갈고닦아 우리에게 선물해 주신 『정전』 편수의 도량이요 일정의 압제와 싸워가며 『정전』에 기반한 제생의세의 회상[일원회상]을 세워주신 '계미열반상'의 현장이다.

대종사 성비

소태산 대종사가 『정전』 편수에 얼마나 심혈을 기울였는지 『대종경』 부촉품 3장을 통해서 느낄 수 있다.

> 대종사 열반을 일 년 앞두시고 그동안 진행되어 오던 『정전』의 편찬을 자주 재촉하시며 감정鑑定의 붓을 들으시매 시간이 밤중에 미치는 때가 잦으시더니, 드디어 성편되매 바로 인쇄에 부치게 하시고, 제자들에게 말씀하시기를 "때가 급하여 이제 만전을 다하지는 못하였으나, 나의 일생 포부와 경륜이 그 대요는 이 한 권에 거의 표현되어 있나니, 삼가 받아 가져서 말로 배우고, 몸으로 실행하고, 마음으로 증득하여, 이 법이 후세 만대에 길이 전하게 하라. 앞으로 세계 사람들이 이 법을 알아보고 크게 감격하고 봉대할 사람이 수가 없으리라."
> 《『대종경』 부촉품 3장》

소태산 대종사는 인쇄 전 가제본을 보셨으며 인쇄본 『정전』을 못 보시고 열반하셨다. 소태산 열반 후 발간된 『불교정전』을 받아본 제자들은 통한의 눈물을 흘리며 눈물바다가 된다. 『정전』은 출판을 위해서 방편상 '불교'를 붙여 『불교정전』으로 출간한다. 『불

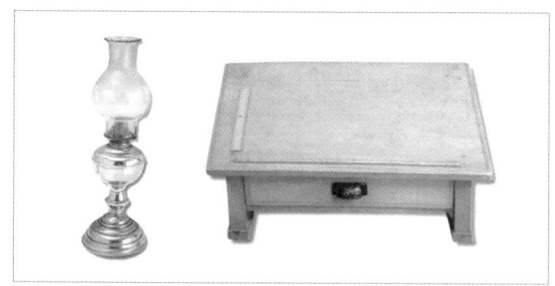

알코올 램프와 경상(원불교박물관 소장)
소태산 대종사가 공부와 사업을 할 때 사용한 알코올 램프와 초기 교서를 집필할 때 사용한 경상

교정전』은 원기28년(1943) 3월 인쇄에 회부, 출판본이 익산총부에 도착한 것은 8월 중이었고 소태산 대종사의 초기 교서 집대성 판이었다.

이처럼 『정전』은 교조가 밤잠을 새며 완성한 책으로, 교조가 직접 출판한 역사적 작업이다. 인류의 정신문화에 확실한 이정표를 남긴 출판으로, 제자들을 통해 후대에 출간할 수도 있었으나 손수 하신 의미는 『정전』의 제명처럼 바른 기준[표준]이 되는 중심 텍스트를 제시한 것이다. 또한 당신의 지혜와 제자들의 지혜를 모아, 초기교단의 모든 역량을 동원하는 합력 속에서 함께 한 작업으로 의미가 크다.

『원불교교사』 '불교정전'의 편수 발간 – 끼쳐주신 법등法燈

원기25년(1940·庚辰) 9월부터 대종사께서는 교리에 능숙한 몇몇 제자에게 명하시어 그동안의 모든 초기 교서를 통일 수정케 하시고, 원기27년(1942·壬午)부터는 그 편찬을 자주 재촉하시며, 감정鑑定의 붓을 들으시매 시간이 밤중에 미치는 때가 잦으시더니, 드디어 성편成編되매, 바로 인쇄에 부치라 하시고 「때가 급하여 이제 만전萬全을 다하지는 못하였으나, 나의 일생 포부와 경륜이 그 대요는 이 한 권에 거의 표현되어 있나니, 삼가 받아 가져서, 말로 배우고 몸으로 실행하고 마음으로 증득하여, 이 법이 후세 만대에 길이 전하게 하라. 앞으로 세계 사람들이 이 법을 알아보고 크게 감격하며 봉대할 사람이 수가 없으리라.」 하시었다.

그러나 『불교정전』은 일정 당국의 출판 불허로 발간이 지연되다가, 불교시보사장 김태흡金泰洽의 명의로 허가를 얻어, 원기28년(1943·癸未) 3월에야 인쇄에 회부, 대종사 열반 후인 그해 8월 비로소 발행되었다. 이 『불교정전』이 후일 『원불교 교전』이 발간되기까지 19년 동안 새 회상의 유일한 통일 교서였다.

《『원불교교사』 제2편 제4장 3. 「불교정전」의 편수 발간》

소태산 대종사가 친히 편찬한 『정전』의 서명書名은 '종전–교전–정전–불교정전–정전'으로 변경되었다.

이 다섯 번의 명칭 변경에는 나름의 이유와 사연이 있다. 소태산 대종사가 원기25년(1940) 9월부터 교과서를 통일 수정하여 원기26년(1941)에 첫 필사 원고를 완성하고 이 서명을 마루 종, 경전 전 '종전宗典'이라 한다.

그리고 이 필사본 종전의 핵심 부분을 원기26년(1941) 12월에 묵사한다. 이 묵사본을 '교전敎典'이라 제명하고 소태산은 이 묵사본 교전을 감수한다. 교전은 소태산의 감수본이다. 이 교전을 감수하여 이를 다시 『정전正典』이라 이름하여 원기27년(1942) 4월 전북도경에 간행을 신청하였으나 거부된다.

『정전』 인쇄 허가를 일본 글로 하면 허가해 준다는 전북도경의 말에 소태산은 "일본 글로 인쇄했다가는 불쏘시개가 되니까, 무슨 방편을 써서라도 한문으로 토를 달고 한글로 인쇄하라."고 한다.

소태산의 한글에 대한 태도를 살펴보면, 원기18년(1933) 음력 4월 26일 익산총부 예회에서 유허일에게 '한글'에 대한 강화講話를 하도록 한다. 소태산은 한글 연구에 조예가 있는 제자를 통해 한글을 강조했던 것이다. 또한 〈금강경〉 등 불경의 핵심을 한글로 번역하여 새로운 판본의 경전을 만든다. **이러한 점으로 볼 때 『불조요경』의 한글본을 새로운 경전으로 받아들여야 할 것이다.** 〈반야심경〉 〈금강경〉 〈휴휴암좌선문〉도 한글 경전에 따라 한글로 독경을 해야 소태산의 본의에 맞을 것이다.

이러한 일제의 압박 속에서 원기27년(1942) 불교시보사 사장 김태흡 스님이 소태산을 뵙고 감명을 받아 『정전』의 간행에 협력한다. 김태흡 스님은 『불교정전』이라 제명을 바꾸어 자신의 이름으로 하면 출판할 수 있겠다고 제안하며, 원기27년 박문사 주지 우에노[상야]를 교리 사찰 명목으로 익산총부를 방문케 한다. 그 후 원기28년(1943) 총독부로부터 『불교정전』의 출판 허가가 나오게 되며, 이에 소태산 대종사는 가제본한 『불교정전』을 밤새워 친감한 후 1,000부를 인쇄한다.

소태산은 사랑하는 제자들과 겸상을 나누는 법정을 다지는 한편 지방 교무들을 살뜰하게 챙기는 마지막 순행[경성, 개성, 부산 등]을 한다. 소태산은 일원대도에 근원한 교법을 실천하고 전할 것을 제자들에게 부촉하며, 『정전』을 유산으로 남기고 열반에 드신다. 이것이 '계미열반상'의 여정이다.

 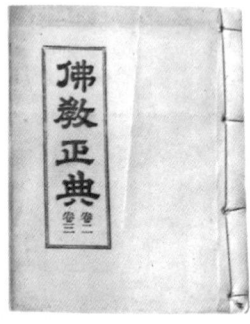

『불교정전』 권1, 권2·3
『불교정전』(전3권) 중 1권을 다듬은 것이 현재의 『정전』이며, 이후 소태산의 언행록인 『대종경』과 합간하여 원기47년(1962) 『원불교전서』을 발간한다. 또한 『불교정전』 2·3권은 『불조요경』으로 묶인다.

제2부
익산총부 주변 성적지 순례

익산총부 주변 성적지

도치마을[양하운家, 문정규家, 김남천家, 정공칠家. 대종경 인과품 18장], 불연마을[대각전 옆], 신불연마을[원광대학교 학생회관 일대], 석방리 앵두아버지[교학대 서원관 건너], 이리 보광사[불법연구회 창립총회지], 송학리 박원석家[산업부 효시], 연구실 터, 황등역·이리역[소태산의 교화 관문], 남중리 소나무[대종경 불지품 20장], 옛 이리경찰서[대종경 실시품 10장], 전주여관[이인의화 영업장, 대종경 교의품 27장], 축산공진회[이리농업고등학교]와 투우대회장[현 이리고등학교 운동장], 이리보화당, 만석평[원불교교사], 적성산, 황등암, 봉서사[대종경 불지품 18장], 목천포 비행장[결정할 심고], 배산과 황등호수[대종경 불지품 19장], 황등율원, 계문보통학교[도산 안창호 방문지], 이리병원[소태산 열반지], 소태산 장의행렬 길[금강리 화장막], 장자산[소태산 임시묘역], 불종불박 주춧돌, 이리천일고무공장 터, 봉숧뫼와 옛 이리교당, 삼례과원, 옛 삼례역, 총부 빨래터, 미륵산

01
불법연구회 창립총회지, 이리 보광사

이리 보광사 普光寺

보광사[전북특별자치도 익산시 마동 133-8, 고봉로6길 53]는 익산시 마동 죽산竹山에 위치하며 태고종 소속의 개인 소유의 사찰이었다. 익산총부에서 약 6㎞ 떨어져 있으며 1920년 금산사 김성철 화상에 의해 개창되었으며 옛 이리에서 최초로 설립된 사찰이다.

이곳에서 원기9년(1924) 6월 1일(음력 4월 29일)에 '불법연구회 창립총회'를 개최하고 새 회상을 내외에 공개한다.

원기9년에 소태산 대종사, 상경하였다가 1개월여 만인 5월 초에 이리를 거쳐 [박원석家 하루 유숙] 전주[전음광家, 동완산동 53번지 일대]에 가자, 서중안 등 7인이 소태산 대종사를 모시고 불법연구회 발기인 모임을 갖는다.

이후 소태산 대종사는 불법연구회 기지에 대하여 "이리가 토지가 광활하고 교통도 편리하여 무산자들의 생활과 각처 회원들의 내왕이 편리하니 그곳으로 정함이 좋겠다." 하며, 이리 보광사로 창립총회 장소를 정하고 불법연구회 본관기지는 현장 답사 후 결정하기로 한다.

보광사에서 6월 1일에 불법연구회 창립총회를 열게 되니 영광·김제·익산·전주 등지의 지방대표 14인 등 총 39명이 참석한다. 오전 10시 임시의장 송만경의 사회로 시작되어 총재에 소태산 대종사를 추대하고 회장에 서중안이 선출되며, 평의원에 서동풍·박원석·김기천·문정규·송만경·오창건·이동안·전음광

이상 8인이 선임된다. 임원 선거에 이어 불법연구회 초대 회장인 서중안의 주재로 회의가 진행되었다. 서중안은 임시 서기를 지명하고「불법연구회규약」제정에 들어간바 미리 준비해 온 초안대로 이의 없이 통과되며, 이어서 불법연구회 유지방법 및 재가선법[상시훈련법]과 출가선법 '솔성요론'에 대한 설명[김기천 강연]이 있은 후 창립총회를 마침으로써 새 회상을 내외에 공개한다. 이날 창립총회가 끝난 후[시대일보의 기사에 따르면 창립총회 장소인 보광사에 소태산은 참석하지 않은 듯하다] 각 지역 대표들은 소태산 대종사와 이리 부근 여러 곳을 돌아보며 불법연구회 본관 기지를 물색하였다. 총회를 마친 후에도 불법연구회 본관 기지를 수차례 답사한 후 박원석의 주선으로 그해 음력 8월 익산시 북일면 신룡리[現 익산총부] 일대를 확정 매입하고 본관 건설을 시작하게 된다.

원불교의 탯자리인 불법연구회 창립총회를 열었던 이리 보광사가 대형건설사 아파트 공사로 2022년 초부터 공사에 들어가 흔적도 없이 철거됐다. 불법연구회 창립총회 장소임을 안내하는 표지석이라도 설치되어야 할 것이다.

보광사
불법연구회 창립총회 당시의 보광사는 한국전쟁 시 소실되어 다시 신축한 건물이다.

보광사 터
현재는 아파트 건설로 철거되어 흔적을 찾아보기 어렵다. 보광사가 자리한 죽산 앞은 저수지[시녀지]였으나 운동장으로 매립되었다.

02
산업부의 효시, 박원석家

→ 박원석家와 산업부의 효시, 147쪽 참조

박원석家 주변

박원석家[송학동 89-1]

박원석家는 전무출신 첫 공동생활 장소이며 산업부 활동을 시작한 곳이다.
소태산은 이리역을 이용할 때 박원석의 집을 경유하기도 하고 묵고 가기도 한다.

박원석의 집에 묵을 때 모기와 관련한 일화이다.
송학리의 모기는 유명해서 밤새 잠을 설칠 정도인데 소태산은 한번 자리에 누우면 아무 일 없이 잘 주무시고 다음 날 일찍 가뿐하게 기상하신다.

한때 휴식 시간에 팔산 김광선, 사산 오창건, 붕산 황이천 3인이 좌담 중의 말씀 "종사님의 위대하신 것은 우리 범인으로서는 도저히 측량할 수가 없다. 신룡리로 오시기 전에 이리 송학리에서 농사를 짓느라고 우리가 종사님을 모시고 있었다. 그때 나뭇간 같은 데서 무덥기는 하고 비는 계속 내리지, 또 그 송학 모기는 유명해서 모깃불을 놓아도 안 되고 저녁이면 한잠도 못 잤다. 그런데 종사님은 한 번도 잠을 설치지 않고 시간 되어 누우시면 그대로 잠을 잘 자고 일어나시니, 무슨 조화인지 참으로 당해보면 신기한 일이 비일비재였다. 어떻게 그 모기 속에서 꿈쩍도 안 하고 주무시는지 그저 알 수가 없다."

《황이천, 내가 내사한 불법연구회, 원불교신보 106호》

03 만석평

→ 만석평萬石坪 소작농 148쪽, 총부 주변 농지 152쪽 참조

익산총부의 논농사는 만석평 소작농과 이청춘이 희사한 70두락[내곳리 전田 70여 두락으로 추정 - 웜말통신 28·29호]과 이동진화의 현영동 6천 평과 오상리의 답畓이 있다.

원불교 만석평 사적비

이곳은 전라북도 익산시 오산면 영만리 만석평萬石坪이다. 소태산 대종사는 원기9년(1924)에 전라북도 익산군 북일면 신용리 344-2번지에 원불교 중앙총부를 건설한 후 이 일대의 동양척식주식회사 소유답을 빌려 공부 비용과 운영경비를 마련했다. 최초

만석평 사적비(앞면)

만석평 사적비(뒷면)

에는 서중안의 소개로 송학리 동양척식회사 소유답을 빌려 경작을 했으나 중앙총부가 건설되면서 비교적 가까운 만석리 동양척식주식회사 소유답 15두

만석평 들판

락[3천여 평]을 빌려 경작했다. 그 후 이청춘 대봉도가 그 딱한 형편을 알고 70여 두락[1만 4천여 평] 유지답을 매입해 희사하면서 농업부가 발족되고 새 회상의 경제적 토대가 마련되었다. 성가 117장 '공덕탑의 노래' 중 "익산총부 건설 당시 엿장사이며 만석평의 밭갈기도 눈물 겨워라"는 낮에는 농사를 짓고 밤에는 공부를 하는 생활종교로서의 초기교단의 모습이 잘 담겨 있다.

원기87년 "중앙총부 건설 초기 선진들의 자취가 어린 만석평 부지를 확보하라"는 좌산 이광정 종법사의 유시에 따라 만성교당 오효명 교무가 뜻 있는 교도들과 공덕주들의 정성을 모아 3,500여 평의 부지를 확보하였으며, 새 회상 건설에 앞장섰던 선진들의 창립정신이 영원한 세월에 전해지기를 염원하며 여기에 이 비를 세웠다.

원기104년 10월 20일
원불교 성지사업회

04
연구실 터와 산업부

→ 산업부 149쪽 참조

연구실 터의 불법연구회 산업부

연구실 터 일대(현 원광디지털대학교 주변)

익산총부 주변 성적지 순례

05
남중리 소나무
- 일원상을 길가에 그리시다

『대종경』 불지품 20장과 〈월말통신〉 21호 '대우주의 본가本家를 찾아 초인간적 생활을 하라'는 법설에 남중리 소나무가 등장한다. 신룡벌 익산총부에서 새말-꽃밭재-벽돌막을 지나면 남중리[현 남중교당 일대]가 나온다. 소태산은 상경하기 위해 이리역에 가는 중이었고 전음광은 배종陪從하기 위해서, 조송광은 원평 사가에 돌아가는 길이었다. 소태산 일행은 남중리 소나무가 보이는 길가에 이르고, 이곳에서 소태산은 일원상의 경지를 자세하게 말씀하며 일원상을 길가에 그리신다.

경성출장소 교무 이춘풍이 건강상 더는 근무할 수 없게 되자, 소태산 대종사는 상경하여 익산본관으로 내려가 정양토록 하고, 경성출장소 회관의 관리는 공양원 조전권과 김삼매화에게 일임하고, 사무는 당시 재가 회원이었던 이공주에게 전담토록 한다.

익산본관으로 귀관한 소태산 대종사는 원기14년(1929) 음력 9월 26일 추계기념일을 마치고 이튿날, 교무가 부재중인 경성출장소에 가기 위해 불법연구회 익산본관을 나섰다. 때마침 불법연구회 회장 조송광이 기념 제사를 마치고 원평 집으로 가기 위해 함께 나섰고 전음광이 이리역까지 배웅 차 동행하게 된다.

신룡리 익산본관에서 이리역까지 가는 도중, 남중리 언덕[현 익산지방국토관리청 앞 부근]에 조선솔 수 3주가 보기 좋게 서 있으니, 조송광은 찬탄하며 이를 익산본관에 옮겨 놓으면 좋겠다는 감상을 표하게 된다. 이에 대종사는 생각이 좁다며 생각의 폭을 넓히어 작은 집과 좁은 살림을 뛰어넘어 큰살림을 하라 하신다.

소태산 대종사, "현재의 유형한 존재가 참 그대가 아니다. 익산회관도 변천 있는 집이요, 김제 원평의 살림도 국한 있는 살림이요, 현재의 그대로 존멸存滅에 윤회하는 것이니, 변천도 국한도 존멸도 없는 그대의 집, 그대의 살림, 참 나를 찾아 장존불멸長存不滅의 영생락을 얻으라." 하시며 "사람이 다 우주의 큰집과 무궁의 살림과 위대한 자기를 가졌지만, 출생 이후 자행자지에 그치고 탐진치의 욕심에 끌려 좁은 집과 작은 살림을 차지하게 되며 작은 자기를 만들어 스스로 구속하며 태우나니, 송광은 이 집을 찾고 살림을 회복하며 진정한 송광을 발견하여 구구한 인간 환멸의 생애를 놓고 큰 우주의 본가에서 초인적 생활을 하라."고 당부한다.

이 말씀을 받든 조송광이 "큰 우주의 본가는 어떠한 곳이오니까?" 여쭈니 소태산 대종사, "그대가 지금 보아도 알지 못하므로 내 이제 그 형상을 가정하여 보이리라"하고 땅에 'O'[일원상]을 그려 보이시며 "이것이 곧 큰 우주의 본가이니 이 가운데에는 무궁한 묘리와 무궁한 보물과 무궁한 조화가 하나도 빠짐없이 갖추어 있나니라."고 하셨다.

이에 옆에 있는 전음광이 "어찌하면 그 집에 찾아들어 주인이 되겠나이까?" 물으니 "삼강령의 사리연구는 이 큰집과 큰살림을 찾고 여는 묘한 열쇠요, 작업취사는 이 살림을 다스리는 방법이며, 정신수양은 이 열쇠로 문을 열고 살림을 다스리는 힘 즉 원료를 모으는 방법이니, 정신수양 사리연구 작업취사의 삼대력의 열쇠를 얻어야 들어갈 것이요, 그 열쇠는 신분의성으로써 조성되나리라."고 일러주신다.《『대종경』불지품 20장》

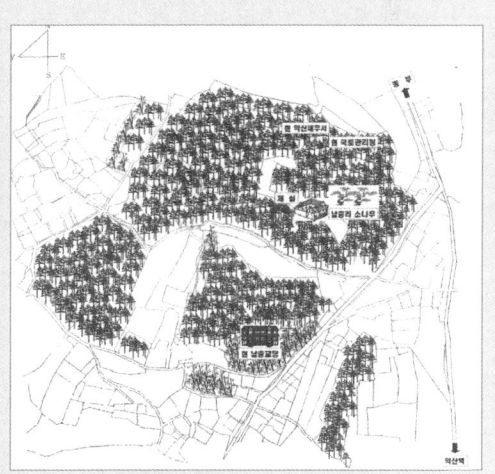

남중리 소나무 숲 도면도
현재의 익산지방 국토관리청 앞부분 일대에 남중리 소나무 소재 추정도

조송광과 전음광은 소태산 대종사의 법문에 크게 감동하고 황홀한 발걸음으로 이리역을 향해 출발하였다.

『대종경』 불지품 20장
- 〈월말통신〉 21호, 대우주의 본가를 찾아 초인간적 생활을 하라

한때 종사주, 경성을 행가行駕하려 하실 때, 조송광·전음광 몇 인이 이리역까지 배종케 되었다. 이리행도裡里行道 남중리 마을 뒤에는 춘풍추우春風秋雨 100년간 고이고이 자라난 조선소나무 수 3주가 보기 좋게 특립特立하여 있었다. 용과 같이 틀어 오른 체體, 울퉁불퉁한 가지[지枝], 소반[반盤] 같은 껍질 모두가 천조天造의 자연미를 자아내지 않은 곳이 없다. 그러므로 내왕 행객行客의 목에 젖은 찬미를 독점하는 귀물貴物이었다.

그때 송광은 「그 나무는 항상 보아도 아름다워라. 우리 회관으로 옮겨갔으면 좋겠다.」 하였다.

이 소리를 들으신 종사주 말씀하여 가라사대, 「군이여, 군은 어찌 그 좁은 생각과 작은 자리를 뛰어나지 못하였는가. 회관이 솔을 떠나지 아니하고 솔이 회관을 여의지 아니하여 솔과 회관이 모두 우리 집 담장[장墻] 안에 갚아있거든, 하필 솔을 이곳에서 그곳으로 옮겨 놓고 보아야만 시원할 군의 심리는 곧 무엇인가? 그것은 차별과 간격을 터 대우주의 본가를 보지 못한 연고이니라. 군이여, 생각을 발하여 작은 집과 좁은 살림을 뛰어나 **만고불변하는 우리 집**을 보고 **아쉽고 모자람이 없는 큰 살림**을 하여 보라. 군의 방금 생각은 이러하리라. 회관이 군으로서는 유일의 큰 집이며, 김제 원평에 벌여있는 살림이 가장 오로지 군의 살림이며, 군 현재의 존재 그것이 다시없는 군으로 생각되리라.

그러나, 아니다. 북일면 신룡리 몇 간 가옥 그것이 군의 큰 집이 아니며, 김제 원평에 얼마 있는 그것이 군의 참 살림이 아니요, 군 현재의 유형한 존재가 참 군이 아니다. 회관도 변천 있는 집이요, 김제 원평의 살림도 국한 있는 살림이요, 현재의 군도 존멸存滅에 윤회하는 군이니, **변천도 국한도 존멸도 없는 군의 집, 군의 살림, 참 군**을 찾아 **장존불멸**長存不滅**의 영생락**을 얻으라.

왜 지금껏 찾지 못하였을까. 그것은 군 스스로가 작은 군의 환경을 초월하여 이상의 군을 연구하지 못한 소치이니라. 소소한 하늘[천天]이 위로 장막을 두르고, 광막한 지구가 그 자리를 하였나니, 이것이 참말 **군의 큰 집**이다. 이 집이야 변천도 개조도 없는 천만년을 가더라도 그대로 있는 집이다. 이 집은 가장 크고 넓어서 동東으로 동으로 천만년을 가더라도 그 끝을 보지 못하며, 서西로 서로 천만년을 가더라도 또한 그 끝을 볼 수 없나니, 사람이 다 이 집속에서 살건만 보아도 보지 못하고 한 채[일동一棟]의 초가, 한 칸의 방 그것만을 제 것으로 인증하여 서로 울과 담을 싸며 다투고 싸우기를 마지않는다. 그 집 속에는 또한 한정 없는 살림이 구족히 갖추어 있나니, 일월日月의 전등이 사귀어 돌매 사시四時의 기계가 아울러 움직이고, 바람·비·이슬·서리·눈·우레·번개가 다 그에 화化하여, 우리의 먹고 입고 쓸 것을 장만하여 준다.

오직 그 가운데 인간이란 한 영물靈物을 시켜 모든 것을 개조하여 배고프면 밥을 주고, 추우면 옷을 주며, 어디를 가고 싶으면 차를 주고, 쓰고 싶으면 돈을 주고, 눈의 보기 좋은 것과 입의 말하기 좋은 것과 손의 놀리기 좋은 것과 코의 맡기 좋은 것과 이 마음의 하기 좋은 것을 하나도 빠짐이 없이 갚았다 주나니, 이 입으로 외우는 것과 마음의 생각 난 바는 하나도 그 살림 곡간에 없는 것이 없도다. [천지은]

그러나 이 살림도 또한 천연 자연으로 갖추어 있어 금하고 말리는 자 없건마는 사람 스스로가 분수를 어기고 망녕되이 허욕에 끌려 스스로 애를 태우며 스스로 간난艱難하나니라. 군으로서 이 살림과 집을 볼 수 있다면 오늘의 솔 옮기고자 하는 그 생각과 말이 어찌 좁고 어리지 않으랴. [동포은]

또는 현재의 유형한 군을 군이 그것만 참 군으로 안다면 군은 진정한 군을 잃었다. 사시가 순환하고 일월日月이 가고 가도 그 사시 그 일월이 다름이 없나니, 일월과 사시가 윤회하매 유형한 만물의 변태는 있을지언정 **전전불궁**[轉轉不窮, 이리저리 옮겨 다니며 다함이 없는]**하는 그 기운만은 변함이 없도다. 유형물의 일 분자로 된 하나의 군**이야 사시와 변천을 따라 변함이 있으리라.

그러나 **그 속에 잠거潛居한 참말의 군**은 억만무량계億萬無量界를 통하여 변하고 다함이 없나니, 이 군을 알지 못하고 **한정 있는 군, 존멸 있는 군**만 안다면 군은 **진정한 군**을 잃었다 않을 수 없도다. 물 가운데 비친 달[월月]의 그림자를 보고 참 달이라 일컫다가 물이 말라 없어질 때는 영영 달을 잃어버림과 같으리라. 그러나 허공에 뜬 그 달이야 물이 있으나 없으나 여여히 왕래하나니, 유형한 군만 알아 참 군이라 믿을 때는 이에 지나지 않으리라.

또 그 진정한 군에게는 이 큰 집, 큰 살림을 능히 발견할 요소와 다스릴 능력이 갖추어 있으나, 출생 이후 마탁磨琢과 훈련이 없으므로 본능을 발휘치 못 하나니라. 사람이 다 이 **우주 대가**大家와 **무궁의 살림과 위대한 자기**를 가졌지만, 출생 이후 자행자지自行自止에 그치고 탐진치貪嗔痴의 욕심에 끌려 **좁은 집과 작은 살림**을 차지하게 되며 작은 자기를 만들어 스스로 구속하며 태우나니, 군은 이 집을 찾고 살림을 회복하며 진정한 군을 발견하여 구구한 인간에 환멸의 생애를 놓고 대우주의 본가에서 초인간적 생활을 하라.

본회의 삼강령은 이 인간들로 하여금 다 이 집에서 이 살림을 시키기 위함이니, 사리연구는 이 큰 집과 큰 살림을 찾고 여는 묘한 열쇠요, 작업취사는 이 살림을 다스리는 방법이며, 정신수양은 이 열쇠로 문을 열고 살림을 다스리는 힘, 즉 원료를 모으는 방법이니라.」 하시더라.

《전음광 수필, 〈월말통신〉 21호 시창14년 11월 16일》

06
옛 이리경찰서

일제강점기에 이리경찰서는 불법연구회 익산총부를 지속해서 사찰 감시한다. 예회나 총부 등에 임석하여 사상 및 동향 일체를 철저히 살핀다. 특히 원기24년(1939) 구산 송벽조의 '투서 의거'에 의해 그 사찰의 정도가 심해진다. 송벽조와 정산 송규는 부자 관계로 송벽조는 6개월의 재판과 1년여를 광주형무소에 복역하며, 이들은 송벽조의 아들이라는 이유로 온갖 트집을 잡아 정산 종사를 광주경찰서에 21일간 구금한다. 또한 소태산은 이리경찰서에 소환당해 제자 관리의 책임을 물어 향후 이러한 일이 없도록 하겠다는 재발 방지의 약속을 종용받으나 각서를 끝내 거부한다. 원기27년(1942)경 일경은 일원상 회기가 일장기 가운데를 오려낸 것이라 하며 대종사를 이리경찰서에 출두하라 요구한다. 이때 소태산 대종사는 박장식을 대동하고 이리경찰서를 방문하여 신앙의 대상으로써 일원상기의 본의를 설명하며 일경을 설득한다. 이처럼 이리경찰서는 불법연구회를 감시하고 탄압했던 일경의 중심지였으나 소태산은 흔연히 그들을 접하고 포용하셨다.
이 밖에도 일제의 창씨개명 강요에 일원의 진리를 증명한 스승이라는 뜻의 '일원증사一圓證士'로 돌리시어 대하였으며, 불법연구회를 황도불교화하기 위해 일본으로 건너가 천황을 만나도록 강요받는 상황에도 갑자기 눈병이 생기게 하여 이를 핑계로 지연시켜 없던 일로 하게 만든다. 소태산 대종사는 직접적으로 일제를 누르기보다는 여러 방편과 대자대비의 구제하는 마음으로 대하셨다.

익산본관 3월 26일

본일은 전례前例에 의하면 본회 창한 제2회 내 제72차의 월예회이요, 창립 이후 본회 제3회 정기총회일이며, 본년도 제1회 춘기春期 기념일이었다. 우리에게는 연중 가장 경사스러운 날이요, 가장 자미滋味있는 날이다. 월예회月例會는 정지하고 오전부터 총회는 열었다. 회의실 현관은 이리경찰서 경무주임 이하 형사 2인이 열석例席하였고, 광란廣瀾한 장내場內는 향하여 남좌여우男左女右로 만원滿員을 이루었다. … 중략 …

《〈월말통신〉 24·25호 시창15년 경오庚午 2월·3월 합부, 익산본관 예회록》

원기24년(기유己卯) 큰 가뭄 때 적지 않은 큰 사건이 진안[마령] 교당에서 일어나 교단이 큰 시련을 겪었다. 구산久山 송벽조 교무가 일본 천황에게 가뭄에 책임을 지고 물러나라는 편지를 보낸 사건이다. 이 일로 하여 구산 송벽조는 옥고를 치렀고[1년 6개월], 대종사는 이리 경찰의 환문을 받아 대종경 실시품 10장의 법문이 생겼으며, 회가會歌가 고쳐지고 감시는 더욱 심해졌다.

《『대종경선외록』 교단수난장 12절》

구舊 이리경찰서에 소태산 대종사는 여러 차례 불려 가게 된다. 일제의 경찰력은 안팎으로 불법연구회를 감시하고 탄압하였다. 심지어 이리경찰서 북일주재소를 불법연구회 구내의 청하원을 접수하여 설치하더니만 신동[현 신동지구대 자리]에 북일주재소를 옮기면서 불법연구회에 이전 비용 6백원을 지불토록 강제한다.

구舊 이리경찰서(군산 동국사 소장자료)
1919년 10월에 이리경찰서가 개창되며 1928년에 새 청사(갈산동 1-1번지)가 완공된다. 구 청사는 재향군인회 이리분회 사무실로 사용된다.

하물며 일제의 앞잡이 역할을 했던 조선인 순사들이 대종사 앞에서 무례하게 굴게 되니 오창건 등이 울분을 토하며 항의한다. 이 상황이 『대종경』 실시품 9장이다.

"일경日警 한 사람이 대종사의 명함을 함부로 부르는지라 오창건이 그 무례함에 분개하여 크게 꾸짖어 보내거늘, 대종사 말씀하시기를 「그 사람이 나를 아직 잘 알지 못하여 그러하거늘 크게 탓할 것이 무엇이리오. 사람을 교화하는 사람은 항상 심복으로 저편을 감화시키는 데 힘써야 하나니, 질 자리에 질 줄 알면 반드시 이길 날이 올 것이요, 이기지 아니할 자리에 이기면 반드시 지는 날이 오나니라.」"
《『대종경』 실시품 9장》

원기24년(1939) 초여름 가뭄이 대단했다. 이때 구산 송벽조가 '재해는 일왕의 덕이 부족하기 때문'이라는 꾸짖는 글을 투서한다. 결국 송벽조는 붙잡히고 일본 천황에 대한 '불경不敬'이란 죄목으로 광주형무소에서 1년 6개월간 감옥살이를 하게 된다. 일경은 송벽조의 인적 사항을 들춘바 불법연구회 창립주인 대종사의 사돈이요 그의 큰아들은 영광지부장이며 작은아들은 교정원장이라는 사실이 드러난다. 이 일로 정산 종사는 영광지부장으로 있으면서 광주로 연행되어 21일간 구류를 살며, 대종사는 이리경찰서에 불려 가 하루 동안 심문을 받았고 이런 일이 다시는 일어나지 않도록 하겠다는 각서를 쓰라는 요구를 받으나 대종사는 끝내 받아들이지 않는다. 그 내용이 『대종경』 실시품 10장에 정리되어 있다. 출두 내용인즉 사건의 시말서를 쓰고 제자가 다시 천황을 불경하는 일이 없게 하겠다는 도장만 찍으면 되는 형식적인 서류상의 절차에 불과하였지만, 소태산은 이에 끝내 불응한다. 사돈의 영어囹圄 생활과 "안 되는 일 된다고 도장 찍는 것은 양심을 속이는 것이다."라는 대종사의 말은 일제에 대해 분명한 거부를 하신 것이라 할 것이다.

『대종경』 실시품 10장 - 서약 강요

한 제자의 사상이 **불온**하다 하여 일경이 하루 동안 대종사를 심문하다가 「앞으로는 그런 제자가 다시 없게 하겠다고 서약하라.」 하는지라, 대종사 말씀하시기를 「부모가 자녀들을 다 좋게 인도하려 하나 제 성행性行이 각각이라 부모의 마음대로 다 못 하는 것이요, 나라에서 만백성을 다 좋게 인도하려 하나 민심이 각각이라 나라에서도 또한 다 그렇게 해 주지를 못하나니, 나의 일도 그와 같아서 모든 사람을 다 좋게 만들고자 정성은 들이지마는 그 많은 사람을 어찌 일조일석에 다 좋게 만들 수 있겠는가. 그러므로 앞으로도 노력은 계속하려니와 다시는 없게 하겠다고 서약하기는 어렵노라.」 하시고, 돌아오시어 대중에게 말씀하시기를 「오랫동안 강약이 대립하고 차별이 혹심하여 억울하게 묻어 둔 원한들이 많은지라, 앞으로 **큰 전쟁**이 한 번 터질 것이요, 그 뒤에는 세상 인지가 차차 밝아져서 개인들이나 나라들이 서로 돕고 우호 상통할지언정 **남의 주권**을 함부로 침해하는 일은 없으리라.」

《『대종경』 실시품 10장》

07
이리역 앞 전주여관과 이인의화

이인의화[전주 출생, 이리읍 일출정 79, 후일 동산동 거주]는 익산에서 음식점을 경영하면서 갖은 고생 끝에 상당한 재산을 장만하게 되었다. 그리하여 익산 역전에 전주여관을 마련하여 숙박업으로 성공했다.

57세 되던 원기21년(1936) 2월 최수인화로부터 전해 들은 소태산 대종사의 법설에 문득 마음속 깊은 감동이 생겨 심신이 상쾌해지고 그간의 고통이 사라졌다. 7월 5일 즉시 총부를 찾아와서 소태산을 만나니 돌아가신 부모님을 만난 듯 환희심이 솟아났다. 이후 수행에 정진, 독특한 경지를 이뤄 영통의 능력을 갖추었다. 그리하여 정산 종사와 더불어 소태산을 모시고 공부하고 즐기던 지나간 다생겁래의 이야기며, 교단과 세상의 장래에 관한 예언 등을 즐겨 대화했다고 전해진다. 교단 1대 내 유일의 생전 법강항마위로서 정산의 특인을 받은 도인이었다. 익산시 동산동에 대지 1,050평을 매수하여 이 중 300평을 교단에 희사했다. 이것이 오늘의 동산선원이 있게 된 시초였고, 익산시 마동에 대지 142평과 건물 3동을 매수하여 수리한 후 이를 교단에 희사했으니, 이것이 이리교당의 시초이다.《『원불교대사전』》

『대종경』 교의품 27장 – 일체유심조

일체유심조의 심心은 경계를 따라 끌려다니는 마음이 아니라 경계에 물들지 않는 심지心地이다. 즉 원래에 요란함이 없고 어리석음이 없고 그름이 없는 마음이다. 이러한 원래 마음은 요란함과 어리석음과 그름이 없는 청정한 마음이기에 요란함에 끌리지 않으면서 요란함이 역력하고, 어리석음에 매몰되지 않으면서 어리석음이 두렷하게 드러나고, 그름에 무너지지 않으면서 그름에 직면해 있는 마음이다.

대종사 선원에 출석하여 말씀하시기를 「이인의화李仁義華가 지금 큰 발심이 나서 **영업하는 것**도 잊어버리고, 예회를 본다 선원에 참예한다 하여 그 신성이 대단하므로 상을 주는 대신에 이 시간을 인의화에게 허락하노니 물을 일이 있거든 물어보라.」
인의화 여쭙기를 「어떤 사람이 너희 교에서는 무엇을 가르치고 배우느냐고 묻는다면 어떻게 대답하오리까.」 대종사 말씀하시기를 「원래 불교는 일체유심조一切唯心造 되는 이치를 스스로 깨쳐 알게 하는 교이니 그 이치를 가르치고 배운다고 하면 될 것이요, 그 이치를 알고 보면 불생불멸의 이치와 인과보응의 이치까지도 다 해결되나니라.」
또 여쭙기를 「그 이치를 안 후에는 어떻게 공부를 하나이까.」 대종사 말씀하시기를 「마음이 경계를 대하여 요란하지도 않고 어리석지도 않고 그르지도 않게 하나니라.」 《『대종경』 교의품 27장》

2월 20일(화요일)
오전 10시부터는 익산[이리] 전주여관 이인의화 선생의 진용進用 기념식 2백여 대중이 성대히 거행하였다. … 법설 … 종사주 장시간 설법하시다.
《〈선원일지〉 제29회 기묘동선》

08
소태산 대종사의 교화 관문, 이리역과 황등역

소태산 대종사는 교화의 길에 나서실 때 이리역을 이용했다. 서울, 부산, 영광 등에 가실 때 주로 이리역을 이용하시고 간혹 황등역도 이용하셨다. 이리역은 소태산의 교화 관문이었다. 소태산은 간혹 황등역에서 내리시면 절감된 차비를 단비로 내신다. 익산총부에서 이리역 가는 길은 소태산의 '전법의 길'이다.

이리역(군산 동국사 소장자료)
이리역은 1912년 3월 6일에 강경-이리 간 호남선과 이리-군산 간 군산선 개통으로 영업을 개시한다(좌). 1929년 9월 20일에 역사驛舍를 근대양식으로 신축 준공한다(우).

△ 11일 이동진화 씨 법가法駕를 시종侍從하고 오전 11시 차로 황등역에서 승차 상경上京하시다. 동同 28일 아침 차로 성성원 이동진화 양 씨兩氏가 법가法駕를 따라 환관還官하다. 《〈월보〉 39호 시창17년 임신壬申 8월, 인사동정》

△ 법가法駕 경성으로부터 5월 4일 조朝 6시 12분 열차에 이리역 도착하시와

익산총부 주변 성적지 순례

이리역 대합실(군산 동국사 소장자료)

황등역 역사   황등역 철길

익산본관에 환차[還次, 길 떠난 웃어른이 돌아옴]하신바 이공주 씨는 하선 결제식 참관 급及 김영신 양과 은모 시녀결의식 거행차로 법가를 배종陪從 도관到館하고 박사시화, 박공명선 양 씨는 금기[今期, 이번 기간] 입선차로 역亦 배종 도관陪從到館하였더라.

《〈월말통신〉 15호 시창14년 기사己巳 5월분, 인사동정》

△ **사라진 꽃밭재 가는 옛길**(삼양라면공장 일대, 익산중흥S클레스 아파트에 편입)

신동지구대를 지나 비석이 있는 비석길에서 삼양라면공장으로 가는 길은 아파트에 편입되었다. 그리고 원광대학교 도덕교육원 일대에 있었던 꽃밭재로 가는 길도 훼손되어 과거의 모습을 찾아볼 수 없다.

△ **물문다리 일대 옛길**

소태산 대종사와 제자들이 황등에 내왕할 때 지나가던 옛길[현 우정원룸 일대]로써 물문다리의 수로 흔적을 볼 수 있다.

09
이리축산공진회와 투우대회장

이리농고

투우대회장(현 이리고 운동장)

1934년 10월 22일에 이리농림학교[이리농고, 현 전북대 익산캠퍼스]에서 축산공진회가 열렸다. 소태산은 제자들과 대회 말일에 이곳을 관람하고 이곳에서 1㎞ 떨어진 도보로 약 20분 거리의 투우대회장[현 이리고등학교]까지 이동한다. 산업부에서 키우는 황소가 출전했기 때문이다. 산업부의 황소는 종우[種牛. 씨소]로 우량하여 근방에서 교미를 붙이러 많이 왔다. 산업부 황소가 전국 규모의 투우대회에 나가 우승을 거두자, 소태산은 이리읍내에서 택시 7대를 불러 카퍼레이드를 하며 투우대회장에서 남중리-벽돌막-꽃밭재-새말을 거쳐 신룡벌 익산총부에 귀관한다.

> 10월 22일은 이리 축산공진회의 말일末日이요 겸하여 본회 산업부 농우農牛
> 가 출전한 투우대회鬪牛大會의 결승전을 하는 날이므로 본 총부에서는 종사

주를 배종陪從하고 남녀 대중이 출동하여 농림학교 위생 전람회 등을 구경하고 투우장까지 가서 소싸움을 구경한바 우리 소는 을조乙組에서 1등을 하여 상금 70원을 받게 되니 일동은 그 소싸움 잘하는데 탄복 아니하지 못하다. 석양에는 종사주 이하 일동이 7대의 자동차에 분승分乘하고 청년 일동은 도보로 소를 끌고 북장구를 치며 환희歡喜한 가운데 귀관歸館하다.

《〈회보〉 13호 시창19년 11·12월호》

10 소태산 대종사 열반지, 이리병원 터

이리병원은 소태산 대종사가 열반에 드셨던 곳으로, 당시 이리에서 가장 큰 병원이었다. 현 익산시 중앙동 3가 65번지[평동로 7길 70]에 자리 잡고 있었다.

소태산 대종사는 의사의 왕진을 받으며 치료하나 차도가 없자 5월 27일부터 입원 치료를 받다가 6월 1일 이곳에서 열반에 드신다. 소태산은 5월 27일 저녁 8시 반경(또는 6시경)에 이리병원 10호실에 입원한다. 5월 29일 이후 동쪽 특실로 옮긴다.

이리병원

이리병원 터

11
소태산 대종사 장의행렬 길과 화장막

소태산 대종사의 법구를 모셨던 영춘원 종법실을 출발하여 발인식장인 대각전을 거쳐 총부 정문 도로를 따라 원대 정문 앞 옛길을 지나 신용지구대-비석길-삼양라면공장 가는 옛길[아파트로 편입]-꽃밭재를 지나 일원상을 그리신 남중리 소나무 길[현 남중교당 부근]을 따라 수도산 화장터까지 노선이 장의행렬의 길이다.

새말 지서[현 신동지구대]를 통해 꽃밭재[삼양라면공장 앞, 원광대학교 도덕교육원 부근]를 지나 벽돌막[이리공업고등학교와 남중동파출소 사이]을 거쳐 남중리 소나무 길[현 남중교당 부근]을 따라 천일고무공장[현 남성맨션아파트 정문 앞]을 지나 대정사거리[익산대로 20길과 중앙로 5길의 교차로]에서 - 또는 대종사 열반지인 이리병원 터를 경유하여 - 왼쪽으로 돌아 마동치안센터와 전북대 익산캠퍼스 실습장을 따라 마동 사거리-하이트 소주공장-동산 오거리를 지나 금강리 수도산 화장막[현 대명교회 언덕]에 이르는 5.6㎞의 소태산 대종사 장의행렬 길이다. 《대종사 장의행로를 따라, 〈원불교신문〉 1197호》 참조

금강리 수도산 화장막 도착 후 최후 묵도

금강리 수도산 화장막 점화 후 모습

익산총부 주변 성적지 순례

12
소태산 대종사 임시 묘역, 장자산

신흥리의 장자산은 해발 45.8m로 야트막한 산이다. 이 장자산에 대종사 유해를 임시로 안장한다. 일제는 관할 지역별로 공동묘지를 지정하여 그곳에 묻히도록 강제한다. 장자산은 당시 북일면 지정 공동묘지로 삼산 김기천 등을 비롯한 초기교단의 선진들이 이곳에 안장되어 있었다. 대종사의 묘소는 삼산 묘소의 왼쪽에 자리 잡게 된다. 소태산 대종사의 유해도 발인식 후 이곳에 모시고 '소태산일원종사지묘一圓宗師之墓'라는 묘비를 세운다. 신룡리 익산총부 송대에 '대종사 성탑'을 봉건하기까지 6년간 이곳에 임시 안장되었다.

소태산 임시 묘소, 장자산 공동묘지
일원종사지묘에 참배한 남제자들

소태산 임시 묘소, 장자산 공동묘지
일원종사지묘에 참배한 여제자들

13
목천포비행장

원기27년(1942) 5월경에 박창기는 경성지부 돈암동회관에서 익산총부로 환관하는 소태산 대종사를 경비행기로 모신다. 여의도비행장에서 출발하여 이리 목천포비행장에 도달하는 노선이다. 당시 경성에서 이리를 거쳐 광주에 도달하는 노선이 있었다. 원기21년(1936) 여름에 임칠보화는 남부민 지부장 박허주와 같이 울산비행장에 소태산 대종사를 모시고 비행기 탑승을 계획했으나 마침 쉬는 날이라 무산된다.
이리비행장은 구만창[오늘날 김제시 공덕면 저산리 동자마을]에 있었으며 일명 목천포비행장이라 하였다. 소태산은 박창기와 비행기에 탑승하여 이륙할 때의 감상을 익산총부 예회에서 '굳은 신념은 위대한 것이다'라고 법설한다. 이 법설은 『정전』「심고와 기도」중 '결정할 심고'의 부연이라 할 것이다.

동자마을 표석

목천포비행장 터(김제시 공덕면 저산리 동자마을, 구만창)

굳은 신념은 위대한 것이다

한때 종사주 가라사대, 「지난번 경성 갔을 때 창기가 비행기로 귀관歸館하자고 권하기에 응낙하고 모든 행장을 챙긴 후 비행장으로 나가서 생전에 처음으로 비행기를 타게 되었다. 처음 들어가 앉은 즉 종이에 솜을 쌓아서 귀를 막게 하고 할 말이 있거든 글로 써서 하라고 공책과 연필을 달아 놓았는데, 나는 창기와 마주 앉고 우리 옆에는 일본군인 세 사람이 앉아 있었다.

점차로 프로펠러가 돌기 시작하더니 요란한 소리를 내며 공중으로 공중으로 올라가는데 밑을 내려다본즉 마치 큰 소쿠리 속에 앉은 것 같더라. 그래서 창기에게도 안심입정安心入定하라고 형용으로 이르고 나는 사은四恩 전에 정심正心으로 심고를 드린 후, 반드시 무사통과케 되리라는 굳은 신심을 가지고서 고요히 눈을 감고 선정禪定에 들어버렸다. 그리고 도중에 어떠한 고장이 생겨서 설사 떨어져 죽는 한이 있다고 하더라도 절대 거기에는 망동하거나 원망치 않겠다는 각오를 단단히 하였더니, 더욱 마음이 안정되더라.

얼마 동안을 가던 중 창기가 나를 흔들기에 눈을 떠보니 '부여 통과'라고 쓴 것을 보여준다. 그때 창기 얼굴은 아주 창백하여 크게 염려가 되던 중, 또 '이리 통과'라 쓴 것을 보여주고 조금 지나서 목천포비행장이라 하여 내려앉아서 하륙下陸한 즉 자동차가 마침 나와서 보화당까지 무사 태워다 주고 갔다.

대개 무슨 일이나 처음 시작할 때, 즉 결정하기 전에는 뇌수가 복잡하고 따라서 '어찌 될 것인고?' 하여 염려가 되지마는 한번 정의正義의 굳은 신심信心을 가지고 작정이 된 이상에는 근심할 것도 없고 두려워할 것도 없으며, 설사 불행한 일이 있다고 하더라도 결코 근심이나 고통이 느껴지지 않을뿐더러, 오히려 구채舊債를 갚아버린 것 같은 통쾌감을 가지게 되는 것이다. 그러면 제군도 매일매일 천만 경계를 접촉할 때 경거망동하지 말고, 항상 정의 도덕의 굳은 신념을 가지고 진행한다면 자연 안심안정安心安靜이 되는 동시에 고통과 공포도 없어지고 따라서 그 마음이 태연자약하여 비겁한 행동이 없나니, 정의의 굳은 신념은 위대한 것이니라.」 하시더라. 《이공주 수필, 시창27년 5월 16일》

14
이리보화당

→ 산업부 151쪽 참조

보화당약방
이리보화당 창업건물 회보 22호에 삽입된 사진

이리보화당의 변천 모습1

이리보화당의 변천 모습2

보화당 창립 5주년(1939) 기념 임직원 일동

익산총부 주변 성적지 순례

15
도산 안창호 방문지, 계문보통학교

도산 안창호는 윤봉길 의사의 폭탄 투척 사건에 연루되어 4년의 실형을 받고 대전형무소에 복역 중 20개월을 남기고 가출옥된다. 이후 전국을 순회하던 중 김제군 백구면 치문학교를 방문하고, 익산군 북일면에 김한규가 설립한 계문보통학교[신룡리 355-3. 현 원불교중앙요양원 일대]를 방문한 길에, 불법연구회를 취재했던 〈동아일보〉 이리주재 기자 배현의 권유로 인근의 익산총부[신룡리 344-2]를 방문하게 된다. 도산은 신축한 지 얼마 안 된 대각전을 참배한 뒤 청하원 응접실로 안내되어 소태산과 대면하게 된다. 당시 소태산은 45세였고 도산은 58세였다.

옛 계문보통학교 터(현 원불교중앙요양원 일대)

16
금강원과 원예원 사이의 주막과 김남천家

금강원과 원예원[돌기둥 출입구] 송림 사이에 집 두 채가 있었는데 하나가 '주막'이었다. 김남천[김남천家, 원광보건전문대 학생회관 자리]이 술 생각이 나자, 자신에게 호령했던 경계처이다. '술을 과히 마시지 말며'일 때는 괜찮았는데 연고 조항도 없이 금주 계문[『육대요령』의 보통급 4조 '술을 마시지 말며']일 때는 고통이 심했다. 집 앞의 주막을 지날 때마다 주먹을 불끈 쥐고 내두르며 "이놈 못 끊어" 하는 일화로 유명하다. 『대종경』 수행품 54장의 수염이 검고 흰 소 일화가 김남천[주산 수필법문에는 송적벽이 문답자로 등장]의 이야기이다.

송림 주막 터(금강원과 원예원 송림 사이)

김남천家(현 원광보건대 학생회관 자리)

『대종경』 수행품 54장 – 김남천의 호령과 소 길들이기

대종사 김남천에게 말씀하시기를 「내가 일전에 어떤 사람이 소를 타고 가는 것을 보니, 사람의 권리대로 소를 끌지 못하고 소의 권리에 사람이 끌려가는데, 그 소가 가시밭이나 구렁으로 들어가면 가시밭이나 구렁으로 끌려 들어가고 산이나 들로 가면 산이나 들로 끌려가서 자빠지고 엎어지니 의복은 찢어지고 몸은 상하여 차마 볼 수 없더라. 내가 그 광경을 보다가 그에게 말하기를 그 소를 단단히 잡아서 함부로 가지 못하게 하고 꼭 길로만 몰아가면 그런 봉변이 없을 것이 아닌가 한즉, 그 사람이 말하기를 그러하면 오죽 좋으리오마는 제가 무식하여 이 소를 길들이지 못하고 모든 권리를 소에게 맡겼더니 저는 점점 늙어지고 소는 차차 거칠어져서 이제는 도저히 어거할 능력이 없다 하더라. 오늘 그대의 오는 것을 본즉 역시 소를 타고 오니 그 소는 어디 있는가.」 남천이 사뢰기를 「방금 타고 있나이다.」 대종사 말씀하시기를 「그 소의 모양은 어떻게 생겼는가.」 남천이 사뢰기를 「키는 한 길이요, 빛은 누른빛이요, 신은 삼으로 만든 신이오며, 수염은 혹 검고 혹 희게 났나이다.」
대종사 웃으시며 말씀하시기를 「그대가 소의 모양은 알았거니와 그러면 그대의 소는 그대의 하자는 대로 잘하는가? 그대도 역시 소에게 끌려다니게 되는가.」 남천이 사뢰기를 **「소가 대체로 저의 하자는 대로 하나이다. 만일 정당한 일에 소가 게으름을 부리오면 호령하여 아무쪼록 그 일을 하게 하오며, 부당한 일에 소가 동하려 하오면 또한 호령하여 그 일을 하지 못하도록 하나이다.」** 대종사 말씀하시기를 「그대가 소를 이미 발견하였고, 길들이는 법을 또한 알았으며, 더구나 소가 그대의 말을 대체로 듣게 되었다 하니, 더욱 힘을 써서 백천 만사를 다 자유자재하도록 길을 들이라.」

《『대종경』 수행품 54장》

〈원불교신문〉 내가 내사한 불법연구회 - 김남천의 호령

산업부로 가라 하니, 현재 원광대학교 식당 근처에 다다르자, 김남천 노인이 약초밭 제초 작업을 하다 「이놈 썩 물러가지 못하겠느냐.」고 큰소리로 호령을 두세 번 연거푸 하고 있었다. 종사주와 나는 걸음을 멈추고 있다가 송하松下로 들어서 있을 때,

이천: 저 영감 노망기가 있는가 보오.

종사주: 노망기가 아니고 까닭이 있는 말이니 저녁에 본인에게 물어보시면 알게 될 것이오.

이천: 까닭은 무슨 까닭이 있단 말이오. 이 뜨거운 여름에 밭 가운데에서 아무 상대자도 없는데 이놈 저놈 호령하는 것이 무슨 까닭이 있겠소. 노망기지.

산업부를 돌아보고 유념하였다가 그날 저녁 식사 때 남천 노인에게 물어보았다.

이천: 남천 선생님 오늘 약초밭에서 누구를 보고 이놈 저놈하고 호령하시었소.

남천: 그런 것이 아니오라 이 늙은 뼈다귀가 공사로 인하여 약초밭 제초를 하고 있노라니 마귀란 놈이 와서 나보고 「더우니 솔밭 시원한 곳으로 가서 쉬자」고 자꾸 유혹을 합디다. 그래 나는 안 된다고 거절을 했더니 「아무도 보는 이가 없으니 괜찮다」고 자꾸 유혹을 하므로 그놈을 내 마음에서 쫓아내느라고 생욕을 보았소.

이 말을 듣고 참으로 공부하시는 분이요 마귀라는 존재가 이렇게 되어있다는 것을 알았다. 《황이천, 내가 내사한 불법연구회, 〈원불교신문〉 104호》

각산角山 김남천과 견성 인가

김남천은 시창26년(1941) 윤 6월 5일에 73세의 나이로 열반한다. 그는 열반 사흘[3일] 전에도 지팡이에 의지하여 길 건너 총부 조실[종법실]에 견성 인가를 받으러 왔다.

소태산은 "남천과 같은 신앙심과 원력이 있으면 다음 생에는 쉽게 견성할 것이다." 하며 법호를 각산角山이라 한다.
《박용덕,『소태산박중빈 불법연구회』3권》

각산 김남천은 죽기 전까지 성리 연마를 놓지 않았다. 입적하기 사흘 전 간신히 몸을 지팡이에 의지한 채 조실[종법실]을 찾았다.
"몸이 불편할 터인데 어찌 이렇게 왔소?"
"제가 종사님 문하에 산 지가 우금 20여 성상이 되는데 아직도 견성 인가를 얻지 못하였습니다. 그래서 떠나기 전에 한번 감정을 받아야겠다고 생각했습니다."
"그러면 만법귀일을 일러 보시오."
"청정법신불 아닙니까?"
"알았으니 가시오."
"그러면 인정해 주시는 겁니까?"
"알았소."
그로부터 사흘 뒤 각산 김남천은 거연히 열반에 든다.
소태산 대종사는 "남천과 같은 신앙심과 원력이 있으면 다음 생에는 쉽게 견성할 것이다."라고 말씀하신다.
《이달의 선진,〈원광〉239호》

소태산은 김남천에게 사후 법호를 각산角山이라 주었다.
《박용덕,『금강산의 주인되라』》

소태산은 깨달을 각覺 자와 음이 같은 뿔 각角 자를 주어 공부심의 발심을 이어준 것이다.

17
도치마을의 문정규家

동산 문정규는 각산 김남천과 도반으로 대종사 설법 시 법흥을 진작시키는 공부인이다. 시창10년(1925)에 도치마을로 이사하여 대종사 법설을 하면 백발을 휘날리며 너울너울 춤을 추었다. 문정규

도치마을 버스정류장

문정규, 양하운이 살았던 도치마을 일대 현재 모습

의 집 옆에 양하운의 집[신룡리 346]과 산업부 숙소가 붙어 있었다.

익산총부 건설 후 초기교단의 생활이 막연해지자 문정규는 엿 장수할 것을 건의하여 몇 달간 하게 된다. 일흔이 넘은 나이에도 '노청년'이라는 별명을 들었으며, 소태산이 도반 김남천을 꾸중할지라도 그 경계를 통해 자신을 살피라는 가르침을 받으며 낙도생활을 한다.

문정규는 전라남도 곡성 사람으로 전주 고사동에서 한약방을 하였으며 봉래정사에 자주 내왕하는 제자였다. 원기21년(1936) 4월 30일 74세를 일기로 입적하며 5월 2일 대각전에서 발인식을 치른다.

"내가 보통학교 3학년 때 우리 집은 총부 주변 문정규 선생댁 옆집으로 초가삼간을 지어 이사하게 되었다. 아래채는 산업부였고 수박 농사짓는 것을 보았다."
《『구도역정기』 숭산 박광전 편》

『대종경』 전망품 29장 - 문정규의 도가道歌와 김남천의 법무法舞

"대종사 설법하실 때는 위덕威德이 삼천대천세계를 진압하고 일체 육도사생이 한자리에 즐기는 감명을 주시는지라, 이럴 때는 박사시화·문정규·김남천 등이 백발을 휘날리며 춤을 추고, 전삼삼田參參·최도화·노덕송옥 등은 일어나 무수히 예배를 올려 장내의 공기를 진작하며, 무상의 법흥을 돋워 주니, 마치 시방세계가 다 우쭐거리는 것 같거늘 … "
《『대종경』 전망품 29장》

6월 26일
본일本日은 본회 창한 제2회 내 제156회의 예회일이다. 오전 10시 전음광 씨 사회 하 송봉환 씨 출석원出席員을 점검点檢하니 남녀 합 56인이라. 정례의 심고, 예회가, 법어봉독이 있고 다음 전음광 씨의 6대요령내六大要領內 음강音講 조사가 있은 후 의지意旨 설명이 있고 휴회하였다가 오후 2시 반에 속회續會하여 이만선화, 이완철, 문정규, 조갑종 제씨諸氏의 감상담이 있었으며 이어서 **문정규 씨의 도가道歌와 김남천 씨의 법무法舞**가 시작되니 70 노옹老翁의 흩날리는 백수풍채白首風采와 충정에서 나오는 그 낙도樂道의 상狀, 보는 자 뉘 아니 감탄하랴? 만장滿場의 박수拍手 소리는 산학山壑이 무너지는 듯하였더라. 오후 4시에 폐회하다.
《〈월보〉 37호 시창17년 임신壬申 6월, 각지회합 익산총부》

『대종경』 인도품 36장, 〈월보〉 37호
- 남의 꾸중함을 들을 때 내 몸을 살펴라

한때 종사주 무슨 일로 김남천을 꾸짖으시고 문정규에게 일러 가라사대, 「내가 남천이를 책責한 것이 비단 남천이 일인에게만 한한 바가 아닌데, 정규는 어떻게 생각하는가? 내가 어떠한 사람을 책하든지 정규는 먼저 정규의 몸을 더듬어서 나도 그러한 일이 있나 살피며, 있으면 곧 고칠 것이며, 없으면 마음에 명심하였다가 후일에 범하지 말기로 할 것이니라. 그리고 책망당하는 그 사람을 조금도 흉보고 비웃지 말라. 어리석은 사람은 남의 과실을 밝힘으로써 제 앞이 어둡고, 지혜 있는 사람은 자신의 허물을 살피므로 남의 시비를 볼 여가가 없나니라.」 하시더라. 《〈월보〉 37호 시창17년 6월》

△ 5월 2일 본회의 원로 회원인 고故 동산 문정규 선생의 착복식 겸 발인식을 오전 10시경에 대각전에서 거행하고 계속 출상한바 동지 일동은 섭섭한 눈물을 금치 못하다. 《〈회보〉 25호 시창21년 6월, 익산총부 각지상황》

18
공칠家

공칠은 법명이고 본명이 정영호로 원기20년(1935) 9월 10일 이명진의 연원으로 입교하여 남 제자 671번째로 원명부에 등록되었다. 정공칠은 키가 크고 수염도 보기 좋고 점잖게 잘 생겼으나 거처하는 곳은 총부 송대 뒤 잿배기 광산 김씨 선산 옆의 토담집[신룡동 320-3, 현재 원광사 옆]이었다. 그는 거간꾼으로 남의 일을 잘 봐주어 사람들의 신임을 얻었다. 총부에 소작을 내준 전답에 도조 받을 일이 있으면 그에게 맡겨 일을 처리했다. 오상리 근방 총부 논과 총부 바깥일 심부름을 다 하였지만, 가난하게 살았다. 남의 일을 잘 봐주면서도 정작 자기 집은 돌보지 않고 곤궁하게 사는 것을 딱하게 여겨 공가의 일에 7할을 한다면 사가의 일에 3할을 한다는 뜻으로 공칠사삼 公七私三이라는 법명을 준 듯하다. 《박용덕,『소태산박중빈 불법연구회』3권》

정공칠의 집

정공칠의 집터

『대종경』 인과품 18장 – 인과 설법의 예시, 공칠과 공칠家

하루는 **대각전 예회에서** 소태산은 인과 설법을 하고 있었다.

> 대종사 말씀하시기를 「사람이 제가 지어 놓은 것이 없으면 내생에 아무리 잘 되기를 원하여도 그대로 되지 아니하는 것이 비하건대 현생에서도 아무리 좋은 집에 들어가 살고 싶으나 자기의 집이 아니면 들어가 살 수 없는 경우와 같나니라.」

이때 공칠이 회중 심부름으로 소작인을 만나 일을 처리하고 난 뒤 조심스럽게 문을 열고 들어섰다. 소태산은 공칠이를 보고 말씀하셨다.

> 「공칠公七이를 보라! **이리**裡里**역**에 내리면 몇 층 양옥이 즐비하되 그 집에는 감히 들어가 볼 생심도 못 하고, 그 찌그러진 자기 집에만 찾아들지 아니하는 가. 이것이 곧 자기가 지어 놓은 대로 가는 실례이며 지어 놓은 그대로 받는 표본이니라.」
> 《『대종경』 인과품 18장》

19
석방리 앵두아버지

'앵두아버지'는 석방리[현 계문육교 아래] 석상마을 사람으로 소태산 대종사와 연령이 같다. 그는 슬하에 앵두라는 딸이 있어 '앵두아버지'라고 불렸다. 키도 작고 볼품없이 생겼으며 오로지 가족을 위해 어떠한 하찮은 일이라도 맡아 하므로 특별히 드러낼 만한 것이 없었다. 두엄 내고 똥 치는 총부 내의 궂은일을 다해 총부 간사인 이백철[법산]과 접촉이 많았다. 그는 퍽 낙천적인 성격이었다. 이백철과 앵두아버지는 총부 변소를 치다가 공회당 뒷마루에 앉아 대종사님 법설을 들었다. 남녀권리동일 법문을 할 때였다. "이 회상에 와서 일하는 앵두아버지가 똥지게 지고 다녀도 김활란보다 낫다."라고 칭찬하였다. 이 말을 들은 두 사람은 용솟음치는 법열을 주체할 수 없었.

석방리 석상마을 표석

《박용덕,『소태산박중빈 불법연구회』3권》

"궂은 일이나 한다고 그 사람을 함부로 생각하거나 그런 일을 천시하여 멀리 한다면 그런 사람은 앵두아버지만 못하다." 《김정용,『생불님의 함박웃음』》

〈총부 화장실〉 남자 변소 6칸은 공회당 뒤 산업부 창고와 종법실 사이에 있었고, 여자 변소는 도치원[부인선원] 옆 원숭이 우리 옆에 5칸이 있었다.

20
알봉

알봉은 지형이 봉긋하게 솟아오른 언덕으로 삼면이 황등호수로 둘러있어 물이 찰랑거렸다. 불법연구회 시대에 박 농사, 수박 농사뿐만 아니라 율원으로 가꾸기도 하고 대종사 이하 제자들이 이곳에 소창 와서 황등호수와 미륵산을 바라보시며 휴식을 취한 곳이다. 한때 선진들이 안장되었던 영묘원이었고 현재는 이리자선원이 자리 잡고 있다.

알봉(자선원) 가는 길

알봉에서 바라보는 황등호수 터
멀리 미륵산이 보이고 그 앞 들판에 호수 물결이 찰랑거렸다.

황등호수 터에서 바라본 알봉1

황등호수 터에서 바라본 알봉2
지금도 알[卵]같이 솟아 있는 언덕이다.

21
황등호수와 배산

원기13년(1928) 11월 25일 일요일 〈동아일보〉 4면에 '세상 풍진 벗어나서 담호반 淡湖畔의 이상적 생활'이란 제목으로 소태산 박중빈의 사진과 함께 불법연구회가 소개된다. **담호반은 황등호수이다.**

『대종경』 불지품 19장 – 천지박람회의 출품, 황등호수와 배산

"이에[천지박람회] 비하면 그대가 말한바 저 서울의 박람회는 한 터럭 끝만도 못 한 것이라 거기에서 아무리 모든 물품을 구비 진열한다고 할지라도, 여기서[익산총부] 보는 저 **배산**이나 **황등호수**는 옮겨다 놓지 못할 것이요 …."

《『대종경』 불지품 19장》

황등호수와 배산
익산은 불법연구회 도치원을 건설할 당시 미륵산과 그 아래에 황등호수를 끼고 있었다.
황등호수는 황등산과 도치산 사이를 가로막은 둑안의 호수로 3대 호수 가운데 하나였다. 이 호수를 예전엔 상시연 또는 귀교호라 하였고 속칭 허리다리못 또는 황등호수라 하였다. 일제는 '임익수리조합 저수지'라 명칭하였다. 미륵산 아래 이 황등호수는 충청도와 전라도를 경계 짓는 큰 호수로 이 황등호수를 기점으로 호남이라 부르게 되는 실마리가 되었다는 설이 있다.

황등호수는 알봉과 원광대학 수덕호까지 물이 찼으나, 원기17년(1932) 6월에 대아리 저수지를 준공하고 원기22년(1937) 12월에 경천저수지를 신설하면서 황등호수는 폐지되고 농지로 전환된다. 〈동아일보〉 배현 기자가 '물 맑은 호수'라고 극찬한 둘레 80여 리의 황등호수는 원광대학교 수덕호로 축소되고 만다.

소태산 대종사는 알봉 너머에 있는 황등호수에 산책하시거나 미륵사에 가실 때 황등호수를 배 타고 가로질러 가셨다는 이야기가 있다. 또 최도화의 장남 조동섭이 갑자년에 소태산 대종사를 친견하고 갑종이라는 법명을 받자 정산 송규는 황등호수가 보이는 알봉으로 산책하러 가서 떠오르는 태양을 보며 '계룡은 닭이 우니 해가 솟는다'는 뜻으로 앞으로 밝은 양의 시대가 될 것이라는 문답을 주고받는다.

배산은 익산총부에서 철길 따라 이리역으로 향하는 도중 맞이하는 야트막한 산으로 잔을 엎어 놓은 모양이며, 예전에 배를 매어 놓아 배산이라는 이야기가 있다. 아마 대종사와 제자들은 경성에서 익산본관에 오갈 때 배산을 보고 '불법연구회에 도착하였구나'라는 심정이 들었을 것이다. 황등호수와 배산은 『대종경』 불지품 19장에 등장한다.

익산총부는 황등호수와 배산 사이의 도치 고개에 자리 잡고 있다. 황등호의 황등제

황등호 나루터

배산
전북 익산시 모현동에 있는 높이 79m의 산으로 익산총부 서남방 2km에 자리 잡고 있다.

황등호 풍경

유적을 자연과학적 연대측정을 한 결과 기원전 3~5세 경 축제된 것으로 조사되었다 [JTV 특집다큐 2부작, 위대한 이야기-황등제-마한의 서막 1부].

익산총부가 접하고 있는 황등호수는 아주 오래된 고대의 역사를 간직하고 있다. 익산 임상리 몽환마을에 있는 권근 선생의 유허비에 황등호수에 대한 역사가 담겨있다.

황등제 복원 모습 - 짙은색 부분이 황등호수 영역

임익수리조합 허리다리[腰橋]
작은 야산 황등산과 도치산 사이를 가로막은 둑 안의 호수는 황등호 또는 허리다리못이라 불리었고, 일제는 임익수리조합 저수지라 칭했다. 황등호수는 현 원광대 캠퍼스 제1운동장 제2운동장 수덕호까지이며 1937년 12월에 경천저수지를 신설하면서 논으로 개간된다.

권근 선생 유허비 안내문

앞의 넓은 들판은 1937년도까지만 해도 미륵산 일대로부터 내려오는 물결을 삼한시대 이전에 우리의 선조들이 피와 땀으로 황등산과 도치산 사이 1,300m에 둑[황등제]을 쌓아 형성한 인공 호수이며, 호수의 물은 임옥평야의 광활한 곡창 지역의 농업용수로 공급하였다.

호수는 그 둘레가 80리로 바다같이 넓은 황등호수로, 황등제黃登堤는 김제 벽골제, 고부군의 눌제와 더불어 당시 국내 3대제로 꼽혔으며, 호남 호서 지방의 유래가 이 넓은 황등호의 남쪽 지방 또는 서쪽 지방이라고 해서 붙여진 이름이라고 전해오고 있다.

호수로 둘러싸인 소안沼岸 지역에는 임상 월성 정족동의 16개 마을이 옹기종기 모여 살아오고 있었으며, 당시 호수의 안에 살고 있다고 하여 이 지역을 소안이라고 불렀고 불과 30년 전까지만 해도 그 이름으로 통했다.

이 소안지역에서는 코앞에 보이는 황등만 가려고 해도 배를 타야 했고, 그래서 황등 쪽엔 배를 타고 내렸던 '도선 마을[배나드리]'이 있고 소안지역엔 배를 타고 나들이 간다고 하여 '뱃나들이'라는 지명을 가진 곳도 있다. 또한 호수에 안개가 끼면 몽환적인 풍광이 펼쳐져 이곳을 몽환마을이라고도 했다.

소안지역의 '양촌대'는 넓은 바다에 밤섬같이 호수에 둘러싸인 곳이었다. 이곳은 1390년 성리학자인 양촌 권근 선생의 유배지였고 권근 선생이 유배 생활을 하면서 『입학도설』[국보 1136호]을

도선마을 배나드리(황등 입구)

저술한 곳이다. 이같이 성스러운 곳에 양촌 권근 선생의 뜻을 기리는 유허비를 2015년 11월 5일 세웠다.

호수에서 만경강으로 이어진 강을 탑천塔川이라고 부르는데 국보 11호인 미륵사지 석탑에서 흘러오는 물이라고 하여 붙여진 이름으로 추정된다. 얼마나 오래된 호수인가 하면 수목이 무성한 숲 지대가 둑[堤]을 쌓아 물을 가두니 호수 밑바닥에 무성했던 숲이 주저앉고 그 위에 흙이 쌓여 토탄층이 형성되었고, 1937년 물을 빼고 농경지로 만들었을 때부터 불과 3~40년 전까지만 해도 인근 주민들은 이 토탄층을 파내어 말려서 난방용 연료로 사용하였다.

불과 20여 년 전까지만 해도 이 황등호수에 물이 가득 차면 물을 넘겼던 석축으로 쌓은 제방이 있었고 석수문이 있어 이를 관리하던 신룡관리소가 있었는데 이 귀중한 문화유산들을 후세에 물려주지 못하고 역사의 뒤안길로 사라져 가는 것이 제일 아쉽다.

이 훌륭한 문화유산을 복원하여 후세에 물려주고 교육의 지표로 삼게 하면 좋을 것 같아 안내문을 안동권씨 추밀공파 익산 종중에서 세운다.

2016년 1월

안동권씨 추밀공파 사성공 익산종중

22 적성산

소태산은 황등역에서 익산총부로 가는 도중 함라산의 이어지는 연봉들을 바라보시며 산봉우리들이 이어지는 형세가 마치 염주와 같다고 하셨다. 한때 대각전에서 저 멀리 군산 쪽을 바라보시며, 산봉우리들이 이어지다가 뭉치는 형세같이 적공을 쌓으면 이루어진다고 하시며, 연봉을 적성산積成山이라 하셨다.

황등 죽촌리에서 바라본 적성산

대각전 뒤 석상마을에서 바라본 적성산

23
황등율원

율원[밤밭]은 알봉에도 조성하고 또한 원기15년(1930) 음력 4월 19일에 황등면 율촌리 임야 182번지에도 조성한다. 이후 원기48년(1963·癸卯) 2월에 황등율원黃登栗園을 매각하여 원광사 시설을 확장하였다.《『원불교교사』제3편 제4장 4. 고시제도 실시와 기관단체 정비》

공타원 조전권의 회고에 따르면 대종사님은 소창 차 보통 총부 뒤 알봉[현 이리자선원 자리]이나 '황등 밤나무 밭'[황등율원] 구경을 가셨다고 한다.

황등율원이 있었던 풍경
현재 아가페 정원이 있는 야산 뒤편 일대에 밤밭이 있었다. 이 동네는 밤나무와 관련한 율촌리, 율동리라 부른다.

익산총부 주변 성적지 순례

△ 각지상황 - 익산본관

본월 19일 인재양성소 자금으로 황등면 율촌리 임야 182번지 2정町 7반反 4무보畝步를 대금 462원60전에 매수買受한바 비용이 13원42전야錢也라. 면적 2정 7반 4무보 내 원소유자의 묘지 1처處를 할여割與하니 실은 2정 5반 7무보요, 단가單價 매평每坪 6전식錢式.　　《〈월말통신〉 26호 시창15년 음력 4월》

△ 인사동정 - 익산총부

20일 총무 전음광 씨와 양잠부養蠶部 주임 정일지 씨는 본회의 소유인 황등산판黃登山板 과수원으로 설정한 지세地勢 급及 토질을 실질적으로 답사하고 황등 함열 지방의 독농가篤農家 농장 등을 시찰하고 오후 6시경에 귀관歸館하다.

《〈월보〉 41호 시창17년 10월》

△ 각지상황 - 익산총부

상조부 소영所營의 황등율원은 식부植付한 지 5년 만인 금추今秋에야 비로소 귀여운 알맹이를 보게 되었는데 품종도 썩 좋고 맛도 특품이어서 장래가 더욱 안심되오며 노력의 결과란 과연 헛되지 않은 것을 알았사외다.「소출량 15두」　　《〈회보〉 39호 시창22년 11월호》

△ 기관 단체 정비

원기48년(1963·癸卯) 2월에는 황등율원黃登栗園을 매각하여 원광사 시설을 확장하였다.　　《『원불교교사』 제3편 제4장》

24
소창지, 황등암

황등암은 현재 황등산 화강암 채석장에 자리 잡고 있었던 것으로 추정할 수 있다. 황등암에 오르면 황등호수를 관망할 수 있었고 미륵산 아래의 들판을 한눈에 볼 수 있었다. 소태산은 피로 회복을 위해 소창도 하라고 하였고, 제자들과 원기19년(1934) 음력 8월 1일 오후에 소창을 위해 황등암에 올랐다. 갑술하선의 해제(음력 8월 6일)를 맞이하여 이를 기념하기 위해 가신 듯하다.

황등호수는 1937년 3월경부터 호수 일부를 메워 농지로 활용했다. 그 당시 황등호수는 폐하기 전[대아저수지(1932년 6월) 준공 및 고산 경천저수지 준공(1935년 8월)]이므로 황등산에 오르면 황등호수가 펼쳐지는 풍광을 바라볼 수 있었다. 과거 황등호수를 감상하고자 하면 황등 채석장에 붙어 있는 황룡사에 오르면 그나마 옛 황등호수를 짐

황룡사에서 바라본 황등호수 전경 - 미륵산 아래 논경지

익산총부 주변 성적지 순례

작할 수 있을 것이다.

◎ 익산총부 근황 - 음력 8월분
1일 오후에는 종사주께옵서 소창 차로 황등리 황등암까지 행가하옵셨던 바 20여 인이 배종陪從하였고 … 《〈회보〉 12호 시창19년 10월호》

『대종경』 교의품 33장 - 피로 회복과 소창

대종사 말씀하시기를 「과거에는 부처님께서 모든 출가 수행자에게 잘 입으려는 것과 잘 먹으려는 것과 잘 거처하려는 것과 세상 낙을 즐기려는 것들을 다 엄중히 말리시고 세상 낙에 욕심이 나면 오직 심신을 적적하게 만드는 것으로만 낙을 삼으라 하시었으나, **나는 가르치기를 그대들은 정당한 일을 부지런히 하고 분수에 맞게 의·식·주도 수용하며, 피로의 회복을 위하여 때로는 소창도 하라 하노니,** 인지가 발달되고 생활이 향상되는 이 시대에 어찌 좁은 법만으로 교화를 할 수 있으리요. 마땅히 원융圓融한 불법으로 개인·가정·사회·국가·세계에 두루 활용되게 하여야 할 것이니 이것이 내 법의 주체이니라.」 《『대종경』 교의품 33장》

25
병인동선 소창지, 봉서사

봉서사鳳棲寺는 완주군 용진면 서방산의 작은 절로 진묵대사가 출가하고 열반한 곳이다.

원기15년(1930) 음력 2월 6일 병인동선丙寅冬禪 해제식을 마치고 소태산과 20여 명의 제자가 이리역에서 탑승하여 **삼례역**에서 내려 봉서사까지 30리 길을 걸어간다. 봉서사로 걸어가는 중 나무 밑에서 잠시 쉬게 되는데 이때 제자 중 한 사람이 돈이 없어서 대종사님을 차로 모실 수 없게 되어 죄송스럽다고 탄식하니 소태산은 "돈은 어디든 쌓여 있다"라는 법설을 하였다.

소태산은 돈에 끌리지 말고 돈이 있으면 있는 대로 없으면 없는 대로 편안하면서 온갖 만물을 쓸 곳에 갖다가 잘 쓰면 되는데, 돈이 없다고만 하고 사용할 줄을 모를 뿐이라고 하였다.

진묵대사의 부도탑은 석회암으로 되어 있어서 비가 오면 녹아내려 아랫부분에 침전되어 커지면서 하얘지는 현상이 일어난다. 그래서 진묵대사 부도탑이 하얘지면 진묵이 다시 세상에 온다는 이야기가 생긴 것이다. 《기이한

봉서사 진묵대사 부도탑

돌탑 미스터리, SBS '모닝와이드 3부', 2019년 4월 3일 방송》

『대종경』 불지품 18장, 이공주 수필 - 돈은 어디든지 쌓여 있다

시창13년[시창15년의 오기] 2월 초6일, 이리 총부에서 동선 해제식을 마치고, 대종사 말씀하시었다.

「내가 들은 즉 전주 부근에 있는 봉서사 진묵대사의 부도浮屠 한편이 점차 하얘진다고 하니, 내 한번 가 보리라.」

이튿날 20여 명의 제자들은 대종사님을 모시고 이리역을 출발하여 삼례역에서 내리고부터는 봉서사로 향하여 30리 길을 걸어가게 되었다. 그때, 도중에 넓은 평야에 맑은 시냇물이 흐르고 공기가 신선하여 일행은 기쁜 마음과 상쾌한 기분으로 법문을 들으며 걷다가 나무 밑에서 잠시 쉬게 되었다. 이때 한 제자가 탄식하여 말하였다.

「우리는 어찌 이처럼 돈이 없는고? 돈이 없기 때문에 이처럼 먼 길을 걷느라고 욕을 보는구나. 더구나 돈만 있다면 대종사님을 자동차로 편안히 모실 터인데, 이 먼 길에 고생을 하시니 죄송스럽기 짝이 없구나.」

대종사께서 이 말을 들으시고 곧 탄식하는 제자를 불러 말씀하시었다.

「너는 돈이 없어서 그렇게 탄식하느냐? 나는 오는 길에서 많은 돈을 밟고 왔노라. 우리가 지나온 길에는 돈 없는 곳이 없었는데, 왜 돈이 없다고 했느냐?」

그 제자 깜짝 놀라며 말하였다.

「저는 돈을 한 푼도 보지 못하였는데요?」

「우리가 걸어온 길에는 돈 없는 곳이 없었으니, 잘 들어 보라. 우선 이 앞에 흐르는 맑은 물도 퍼다가 목마른 사람이 먹기도 하고, 집 짓는 데 쓰기도 하며, 가물 때에는 밭에 주어 곡식을 잘 기르니 이가 곧 돈이 아니고 무엇인가. 우리가 딛고 선 이 땅도 파서 논밭을 만들어 곡식을 심으면 곧 돈이요, 저기 깔린 무수한 돌도 쓸 곳에 갖다가 잘 쓰면 되거늘 어찌 돈이 없다고 하느냐. 사방에 돈은 쌓였건마는 돈을 사용할 줄을 모를 뿐이다.」
「지금 당장에 쓸 돈이 없음을 한탄한 것뿐입니다.」
일동은 고개를 끄덕이며 낙도하였다.

《이공주 수필受筆,『구타원 이공주 종사 법문집』1권》

대종사 동선 해제를 마치시고 제자 몇 사람으로 더불어 걸어서 봉서사鳳棲寺에 가시더니, 도중에 한 제자가 탄식하여 말하기를「우리는 돈이 없어서 대종사를 도보로 모시게 되었으니 어찌 한스럽지 아니하리오.」하는지라, 대종사 들으시고 말씀하시기를「사람이 누구나 이 세상에 출신하여 자기의 육근을 잘 이용하면 그에 따라 모든 법이 화하게 되며, 돈도 그 가운데서 벌어지나니, 그러므로 각자의 심신은 곧 돈을 버는 기관이요, 이 세상 모든 것은 곧 이용하기에 따라 다 돈이 될 수 있는 것이니 어찌 돈이 없다고 한탄만 하리오. 그러나 우리 수도인에 있어서는 돈에 마음을 끌리지 아니하고 돈이 있으면 있는 대로 없으면 없는 대로 안심하면서 그 생활을 개척하여 나가는 것이 그 본분이며 그 사람이 참으로 부유한 사람이니라.」

《『대종경』불지품 18장》

26
불종불박 주춧돌 모형석

소태산 대종사는 원기22년(1937) 4월 계룡산의 신도안을 찾아 '불종불박佛宗佛朴'이란 명문銘文이 새겨진 주춧돌을 답사하였으며, 정산 종사는 이 주춧돌이 있는 신도안을 중시하여 이곳에 삼동원을 건설한다. '불종불박'이란 "장차 불교가 세계의 으뜸이 된 주교가 될 것이고, 그러한 불법을 주장하는 사람은 박朴 씨가 될 것"이라는 예언으로, 이는 소태산 박중빈을 가리키며 원각성존이신 소태산 대종사께서 내놓으신 깨달음의 법[佛法]이 으뜸이 되어 미래의 불법을 개척하리라는 뜻일 것이다.

불종불박 주춧돌 모형석(익산총부)

'불종불박'이 새겨진 원석은 조선 왕조의 왕궁을 건설하기 위해 계룡산 아래 신도안으로 옮겨놓은 초석에 무학대사가 쓴 것으로 전해지고 있으며, 원광대 마한·백제문화연구소[당시 소장 김정용 교무]에서 원석을 실측·탁본해 화강석에 원형 그대로 복원하여 원기84년(1999)에 익산총부의 대종사 성비 옆에 세운 것이다. 원석은 현재 신도안의 군사시설 내에 보존되어 있는데, 본래 신도안의 옛 삼동원 터에 있던 것으로 원기61년(1976) 6월 26일 주위의 초석들과 함께 지방문화재로 지정되었다. 익산총부의 '불종불박' 모형석 옆에 세워진 표지석에는 "이 돌은 조선왕조의 태조 이성계가 개국 이듬해(1393년) 계룡산으로 천도하기 위하여 왕국을 건설하다가 중단한 궁궐터에 남아 있던 수백 기의 초석 가운데 하나로 '佛宗佛朴'이란 명문이 새겨져 있다. 이 명문은 무학대사가 새긴 것으로 구전되는데 원불교 삼동원 옛터에 있었던 것을 원형 그대로 복원하여 여기에 세운다."라고 적었다.

계룡산 신도안 불종불박 바윗돌

27
여학원생들이 다닌 이리천일고무공장

→ 여학원생과 이청춘家 - 198쪽 참조
→ 광주제사공장과 여학원생들, 『원불교 남도와 만나다』 66~72쪽 참조

천일고무공장 터는 현재 남성맨션아파트 정문 맞은편[익산시 선화로35길 7]에 위치한다. 대한통운 창고로 쓰다가 지금은 유리 가게가 자리 잡고 있다. 대종사 당대에 여학원생들이 선비를 장만하기 위해 공장에 다녔는데 그중 한 곳이다. 소태산 대종사의 장례행렬이 지나가는 도중이기도 하다.

이리천일고무공장 터

이리천일고무공장을 지나며 (소태산 대종사 운구행렬)

28
봉술뫼와 옛 이리교당

이인의화는 이리역 앞에서 전주여관을 운영하였으며, 원기21년(1936) 최수인화의 인도로 입회한다. 원기22년(1937) 여름 어느 날 소태산은 봉술뫼[현 동산수도원]에 올랐다. 동산의 주변을 둘러보다가 소태산은 이리읍이 한눈에 내려다보이는 동산의 정상[여래봉]에 오른다.

이곳[봉술뫼] 동산동 400번지는 일본인 신사 뒷동산이다. 소태산은 "여기가 적지는 적지이나 … 내 오늘 만년의 기초되는 땅을 정하였다"고 하였다.

동행하였던 이인의화는 소태산의 예언을 듣고 한편 좋았으나 너무도 막연하여 다시 여쭈었다. "만년의 대기大基라 정해 주시어 기쁘기 그지없습니다만 잘 모르겠습니다. 앞으로 10여 년이라 하시니 지금 시국을 살펴보면 일본 사람의 권세가 이처럼 무섭게 천하를 석권하는데 어느 때 그자들의 손에서 이 기지를 찾겠습니까? 심히 막연할 뿐이며 따라서 그자들이 원수 같아서 또한 갈피를 잡지 못하겠습니다."

"우리는 일본 사람을 미워하고 원수라고만 생각해서는 아니 된다. 일꾼은 일만 다하면 물러가는 법이다. 그동안 우리 조선은 너무나 미개하여 우리 힘으로는 도저히 모든 문화를 건설할 수 없으므로 천지신명이 큰 일꾼을 보내시어 죽자하고 일을 시켜 방방곡곡에 큰 발전을 보았다. 그러나 일이 끝나면 머지않아 한 평의 땅도 차지 못하고 물러가게 될 것이니 어찌 원수라고 할 것인가."

《손정윤, 파도가 거칠고 폭풍우가 세차다, 『원각성존 소태산대종사 일화집』》

봉술뫼 전경
소태산이 대기大基로 점지한 봉술뫼 기슭의 이리신사와 옛 이리교당 터(위쪽 원) 및 이인의화 사가 터(아래 원). 지금은 모두 동산원로수도원이 들어서 있다. (출처:『이리교당82년사』)

> 소태산은 "일인들이 머슴 일을 하고 품삯도 받지 못하고 물러간다"고 예언하였다.
> 《박용덕,『소태산박중빈 불법연구회』2권》

이인의화는 원기24년(1939) 봄 3천 원을 희사하여 주현동에 이리교당을 설립한다. 이후 만 3년간 총부 연구부장 이공주가 출장 교화한다. 원기28년(1943) 4월에 지부로 승격되고 21세의 젊고 당찬 이명훈 교무가 부임한다. 이후 여러 과정을 거쳐 봉술뫼 신사 터를 불하받아 이리교당과 이리고등선원[동산선원]이 자리 잡게 된다.

봉술뫼 옛 이리교당[현판 동산선원]

29
삼례과원 및 수계농원

→ 산업부 153쪽 참조

원기24년(1939) 9월, 이동안 산업부장과 전주지부 조갑종이 과수원 기지를 물색하다가 전북 완주군 삼례면과 봉동면 경계에 있는 배뫼산 아래 구릉지대의 임야 69,920평을 매수하여 삼례과원을 발족하게 되었다.《『원불교대사전』》

종사님 배종인

원기27년(1942) 8월에 소태산이 완주군 수계리 삼례과원에 방문한다. **삼례역**에 내려 택시를 타고 왔다가 갈 때도 그 택시를 타게 되었다. 택시 기사는 어른을 모시게 되어 영광이라며 요금을 받지 않았다. 소태산은 "금강산에서 법기보살이 우산을 보내오더니 이번에는 차를 보냈는가 보다"며 회상한다.

어느 해 8월 중에 종사님께서
「내가 전주와 수계농원, 그리 순회를 좀 하겠다. 소식 안 하고 습격하듯이 가겠으니, 남자는 일산[이재철]과 유산[유허일]이 나서고, 여자는 서공남이와 권우연이 따라나서라.」하시어서 깡밥[누릉지나 딱딱한 누릉지라고 한다] 좀 싸서 이리역에서 완행차를 타시고 삼례역에서 하차하셨는데, 농원을 가시려면 10리를 걸어가실 일을 생각하고 걱정 중인데 새 택시가 지나다 정차하고 종사님을 뵈옵고 와서 절을 하며 「어른님 어디까지 가십니까?」 하며 농원 앞까지 모시겠다고 하여 종사님 타시고 여자 둘 타라고 하시어 타고 농원까지 잘 모시고 갔으며, 오후에도 또 다꾸시[택시] 만나서 타시고 삼례역까지 오셨으니, 법기보살이 부처님이 거동하시면 보호하여 드린다는 말이 맞으며 신기한 기적을 보았습니다.

《권우연 수필 법문》

삼례과원[수계농원] 본관

수계농원 종각
익산총부 대각전에 있었던 종각이다. 이리시 동본원사[현 중앙교회 터]의 종각을 불하받아 원기39년(1954) 대각전 오르는 길 오른쪽 상단에 종각 이축을 4월 중순 완공 건립한다. 원기81년(1996) 3월 29일 원음각을 세운 이후에 이 종각을 수계농원으로 이전한다.

삼례역
삼례역은 1914년 11월 17일 개소하여 근 80여년을 사용하다가 1997년 8월 30일 신축한다. 소태산 대종사는 원기15년(1930) 음력 2월 6일 병인동선 해제식을 마치고 봉서사로 소창을 가기 위해 삼례역에서 내리고, 원기27년(1942) 8월에 수계리 삼례과원을 방문하기 위해 삼례역에서 내리고 또한 탑승한다. 삼례역이 있던 자리는 현재 여행자 쉼터 쉬어가삼[레:]이다.

30
정산 종사 사가, 이운외·여청운家

이운외와 여청운은 고부 간으로 경상도에서 전라도 영광으로 와서 30년간 산다. 원기34년(1949) 5월에 정산 종사 모친 이운외가 먼저 총부로 이사하여 금강원 윗방에 거처하고 9월에 정산 종사의 정토 여청운이 이영훈의 집[원로원 본관] 뒷방에 거처한다. 이후 정신원 뒷방으로 고부가 거처를 합쳤

이운외·여청운家 터[현 중앙남자원로수도원 별관 앞]

다. 부엌이 달린 서향의 정신원 단칸방에서 불편한 생활을 10년간 지낸 후 원기44년(1959) 신룡양로원 옆[현 중앙남자원로수도원 별관 앞]에 집을 마련하여 이사한다.《박정훈,『정산종사전』》

31
총부 빨래터

원기18년(1933) 음력 4월에 서편 울타리를 확장하고 현안이었던 빨래터를 만든 기록이 〈월보〉 46호의 각지상황 총부 편에 등장한다. 1943년도에 대각전에서 총부 전경을 찍은 사진 왼편 아래, 즉 대각전 기슭의 복숭아 과원 끝부분에 샘터가 보인다. 빨래터 위치는 현 반백년기념관 출입구에서 교정원 별관 방향의 정원에 있었던 것으로 추정해 볼 수 있다.

익산총부 인근의 오룡동 사람들도 빨래터로 이용했으며, 당시 여학원생이었던 오종태가 웅덩이에 빠져 죽을 뻔한 일화가 있다.

각지상황 - 총부
2. 서편 울타리를 확장하고 개수하였으며 연래年來의 현안으로 오던 세탁洗濯 새암[샘] 팔 일도 금번에 도원桃園 말단末端 농업부 접계接界에 팠는데 물이 충만充滿하여 사용상 아주 편리하게 되었습니다. 《〈월보〉 46호》

대각전 복숭아 과원 아래 큰 웅덩이가 있었다(현 반백년기념관 광장과 큰길 어름). 이곳에는 총부 구내 식구들은 물론, 오룡동 사람들까지 빨래하러 왔다. 돌로 잘 쌓은 데다 흙바닥을 시멘트로 잘 발라놓아 빨래하기에 좋았다.
종태는 서둘러 빨래를 끝내고 얼른 가서 누에 밥을 줘야겠다 하고 옆구리에 대야를 끼고 서서 한쪽 발로 신을 물에 씻고 탈탈 떨다가 그만 웅덩이 속으로 미끄러져 들어갔다. 웅덩이는 속이 워낙 넓어 네 활개 질을 해도 잡히지 않았다. …
《박용덕, 초기정녀 이야기『정녀』상》

총부 빨래터(1943년도)

사진 왼편 아래에 빨래터가 보이고 이화진家를 돌아 길이 이어져 있고 포플러 나무가 줄지어서 있는 끝부분에 산업부 창고[도서실] 기와집이 보인다. 빨래터를 지나 논길을 따라가다 보면 미나리꽝[현 반백년기념관 끝부분]이 있었다. 총부의 아이들이 겨울철이면 썰매를 타는 놀이터였다.

총부 우물

익산총부에 남아있는 우물은 반백년기념관 정원 우물[총부 빨래터]을 비롯해 공덕원 앞, 하운원 마당, 청아원, 대각전 출입문 앞[우물터], 정화정사, 법인사무국 앞 정원[이화진家 우물 추정]에 남아 있다.

32
미륵산

익산총부 신룡벌에서 언덕이나 트인 곳에서 고개를 들면 미륵산이 보인다. 연구실 터의 산업부에서도, 알봉에서도, 황등 가는 길에서도 미륵산은 조망된다.
소태산 대종사, 황등호수를 배 타고 건너 미륵산에 가셨다는 일화가 있고, 미륵산의

대각전 지붕에서 바라본 총부전경과 미륵산
총부 전경의 배경으로 미륵산(왼쪽)과 용화산(오른쪽)이 뒷편에 펼쳐져 있다.

산맥이 굽이쳐서 한 송이 꽃이 핀 곳이 신룡벌 익산총부라 할 것이다.
소태산은 미륵산 아래에 팔만 구 암자가 들어선다고 했고 정산종사는 미륵산 아래에 수위단회 회의실을 두겠다고 하였다.

　　대산 종사 말씀하시기를 「대종사께서 "미륵산 아래에 미륵회상·용화회상·일원회상이 열리며 팔만 구 암자가 들어선다."고 하셨는데, 팔만 구 암자가 들어선다 함은 수많은 가정과 기관과 교당에 일원상 부처님을 봉안함이라, 그대들은 여기에서 천불 만성이 발아하고 억조창생의 복문이 열려 무등등한 대각도인과 무상행의 대봉공인이 많이 나오도록 하라.」
《『대산종사법어』 개벽편 18장》

　　원기22년(1937) 여름 어느 날 대종사가 이리시내 동산동에 가게 되었는데, 이때 이인의화가 말했다.
"대종사님, 이리시내에도 교당 하나를 세웠으면 좋겠습니다."
"내가 오늘은 인의화를 위하여 교단 만대의 기초가 될 땅을 정하였다. 저 동東으로 솟은 산이 미륵산이다. 옛날부터 명산이라고 전해왔고, 그 산의 혈맥과 정기가 흐르고 통하여 이 동산[봉술뫼]이 되었다. 앞으로는 무변광야가 서쪽으로 터져있고 이리시대가 한 눈에 내려다보이니 이곳이야말로 진실로 교단 만년의 터전이 될 만하다. 저 넓은 들에는 문화주택이 즐비하게 들어서서 수많은 교도들이 살게 될 것이다. 앞으로 오래지 않아 이곳에서 많은 불보살들이 나와 무상대도를 설하게 될 것이다."
《손정윤, 파도가 거칠고 폭풍우가 세차다,『원각성존 소태산대종사 일화집』》

　　앞으로 미륵산에 수위단회 회의실과 유람지를 두려 한다.《한울안한이치에》 동산 선원에서 말씀하셨다. "용화산 주령에 미륵산 주봉으로 뻗어내려 이 선원이 이루어졌고 역룡으로 올라가 총부 터를 이뤘으니 오래지 아니하여 총부와 선원은 한 마을이 될 것이다."
《한울안한이치에》

참고문헌

『대종경』(『원불교전서』, 원불교출판사, 1977)
『대종경선외록』, 원불교출판사, 1985. 5
『원불교교사』(『원불교전서』)
〈불법연구회창건사〉(『한울안한이치에』)
『원불교자료총서』(영인본) 1~10권, 원불교출판사, 1984
『원불교교고총간』1~6권, 원불교정화사, 1968~1974
『한울안한이치에』(증보판), 원불교출판사, 1987

주산 송도성 법문집, 『마음은 스승님께 몸은 세상에』, 원불교출판사, 2007. 11
구타원 이공주 법문집 Ⅰ, 『일원상을 모본하라』, 원불교출판사, 2007. 1
구타원 이공주 법문집 Ⅱ, 『인생과 수양』, 원불교출판사, 2007. 1
혜산 전음광 문집, 『빛은 동방에서』, 원불교출판사, 1986. 3
원산 서대원 문집, 『천상락과 인간락』, 원불교출판사, 2000. 5
양도신, 『대종사님 은혜속에』, 원불교출판사, 1991
안이정, 『원불교교전해의』, 원불교출판사, 1997. 10
박장식, 『평화의 염원』, 원불교출판사, 2005. 9
박정훈, 『정산종사전』, 원불교출판사, 2002. 6
손정윤 편저, 『원각성존 소태산대종사 일화집』, 원불교출판사, 1995
손정윤 편저, 선진일화집 『무엇하러 왔는가』, 원불교출판사, 1996. 5
김정용, 『생불님의 함박웃음』, 원불교출판사, 2010. 3
김정용, 『전무출신으로 살았습니다』, 원불교출판사, 2014. 6
나상호, 명타원 민성경 종사의 삶 『聖經, 이름값 해라』, 원불교출판사, 2015. 12
장도영 엮음, 『두 하늘 황이천』, 원불교출판사, 2017. 9
이승원(제룡) 엮음, 『원각성존 소태산대종사 수필법문집』
이리교당82년사편찬위원회, 『이리교당82년사』, 원불교출판사, 2019. 5
박달식, 『이리보화당 80년사』, 한맘출판사, 2015. 8

수계교당60년사편찬위원회, 『원불교 수계교당 60년사』, 원광사, 2002. 11

박용덕, 『소태산박중빈 불법연구회』(개정판) 2권·3권·4권. 여시아문, 2022. 9. 20
박용덕, 『정녀』上, 원불교출판사, 2003. 2
서문 성, 『대종경 공부』(원불교교리대학교재 3), 원불교출판사, 2013. 2. 8
방길튼, 『소태산 대종사님 발길따라』(개정판) 원불교출판사, 2016. 2
방길튼·조성식, 『원불교 남도와 만나다』, 상상창작소 봄, 2020. 12

- 양은용, 소태산대종사의 정기훈련 중 법문 연구-1936년 하선에서 1940년 동선까지의 〈선원일지〉를 중심으로 - 부록. 〈선원일지〉의 대종사 법문, 원불교사상과종교연구 제41집, 2009. 2
- 양은용, 주산종사수필 소태산대종사법문집 〈법해적적〉의 연구, 원불교사상과종교연구 제34집, 2006. 12
- 양은용, 이공주 〈일기〉에 나타난 소태산대종사의 열반상황, 원불교사상과종교연구 제30집, 2005. 8

익산시, 『원불교 익산성지 기록화조사보고서』, 대도, 2018.12
『원불교역사박물관 도록』, 우리인쇄, 2024.12
『소태산대종사』 사진첩, 1991. 12
『개벽계성 정산종사』 사진첩, 2001.11
『구타원 이공주종사』 사진첩, 2005.11

사진목록

수록된 이미지는 주로 원불교기록관리소에서 제공받았으며, 사진 설명은 왕산 성도종 교무의 도움을 받았다.

제1부 익산총부 법문 순례

하늘에서 본 익산성지	p.20
익산총부 안내도	p.22
창립총회가 열린 보광사	p.25
창립총회 기록	p.25
불법연구회 익산총부 정문	p.26
불법연구회 중앙총부 정문 돌기둥	p.26
원불교 중앙총부, 유일학림	p.27
원불교 중앙총부	p.27
원불교 익산성지 정문	p.28
정신개벽 표석	p.28
구정원 앞 로터리	p.33
도치원(좌)과 꼭두마리집(우) - 무인동선 기념사진	p.36
도치원(좌)과 꼭두마리집(우)	p.36
도치원과 꼭두마리집 평면도	p.42
창립 제1대 제1회 기념, 신축강당 영춘원에서	p.45
종법실	p.49
종법실 현판	p.49
종법실 후원의 화장실과 목욕탕	p.49
종법실 정원	p.50
소태산 대종사 초상화	p.55
금강원 - 소태산 대종사가 주석한 조실	p.58
금강원 전경	p.58
금강원 현재 모습	p.63
종법실의 금강산 병풍	p.63
공회당 구조	p.80
공회당 배경의 기사동선 기념사진	p.81
공회당에서 학원생들이 공부하고 있는 모습	p.81
현재의 공회당 모습	p.81
양잠실에서 봄누에 고치따기를 마치고 기념촬영	p.120
양잠 참여자	p.120
유일학림 교사, 양잠실	p.120
유일정미소	p.123
농공부원과 밀짚모자 쓴 조전권	p.126
구정원(돌출 현관 증축 모습)	p.128
현 구정원 정면	p.128
산업부 건물과 도서실	p.129
도서실이 있었던 산업부 건물(현 종법원과 뜰)	p.129
익산총부 구 식당채	p.132
익산총부 식당채가 있었던 자리, 공덕원	p.132
익산총부 식당채의 우물(공덕원)	p.133

식당 푯말이 붙어있는 공회당(중앙선원)	p.133	전음광·권동화家 평면도	p.188
시찰단 부조	p.140	최초의 정기훈련을 났던 전음광·권동화의 집	p.189
연구실 터의 산업부 전경	p.146	익산총부 최초의 사가, 전음광·권동화의 집	p.189
박원석家 주변 현재 모습	p.148	전음광·권동화 일가족 사진	p.189
만석평 사적비	p.149	이청춘의 집터, 공덕원	p.196
모정 너머의 만석평	p.149	천일고무공장을 지나며(소태산 운구행렬)	p.198
연구실 터의 산업부	p.150	추산 서중안의 발인식 터, 서중안·정세월의 집 앞	p.207
종법원 일대, 옛 산업부 건물 터	p.150	청하원	p.215
알봉(자선원) 가는 길	p.150	청하원 마당정리	p.216
황등율원 터, 소태산 대종사 소창도 했던 곳	p.151	정신원(옛 모습)	p.220
보화당한약방	p.152	정신원(현재 모습)	p.220
삼례과원(수계농원)	p.153	원불교 교전 편수 기관, 정화사가 있었던 정신원	p.224
언덕 위의 대각전	p.154	대종경편수위원들의 회의처, 정신원	p.224
대각전 낙성봉불기념	p.155	십타원 양하운家, 하운원	p.226
대각전 정면	p.155	양하운家 위치	p.226
대각전 측면(출입문)	p.155	1943년 총부 전경	p.240
대각전 현판	p.156	1953년 대각전 지붕에서 촬영한 사진	p.240
초기 일원상 - 활등 목판 일원상	p.156	불법연구회 총부 전경	p.240
도산 이동안 발인식	p.171	총부의 사가들	p.240
종법실에서 대각전 나서는 길	p.177	대각전·총부 정문·공회당·종법실 나무들	p.248
대종로	p.178	대각전 둘레의 느티나무와 벚나무	p.249
대각전 정면	p.178	공회당 앞 벚나무 예전 모습	p.269
대각전 초기 모습	p.178	공회당 앞 벚나무	p.269
대각전 출입구	p.178	축음기와 창극 춘향전 판	p.272
대각전 천장 및 상량문	p.178	불법연구회 당대의 익산총부 정문 소나무	p.280
대각전 상량문	p.178	원음각 언덕	p.281
대각전 불단(일원상과 법상)	p.179	대각전 오르는 길가 소나무	p.281
대각전 법상	p.179	송대(옛 모습)	p.282

사진목록

송대(현재 모습)	p.282	대종사 성탑(좌) 및 대종사 성비(우) 가는 길	p.293
산업부 창고에 있었던 〈원광〉 편집실 겸 인쇄소	p.285	대종사 성비 제막식, 원기38년 6월 1일	p.293
원광 제1호	p.285	신룡전법상 부조	p.294
소태산의 법구, 금강리 화장막에 도착	p.291	계미열반상 부조	p.294
점화 직후의 금강리 수도산 화장막	p.292	대종사 성비	p.299
소태산 대종사 임시 묘역, 장자산	p.292	알코올 램프와 경상	p.300
대종사 성탑 - 성업봉찬대회 당시 모습	p.293	『불교정전』권1, 권2·3	p.302

제2부 익산총부 주변 성적지 순례

보광사	p.306	금강리 수도산 화장막 점화 후 모습	p.329
보광사 터	p.306	소태산 임시 묘소, 장자산 공동묘지(남제자들)	p.330
박원석家 주변	p.307	소태산 임시 묘소, 장자산 공동묘지(여제자들)	p.330
박원석家[송학동 89-1]	p.307	동자마을 표석	p.331
만석평 사적비(앞면)	p.309	목천포비행장 터	p.331
만석평 사적비(뒷면)	p.309	보화당약방	p.333
만석평 들판	p.310	이리보화당의 변천 모습1	p.333
연구실 터의 불법연구회 산업부	p.311	이리보화당의 변천 모습2	p.333
연구실 터 일대(현 원광디지털대학교 주변)	p.311	보화당 창립 5주년(1939) 기념 임직원 일동	p.333
남중리 소나무 숲 도면도	p.313	옛 계문보통학교 터(현 원불교중앙요양원 일대)	p.334
구 이리경찰서	p.318	송림 주막 터(금강원과 원예원 송림 사이)	p.335
이리역	p.323	김남천家(현 원광보건대 학생회관 자리)	p.335
이리역 대합실	p.324	도치마을 버스정류장	p.339
황등역 역사	p.324	문정규, 양하운이 살았던 도치마을 일대 현재 모습	p.339
황등역 철길	p.324	정공칠의 집	p.342
사라진 꽃밭재 가는 옛길	p.325	정공칠의 집터	p.342
물문다리 일대 옛길	p.325	석방리 석상마을 표석	p.344
이리농고	p.326	알봉(자선원) 가는 길	p.345
투우대회장(현 이리고 운동장)	p.326	알봉에서 바라보는 황등호수 터	p.345
이리병원	p.328	황등호수 터에서 바라본 알봉1	p.346
이리병원 터	p.328	황등호수 터에서 바라본 알봉2	p.346
금강리 수도산 화장막 도착 후 최후 묵도	p.329	황등호 나루터	p.348

배산	p.348	계룡산 신도안 불종불박 바윗돌	p.361
황등호 풍경	p.349	이리천일고무공장 터	p.362
황등제 복원 모습	p.349	이리천일고무공장을 지나며(대종사 운구행렬)	p.362
임익수리조합 허리다리[腰橋]	p.350	봉술뫼 전경	p.364
도선마을 배나드리(황등 입구)	p.351	봉술뫼 옛 이리교당[현판 동산선원]	p.364
황등 죽촌리에서 바라본 적성산	p.352	삼례과원[수계농원] 본관	p.366
대각전 뒤 석상마을에서 바라본 적성산	p.352	수계농원 종각	p.366
황등율원이 있었던 풍경	p.353	삼례역	p.366
황룡사에서 바라본 황등호수 전경	p.355	이운외·여청운家 터	p.367
봉서사 진묵대사 부도탑	p.357	총부 빨래터(1943년도)	p.369
불종불박 주춧돌 모형석(익산총부)	p.360	대각전 지붕에서 바라본 총부전경과 미륵산	p.370

◯ 에필로그

법문의 고향, 익산총부를 걷다
– 익산총부 순례 Tip –

원기109년(2024)은 원불교 역사 대수로 교단 제3대를 마무리하고, 원불교의 제4대가 시작하는 중요한 시기이다.
이 시기에 소태산의 법문이 깃들어 있는 익산총부를 다시 보고 깊이 새겨 보는 것은 근본적인 불사佛事라 할 것이다.
정산 종사는 소태산의 일대기를 10상으로 제시하였다. 즉 발심, 구도, 입정, 대각, 제법, 전법 등의 과정으로 나누어 파노라마처럼 설명한 것이다. 그중 '신룡전법상'과 '계미열반상'은 소태산 일대기의 절정이요 마지막 장면이 아닐 수 없다.

익산총부는 첫째, 신룡전법상新龍轉法相**의 도량이다.**
익산총부는 원기9년(1924) 대종사가 공식적으로 회상을 열어 교법을 굴린 전법도량이다. 원기9년은 갑자년으로 소태산 대종사는 새로운 시작을 상징하는 갑자년에 맞추어 회상을 열었다. 미륵을 품고 용화세계를 꿈꾸고 있는 미륵산[또는 용화산]의 정기가 굽이쳐서 신룡新龍으로 피어난 곳이 익산총부[익산성지]다. 새로운 용! 신룡리에 일원대도 새 회상의 본부를 세운 것이다.
소태산 대종사는 이 신룡의 도량에서 교법 훈련으로 법을 굴린다. 정기훈련법과 상시훈련법을 제정하여 매년 동하 6개월간 정기훈련을 시행하였으며 나머지 6개월 동안 상시훈련을 시행한다. 이처럼 **익산총부[익산성지]는** 정기훈련·상시훈련으로 **법을 굴린 정신개벽의 도량이다.**

아무리 어려운 상황 속에서도 소태산 대종사는 법을 훈련하는 정기훈련을 시행하였다. 그리고 상시훈련법으로 상시 응용 주의 사항 6조와 교당 내왕 시 주의 사항 6조를 제정하여 상시에 수행을 훈련시키고 교당 내왕을 통해서 점검할 수 있도록 하였다. 교당 내왕 시 주의 사항의 도량인 공회당을 비롯한 대각전의 예회는 혜두 단련의 장이었다. 소태산은 예회 등 법의 모임을 통해 깨달음이 꽃피어 나는 도량으로 가꾸어 간 것이다.

이처럼 '신룡전법상'은 소태산 대종사가 제자들과 함께 교법을 실행하는 전법轉法의 시범을 보인 것이다. 우리는 전법성지轉法聖地인 익산총부를 거닐면서 대종사와 선진들의 공부와 사업을 만나야 할 것이다.

둘째, 익산총부는 계미열반상癸未涅槃相의 도량이다.

원기28년(1943) 계미년은 소태산 대종사가 교법의 원경인 『정전』을 전해준 역사가 이루어진 해다. 『정전』은 대종사가 우리에게 선물해 주신 교법의 유산이다. 소태산 대종사는 열반 전에 미리미리 우리에게 일원대도의 소식인 '게송'을 공전[公傳, 共傳]으로 전하고, 대자대비로 『정전』을 선물해 준 것이다.

소태산 대종사가 공회당에서 주산 송도성에게 칠판에 게송을 쓰게 하였듯이, 우리도 직접 써 보고, 대종사의 교법을 얼마나 내 것으로 자기화하여 소화했는지 점검해 보자. 혹시 소태산 대종사의 『정전』이 아니라 내 생각이나 욕심이 투영된 『정전』은 아닌지 돌이켜 봐야 한다. 소태산의 포부와 경륜인 『정전』을 제대로 인식하는 것이 '계미열반상'의 참뜻이기 때문이다.

이처럼 '계미열반상'은 『정전』 편수編修 과정이요 소태산 대종사의 열반상이다.

소태산 대종사의 일대기인 10상 중 '계미열반상癸未涅槃相'은 『정전』 편수의 파노라마이다. 원기28년(1943)은 계미년으로 소태산 대종사가 열반하신 해이다. 이 해를 끝으로 소태산 대종사는 1940년부터 3년여 간 기존의 모든 교리를 결집하고 감정을 거쳐 『정전』으로 편찬하여 우리에게 유산으로 남긴 것이다. 『정전』은 소태산 대종사의 대각에서 퍼올린 교법의 샘물이다. 이러한 『정전』에 기반한 제생의세의 교단[일원회상]이 원불교이다.

한마디로 익산총부는 소태산 대종사의 행적과 법문의 고향이다. 그러므로 익산총부는 소태산 대종사의 행적과 법문을 따라 거닐어야 할 도량이다.

익산총부에 깃든 소태산 대종사의 법문과 행적 따라 순례하는 Tip을 제시해 본다.

- **최초 본관, 도치원은** 익산총부 건설의 시작이며 불법연구회 간판[서중안 글씨]이 처음 걸린 곳이니 이곳에 불법연구회 간판을 걸고, 꼭두마리집 엿방에서 엿을 만들어 엿 행상을 했던 초기교단의 선진들을 기리는 '엿을 만들어 나누기'를 해보자. 당시의 엿 행상을 했던 선진들이 정신개벽의 기수가 되었듯이 그 뜻을 기리는 것이다.

- **최초의 정기훈련인 을축하선을 났던 '전음광-권동화의 집'에 '정기훈련의 원시'라는 표석을 세우고,** 대종사가 직접 방 2개를 한 방으로 설계하여 짓도록 한 그 방에서 또는 그 집 앞마당에서 당시의 정기훈련을 회상해 보는 것도 의미있는 일이 될 것이다.

- **영춘원은** 제1대 1회를 마치고 2회를 시작하는 기념행사의 비롯이니, 교단 4대의 시작도 이곳에서 봉고를 올리는 것도 의미있을 것이다. 그리고 대종사가 업어서라도 서로 받들라고 한 선후진의 도를 느껴보고, 또한 법위사정의 시발지인 이곳 영춘원에서 법위향상의 서원을 다지는 것도 좋을 것이다.

- **'영춘원 종법실'에서** 소태산 대종사의 시자가 되어 불도 때보고 심부름도 하며 직접 모셔보는 하루 시자 생활도 해보며, 총부의 아이들이 되어서 대종사님 영정에 문안 인사도 드려보고, 벽장에서 꺼낸 사탕이나 과자를 대종사님으로부터 선물

받는 기쁨도 상상해 보자는 것이다.
- 소태산의 단독 거주처인 조실 즉 금강원을 지을 때 『불법연구회규약』의 '취지 설명' 한 대목씩을 선창하면 이에 '나무아미타불' 염불로 추임새를 넣고, 스승님의 거처를 마련해 드릴 수 있다는 제자들의 기쁨이 넘친 터 닦는 작업도 재현해 보면 좋을 것이다.
- '공회당' 선방에서 대종사님의 훈도訓導 속에 역대 스승님들과 함께 정기훈련을 나는 선객이 되어본다. 특히 이 공회당에서 대종사님 모시고 성리 문답을 하는 경험이 있기를 바라며, 대종사님이 인증하거나 더 노력하라는 훈증을 받는 상상을 해 보자.
- '대각전'에서 대종사님을 모시고 대중과 함께 '사은 즉 일원'인 일원상 봉안식을 거룩하게 올리고 또한 대종사님이 법상[법좌]에 오르시어 왼손으로 법장을 치시는 모습을 떠올리며 직접 법문을 받드는 예회를 보자는 것이다. 법상의 왼쪽에 찍힌 흔적을 찾아보는 것도 좋을 것이다. 대각전 법상에서 법상 위의 대종사님 영정을 모시고 기념 촬영하는 기쁨도 누리는 것이다.
- 제1대 제1회 기념관[영춘원], 20년 기념관[대각전], 반백년 기념관, 백주년 기념관[서울, 소태산 기념관]으로 이어지는 역사적 건축물들을 기념관 계보로 이어보자.
- 만석들 논에서 농사도 지어보고, 과수원이나 채전菜田 등에서 관련 법문도 봉독하고, 양잠실 터에서 양잠을, 연구실 터인 산업부에서 양계 양돈을 하는 상상을 해 보자. 대종사님의 얼이 담긴 이러한 성스러운 총부 도량 곳곳을 청소하고 제초해 보는 것도 의미가 있을 것이다.

- 대종사가 영춘원 종법실에서 대각전까지 법문하기 위해서 걸은 이 길을 따라 우리도 대종사님 발걸음에 맞추어 걸어보자. **이 길은 '소태산 법설의 길'로 '대종로大宗路'라 명명하면 어떨까.** 이 대종로를 따라 대종사님을 모시고 법문을 받들기 위

해 대각전까지 거닐어 보자. 겸하여 대각전으로 오르는 언덕길에서 어린아이가 군호를 외치며 대종사에게 인사를 올리듯 우리도 총부의 어린아이가 되어보자. 대종로를 따라 군호를 외치는 어린아이가 되어서 대각전에 입실하여 동·하선 정기훈련의 결제와 해제에 해당하는 『대종경』 법문과 대종사 최후설법인 『대종경』 부촉품 14장을 받들어 보자.
그리고 간절한 마음으로 대종사 성탑에 이르러 '계미열반상'의 참뜻인 '게송'을 암송하고, 열반한 해에 『정전』을 선물로 준 뜻을 가슴으로 받들자.

이 모든 익산총부 곳곳을 순례하면서 각자의 심경에 따라 대종사의 행적과 그 현장에 해당하는 법문을 봉독하고 음미해 보자는 것이다.

● 익산총부 정문에서 이리역[현 익산역]까지 이어진 길은 대종사 교화 행가行駕의 길이면서 더불어 대종사 열반 후 운구행렬의 길이 겹쳐있다.
새말[현 신동지구대]을 거쳐 꽃밭재를 지나 일원상을 그린 남중리 소나무 길을 따라 투우대회에서 불법연구회 소가 우승했던 운동장[현 이리고등학교], 초창기 선진들이 다니셨던 천일고무공장 터를 거쳐 이리역과 대종사 열반지 이리병원 터를 경유하여 수도산 화장터까지 경배와 추모의 마음으로 순례하자는 것이다.
대종사가 교화의 길에 나섰던 길이요, 대종사 장의행렬 길인 이 길을 소태산 대종사와 함께 교화에 나서는 마음으로 동행하여 걷기도 하고 또는 직접 법구를 운구하는 심정으로 순례하자는 것이다.

이처럼 익산총부가 곳곳에서 소태산의 행적과 법문에 감동하고, 법문에 따라 법력을 키워가는 도량이 되길 바란다.

원기101년(2016)에 『소태산 대종사님 발길따라』를 출간했다. 소태산 대종사의 법문을 익산총부의 건물과 장소에 따라 기도문 형식으로 순례토록 구성한 참신한 방법이었으나 지금에 와서는 약간의 아쉬움이 있다. 이번 『소태산 법문따라 익산총부를 걷다』를 통해서 내용을 보완 수정하고 관련된 법문을 더 모아 이해의 깊이를 더할 수 있게 되어 다행으로 여긴다.

끝으로, 선학先學들에게 감사를 드린다. 먼저 양현수[일산 양은용] 교무의 〈선원일지〉 연구 논문에 큰 도움을 받았다. 그리고 박용덕 교무의 『소태산박중빈 불법연구회』 2·3권과 서문 성 교무의 『원불교 교리대학 교재』 3권에서 많은 도움을 받았다. 또한 『구도역정기』 및 주산 송도성, 구타원 이공주, 원산 서대원, 묵산 박창기, 상산 박장식, 훈타원 양도신, 문산 김정용, 묵타원 권우연, 향산 안이정 등의 선진문집과 이제룡 교무가 편집한 『원각성존 소태산 대종사 수필법문집』도 많은 참고가 되었다. 선학先學의 연구와 자료에 기반하여 이 책을 집필할 수 있게 되어 감사드리며, 이 책 또한 다른 연구에 바탕이 되길 바란다.
더불어 일차 교정을 봐 준 서울원문화해설단 단장 박혜현 교도와 출간 전반에 애써 준 원불교출판사 대표 주성균 교무에게도 감사드린다. 특히 이 책이 기획되고 출판되도록 후원해 준 '원불교 성지사업회'에 각별한 고마움을 전한다.

원기109년(2024) 4월
익산총부 건설 100주년을 기념하여
방길튼 교무 합장

소태산
법문 따라
익산총부를
걷다

초판 1쇄 인쇄	2024년 3월 25일
초판 1쇄 발행	2024년 4월 1일
편저	방길튼
자료제공	원불교기록관리소
펴낸곳	원불교출판사
펴낸이	주영삼(성균)
출판등록	1980년 4월 25일(제1980-000001호)
주소	54536 전라북도 익산시 익산대로 501
전화	063)854-0784
팩스	063)852-0784
홈페이지	www.wonbook.co.kr
인쇄	문덕인쇄

ISBN 978-89-8076-414-3(03200)
값 20,000원

잘못 만들어진 책은 구입처나 본사에서 교환해 드립니다.